买卖合同解释论
条文解读、疑难案例与法理阐释

主 编：单平基
副主编：赵晨曦
　　　　张生颖

东南大学出版社
SOUTHEAST UNIVERSITY PRESS
·南京·

图书在版编目(CIP)数据

买卖合同解释论:条文解读、疑难案例与法理阐释 / 单平基主编. -- 南京:东南大学出版社,2025.4.
ISBN 978-7-5766-2049-8

Ⅰ. D923.65

中国国家版本馆 CIP 数据核字第 2025ZH1411 号

○ 东南大学校级规划教材出版资助项目

买卖合同解释论:条文解读、疑难案例与法理阐释
Maimai Hetong Jieshilun: Tiaowen Jiedu、Yinan Anli yu Fali Chanshi

主　　编:单平基
出版发行:东南大学出版社
出 版 人:白云飞
地　　址:南京市四牌楼 2 号　邮编:210096　电话:025-83793330
网　　址:http://www.seupress.com
经　　销:全国各地新华书店
印　　刷:广东虎彩云印刷有限公司
开　　本:700 mm × 1000 mm　1/16
印　　张:23.5
字　　数:447 千字
版　　次:2025 年 4 月第 1 版
印　　次:2025 年 4 月第 1 次印刷
书　　号:ISBN 978-7-5766-2049-8
定　　价:78.00 元

本社图书若有印装质量问题,请直接与营销部联系。电话:025-83791830
责任编辑:刘庆楚　责任校对:子雪莲　封面设计:王　玥　责任印制:周荣虎

目 录

第一章　买卖合同的基本范畴 ············· 1
　　第一节　买卖合同的含义和特征 ············· 1
　　第二节　买卖合同的内容 ············· 8
　　第三节　买卖合同的标的物 ············· 15

第二章　出卖人的主要义务 ············· 22
　　第一节　出卖人交付标的物的义务 ············· 22
　　第二节　出卖人单证和资料的交付 ············· 29
　　第三节　知识产权的归属 ············· 36
　　第四节　交付时间 ············· 43
　　第五节　交付期限不明或无约定 ············· 48
　　第六节　交付地点 ············· 55

第三章　标的物的风险转移 ············· 63
　　第一节　风险负担的一般规则 ············· 63
　　第二节　买卖合同标的物迟延交付的风险负担 ············· 72
　　第三节　路货买卖中在途标的物的风险负担 ············· 79
　　第四节　货交第一承运人规则 ············· 86
　　第五节　买受人未依约受领标的物的风险负担 ············· 92
　　第六节　未交付单证、资料的风险负担 ············· 98

第四章　标的物瑕疵担保 ············· 106

第一节 买卖合同标的物瑕疵担保责任 ······ 106
第二节 买受人承担风险与出卖人违约责任关系 ······ 114
第三节 买卖合同权利瑕疵担保责任 ······ 120
第四节 权利瑕疵担保责任之免除 ······ 127
第五节 买受人的中止支付价款权 ······ 133
第六节 标的物质量瑕疵担保 ······ 138
第七节 法定质量担保 ······ 145

第五章 买受人的权利和义务 ······ 153

第一节 买受人权利 ······ 153
第二节 减轻或者免除瑕疵担保责任的例外 ······ 159
第三节 标的物包装方式 ······ 166
第四节 买受人的检验义务 ······ 173
第五节 买受人的通知义务及免除 ······ 178
第六节 约定的检验期限或质量保证期过短 ······ 185
第七节 标的物数量、外观瑕疵检验的推定 ······ 191
第八节 向第三人履行情形下的检验标准 ······ 196
第九节 出卖人回收义务 ······ 203
第十节 买卖合同中买受人的主给付义务 ······ 209
第十一节 买卖合同中价款支付地点 ······ 216
第十二节 买卖合同中价款支付时间 ······ 223
第十三节 出卖人多交标的物的处理 ······ 228
第十四节 标的物孳息的归属 ······ 233

第六章 买卖合同的解除 ······ 240

第一节 合同解除与标的物的关系 ······ 240
第二节 数物买卖的合同解除 ······ 246
第三节 分批交付标的物的合同解除 ······ 251

第四节　分批付款买卖中的合同解除 …………………………… 259

第七章　特殊的买卖合同 ………………………………………… 267
第一节　样品买卖合同 …………………………………………… 267
第二节　样品买卖合同的特殊责任 ……………………………… 274
第三节　试用买卖合同之试用期限 ……………………………… 281
第四节　买受人对标的物的购买选择权 ………………………… 287
第五节　试用买卖使用费的负担 ………………………………… 293
第六节　试用期间的风险的承担 ………………………………… 298
第七节　标的物所有权保留 ……………………………………… 303
第八节　出卖人的取回权 ………………………………………… 310
第九节　买受人的回赎权及出卖人的再出卖权 ………………… 317
第十节　招标投标买卖 …………………………………………… 324
第十一节　拍卖的法律适用 ……………………………………… 331
第十二节　买卖合同准用于有偿合同 …………………………… 339
第十三节　易货交易的法律适用 ………………………………… 347

参考文献 ………………………………………………………… 354

后　记 …………………………………………………………… 367

第一章　买卖合同的基本范畴

第一节　买卖合同的含义和特征

《民法典》第五百九十五条　买卖合同是出卖人转移标的物的所有权于买受人，买受人支付价款的合同。

【立法意旨和制度背景】

本条是关于买卖合同概念及法律特征的规定。本条来源于《合同法》第一百三十条的规定：买卖合同是出卖人转移标的物的所有权于买受人，买受人支付价款的合同。转移标的物所有权的一方为出卖人，受领标的物并支付价金的一方是买受人。基于买卖合同在社会生活及合同编体系中的重要性，《民法典》合同编专章对其作了重点规定。

买卖合同是商品交换最典型的法律形式，它适用范围广泛，在债法中占有举足轻重的地位。在市场经济条件下，买卖合同是商品交换的最基本、最重要的法律形式，是社会经济生活中最典型、最普遍的一种合同类型。任何民事主体都可以通过买卖合同这一法律形式来取得满足自己生活和生产需要的物品。买卖合同是转移财产所有权的合同形式，所有权是一切财产行为的起点和基础。"买卖合同——这种最原始，也是最现代的工具，一次次地完成了物权在不同主体间的移转，维系着社会的分工协作，同时也实现着法典化国家物权与债权的完美结合。"[①] 随着我国社会主义市场经济体制的建立和完善，买卖合同的适用范围会不断扩大，其作用将日益重要。

买卖合同是最基本的合同类型。合同是平等主体的自然人、法人、非法人组织之间设立、变更、终止民事权利义务关系的协议。合同是最常见、最主要的债的发生根据。作为典型的双务有偿合同，《民法典》就买卖合同的有偿性所

[①] 参见李永军：《合同法》，法律出版社2004年版，第793页。

确立的法律规则,在其他典型的有偿合同未作特别规定或未有特别的交易惯例时,可以依照买卖合同的规则来处理其他有偿合同所产生的纠纷。《民法典》第六百四十六条就此明确规定,"法律对其他有偿合同有规定的,依照其规定;没有规定的,参照适用买卖合同的有关规定"。《民法典》第六百四十七条规定,"当事人约定易货交易,转移标的物的所有权的,参照适用买卖合同的有关规定"。各国合同法或民法典以及诸多国际公约均对买卖合同给予特别关注,其原因即在于买卖合同最基本的功能和目的就是在主体之间移转所有权,而这正是维系人类社会生存和发展的基础。

【条文解读】

一、买卖合同的法律特征

(一)买卖合同是有偿合同

买卖合同的实质是以等价有偿方式转让标的物的所有权,即出卖人移转标的物的所有权于买受人,买受人向出卖人支付价款。有学者指出,"将一个契约论为有偿契约之实益主要为:与同时履行抗辩有关规定之适用;论为无偿契约之实益主要为:债务人之毁约权及其债务不履行、积极侵害债权转让之减轻"[①]。出卖人不仅要将标的物交付给买受人,而且要将标的物的所有权转移给买受人。转移所有权,这使买卖合同与一方也要交付标的物的其他合同,如租赁合同、借用合同、保管合同等区分开来。买卖合同是买受人应支付价款的合同,价款是取得标的物所有权的对价。

(二)买卖合同是双务合同

买卖合同是双务合同,因出卖人负有转移财产所有权的义务,买受人则负有支付价款的义务,二者之间具有对价关系,构成对待给付。[②]单务合同,又称一方负担合同,指仅一方当事人负担给付义务的合同。[③]并非所有的有偿合同均属于双务合同,并非所有的单务合同均属于无偿合同。而且,其权利和义务存在对应关系。在民事权利体系的划分中,有一类划分是将权利分为绝对权和相对权,其划分的标准是依效力所及的范围。绝对权是得请求一般人不为特定行为

---

① 参见黄茂荣:《买卖法》(增订版),中国政法大学出版社2002年版,第29页。
② 参见谢鸿飞、朱广新主编:《民法典评注合同编:典型合同与准合同(一)》,中国法制出版社2020年版,第6页。
③ 参见韩世远:《合同法总论(第四版)》,法律出版社2018年版,第75-76页。

的权利,即以权利人以外的一切人为义务人的权利,故而又称为"对世权"。相对权是得请求特定人为一定行为的权利,因其义务人是特定的,故而又称为"对人权"。① 物权系指对物的权利,即将某物归属于某特定主体,由其直接支配、享受其利益,并排除他人干涉的权利。债权是指特定当事人之间得请求为一定行为的权利。②

（三）买卖合同是诺成合同

一般当事人就买卖达成合意,买卖合同即成立,而不以标的物或者价款的现实交付为成立要件。当事人就交付标的物及支付价金相互同意时,即使标的物尚未交付、价金尚未支付,买卖合同亦可成立。但当事人也可以在合同中约定标的物或者价款交付时,买卖合同始为成立。此时的买卖合同即为实践合同或者称要物合同。

（四）买卖合同一般为不要式合同

根据《民法典》第四百六十九条之规定,当事人订立合同,可以采用书面形式、口头形式或者其他形式。但法律和行政法规规定采取书面形式或者当事人约定采取书面形式的,应采取书面形式。③ 如《海商法》第九条第二款规定:"船舶所有权的转让,应当签订书面合同。"国际公约一般对买卖合同的缔结形式也不做要求。例如,《联合国国际货物销售合同公约》第十一条规定:"销售合同无须以书面订立或书面证明,在形式方面也不受任何其他条件的限制。销售合同可以用包括人证在内的任何方法证明。"④

二、买卖合同的标的物

买卖合同的标的物是指出卖人所出卖的货物。依《民法典》及其他法律的规定,买卖合同标的物的要件是:

（一）买卖合同的标的物以实物为限

买卖合同的标的物是指实物,而不包括权利。对买卖合同的标的物,大致有三种立法例:1.认为买卖合同是指通过当事人的合意一致而将某物的所有权

---

① 参见张俊浩主编:《民法学原理》,中国政法大学出版社2000年版,第76页。
② 参见章杰超:《对所谓"债权物权化"的思考——以"买卖不破租赁"为例》,《法学论坛》2005年第5期,第89页。
③ 参见邵景春:《并行不悖的两套买卖法——我国〈合同法〉与〈联合国国际货物销售合同公约〉比较研究》,《国际贸易》2000年第8期,第42页。
④ see United Nations Convention on Contracts of International Sale of Goods, section 11, 11 April 1980.

或某土地权益或无形财产权益从一方当事人转移至另一方当事人,以取得金钱价值。这是英美法上对买卖合同的观点。2.认为买卖合同的标的物既包括物,也包括其他财产权利。如《德国民法典》第四百三十三条第一项、《瑞士债务法》第一百八十四条第一项前段、《日本民法典》第五百五十五条等均做了相似规定。①3.原《苏联民法典》第二百三十七条规定,买卖合同是指"出卖人应当把财产交归买受人所有(或经营管理);而买主应当接受财产,并为它付给一定金额的款项"②。

由此可见,对买卖合同标的物的立法主要有二:一是仅指物,买卖合同中转移的是所有权;二是指财产,不仅包括物,而且还包括其他财产权(如债权、知识产权、永佃权等)。从理论上讲,买卖合同中转移的可能是所有权,也可能是债权、知识产权等所有权以外的财产权。前者即一般的实物买卖,后者除实物买卖外,还包括权利买卖。

我国《民法典》采纳了第一种意义上的买卖定义,具体表现在买卖合同中转移的是所有权,而非其他财产权。这一结论可以从《民法典》对买卖转移权利的称谓中得出。

(二)买卖合同的标的物必须是法律上的可融通物

买卖合同的标的物必须是法律认可的商品,即可融通物。物是指能满足人们实际生活需要并可为人力支配的独立财产,通常是有体物。但并非所有实物都可以成为买卖合同的标的物。例如,土地、山脉、河流、海洋等不能作为买卖合同的标的物,因为它们对国家经济、民生及国防具有重要作用,被称为禁止融通物。

禁止融通物虽然不能作为买卖合同标的物,但可以作为物权或其他债权合同的标的物,如出租等。而限制融通物(如金银等)则对买卖合同主体有限制,并非绝对禁止。

(三)买卖合同的标的物种类极为广泛

除法律予以禁止或限制外,任何标的物,无论是动产还是不动产,种类物还

---

① 本章中涉及引用外国民法条文时,如无特别说明,外国民法典的参考版本就是:陈卫佐译注:《德国民法典》(第5版),法律出版社2021年版;罗结珍译:《法国民法典》,法律出版社2005年版;渠涛编译:《日本民法典》,《最新日本民法》,法律出版社2006年版;费安玲、丁玫、张宓译:《意大利民法典》,中国政法大学出版社2004年版。

② 参见最高人民法院经济审判庭编著:《合同法释解与适用》(上册),新华出版社1999年版,第619页。

是特定物,消费物还是非消费物,均可作为买卖合同的标的物。

【典型案例】

1. 宁某锋与杨某岩船舶权属纠纷案[①]

裁判要旨:

当事人主张通过买卖合同取得船舶所有权,应当承担举证责任,证明与船舶原所有人存在真实有效的买卖合同关系并已履行。若合同未经公证,无法确认签名真实性或提供船舶共有人同意的证据,且未能证明支付购买款项,法院无法确认船舶物权变动,因此不支持当事人确认其所有权并办理过户登记的请求。

案件事实:

2019年5月,宁某锋与杨某岩签订了《渔船买卖合同》,约定宁某锋购买"辽长渔55221"号和"辽长渔55222"号船舶,合同总价为64万元人民币。根据合同,杨某岩作为卖方,承诺将两艘船舶交付给宁某锋并完成相关手续。合同签订后,宁某锋支付了相应的购船款,并实际接收了船舶,并开始进行经营活动。

杨某岩为船舶的登记所有人,登记证书上明确载明了其为两艘船舶的所有权人,但并未提供证据证明其配偶范某在船舶买卖中有明确的知情和同意。范某作为船舶的共有人,并未在《渔船买卖合同》上签字,且未有明确证据显示范某参与了交易。

宁某锋在购船后开始经营船舶,并雇佣船员进行渔业作业。宁某锋还提供了船舶相关证书、保险凭证等材料,以证明其已实际占有船舶并经营使用。然而,杨某岩与范某对合同的有效性产生争议,认为合同签署过程存在瑕疵,且未能证明支付的款项全额支付给了卖方。

裁判理由:

一审法院认为:本案系船舶权属纠纷,案涉《渔船买卖合同》未经公证,签名真实性及签署过程缺乏证据支持,合同内容无法证明为杨某岩的真实意思表示。合同价款64万元缺乏交易记录,仅凭宁某锋单方陈述不足以证明支付事实。杨某岩妻子范某作为船舶共有权人,未签署合同,其知情和认可无法确认。现有证据不足以证明合同成立、生效及船舶物权变动,范某亦无义务配合过户。因此,宁某锋的诉讼请求缺乏事实和法律依据,不予支持。

[①] 参见宁某锋与杨某岩船舶权属纠纷案,辽宁省高级人民法院(2024)辽民终607号民事判决书。

二审法院认为:本案应适用《民法典》的相关规定。一审法院认定事实清楚,适用法律正确。宁某锋提交的证据无法证明《渔船买卖合同》上"杨某岩"签名为本人签署,合同成立、生效及买卖关系的存在均缺乏充分依据。案涉船舶参数存在不一致,宁某锋未能提供合理解释,未提交款项交付证据,仅凭占有和经营船舶不足以证明买卖合同履行。关于同案同判原则的主张,因未提交具体案例,不予采纳。综上,宁某锋上诉理由不成立,驳回上诉,维持原判。

【法理阐释】

本案争议焦点在于宁某锋能否通过《渔船买卖合同》证明与杨某岩之间存在有效的船舶买卖关系,并主张所有权转移及办理过户手续。根据《民法典》第四百九十条规定,《渔船买卖合同》作为书面合同,签订时需当事人双方明确同意,且对方应根据合同内容履行相应的义务。宁某锋提交的《渔船买卖合同》上"杨某岩"签名的真实性及合同履行的事实,成为本案的争议焦点。尽管宁某锋提供了证人证言,试图证明合同签署时的现场情况及其履行情况,但法院认为这些证言并未经过法庭的正式审查,也未能提供充分证据证明合同的成立及履行过程的真实性。

本案中,尽管宁某锋主张船舶已交付并由其经营,但《民法典》规定,单纯的占有并不自动导致所有权的转移,船舶的实际交付以及宁某锋的占有和经营行为,仍不足以认定所有权的转移,尤其是在船舶登记和范某的同意未得到明确确认的情况下,交易行为无法完全生效。

另,本案虽始于《民法典》施行前,但判决及后续程序发生在施行后,根据《最高人民法院关于适用〈中华人民共和国民法典〉时间效力的若干规定》第一条第三款,应适用《民法典》相关规定。现证据不足以证明合同真实签署及履行情况,无法认定宁某锋依法拥有船舶所有权,其诉讼请求缺乏事实和法律依据,应予驳回。

相关法律条文

《民法典》

第四百九十条 当事人采用合同书形式订立合同的,自当事人均签名、盖章或者按指印时合同成立。在签名、盖章或者按指印之前,当事人一方已经履行主要义务,对方接受时,该合同成立。

法律、行政法规规定或者当事人约定合同应当采用书面形式订立,当事人未采用书面形式但是一方已经履行主要义务,对方接受时,该合同成立。

《最高人民法院关于适用〈中华人民共和国民法典〉时间效力的若干规定》

第一条 民法典施行后的法律事实引起的民事纠纷案件,适用民法典的规定。

民法典施行前的法律事实引起的民事纠纷案件,适用当时的法律、司法解释的规定,但是法律、司法解释另有规定的除外。

民法典施行前的法律事实持续至民法典施行后,该法律事实引起的民事纠纷案件,适用民法典的规定,但是法律、司法解释另有规定的除外。

2. 三亚某旅业投资有限公司地中海俱乐部度假村与三亚某旅业投资有限公司等买卖合同纠纷案[①]

裁判要旨:

三亚某旅业投资有限公司地中海俱乐部度假村(以下简称"地中海度假村")与海南某饮料公司(以下简称"某饮料公司")之间签订了《信用结算协议》,约定由地中海度假村赊账购买某饮料公司产品,并按期支付货款。地中海度假村未按合同约定及时支付货款,导致某饮料公司提起诉讼要求支付欠款及逾期付款违约金。法院认为,地中海度假村应按合同履行支付货款义务,并支持某饮料公司主张的逾期付款违约金。

案件事实:

2020年8月15日,某饮料公司与地中海度假村签订了《信用结算协议》。根据协议,某饮料公司向地中海度假村提供信用额度供其赊账购买产品。协议中明确约定了逾期付款违约金计算方式:自逾期之日起按日万分之五计算违约金。

自2022年7月起,地中海度假村未按时支付货款,累计欠款81 514元。某饮料公司多次催款未果,于2023年2月向法院提起诉讼,要求地中海度假村支付欠款及相应的逾期付款违约金。地中海度假村辩称酒店管理由三亚某旅业投资有限公司(以下简称"某公司")负责,且逾期违约金过高。

一审法院判决地中海度假村支付欠款及违约金,并判定某公司在地中海度假村财产不足时承担补充赔偿责任。地中海度假村不服一审判决,提起上诉。

裁判理由:

一审法院认为:《信用结算协议》系双方自愿签订的合法有效合同,地中海

---

① 参见三亚某旅业投资有限公司地中海俱乐部度假村与三亚某旅业投资有限公司等买卖合同纠纷案,海南省高级人民法院(2024)琼民终45号民事判决书。

度假村应当按照合同约定支付货款。地中海度假村的欠款事实清楚,未能按期支付货款,违反了合同义务,因此某饮料公司有权要求支付欠款。关于逾期付款违约金,合同中明确约定了逾期付款的违约金计算方式。地中海度假村虽提出违约金过高的异议,但未能提供有效证据证明违约金超出实际损失,法院认为合同约定应当得到执行,支持了某饮料公司主张的逾期付款违约金数额。地中海度假村提出应由某公司承担责任的辩解,法院认为某公司并非本案合同当事人,且某公司的管理与本案买卖合同纠纷无关,因此未追加其为诉讼当事人。

二审法院认为:一审判决认定事实清楚、适用法律正确,地中海度假村未按约支付货款,应支付欠款及违约金,且某公司应承担补充赔偿责任。地中海度假村的请求缺乏依据,维持原判。

【法理阐释】

本案的争议焦点在于地中海度假村是否应承担未按期支付货款的责任,以及逾期付款违约金是否合理。根据《民法典》第五百九十五条与第六百二十六条,买卖合同一方应按约定支付价款,若未按时支付,则应承担违约责任。合同中约定的违约金计算方式一旦明确且双方自愿签订,除非有证据证明违约金显失公平,否则应予以支持。此外,地中海度假村提出的追加某公司作为第三人并不符合相关法律规定,因为某公司与本案买卖合同没有直接的法律关系。本案主要涉及合同履行和违约责任,地中海度假村应当履行合同并承担相应责任。

相关法律条文

《民法典》

第六百二十六条　买受人应当按照约定的数额和支付方式支付价款。对价款的数额和支付方式没有约定或者约定不明确的,适用本法第五百一十条、第五百一十一条第二项和第五项的规定。

第二节　买卖合同的内容

《民法典》第五百九十六条　买卖合同的内容一般包括标的物的名称、数量、质量、价款、履行期限、履行地点和方式、包装方式、检验标准和方法、结算方式、合同使用的文字及其效力等条款。

【立法意旨和制度背景】

本条是关于买卖合同内容(条款)的规定。本条来源于《合同法》第一百三十一条,"买卖合同的内容除依照本法第十二条的规定以外,还可以包括包装方式、检验标准和方法、结算方式、合同使用的文字及其效力等条款"[①]。

合同文书是当事人合意的书面表现形式,是合同内容的载体,用以明确双方权利义务。尽管法律对合同形式无强制性要求,但为确保交易安全,除小额或即时清结的交易外,实践中多采用书面形式。完备的合同文书应明确界定双方权利义务,条款内容须在不违背法律、行政法规、社会公共利益和公序良俗的前提下,由当事人自由协商确定,且必须明确具体。完备的买卖合同文书不仅能保证合同框架协调、条款合理搭配,减少矛盾和歧义,还能规范双方行为,控制交易风险。因此,合同文本的规范研究是民法理论与实务中的重要课题。

完备的买卖合同文书有助于当事人全面履行合同,明确权利义务,为及时准确履行合同创造条件,实现合同目的。同时,完备的合同文书便于当事人协商解决纠纷,使违约方清楚自身责任,守约方知晓如何维权。完备的合同文书具有证据效力,能证明合同关系及权利义务内容,有利于司法诉讼的开展。当合同双方当事人不能协商解决纠纷提起诉讼时,合同就是仲裁机构和人民法院审理合同纠纷,判明当事人是非的最重要的依据。[②]

为此,我国《民法典》第五百九十六条规定:买卖合同的内容……还可以包括包装方式、检验标准和方法、结算方式、合同使用的文字及其效力等条款。《民法典》第四百七十条规定:"合同的内容由当事人约定,一般包括以下条款:(一)当事人的姓名或者名称和住所;(二)标的;(三)数量;(四)质量;(五)价款或者报酬;(六)履行期限、地点和方式;(七)违约责任;(八)解决争议的方法。当事人可以参照各类合同的示范文本订立合同。"

【条文解读】

一、买卖合同的一般条款

根据合同自由原则,当事人有权自主决定合同的内容,而合同内容具体体现

[①] 参见谢鸿飞、朱广新主编:《民法典评注合同编:典型合同与准合同(一)》,中国法制出版社2020年版,第9页。

[②] 参见姜静怡:《论合同文书的完备》,《理论学习与探索》2000年第2期,第75页。

为合同条款。①本条采用了"一般包括……条款"的表述，它所指的是买卖合同通常包含的条款。这一规定是建议性、引导性或提示性的，②以上是合同的主要条款，但并非所有条款都是合同的必要条款，不具备某些条款的合同并非不能成立，可依据《最高人民法院关于适用〈中华人民共和国民法典〉合同编通则若干问题的解释》第三条第一款的规定：当事人对合同是否成立存在争议，人民法院能够确定当事人姓名或名称、标的和数量的，一般应当认定合同成立。但是法律另有规定或者当事人另有约定的除外。据此，我们认为该条对合同必备条款的一般规定同样适用于买卖合同，即买卖合同的必备条款应包括当事人姓名或名称、标的物及其数量。③买卖合同的目的是转移财产的所有权，因此，买卖合同的内容需根据买卖合同的特殊性质约定合同的特殊条款，如包装方式、检验标准和方法等。

根据我国《民法典》第五百九十六条的规定，当事人可以就包装方式、检验标准和方法、结算方式、合同使用的文字及其效力等条款做出约定。尽管这些内容并非合同的主要条款，但如果当事人不注意明确约定，容易导致双方发生争议，甚至不利于保护一方的合法权益。

1. 包装方式。对需要包装的货物，当事人可根据货物的种类、性质以及运输的方式就货物的包装方式进行具体约定。一般物品的包装要求比较简单，对于贵重物品、易损坏物品、易燃易爆物品等要求则比较严格。当然，买受人可以要求对标的物进行特殊包装。

2. 检验标准和方法。检验标准和方法包括品质和数量等方面。当事人可约定对标的物的具体检验标准和方法。检验标准和方法有国家规定或行业规定的，也可适用该规定。选择何种检验标准、哪个检验机构以及何时何地进行检验等最好均在合同中予以明确，这对于合同的履行、索赔及争议的解决等都具有重要意义。

3. 结算方式。结算方式主要是指价款的结算方式。如现金结算、银行信用证结算、票据结算等方式。

4. 合同使用的文字及其效力。这主要是指在涉外买卖合同中，双方可约定

---

① 参见谢鸿飞、朱广新主编：《民法典评注合同编：典型合同与准合同（一）》，中国法制出版社2020年版，第8页。

② 参见全国人民代表大会常务委员会法制工作委员会编：《中华人民共和国合同法释义》，法律出版社1999年版，第26页；王利明：《合同法研究》（第三卷，第二版），中国人民大学出版社2015年版，第57页。

③ 参见黄薇主编：《中华人民共和国民法典释义》，法律出版社2020年版，第489页。

使用中文、外文或双语。如无约定,结合合同背景和交易习惯,中文和外文条款应具有同等效力。数字表达可使用阿拉伯数字、汉语或外语,若发生冲突,应依《民法典》解释规则确定优先使用的表达方式。①

二、买卖合同的其他条款

买卖合同作为当事人意思表示一致的产物,允许在不违反法律强制性规定的前提下设定其他条款,如所有权保留条款和保密条款。以保密条款为例,合同关系的建立实际上也是一定信赖关系的形成。保护商业秘密是为了防止信息泄露,尤其是在缔约双方需要披露敏感信息时。《反不正当竞争法》和《刑法》保护商业秘密,但仅限于商业秘密本身,范围较窄。唯有在合同中设定保密条款,具体明确地将特定信息纳入对方保密义务范围之内,才是更稳妥的办法。保密义务不仅限于签约方,还可以扩展至其关联公司、咨询公司等,但必须限定在履行合同所需的范围内。

【典型案例】

1. 栾某波与牛某芬买卖合同纠纷案②

裁判要旨:

本案中,栾某波与牛某芬签订买卖合同后,应履行及时检验和通知的义务。现栾某波在收到某物后两个月才提出牛某芬交付的标的物存在质量问题并要求解除合同,未在合理期限内尽到及时检验义务,应视为牛某芬的履行符合约定。

案件事实:

原告牛某芬系从事洋芋种子销售的个体户,2023年3月31日被告栾某波口头向原告牛某芬购买洋芋种子11 530公斤,双方协商单价为3.2元/公斤,原告同意后,将洋芋种子送至被告栾某波指定的收货地点,经被告过磅后,原告将洋芋种子卸载到被告指定的仓库,被告栾某波出具过磅单一份给原告牛某芬持有,载明:"三岔河304种,11 530×3.2＝36 896元,未付,栾某波,联系电话:138××××××××"。双方未约定付款时间。当天被告对原告卸载的洋芋种子中有霉变和腐烂的部分进行筛检,共筛检出霉变和腐烂的洋芋种子大约有

---

① 参见黄薇主编:《中华人民共和国民法典释义》,法律出版社2020年版,第491页。
② 参见栾某波与牛某芬买卖合同纠纷案,云南省曲靖市中级人民法院(2024)云03民终3206号民事判决书。

150公斤，被告对筛检完毕的洋芋种子进行简单的防腐处理。后原告数次向被告索要洋芋种子货款，被告均以洋芋种子存在质量问题拒不支付货款，为此双方产生纠纷。

裁判理由：

一审法院认为：本案中，牛某芬（原告）与栾某波（被告）虽未签订书面买卖洋芋种子协议，但双方通过口头协商达成一致，由牛某芬向栾某波提供洋芋种子，双方形成事实上的买卖合同关系。该口头买卖协议体现了双方当事人真实意思，合法有效，依法受保护。牛某芬依约将所需洋芋种子交付给栾某波，且在筛选出部分霉变洋芋种子后，继续履行合同，将剩余可用种子交付。栾某波在接受交付的洋芋种子后，未提出质量异议，按惯例应视为接受该种子符合双方约定。栾某波在筛选出霉变种子后，未按约全额支付款项，行为构成违约，依法应承担违约责任。因此，牛某芬要求栾某波支付欠款的诉讼请求，法院部分支持，金额为36 416元（具体计算：36 896元－150元/公斤×3.2元=36 416元）。栾某波提出要求牛某芬赔偿经济损失的请求，因未提供相应证据，法院不予支持。

二审法院认为：栾某波未能提供证据证明洋芋种存在质量问题的具体数量，应承担举证不能的不利后果。根据《民法典》第六百二十一条及《最高人民法院关于审理买卖合同纠纷案件适用法律问题的解释》（2012年发布，2020年修正）第十二条第一款，买受人应在合理期限内通知出卖人物品质量问题。本案中，双方交易的商品为鲜活品种，栾某波作为买受方应及时反馈质量问题。栾某波在收货约两个月后才提出质量问题，此时质量问题是否因存储不当引发存在争议。因此，栾某波主张因洋芋种存在质量问题不支付货款的理由不能成立，法院不予支持。栾某波主张造成30余万元损失的主张未提出诉讼请求，且未提供证据证实，其主张无事实依据，法院不予支持。

【法理阐释】

本案争议焦点在于栾某波能否以洋芋种质量问题为由拒绝支付货款。根据《民法典》第六百二十一条规定，买受人应在检验期限内或合理期限内通知出卖人物品质量问题，否则视为符合约定。栾某波购买的洋芋种属于鲜活品种，性质特殊，可能受到存储条件、时间等因素的影响。栾某波在收到货物后约两个月才因质量问题提出退货请求，期间是否存在存储不当等外部因素的影响，尚无确凿证据。栾某波作为买受方，应当对购买的洋芋种的保存和处理承担合理注意义务，及时检查并报告质量问题，栾某波未能尽到及时检验的义务，因此其主张不应当被支持。

相关法律条文

《民法典》

第六百二十一条 当事人约定检验期限的,买受人应当在检验期限内将标的物的数量或者质量不符合约定的情形通知出卖人。买受人怠于通知的,视为标的物的数量或者质量符合约定。

当事人没有约定检验期限的,买受人应当在发现或者应当发现标的物的数量或者质量不符合约定的合理期限内通知出卖人。买受人在合理期限内未通知或者自收到标的物之日起二年内未通知出卖人的,视为标的物的数量或者质量符合约定;但是,对标的物有质量保证期的,适用质量保证期,不适用该二年的规定。

出卖人知道或者应当知道提供的标的物不符合约定的,买受人不受前两款规定的通知时间的限制。

2. 朱某娇与由某龙买卖合同纠纷案[①]

裁判要旨:

本案中,朱某娇提供的货物清单虽记载玉件的名称、数量和价格,但部分内容缺乏签字确认,且交易方式与通常买卖行为不符。现有证据未能充分证明双方形成买卖合同关系,主张权利的一方应承担举证不能的不利后果。因此,朱某娇关于买卖合同关系成立的主张不能成立,其要求支付货款的请求不予支持。

案件事实:

2017年被告由某龙在朱某娇所有的记事本内手写记载一份清单,清单内容为玉件名称、数量、单价,在清单的首页与尾页上部签名。原告朱某娇以此为据,证明双方存在买卖合同关系,诉至法院要求被告由某龙给付买卖欠款312 370元。被告由某龙辩称双方不存在买卖合同关系。

裁判理由:

一审法院认为:买卖合同是出卖人转移标的物所有权、买受人支付价款的合同,其内容应包含合同标的、相对人及双方权利义务等,形式可为书面或口头。本案中,原告朱某娇提供的五页货物清单仅列明玉件种类、数量及价款,由某龙

[①] 参见朱某娇与由某龙买卖合同纠纷案,辽宁省鞍山市中级人民法院(2024)辽03民终2501号民事判决书。

仅在第1页和第5页签名,未标明欠款,且由某龙否认欠款事实,法院无法认定双方存在买卖合同关系。此外,朱某娇提供的5段通话录音中亦未明确由某龙有买卖欠款行为。因此,朱某娇现有证据不足以证明双方存在买卖合同关系,其请求由某龙支付欠款312 370元无事实依据,法院不予支持。

二审法院认为:本案争议焦点为朱某娇与由某龙之间是否存在买卖合同关系;由某龙是否拖欠朱某娇货款,若拖欠,具体数额是多少。关于争议焦点,法院认为双方并不存在买卖关系,理由如下:其一,本案中,朱某娇提供的由某龙书写的货物清单(共五页)意图证明其与由某龙之间存在买卖关系,但上述货物清单仅标注了玉件的名称、数量及价格,其没有完全具备买卖关系的基本构成要素;其二,案涉玉石价值较大,由某龙系长期从事玉件生意,上述货物清单中仅有两页清单的最上部有由某龙的签字,其余三页均没有由某龙的签字,上述事实不符合买卖关系的通常交易习惯,即由某龙没有在每页货物清单的最下部确认签字,且朱某娇称由某龙直接拿个袋子就将案涉全部玉件拿走亦不符合生活常理,上述事实表明双方并没有形成买卖关系的合意;其三,朱某娇提供的其与由某龙的录音证明亦不能证明双方之间存在买卖关系。综上,朱某娇并没有提供合法有效的证据证明其与由某龙之间存在真实的买卖关系,应当承担举证不能的法律后果。故一审驳回朱某娇的诉讼请求并无不当,法院予以维持。对朱某娇提出的请求由某龙支付拖欠货款312 370元之上诉请求,不予支持。

【法理阐释】

本案中,根据《民法典》第五百九十五条及第五百九十六条的规定,合同的成立以合同标的、数量、价款等基本要素的具备为前提,但朱某娇提供的货物清单虽载明玉件的名称、数量及单价,但缺乏全面的签字确认和支付价款的明确约定,难以充分体现买卖合同的成立事实。从举证责任的分配来看,根据"谁主张,谁举证"的基本原则,朱某娇作为主张合同成立的一方,应对合同成立的事实提供充分证据。然而,其提交的货物清单与通话录音均无法直接证明双方存在真实的买卖合同关系。通话录音虽提及对账事项,但内容并未明确体现货款支付义务或货物交付的具体情况,结合货物清单,仍不足以支持其主张。在证据无法满足证明标准的情况下,依据《民法典》及相关法律,举证不能的不利后果应由朱某娇承担。

此外,本案所涉玉件价值较大,但朱某娇未能提供更具说服力的书面协议或交付记录,而仅凭不完整的货物清单和模糊的录音内容作为主要证据。同时,其所述由某龙直接携带全部玉件离开的情节,与通常的交易习惯明显不符。这些事实均削弱了朱某娇主张的可信性,进一步佐证双方并未形成真实的买卖合同关系,故对朱某娇提出的请求由某龙支付拖欠货款的请求,不予支持。

相关法律条文

《最高人民法院关于适用〈中华人民共和国民事诉讼法〉的解释》

第九十条 当事人对自己提出的诉讼请求所依据的事实或者反驳对方诉讼请求所依据的事实,应当提供证据加以证明,但法律另有规定的除外。

在作出判决前,当事人未能提供证据或者证据不足以证明其事实主张的,由负有举证证明责任的当事人承担不利的后果。

第三节 买卖合同的标的物

《民法典》第五百九十七条 因出卖人未取得处分权致使标的物所有权不能转移的,买受人可以解除合同并请求出卖人承担违约责任。

法律、行政法规禁止或者限制转让的标的物,依照其规定。

【立法意旨和制度背景】

本条是关于买卖合同出卖人资格及标的物条件的规定。本条来源于《合同法》第一百三十二条,"出卖的标的物,应当属于出卖人所有或者出卖人有权处分";"法律、行政法规禁止或者限制转让的标的物,依照其规定"。

就出卖人资格而言,出卖人应当是标的物的所有权人或者有权处分之人。由于买卖合同中出卖人义务的履行涉及标的物所有权变动,而所有权变动涉及对标的物所有权的处分,因此,一般认为出卖人应当具有处分权。[1]处分权是对既有权利进行处分的权利,出卖人应当对买卖之标的物具有处分权,此为各国通例。[2]

就标的物应满足的条件而言,买卖合同的标的物应当是出卖人所有或有权处分的物。一般情况下,出卖人于出卖时即为标的物的所有人,但在买卖合同成立时出卖人也可能尚未取得标的物的所有权。实际上这样的事例是大量的,例如现实生活中的连环买卖,即一方是前一合同的买受人,又是后一合同的出卖

---

[1] 参见崔建远主编:《合同法》,法律出版社2003年版,第330页。
[2] 参见陈小君主编:《合同法学》,中国政法大学出版社1999年版,第273页。

人,该方在订立后一买卖合同时,可能还未成为标的物的所有人。但无论如何,出卖人在交付时标的物应当属于出卖人所有或者出卖人有权处分,否则,适用有关无权处分的规定。

法律禁止流通的物不得作为买卖标的物,如毒品。法律限制流通的物,只能在限定的领域流通,如枪支的买卖。国家对枪支的买卖实行特别许可制度,未经许可,任何单位和个人不得买卖枪支。购买民用枪支,需持公安部门核发的民用枪支配购证件。出售民用枪支,应当核对配购证件,按照配购证件载明的品种、型号、数量配售。

【条文解读】

一、买卖合同出卖人的界定

（一）买卖合同当事人的资格

依据我国《民法典》第五百九十五条的规定,买卖合同是出卖人转移标的物的所有权于买受人,买受人支付价款的合同。结合民法相关规定和交易实践,买卖合同当事人（即出卖人和买受人）的资格不仅包括法律的一般规定,而且还要具备法律特别规定的要件。当事人订立合同,应当具有相应的民事权利能力和民事行为能力,所谓"相应",即出卖人或买受人的精神和智力状况与买卖合同标的物的经济价值和其重要程度应当大体相当,如不相当则可能影响买卖合同的效力。买卖合同当事人可以是平等主体的自然人,也可以是法人或非法人组织。非法人组织是指具有团体性要件但不具有法人资格的社会组织,如合伙组织、非法人独资企业、个体工商户、农村承包经营户、筹建中的法人等。

（二）出卖人并不以标的物所有权人为限

买卖合同当事人包括出卖人和买受人。出卖人是指在买卖合同中负有交付标的物并移转标的物所有权的义务,收取标的物的价金的当事人。根据我国《民法典》第五百九十七条的规定,出卖人应当是标的物的所有人或者有权处分标的物的人。对标的物有权处分之人应指依法律规定或者当事人约定可以处分标的物之人。《民法典》第五百九十七条的条文中既然是用"或者出卖人有权处分",显然是将这一类人与所有权人并列,因此是指所有权人以外的对标的物有处分权的人。出卖人履行买卖合同中确立的义务,根据《民法典》第五百九十八条的规定,需要交付标的物,即转移标的物占有,同时需要转移标的物所有权于买受人。出卖人将标的物所有权转移给买受人的行为是直接对既有权利发生法律效力,其性质为处分行为。处分行为需要处分人有处分权。王泽鉴先生即指出:"有效的处分行为,以处分人有处分权为要件。"①

二、买卖合同的标的物界定

本条款的性质属于参引性规范。②

（一）买卖合同的标的物以有体物为限

买卖合同的标的物必须是有体物,不包括财产权。既然《民法典》第五百九十五条明确规定为"移转标的物的所有权",因此我国《民法典》中买卖合同的标的物不包括其他财产权,如债权、知识产权等,对于这些权利的买卖应当是参照买卖合同的有关规定处理。

（二）买卖合同的标的物不以既存物为限

买卖合同的标的物并不以现已存在之物为限,将来可取得所有权及处分权之物亦可作为买卖合同的标的物。可以作为买卖合同标的的将来物并非仅指买卖协议达成之时尚未存在之物,还包括买卖协议达成之时已经客观存在,但出卖人对其尚未取得所有权或处分权之物。

（三）法律、行政法规禁止或限制转让的标的物

1. 法律、行政法规禁止或限制转让的标的物的种类

法律、行政法规禁止转让的标的物为禁止融通物;法律、行政法规限制转让的标的物则为限制融通物。一般而言,禁止融通物或限制融通物包括:(1)只能为国家或集体所有的标的物,如土地、森林、矿藏、河流、海洋等;(2)有关国计民生、公共利益的标的物,如枪支弹药、黄金、白银、受国家保护的珍贵文物等;(3)违反商标、安全、卫生、环境保护等法律法规的产品;(4)违反我国《产品质量法》的产品,如假冒伪劣产品,国家已经明令淘汰的产品或已过保质期的产品等。③

2. 以禁止融通物或限制融通物为标的物的买卖合同的效力

以禁止融通物为买卖标的的合同,因违反法律、行政法规的强制性规定,应认定为无效。同理,对于以限制融通物为标的物的买卖合同,一般也应认定为无效,除非该合同系由法律、行政法规规定的可以从事限制融通物买卖的特定主体

---

① 参见王泽鉴:《民法总则》,中国政法大学出版社2001年版,第264页。
② 参见谢鸿飞、朱广新主编:《民法典评注合同编:典型合同与准合同(一)》,中国法制出版社2020年版,第17页。
③ 参见黄薇主编:《中华人民共和国民法典释义》,法律出版社2020年版,第496页。

缔结。

【典型案例】

1. 马某龙与门源回族自治县青石嘴镇下某沟村村民委员会不当得利纠纷案①

裁判要旨：

本案中，当事人马某龙与门源回族自治县青石嘴镇下某沟村村民委员会（以下简称"下某沟村委会"）签订草场承包合同，虽然下某沟村委会未能提供草场的权属证明，但根据《土地管理法》相关规定，农村集体所有的草场应由村集体经济组织负责管理与承包。马某龙与下某沟村委会在自愿基础上达成了承包协议，并实际履行了草场使用与承包费用支付等合同约定。且合同的成立、履行并未违反法律的强制性规定，因此该承包合同应认定为有效。在此基础上，马某龙要求返还已支付的承包费，缺乏法律依据，依法不予支持。

案件事实：

原告马某龙和被告下某沟村委会于2019年11月11日签订了《下某沟村草原承包合同》，约定：被告下某沟村委会将位于下某沟村大梅子湾草场承包给原告马某龙经营、使用，承包期限为2020年12月30日起至2021年12月31日止，承包费为13 000元。双方于2020年11月9日签订《下某沟村草原承包合同》，约定：被告下某沟村委会将位于下某沟村大梅子湾草场承包给原告马某龙经营、使用，承包期限自2019年12月31日起至2020年12月31日止，承包费用为13 000元。被告下某沟村委会未取得下某沟村大梅子湾草场主管行政部门的权属证明。

裁判理由：

一审法院认为：本案争议焦点在于被告下某沟村委会是否应退还收取原告马某龙的草场承包费用。根据《民法典》第五百九十七条，被告未取得案涉草场的权属证明，构成无权处分，但合同仍有效。因此，被告依据有效合同收取承包费具有合同依据，不构成不当得利。原告请求退还承包费无事实和法律依据，不予支持。

二审法院认为：马某龙和下某沟村委会均认可案涉草场为农村集体自留草场，根据《土地管理法》第九条第二款的规定，集体自留草场原应属自留草场所

---

① 参见马某龙与门源回族自治县青石嘴镇下某沟村村民委员会不当得利纠纷案，青海省海北藏族自治州中级人民法院（2023）青22民终196号民事判决书。

在村村集体成员共同享有。本案中,马某龙与下某沟村委会自愿达成合意并签订草原承包合同,下某沟村委会按照合同约定将案涉草场交由马某龙经营使用,马某龙亦认可在承包期内实际占有、使用案涉草场,并按照合同约定交纳草场承包费。现马某龙在案涉草场承包合同履行完毕的情形下要求下某沟村委会返还已交纳的草场承包费无事实和法律依据,其理由不能成立,不予支持。

【法理阐释】

本案中,当事人双方针对农村集体草场的承包合同及承包费的返还问题展开争议。根据《民法典》的相关规定,合同依法成立后具有法律效力,除非存在违反法律、行政法规强制性效力性规定或其他无效情形。本案涉及的草场承包合同,虽然未能提供草场权属证明,但从其内容来看,合同系双方基于自愿协商的基础上订立,且合同约定的权利义务已实际履行,并不因缺乏权属证明而当然无效。根据《土地管理法》第九条第二款的规定,农村集体土地,包括自留草场,应属村集体经济组织管理和使用。在集体草场的管理中,村委会作为代表,与村民协商后采取了承包方式,将草场使用权交予个别农牧户使用,并收取承包费用用于村集体事务,这种行为并未超出其管理权限,也未违反相关法律规定。

另,承包费的返还问题需结合合同履行情况进行判断。本案中,承包方已经按照合同约定实际占有、使用草场,并按期交纳了承包费用。在承包合同履行完毕后,要求返还承包费用的主张缺乏事实和法律依据。同时,依据《民法典》第五百九十七条的规定,无权处分不影响合同效力,只有在因处分权缺失导致合同履行无法完成时,买受方才可主张解除合同及相应赔偿。本案中,草场承包的约定内容已实际履行完毕,未发生因处分权缺失而导致合同无法履行的情况。因此,草场承包合同合法有效,合同履行过程未违反法律规定,承包费的收取具有合同依据,不构成不当得利。请求返还承包费用的主张缺乏法律支持,应予以驳回。

相关法律条文

《土地管理法》

第九条 城市市区的土地属于国家所有。

农村和城市郊区的土地,除由法律规定属于国家所有的以外,属于农民集体所有;宅基地和自留地、自留山,属于农民集体所有。

2. 李某燕与陈某义、蒲某云房屋买卖合同纠纷案[①]

裁判要旨：

本案中，案涉房屋系因易地扶贫政策取得的安置房，属于夫妻共同共有财产。虽然陈某义未经另一共有人蒲某云同意即与李某燕签订《安置房出售合同》，构成无权处分，但根据《民法典》第五百九十七条的规定，无权处分行为并不导致合同无效。然因该房屋的处分未获夫妻另一方蒲某云的同意，共有财产处分权的行使受限，该合同在法律上无法履行。原告李某燕要求交付房屋及办理过户登记的请求缺乏法律依据，依法不予支持。

案件事实：

原告李某燕与被告陈某义通过麻将馆相识，陈某义告知李某燕其手上有套安置房可出售。2021年1月14日，双方签订《安置房出售合同》，约定房屋售价42万元，定金30万元，交房及过户时间为2021年5月1日前。合同中，李某燕要求将陈某义妻子蒲某云的名字加上，但未经蒲某云同意，陈某义擅自添加。合同还约定，若一方违约，应支付购房款50%的违约金。

原告支付定金共计30万元，分多次通过取现及转账方式交给被告。2020年1月14日，陈某义向李某燕出具收条确认收到定金。同年，陈某义向原告借款94 000元，并出具借条。2023年3月31日，某土地整理开发有限公司与蒲某云签订了《住房协议》，涉及的房屋建筑面积为143.18平方米。

另，陈某义承认其中约3万元系赌博欠款。案涉房屋至起诉日尚未办理不动产权证。

裁判理由：

一审法院认为：原告李某燕与被告陈某义签订的《安置房出售合同》因陈某义未经其妻蒲某云同意擅自处分共有财产，构成无权处分，且原告不符合善意取得条件，故合同无效。原告要求履行合同并办理过户手续的诉讼请求，因合同无效且原告拒绝变更请求，法院不予支持。最终，法院判决合同无效，驳回原告的全部诉讼请求。

二审法院认为：本案的争议焦点在于：1.《安置房出售合同》的效力；2. 原告李某燕要求交付房屋并办理过户的请求是否应予支持。根据《民法典》第五百九十七条规定，无权处分并不导致合同无效，因此案涉合同应认定为有效合

[①] 参见李某燕与陈某义、蒲某云房屋买卖合同纠纷案，湖南省永州市中级人民法院（2024）湘11民终3042号民事判决书。

同。然而,依据《民法典》第三百零一条规定,共有财产的处分需经全体共有人同意,案涉房屋为夫妻共同共有财产,陈某义单方签订合同,未取得共有人蒲某云的同意,导致合同在法律上无法履行。原告主张交付房屋及办理过户手续的请求因缺乏履行基础,不应支持。综上,原审法院虽然对合同效力认定有误,但判决结果正确,应予维持。

【法理阐释】

本案中,《安置房出售合同》的效力认定与履行争议集中于无权处分与共有财产的法律规制。《民法典》第五百九十七条明确,无权处分行为本身并不导致合同无效,除非违反法律或行政法规的效力性强制规定。因此,尽管陈某义在未取得共有人蒲某云同意的情况下签订合同,但该行为并未触及法律的无效情形,合同效力应予认可。合同的有效性体现了对契约自由原则的尊重,同时也承认双方基于意思自治达成的交易安排具有法律效力。然而,合同效力的认定并不等同于履行条件的满足。《民法典》第三百零一条规定,处分共有财产须经全体共有人同意或占份额三分之二以上的按份共有人同意。案涉房屋系陈某义与蒲某云的夫妻共同财产,陈某义未取得蒲某云的同意便单方签订出售合同,显然违背法律对于共有财产处分的要求,导致合同履行在法律上无法实现。此外,本案中李某燕主张通过善意取得获得房屋所有权亦无法成立。善意取得须以标的物转移占有为前提,且买受人需支付合理对价并对处分权瑕疵不知情。案涉房屋尚未完成权属转移,且蒲某云对合同款项未予认可,无法认定李某燕构成善意取得。

相关法律条文

《民法典》

第一百五十七条 民事法律行为无效、被撤销或者确定不发生效力后,行为人因该行为取得的财产,应当予以返还;不能返还或者没有必要返还的,应当折价补偿。有过错的一方应当赔偿对方由此所受到的损失;各方都有过错的,应当各自承担相应的责任。法律另有规定的,依照其规定。

第三百零一条 处分共有的不动产或者动产以及对共有的不动产或者动产作重大修缮、变更性质或者用途的,应当经占份额三分之二以上的按份共有人或者全体共同共有人同意,但是共有人之间另有约定的除外。

第二章 出卖人的主要义务

第一节 出卖人交付标的物的义务

《民法典》第五百九十八条 出卖人应当履行向买受人交付标的物或者交付提取标的物的单证,并转移标的物所有权的义务。

【立法意旨和制度背景】

本条是关于出卖人基本义务的规定。本条来源于《合同法》第一百三十五条,"出卖人应当履行向买受人交付标的物或者交付提取标的物的单证,并转移标的物所有权的义务"。

买受人签订买卖合同的目的是取得标的物的所有权,所以交付标的物并转移所有权是出卖人的基本义务。《联合国国际货物销售合同公约》第三十条也规定:"出卖人必须按照合同和本公约的规定,交付货物,移交一切与货物有关的单据并转移货物所有权。"[1]

标的物占有的转移即为交付。民法理论将交付分为现实交付和拟制交付两种形式。[2] 现实交付是指标的物现实的移转,一般表现为直接交付,即转移直接占有。[3] 直接占有是对物事实上的支配,是可见的。其移转亦是可见的,表现为出卖人将标的物的占有直接移转给买受人,使标的物处于买受人的直接管领控制之下。除直接交付外,还包括拟制交付。拟制交付是指出卖人将对标的物占有的权利转移于买受人,以替代现实的交付。本条规定的出卖人向买受人"交付提取标的物的单证"的义务,就是一种拟制交付。标的物所有权的移转,依照法律规定,动产一般以交付而为转移,不动产和法律有特别规定的动产,如车辆、船舶、航空器,其所有权转移则需办理所有权的变更登记。该条中所说的单证是

---

[1] See United Nations Convention on Contracts of International Sale of Goods, section 30, 11 April 1980.
[2] 参见黄薇主编:《中华人民共和国民法典释义》,法律出版社2020年版,第497页。
[3] 参见[德]迪特尔·梅迪库斯:《德国债法分论》,杜景林、卢谌译,法律出版社2007年版,第19页。

指仓单、提单等物权性有价证券,这些单证本身可以作为货物所有权的凭证,因此,一旦将单证交付给买受人,便可以认为已经将动产交付给了买受人。

【条文解读】

一、出卖人向买受人移转标的物所有权的义务

在买卖合同中,买受人的主要目的在于取得标的物的所有权。出卖人将标的物的所有权转移给买受人,不仅是买卖合同的典型特征,也是买受人订立合同的目的所在。[①]因而,转移标的物的所有权是出卖人的基本义务。

(一)出卖人转移动产和不动产所有权的不同方式

依据《民法典》第二百零九条和第二百二十四条的规定,出卖人履行所有权移转义务的方式包括两种:即交付和登记。对动产而言,如当事人未做特别约定或法律未做特别规定,出卖人在将动产交付于买受人时,动产的所有权发生转移。此外,若出卖人仅移转提取标的物的单证,单证的转移需要进行背书的,如汇票,出卖人还需要履行单证的背书义务。对于不动产和某些需要办理登记手续才能转移标的物所有权的动产而言,出卖人必须协同买受人申请办理登记,以完成所有权的转移。需要注意的是,动产交付和不动产登记是法定的物权公示方式,当事人不得约定排除。

在买卖合同中,买受人的目的是取得标的物的所有权。因此,将标的物所有权转移给买受人自然成为出卖人的基本义务。至于标的物所有权的转移方法,则依法律规定而定。动产通常以占有作为权利的公示方式,故除非法律另有特别规定或当事人另有约定,动产所有权通过交付而转移。不动产和法律有特别规定的动产,如车辆、船舶、航空器等,以登记为权利公示的方法。因此,其所有权的转移须办理所有权的变更登记。不动产物权以登记和登记的变更作为权利享有的公示方法,动产物权以占有作为权利享有的公示方法,以占有的转移作为物权变动的公示方法。法律通过赋予登记和登记的变更,占有以及交付以公信力,社会公众也就可以通过登记、登记的变更、占有和交付等知悉物权的享有与变动。无论合同是否有所约定,出卖人都负有协助买受人办理所有权变更登记手续的义务,并应向买受人交付相关的产权证明文书。即便买卖合同已经成立,

---

[①] 参见谢鸿飞、朱广新主编:《民法典评注合同编:典型合同与准合同(一)》,中国法制出版社2020年版,第22页。

但出卖人尚未取得标的物的所有权（如涉及对将来取得物的买卖），出卖人仍应确保在合同订立后取得该标的物的所有权，以便将其转移给买受人。①

（二）出卖人履行交付义务的要求

出卖人必须按照买卖合同约定的种类、数量、规格、质量、期限、地点来履行合同义务。出卖人违反其中任何一项即可能构成违约，从而需要承担违约责任。另外，在样品买卖中，出卖人应当按照货样交付标的物。

出卖人在交付标的物的同时，还必须交付与标的物相关的单证和资料。出卖人在交付主物的同时，还应交付从物。但需要注意的是，在某些产品买卖中，如汽车买卖，如果未约定交付从物的，出卖人无需承担交付从物的义务。交付标的物的费用，一般由当事人约定，如无约定时，一般由出卖人承担。

从《民法典》第五百九十八条的表述方式看，出卖人的义务包括两项：其一，向买受人交付标的物或者交付提取标的物的单证；第二，转移标的物所有权。关于出卖人的这两项义务，连接词"并"字表示并列关系，所以占有转移义务与所有权转移义务乃是两项并列义务，其内容相互独立。买卖合同生效只发生出卖人负担转移标的物所有权义务的效力，并不涉及所有权变动本身。②

二、出卖人交付标的物或交付提取标的物单证的形态

为了向买受人移转买卖合同标的物的所有权，依照买卖合同，出卖人应当履行交付标的物或交付提取标的物单证的义务。此处就出卖人交付标的物或交付提取标的物单证的形态进行分析。

（一）出卖人交付标的物或交付提取标的物单证的一般形态

出卖人交付标的物或交付提取标的物单证的一般形态包括：

1. 现实交付。这是最常见的交付方式，指出卖人将标的物的实际控制权直接转移给买受人，使买受人能够实际占有和管理标的物。例如，将物品交给买受人或其代理人，或将房屋钥匙交给买受人。

2. 简易交付。如标的物在订立合同之前已为买受人占有的，在合同依法成立时，标的物即视为已经交付。我国原《合同法》第一百四十条（现《民法典》第二百二十六条）规定了这种交付方式。③

---

① 参见黄薇主编：《中华人民共和国民法典释义》，法律出版社2020年版，第498页。
② 参见田士永：《出卖人处分权问题研究》，《政法论坛（中国政法大学学报）》2003年第6期，第97页。
③ 参见黄薇主编：《中华人民共和国民法典释义》，法律出版社2020年版，第498页。

3. 占有改定。在买卖合同生效后,如果出卖人需要继续占有标的物,双方可以约定买受人取得间接占有,以此代替实际交付。这种方式通常适用于动产。

4. 指示交付。出卖人让与动产物权时,如其动产在交付时即为第三人占有的,出卖人可以将对于第三人的返还请求权让与买受人,以代替现实交付。

5. 拟制交付。在不实际转移标的物的情况下,出卖人将标的物的所有权凭证(如仓单、提单、不动产所有权证书等)交给买受人,以此完成交付。

(二)《民法典》第五百九十八条中的交付形态

《民法典》第五百九十八条中的交付仅指对标的物及提取标的物的单证的交付,而不包括上述的其他交付形态,如占有改定等。之所以如此认定,理由在于:其一,该条中"交付标的物"与交付"标的物的单证"之间用连词"或者"连接,明显是将两者并列为交付标的物的方法,而未笼统地称之为"交付"。其二,其他的交付形态在我国《民法典》中另有体现,此处不宜重复规定。例如,我国《民法典》第二百二十六条明文规定了简易交付的形态,由此决定了《民法典》第五百九十八条无重复规定的必要。

因此,《民法典》第五百九十八条中的交付包括现实交付和拟制交付。现实交付是指将标的物的占有转移给买受人,包括直接交付或通过承运人运输交付。拟制交付是在不实际交付标的物的情况下,交付所有权凭证,如仓单、提单或不动产证书。关于交付单证的争议,主流观点认为,单证交付具有与物品交付同等效力,不应视为交付替代,而是本义交付,有助于发挥单证的流通功能。①

【典型案例】

1. 王某凯与宋某强买卖合同纠纷案②

裁判要旨:

本案涉及王某凯与宋某强之间的二手车买卖合同纠纷。因车辆登记在他人名下,且王某凯未能提供有效证据证明车辆所有权的转移,双方未对车辆所有权进行明确确认。但车辆所有权的转移以交付为生效要件,而非登记,且法律未明确禁止此类合同的有效性,应认定合同有效。

---

① 参见庄加园:《基于指示交付的动产所有权移转》,《法学研究》2014年第3期,第184-185页。
② 参见王某凯与宋某强买卖合同纠纷案,辽宁省营口市中级人民法院(2024)辽08民终2451号民事判决书。

案件事实：

2022年7月31日，原告宋某强与被告王某凯签订《二手车买卖合同书》，约定被告将一辆宝来牌轿车以17 500元卖给原告。原告提供的合同备注中注明"甲方保证此车能过户，如过不了户退还乙方买车款及各项费用"，而被告提供的合同备注无此内容。原告支付车款后，于2022年8月18日花费7 500元维修车辆。2023年6月20日，原告以26 500元将车转卖给周某蝶，并约定违约金4 000元。后因车辆被法院查封无法过户，周某蝶要求退车还款并支付违约金，原告退还26 500元并赔偿4 000元。车辆登记在案外人徐某平名下。此外，被告宋某强在合同中单方增加了"保证过户"的条款。

裁判理由：

一审法院认为：涉案车辆登记在案外人徐某平名下，被告未能提供证据证明其对车辆享有所有权，因此其与原告签订的《二手车买卖合同书》合法性无法确认，支持原告解除合同的诉请。原告应将车辆返还被告，被告应退还原告购车款。关于原告主张的修理费及因车辆无法过户造成的经济损失，法院认为原告在交易时未审查车辆所有权，存在过错，且车辆在原告控制期间存在受益情况，同时涉及车辆贬值问题，故不支持原告的赔偿请求。对于被告辩称原告非诉讼主体的主张，因合同未加盖公司公章且车辆实际由原告处分，法院不予支持。法院判决解除合同，双方互相返还车辆及购车款，驳回原告的其他诉讼请求。

二审法院认为：王某凯有权处置案涉车辆，且与宋某强签订的《二手车买卖合同书》合法有效。由于宋某强将车辆转售给第三方并办理过户时，车辆已被法院查封，导致合同目的无法实现，因此应解除合同。宋某强已支付17 500元购车款，王某凯未能证明车辆存在权利瑕疵的情况下应承担瑕疵担保责任，因此宋某强的诉请成立。尽管宋某强未上诉一审判决，但仍可要求退还购车款及其他费用。王某凯提出宋某强篡改证据并涉嫌虚假诉讼的主张，法院认为双方提交的合同均为原件，且无证据证明虚假诉讼，因此不支持该主张。王某凯违约交付未能过户的车辆，违反了合同基本义务，且无法免除责任，法院不认定宋某强构成虚假诉讼，驳回王某凯的诉讼请求。

【法理阐释】

本案围绕二手车买卖合同的效力及履行展开，争议焦点为车辆权利瑕疵的责任归属与合同义务的履行。根据《民法典》第五百九十五条，买卖合同的核心在于出卖人转移标的物所有权并交付符合约定的标的物。本案《二手车买卖合同书》符合合同成立和生效的基本要求，具有法律约束力。

关于权利瑕疵责任,根据《民法典》第五百九十八条规定,本案中,车辆因被法院查封无法过户,权利瑕疵导致合同目的无法实现,出卖人未尽到瑕疵担保义务,应承担赔偿责任。

合同备注条款虽为单方手写补充,但其核心在于明确出卖人应保证标的物符合约定,未超出法定义务范围。即便备注条款未经过双方协商,瑕疵担保义务作为法定责任不可免除。双方在交易中均有过错:买受人未尽合理审查义务,出卖人未保障权利状态的清晰和可交易性。瑕疵担保义务的承担旨在维护交易稳定性与公平性,保护合同双方的合理预期。

相关法律条文

《民法典》

第五百九十五条 买卖合同是出卖人转移标的物的所有权于买受人,买受人支付价款的合同。

2. 童某生与新疆某投资(集团)房地产开发有限公司房屋买卖合同纠纷案[①]

裁判要旨:

当事人以合同形式对尚未办理产权登记手续的房屋使用权及收益权进行约定,因双方并未对不动产物权的设立或转让作出意思表示,且现行法律并未明确禁止此类合同约定,当事人就涉案房屋签订的合同不违反法律及行政法规的效力性强制性规定,故应认定为有效。

案件事实:

2010年9月20日,新疆某投资(集团)房地产开发有限公司(以下简称"某房地产公司")取得某小区活禽市场建设的建筑工程施工许可证,并于2010年11月16日办理商品房预销售许可证,项目包括某小区1、2、4、5、7号楼,总建筑面积31 356.37平方米。

童某生与某房地产公司签订《商品房买卖合同》,并于2013年1月25日支付房款760 770元,2013年5月24日支付维修基金14 400元。2015年1月7日,布尔津县2某商业楼(二期)竣工验收合格,2018年11月13日完成消防改造竣工验收备案。

---

① 参见童某生与新疆某投资(集团)房地产开发有限公司房屋买卖合同纠纷案,新疆维吾尔自治区伊犁哈萨克自治州阿勒泰地区中级人民法院(2024)新43民终383号民事判决书。

2019年7月2日，竣工验收备案表确认竣工日期为2015年1月7日。2020年不动产权证书显示物业建筑面积8 877.98平方米，分摊面积1 557.78平方米。2021年1月11日，测绘公司出具分户平面图，产权面积为188.6平方米。2024年3月8日，布尔津县某乙局确认案涉门面房产权面积为188.6平方米。

裁判理由：

一审法院认为：本案适用《民法典》相关规定。关于某房地产公司是否应向童某生支付逾期办证违约金150 000元，法院认为《商品房买卖合同》合法有效，虽然未约定办理产权登记期限，但根据司法解释，出卖人未按时交付产权证书应承担违约责任。法院推定房屋交付日为2013年5月24日，逾期90日未办证，房地产公司应支付违约金447 440.31元，法院支持童某生主张的150 000元。关于房款补交和违约金，法院支持某房地产公司要求童某生补交87 930元房款，符合规定。对于违约金21 982元的请求，法院认为房地产公司未提供有效证据，未能证明已通知童某生，且公司违约，故不予支持。关于格式合同问题，法院认为《商品房买卖合同》为地方政府制定的示范文本，不构成格式合同，且已提示双方，故不支持童某生的主张。综上，因童某生已支付大部分购房款，且房屋已交付使用，法院支持童某生要求房地产公司协助办理不动产权登记的诉讼请求。

二审法院认为：本案争议焦点包括违约责任、补交超面积房款及协助办理不动产权证。法院确认《商品房买卖合同》有效，双方应依约履行。对于违约责任，某房地产公司未在法定期限内完成产权登记，构成违约，需支付违约金。关于补交房款，因某房地产公司未能提供充分证据证明已通知童某生补交，法院支持童某生补交87 930元房款。最后，法院认定某房地产公司有义务协助童某生办理不动产权证，支持童某生的诉求。综上，法院维持一审判决。

【法理阐释】

本案集中体现了商品房买卖合同履行中的权利义务界定，主要涉及合同效力认定、出卖人逾期办理不动产权属证书的违约责任、房屋面积差异处理及超面积房款补交等争议。根据《民法典》第五百九十五条，商品房买卖合同以双方真实意思表示为成立要件，效力以不违反法律、行政法规的强制性规定为前提。关于逾期办理不动产权属证书的违约责任，依据相关司法解释，出卖人负有协助办理产权登记的法定附随义务，履行期限以合同约定或法定期间为准。本案中，出卖人未在房屋交付后90日内完成产权登记，构成履约迟延，违约责任的承担以弥补买受人权益损害为导向，违约金计算基于LPR并上浮一定比例，兼具补偿与约束功能。此外，房屋面积差异处理及超面积房款补交体现了合同约定优先原则,本案合同明确约定以产权登记面积为准,该约定合法有效,超面积房款的补交符合合同履行的一致性和契约自由精神。依据《民法典》第五百九十八条,出卖人负有协助办理产权登记的附随义务,旨在实现交易最终目的。

相关法律条文

《民法典》

第四百六十六条　当事人对合同条款的理解有争议的,应当依据本法第一百四十二条第一款的规定,确定争议条款的含义。

合同文本采用两种以上文字订立并约定具有同等效力的,对各文本使用的词句推定具有相同含义。各文本使用的词句不一致的,应当根据合同的相关条款、性质、目的以及诚信原则等予以解释。

《最高人民法院关于审理商品房买卖合同纠纷案件适用法律若干问题的解释(2020修正)》

第十四条　由于出卖人的原因,买受人在下列期限届满未能取得不动产权属证书的,除当事人有特殊约定外,出卖人应当承担违约责任:

(一)商品房买卖合同约定的办理不动产登记的期限;

(二)商品房买卖合同的标的物为尚未建成房屋的,自房屋交付使用之日起90日;

(三)商品房买卖合同的标的物为已竣工房屋的,自合同订立之日起90日。

合同没有约定违约金或者损失数额难以确定的,可以按照已付购房款总额,参照中国人民银行规定的金融机构计收逾期贷款利息的标准计算。

第二节　出卖人单证和资料的交付

《民法典》第五百九十九条　出卖人应当按照约定或者交易习惯向买受人交付提取标的物单证以外的有关单证和资料。

【立法意旨和制度背景】

本条是关于出卖人交付标的物有关单证和资料义务的规定。本条来源于《合同法》第一百三十六条,"出卖人应当按照约定或者交易习惯向买受人交付提取标的物单证以外的有关单证和资料"。

在买卖合同中,出卖人的主给付义务为交付标的物并转移标的物所有权。

为充分满足买受人的利益,法律还规定了出卖人的一些从给付义务。本条即规定了出卖人交付与标的物有关的单证和资料的从给付义务。

出卖人交付的单证有两类:一类是提取标的物的单证,如提单;另一类是辅助单证。关于提取标的物的单证,《民法典》第五百九十八条规定,出卖人应当交付标的物或者交付提取标的物单证。提取标的物的单证,如提单、仓单,是对标的物占有的权利的体现,可以由出卖人交付给买受人作为拟制的交付,以代替标的物实际的交付。① 这种拟制的交付不需要当事人在合同中作出专门的约定。本条规定的主要是后一类单证。这类单证和资料虽然不如提取标的物的单证那么重要,但是对于合同的顺利履行也是不可或缺的。这类单证和资料具体有哪些,要看当事人的约定或交易习惯。

为了合同的顺利履行,出卖人在交付标的物的同时,应当依照约定或者交易习惯向买受人交付提取标的物单证以外的有关单证和资料。现实生活中,买卖合同的出卖人除需要交付合同标的物外,尤其是国际贸易中的货物,还需交付其他一些单证和资料,例如:产品合格证、产品说明书、保修单(卡)、发票、检验单证、检疫单证、保险单、质量保证书、装箱单等。对于这些单证和资料,如果买卖合同中明确约定了出卖人交付的义务或者是按照交易的习惯出卖人应当交付,则出卖人就有义务在履行交付标的物的义务以外,向买受人交付这些单证和资料。

【条文解读】

一、出卖人承担交付标的物有关单证和资料义务的条件

从给付义务是指主给付义务以外,债务人可独立诉请履行,以满足给付利益的义务。从给付义务的发生原因有:(1)基于法律的规定。(2)基于当事人的约定。如甲方出卖其经营的企业与乙,约定甲应提供全部经销商名单。这一义务即为出卖人的从给付义务。(3)基于交易习惯。《民法典》第五百九十九条规定的目的在于使买受人能充分享有其在标的物之上的利益。依据该条规定,出卖人向买受人交付提取标的物单证以外的有关单证和资料的义务发生的条件是:

其一,基于当事人的约定。依据合同自由原则,当事人可以约定出卖人交付

---

① 参见谢鸿飞、朱广新主编:《民法典评注合同编:典型合同与准合同(一)》,中国法制出版社2020年版,第24页。

有关单证和资料,如产品质量保证书、保修单、保险单、宠物的血统证书、专家鉴定意见等。①

其二,基于交易惯例。买卖合同中的出卖人一般应将标的物的产品质量合格证、产品使用说明书、产品检疫合格证书、产品进出口检疫证书、发票等交付于买受人。②

需要指出的是,尽管《民法典》第五百九十九条对于出卖人承担相应从给付义务的条件规定为依当事人的约定或交易惯例,但是从我国现行法律规定来看,这一义务不限于上述两种情形,有些法律则直接规定了出卖人的相应从给付义务。如我国《消费者权益保护法》第二十二条规定,经营者提供商品或者服务,应当按照国家有关规定或者商业惯例向消费者出具发票等购货凭证或者服务单据;消费者索要发票等购货凭证或者服务单据的,经营者必须出具。

二、出卖人应交付标的物相关单证的种类

对于出卖人应交付的单证来说,则应分为两类:一类是买方实际占有、控制标的物所不必需的单证,如空运单、保险单证等;另一类是买方实际占有、控制标的物所必需的单证,如提单。③出卖人应当交付标的物或者交付提取标的物单证。提取标的物的单证主要是提单、仓单,是对标的物占有的权利的体现,可以由出卖人交付给买受人作为拟制的交付以代替实际的交付。这种拟制的交付不需要合同作出专门的约定。

除了标的物的仓单、提单等用于提取标的物的单证外,现实生活中关于买卖的标的物,特别是国际贸易中的货物还涉及其他单证和资料,如商业发票、产品合格证、质量保证书、使用说明书、产品检疫书、产地证明、保修单、装箱单等。④对于这些单证和资料,如果买卖合同中明确约定了出卖人交付的义务或者是按照交易的习惯出卖人应当交付,则出卖人就有义务在履行交付标的物的义务以外,向买受人交付这些单证和资料。《联合国国际货物销售合同公约》第三十四条规定:如果出卖人有义务移交与货物有关的单据,他必须按照合同所规定的

---

① 参见黄薇主编:《中华人民共和国民法典释义》,法律出版社2020年版,第500页。
② 参见谢鸿飞、朱广新主编:《民法典评注合同编:典型合同与准合同(一)》,中国法制出版社2020年版,第25页。
③ 参见吴志忠:《买卖合同法研究》,武汉大学出版社2007年版,第139页。
④ 参见黄薇主编:《中华人民共和国民法典释义》,法律出版社2020年版,第499页。

时间、地点和方式移交这些单据。① 我国民法理论关于买卖合同出卖人的交付义务中，也有这方面的内容。

出卖人依据《民法典》第五百九十九条承担的单证和资料交付义务，因合同具体条件而有所不同。例如普通货物买卖无需进出口许可证；在FOB或CFR条件下，由买受人自己办理保险，出卖人当然无义务提供保险单或者保险凭证；在DDP条件下，出卖人则必须提供证明已经完成进口完税手续的单证。

【典型案例】

1. 曾某文与宋某辉买卖合同纠纷案②

裁判要旨：

当事人通过口头约定及转账凭证形式订立合法有效的买卖合同，因卖方未履行交货义务，构成违约，合同解除后卖方应返还货款并支付逾期利息。关于卖方主张部分退款为定金的抗辩，因定金需双方协商一致并明确约定，而卖方未提交证据证明其主张，亦无法律依据支持，故应认定该抗辩不能成立。

案件事实：

原告宋某辉与被告曾某文通过线上相识，被告为冻肉中间商，原告经营的腊味厂从被告处购买冻肉原料。2020年12月8日，原告向被告微信转账35 000元购买碎肉，因质量问题交易未完成，被告于12月18日退还原告30 000元。此后，双方继续合作，原告通过银行及微信向被告转账共计198 000元用于购买冻肉原料。因未收到货物，被告陆续退款65 000元。截至目前，原告总计支付货款228 000元，被告退款95 000元，尚欠133 000元。原告多次催讨未果，遂提起诉讼。

裁判理由：

一审法院认为：本案中，原告宋某辉与被告曾某文通过线上协商达成冻肉买卖合同，双方对买卖关系无异议，合同有效。原告已支付货款228 000元，但被告未按约交货，并辩称其为中间商，卖方另有其人，但未提供证据，且货款直接支付给被告，故被告应履行交货义务。被告未发货构成违约，合同解除后，原告有权要求退还货款。关于违约利息，法院认定为逾期利息，自2022年10月4日起

---

① See United Nations Convention on Contracts of International Sale of Goods, section 34, 11 April 1980.
② 参见曾某文与宋某辉买卖合同纠纷案，湖南省湘潭市中级人民法院（2024）湘03民终408号民事判决书。

按一年期贷款市场报价利率3.65%计算。法院判决被告在判决生效后10日内支付原告货款133 000元及逾期利息，若未按期履行，需加倍支付迟延履行期间的债务利息。案件受理费1 440元由被告承担。

二审法院认为：本案争议焦点为曾某文是否应向宋某辉支付133 000元货款及利息。曾某文主张其为中间人，卖方另有他人，但一审已查明双方直接联系并支付货款，且曾某文对228 000元货款表示认可，故曾某文为本案卖方。按约发货是卖方义务，曾某文未提交证据证明已履行发货义务，应承担举证不能的不利后果。一审法院依据《民法典》相关规定，判决曾某文支付货款及逾期利息并无不当，法院予以支持。关于曾某文主张2020年12月18日退还的30 000元为定金而非货款，因未提交证据证明双方明确约定为定金，且微信聊天记录未体现该款项为定金，法院不予支持。若该款项为定金，依据定金罚则，曾某文应双倍返还，反而加重其责任，与其主张矛盾。综上，曾某文的上诉理由不成立，应予驳回；一审判决认定事实清楚，适用法律正确，处理恰当，应予维持。

【法理阐释】

本案的买卖合同关系基于当事人之间的真实意思表示成立，双方通过线上方式协商购买冻肉原料并完成货款支付，交易形式符合《民法典》关于买卖合同成立形式的规定，合同合法有效。依据《民法典》第五百九十八条、第五百九十九条的规定，出卖人负有按约向买受人交付标的物或提取标的物单证并转移标的物所有权的义务。买受人宋某辉已履行支付货款的合同义务，而曾某文未能提交证据证明已按约履行交付货物的义务，也未能证明其主张的实际交付情形，在举证责任上未达要求，应承担举证不能的不利后果。

关于退款性质的争议，退还的30 000元是否属于定金，需要基于双方是否就定金达成明确约定加以认定。在缺乏明确证据证明定金约定的情况下，该款项难以被认定为定金。同时，根据定金罚则的规定，若一方未履行合同义务导致合同目的无法实现，需双倍返还定金，这与曾某文的主张显然不符，进一步说明其关于定金的抗辩缺乏依据。

在处理逾期利息问题时，依据《最高人民法院关于审理买卖合同纠纷案件适用法律问题的解释》（2012年发布，2020年修正）第十八条的规定，当出卖人未按约履行交付义务导致买方的货款被占用时，可按照相关利率计算逾期利息。本案中，利息的起算时间及计算方式以法律规定为基础，保障了买方权益，同时维护了合同关系中的公平性和正当性。

相关法律条文

《民法典》

第五百九十八条　出卖人应当履行向买受人交付标的物或者交付提取标的物的单证,并转移标的物所有权的义务。

2. 史某良与张某峰等买卖合同纠纷案[①]

裁判要旨:

因当事人未就开具增值税发票作为付款前提条件作出明确约定,亦未证明存在先开票后付款的交易习惯,开具发票义务属随附义务,不影响支付货款这一主要义务的履行,故买卖合同中买受人以出卖人未开具发票为由拒绝支付货款,缺乏法律依据。出卖人提交的送货单、微信聊天记录等证据能够证明双方的交易事实及欠款金额,合同关系合法有效,买受人应按照约定履行付款义务。

案件事实:

原被告自2022年建立买卖合同关系,被告史某良从原告张某峰处购买办公椅,由被告史某良电话联系原告妻子订货,原告送货至指定地点并由史某良签收。2023年11月,原告通过微信向被告史某良催要欠款,确认欠款金额为60 982元,被告史某良回复认账但未付款,称因资金困难暂无法偿还。

被告辩称交易应为某乙(天津)商贸有限公司与霸州市某家具厂之间的对公交易,因原告方未开具增值税发票故未付款。经查,双方未签订书面合同,被告曾向原告个人账户转账,未向原告对公账户转账。某乙(天津)商贸有限公司为有限责任公司,霸州市某家具厂为个体工商户,经营者为张某峰。

原告主张被告史某良及其妻子李某莲支付欠款60 982元,被告认可欠款但以交易主体及发票问题为由未付款。

裁判理由:

一审法院认为:原、被告之间存在买卖合同关系,原告提供的送货单、微信截屏、电话录音等证据足以证明欠款事实,被告亦自认欠款。因此,被告史某良及其妻子李某莲应共同偿还原告货款60 982元,并支付自2024年1月24日起按LPR计算的利息至实际付清之日止。原告支出的保全费670元由被告承担。关

---

① 参见史某良与张某峰等买卖合同纠纷案,河北省廊坊市中级人民法院(2024)冀10民终4048号民事判决书。

于被告辩称原告未开具增值税发票导致未付款,经查,某乙(天津)商贸有限公司与霸州市某家具厂未签订书面合同,被告未向原告对公账户转账,且双方经营地点不一致,未建立买卖关系。故对被告的抗辩意见,法院不予采信。

二审法院认为:本案争议焦点为史某良一方能否以张某峰未开具发票为由拒绝支付欠付货款60 982元。根据《民法典》第五百九十九条规定,出卖人应按约定或交易习惯交付相关单证和资料。张某峰要求支付货款属于买卖合同的主要义务,而开具发票为合同的随附义务。史某良未能证明双方约定开具发票为付款前提,或存在先开票后付款的交易习惯,故其抗辩理由不成立。一审法院判决史某良一方支付货款并无不当。

【法理阐释】

当事人基于买卖合同形成出卖人交付标的物、买受人支付价款的法律关系。根据《民法典》第五百九十五条,买受人未支付价款构成违约,应承担民事责任。关于买受人能否以出卖人未开具发票为由拒付货款,《民法典》第五百九十九条规定,发票属于合同履行的随附义务,而非主要义务。若合同中未明确约定"开具发票为付款前提",或买受人未能证明存在"先开票后付款"的交易习惯,买受人无权以发票问题对抗支付货款的主要义务。

本案中,史某良未能证明合同中有开具发票作为付款条件的约定,亦未举证证明存在相关交易习惯,故发票问题不影响其支付货款的主要义务。同时,史某良未能证明交易主体为其所称的公司,且交易行为与公司对公账户无关。一审法院判令史某良支付欠款及利息符合法律规定。关于发票问题,最高人民法院相关会议纪要明确,未开具发票不构成拒付货款的理由。史某良若对开票义务有异议,可通过其他途径主张权利,但不能以此对抗支付货款的义务。

相关法律条文

《最高人民法院关于印发〈第八次全国法院民事商事审判工作会议(民事部分)纪要〉的通知》(七、关于建设工程施工合同纠纷案件的审理:(四)关于不履行协作义务的责任问题)

34. 承包人不履行配合工程档案备案、开具发票等协作义务的,人民法院视违约情节,可以依据合同法第六十条、第一百零七条规定,判令承包人限期履行、赔偿损失等。

第三节 知识产权的归属

《民法典》第六百条　出卖具有知识产权的标的物的,除法律另有规定或者当事人另有约定外,该标的物的知识产权不属于买受人。

【立法意旨和制度背景】

本条是关于具有知识产权的标的物买卖中知识产权归属的规定。本条来源于《合同法》第一百三十七条,"出卖具有知识产权的计算机软件等标的物的,除法律另有规定或者当事人另有约定的以外,该标的物的知识产权不属于买受人"。

当今世界已步入了一个以信息高速公路和计算机软件产业为主要标志的知识经济的时代。[①]版权产业作为知识产权产业的重要组成部分,近年来在西方发达国家迅速崛起,成为国民经济的主要甚至支柱性产业。[②]知识产权保护是专利、影视产业及整个版权产业繁荣的基础。我国曾长期未将知识产权视为"私有权利",作者创作作品仅获得象征性稿酬,缺乏更多财产权利保护。在传统买卖合同实践中,人们更关注标的物是否为违禁品或是否符合协议规定,而对涉及的知识产权问题关注较少。根据我国《著作权法》的规定,未经著作权人同意,而使用其作品的行为是侵权行为,因而在订立买卖合同前对买卖合同的标的物是否涉及知识产权问题作适当的调查是十分必要的。[③]

在以知识产权为标的物的贸易中,知识产权转让合同与买卖合同、知识产权许可合同与租赁合同虽均为有偿转让或许可使用,但性质不同。尽管民法理论赋予交易双方平等地位,但知识产权的无形财产性和共享性使其交换价值不明显且易受侵犯,仅靠买卖合同的一般性原则难以充分保护权利人利益。由于知识产权与物权的本质差异,以物权为基础的买卖合同等有名合同无法直接适用于知识产权贸易,如版权回赎等问题无法涵盖。因此,在我国知识产权贸易蓬勃

---

① See Josph E. Gortych. Intellectual Property Issues Facing High-tech Industries. Washington: SPIE Optical Enginering Press, 2001, pp. 45-48.

② See Stephen M. Mcjohn. Intellectual ProPerty: Example & Explanations. CITIC Publishing House: Aspen Publishers, Inc., 2003, pp. 256-270.

③ 参见谢鸿飞、朱广新主编:《民法典评注合同编:典型合同与准合同(一)》,中国法制出版社2020年版,第27页。

发展的背景下,建立健全相应的知识产权贸易合同制度是立法的重要任务。《民法典》第六百条明确区分了买卖合同与知识产权贸易合同,规定出卖具有知识产权的计算机软件等标的物时,除法律或当事人另有约定外,知识产权不属于买受人,保护知识产权人的利益。①

【条文解读】

一、货物买卖合同中标的物上知识产权保留的原因

我国《民法典》第六百条规定,"出卖具有知识产权的计算机软件等标的物的,除法律另有规定或者当事人另有约定的以外,该标的物的知识产权不属于买受人"。对该条规定,可以称为标的物上的知识产权保留。②在涉及具有知识产权的计算机软件买卖合同争议时,需特别关注《民法典》第六百条的规定。该条款明确指出,出卖具有知识产权的标的物时,知识产权不自动转移给买受人,原因有二:一是知识产权与所有权可以分离,买卖合同仅涉及标的物的所有权转让;二是出卖人通常只拥有标的物的所有权,并非知识产权的权利人。若标的物为种类物,知识产权的转让也会引发多个买受人共同享有该权利的矛盾。因此,法院应审查合同中是否有明确约定知识产权转让,或是否存在法律规定的例外情形,未作特别约定的情况下,应认定知识产权不属于买受人。

在买卖合同中,有些标的物本身可能是一定知识产权的载体,如计算机软件等。③我国《民法典》第六百条规定的意旨在于说明作为知识产权的载体的买卖与知识产权买卖的不同。知识产权的买卖是权利买卖的一种。涉及权利主体转变的合同法律关系,在有关法律中一般称为权利的转让。如我国《专利法》第十条第一款规定,专利权可以转让。专利权转让是指专利权人作为转让方,将其发明创造专利的所有权或者持有权转移给受让方,由受让方支付约定价款。除这种权利转让合同外,我国有关法律还规定了一种以权利为客体的许可使用合同,即《专利法》第十二条规定的专利实施许可合同,是指专利权人作为许可方,许可被许可方在约定的范围内实施其所有或者持有的专利技术,并由被许可方按照约定支付使用费的合同。上述两种合同的区别在于,专利权转让合同的目的

---

① 参见崔建远主编:《合同法》(第六版),法律出版社2016年版,第304页。
② 参见吴汉东:《〈民法典〉知识产权制度的学理阐释与规范适用》,《法律科学(西北政法大学学报)》2022年第1期,第18-32页。
③ 参见黄薇主编:《中华人民共和国民法典释义》,法律出版社2020年版,第502页。

在于专利所有权的转移,而专利实施许可合同旨在转让技术使用权。因此,专利实施许可合同也可视为专利技术使用权的转让合同,且转让人并不会因技术使用权的转让而丧失专利所有权。[①]

二、知识产权贸易中的交付不同于买卖合同中物权的交付

知识产权的转让与物权买卖不同,知识产权的交付亦不同于物权的交付。以版权贸易为例,原版权人交付作品的目的是使作品承载的独特信息为继受人所感知和掌握,而非通过占有作品原件实现合同权利。版权的非物质性决定了其贸易只能通过交付版权载体实现权利转移。因此,版权交付通常无需作品原件的移转,只要作品信息完整传递即可;即使通过原件移转传递版权智力成果,也不意味着原件物权的转移。

至于知识产权的权利移转方法,分为登记(或备案)生效主义和对抗主义两类。在登记(或备案)生效主义立法例下,一般以登记或备案作为合同的生效要件。在登记和备案作为知识产权贸易合同的生效要件的国家,版权权利的移转除须订立相应的书面合同外,还应到相关权力机关进行知识产权转让的登记和备案,知识产权权利自登记和备案之日起转移。而在登记和备案只是知识产权贸易合同的对抗要件的国家里,知识产权权利移转一般以知识产权作品交付为标志。[②]

在知识产权交易中,原知识产权人应承担质量瑕疵和权利瑕疵担保责任。知识产权贸易合同是有偿合同,权利继受人支付对价后应获得无瑕疵的知识产权,无论原权利人是否存在过失,未能提供无瑕疵的知识产权将影响交易的公平与稳定。质量瑕疵担保是指原知识产权人确保所转让的知识产权符合约定或法律要求的可用性;权利瑕疵担保则是指原权利人保证其拥有完整的知识产权,并能确保继受人在无干扰的情况下行使权利。

---

① 参见黄薇主编:《中华人民共和国民法典释义》,法律出版社2020年版,第502页。

② See Barendt Erie. The Yearbook of Copyright and Media Law 2001/2002. Oxford University Press, 2002, p. 106.

【典型案例】

1. 东莞市某智能科技有限公司与周某等专利权权属纠纷案[①]

裁判要旨：

员工在离职后一年内作出的与原单位本职工作或分配任务直接相关的发明创造，应当认定为职务发明，专利权归属原单位。主张通过反向工程或独立研发获取技术方案的一方需提供完整的研发记录及技术来源证据，否则应承担举证不能的法律后果。知识产权与产品所有权的转移相互独立，购买产品不当然取得产品所涉技术方案的知识产权。

案件事实：

周某原系深圳市某科技有限公司股东及员工，任职期间负责动态仿真花轴研发、模具设计及采购工作。深圳市某科技有限公司自2017年起持续研发动态仿真花技术，已申请多项相关专利。周某于2019年9月19日离职后，与其配偶陈某共同成立东莞市某智能科技有限公司，并于2019年9月12日（离职后3日内）申请涉案专利"一种万向花轴结构及其应用的仿真花"。涉案专利技术特征与周某任职期间参与研发的花轴模型（微信工作群中展示的支架模型）完全一致。东莞市某智能科技有限公司主张涉案专利系通过市场流通产品反向工程获得，但未能提供研发记录或反向工程可行性证据，且其专利发明人梁某、陈某无相关技术背景。深圳市某科技有限公司起诉请求确认涉案专利权归属，并提供工资转账记录、微信聊天记录、采购订单等证据证明周某参与技术研发。

裁判理由：

本案争议焦点为涉案专利是否属于周某在深圳市某科技有限公司任职期间的职务发明。法院认定周某与深圳市某科技有限公司存在劳动关系，其任职期间负责动态仿真花轴研发，微信聊天记录显示周某主导花轴设计并参与模具开发，涉案专利技术特征与其工作成果高度重合。根据《专利法》第六条及《专利法实施细则》第十三条第三项，周某离职后一年内申请的与本职工作相关的专利应属职务发明。东莞市某智能科技有限公司虽主张反向工程，但未提供拆解报告、改进记录等证据，亦未证明涉案专利存在实质性改进。根据《民法典》第六百条，产品所有权转移不导致技术方案知识产权转移，深圳市某科技有限公司

[①] 参见东莞市某智能科技有限公司与周某等专利权权属纠纷案，最高人民法院（2022）最高法知民终377号民事判决书。

作为技术方案完成方享有专利申请权。综上,涉案专利权应归属深圳市某科技有限公司。

【法理阐释】

职务发明的认定需综合审查员工本职工作内容、技术方案关联性及物质技术条件利用情况。本案中,周某的研发职责、微信工作群技术讨论记录及深圳市某科技有限公司的资金投入形成完整证据链,证明涉案专利系执行单位任务所完成。反向工程抗辩需达到"可验证的独立研发过程"证明标准,否则不成立。法律通过严格举证责任分配,防止离职员工利用原单位技术成果谋取不当利益,维护企业创新积极性。知识产权独立性原则明确技术方案与载体物权的分离,避免技术成果随产品流通被无偿侵占。

相关法律条文

《中华人民共和国专利法》

第六条 执行本单位任务或主要利用本单位物质技术条件完成的发明创造为职务发明,申请权及专利权归属单位。

《中华人民共和国专利法实施细则》

第十三条 专利法第六条所称执行本单位的任务所完成的职务发明创造,是指:

(一)在本职工作中作出的发明创造;

(二)履行本单位交付的本职工作之外的任务所作出的发明创造;

(三)退休、调离原单位后或者劳动、人事关系终止后1年内作出的,与其在原单位承担的本职工作或者原单位分配的任务有关的发明创造。

专利法第六条所称本单位,包括临时工作单位;专利法第六条所称本单位的物质技术条件,是指本单位的资金、设备、零部件、原材料或者不对外公开的技术信息和资料等。

2. 厦门鑫某明计算机服务有限公司与厦门国某地产代理有限公司软件买卖合同纠纷上诉案[①]

裁判要旨：

原告厦门鑫某明计算机服务有限公司（以下简称"鑫某明公司"）是基于其与生产商之间签订的代理协议，经生产商授权在厦门地区销售软件商品，其与生产商之间建立的亦是买卖关系，故原告在取得该软件商品后即享有所有权。为此，原告就相应软件商品与被告厦门国某地产代理有限公司（以下简称"国某地产公司"）之间所签订的销售合同应认定为有效。被告认为原告对所销售的软件不具有所有权等辩解意见，均属于生产商的知识产权问题，因合同中没有该方面的约定，故被告的主张缺乏事实及法律依据。

案件事实：

2000年3月1日，原告鑫某明公司与被告国某地产公司签订销售合同，约定国某地产公司购买JL365远程售楼软件系统，总价2.7万元。原告履行了软件的安装、调试、培训及数据录入等义务，并取得被告工作人员的确认。2000年3月18日，原告开具发票，但被告未按约支付货款。

被告在2000年5月提出软件存在问题，并愿先支付12 500元，同时要求原告解决8项问题。原告同意在收到款项后进行软件注册及问题解决。尽管如此，被告仍未支付剩余货款，且在2000年5月30日威胁解除合同并直接向生产商购货。

原告向法院提起诉讼，要求被告支付货款及违约金。

裁判理由：

一审法院认为：原告鑫某明公司与被告国某地产公司之间所签订的销售合同，系双方当事人的真实意思表示，且未违反国家法律、行政法规的有关规定，该买卖合同成立。原告是基于其与生产商之间签订的代理协议，业经生产商授权在厦门地区销售软件商品，其与生产商之间建立的亦是买卖关系，故原告在取得该软件商品后即享有所有权。为此，该销售合同应认定为有效。原告依约履行了供货及安装调试等义务，被告却未依约支付货款，理应承担相应的违约责任。被告认为原告对所销售的软件不具有所有权，且未完成合同约定的安装、调试等工作；该软件亦未能达到被告签订合同的目的，故其有权解除合同，对该软件以

[①] 参见厦门鑫某明计算机服务有限公司与厦门国某地产代理有限公司软件买卖合同纠纷上诉案，福建省厦门市中级人民法院（2001）厦经终字第370号民事判决书。

退货处理。被告的该辩解意见,均属于生产商的知识产权问题,因合同中没有该方面的约定,故被告的主张缺乏事实及法律依据,不予采纳。

二审法院在审理此案过程中,经主持调解,双方当事人自愿达成了调解协议:(1)国某地产公司于调解书签收当日一次性支付给鑫某明公司人民币12 500元;(2)鑫某明公司放弃其他诉讼请求。

【法理阐释】

本案的争议焦点在于国某地产公司是否可以以软件存在功能问题为由拒绝支付合同款项,并解除与鑫某明公司签订的软件销售合同。根据《民法典》第五百六十三条的规定,当事人仅在合同一方存在根本违约导致合同目的无法实现时,才可以解除合同。而本案中,鑫某明公司已按约定完成了供货、安装调试、初始数据录入以及培训等义务,且得到国某地产公司工作人员的签字确认,充分证明其履行行为符合合同约定。被告所提出的软件功能问题并未直接影响软件的基本运行或合同目的的实现,因而不构成根本违约。

根据《民法典》第五百零九条,合同当事人应遵循诚信原则全面履行合同义务。鑫某明公司作为软件的授权经销商,拥有合法的处分权,所销售的软件不存在权属问题。国某地产公司关于软件存在所有权争议的抗辩,实际上涉及生产商的知识产权问题,而合同中并未对相关事项作出约定,不能据此主张合同无效或拒绝履行付款义务。另,《民法典》第五百九十二条规定,债务人不得以自身原因导致履约障碍为由主张解除合同。国某地产公司迟延付款直接导致软件注册无法完成及其他后续问题的处理延误,其抗辩行为缺乏事实及法律依据。因此,鑫某明公司已履行合同义务,国某地产公司却未按约付款,构成违约,应承担相应的违约责任。

相关法律条文

《专利法》

第十条 专利申请权和专利权可以转让。

中国单位或者个人向外国人转让专利申请权或者专利权的,必须经国务院有关主管部门批准。

转让专利申请权或者专利权的,当事人应当订立书面合同,并向国务院专利行政部门登记,由国务院专利行政部门予以公告。专利申请权或者专利权的转让自登记之日起生效。

第四节　交付时间

《民法典》第六百零一条　出卖人应当按照约定的时间交付标的物。约定交付期限的,出卖人可以在该交付期限内的任何时间交付。

【立法意旨和制度背景】

本条是关于标的物交付时间的规定。本条来源于《合同法》第一百三十八条,"出卖人应当按照约定的期限交付标的物。约定交付期间的,出卖人可以在该交付期间内的任何时间交付"。

在合同交付时间的约定中,通常分为两种情况:其一,合同约定在某确定时间交付。除非对交付的时间有精确要求的合同外,一般落实到日即是合理的。出卖人约定的时间履行标的物交付义务,迟于此时间,即为迟延交付;早于此时间,即为提前履行,严格意义上也是一种违约。按照《民法典》的规定,买受人可以拒绝出卖人提前履行债务,但提前履行不损害买受人利益的除外。出卖人提前履行债务给债权人增加的费用,由出卖人承担。其二,合同约定交付的期间。交付期间指的是一个时间段。具体的合同纷繁复杂,这一时间段是某几年、某几月或者某几天都有可能。这种情况下,依照本条规定,出卖人就可以在该交付期间内的任何时间交付,这也是符合当事人意图的。[1]

本条借鉴了《联合国国际货物销售合同公约》第三十三条的规定,即:"出卖人必须按以下规定的日期交付货物:(1)如果合同规定有日期,或按合同可以确定日期,应在该日期交货;(2)如果合同规定有一段时间,或按合同可以确定一段时间,除非情况表明应由买受人选定一个日期外,应在该段时间内任何时候交货;或者(3)在其他情况下,应在订立合同后一段合理时间内交货。"[2]

【条文解读】

一、出卖人交付标的物的时间

出卖人交付标的物是出卖人的基本义务。同时,出卖人必须按照约定的时

---

[1] 参见黄薇主编:《中华人民共和国民法典释义》,法律出版社2020年版,第504页。
[2] See United Nations Convention on Contracts of International Sale of Goods, section 33, 11 April 1980.

间交付标的物。《民法典》第六百零一条和第六百零二条关于标的物交付时间的规定构成了完整的出卖人交付标的物时间的制度。

我国《民法典》第六百零一条将"期限"与"期间"并列。在民法上,表述时间的概念一般有三个,即期限、期日和期间。期限是客观发生在将来的事实。即只有尚未到来的时间才能作为附期限的法律行为中的期限。[①] 期限在民法中有两种含义,其一,期限是指附期限法律行为中的期限,即当事人以将来可能到来的事实作为决定法律行为效力的附款。其二,期限是指履行期限。在履行期限到来之前,义务人所负义务不具有强制履行效力,义务人可以不履行,权利人也不得请求强制履行。一旦履行期限到来,义务人即应当履行义务,如不履行,权利人有权请求其强制履行或者承担损害赔偿责任。我国《民法典》第六百零一条中的期限应该理解为履行期限。

期限是指时间的计算,从某一时点开始计算,称为始期;至某一时点终止计算,称为终期。买卖合同的履行期限亦可以这两种方式确定。期间则是指某一期日到另一期日之间的这段时间。如某日至某日,某月至某月等。买卖合同约定出卖人交付期间的,可以采用上述表达方式。期限与期间虽然都以特定的、不可分割的期日来表达,但是两者仍有本质差异。期限为时间之计算,仅言其一端,或为始期或为终期;而期间则为时间之经过,为始期与终期两端之间的时间。

二、当事人未约定标的物交付期限或者约定不明确时的法律适用

对于当事人未约定标的物交付期限或者约定不明确的,《民法典》规定适用《民法典》第五百一十条、第五百一十一条第四项的规定。

按照《民法典》第五百一十条规定,合同生效后当事人就标的物交付期限没有约定或者约定不明确时,首先当事人可以协商达成补充协议;不能达成补充协议的,按照合同有关条款或交易习惯确定。如果这样仍不能确定,则根据《民法典》第五百一十一条的规定,出卖人可以随时履行,买受人也可以随时要求出卖人履行,但应给对方必要的准备时间。为了使买受人有一个合理的准备接受标的物的时间,如准备仓库等,出卖人应当在交付之前通知买受人。即使法律对此不做规定,这也是出卖人按照诚实信用原则应当履行的义务,因为通知对于出卖人并非多大的负担,却可以使买受人免受可能的损害。至于这段准备的时间

---

① 参见王利明:《民法总则》,中国人民大学出版社2017年版,第344页。

应当多长,则应当根据具体的情况合理确定。①

【典型案例】

1. 徐州致某公司与黄某升商品房预售合同纠纷案②

裁判要旨：

当事人根据《商品房买卖合同》对房屋交付时间及相关责任作出约定,并明确了因不可抗力导致交房延期时不承担违约责任。合同中约定的不可抗力因素包括疫情防控、大气污染管控和中高考等,徐州致某公司提供了相应证据,证明这些因素确实对施工进度产生了影响。尽管徐州致某公司主张所有停工天数应予以扣除,但结合实际情况,法院酌情认定扣减逾期交房天数120天并计算违约金9 571.34元。

案件事实：

2021年9月6日,黄某升与徐州致某公司签订《商品房买卖合同》,约定购买位于丰县的某房屋,房屋总价714 279元,黄某升支付首期房款324 279元,余款390 000元通过贷款支付。合同约定,出卖人应在2023年10月10日前交房,并约定逾期交房的违约金和解除合同的条件。

补充协议中详细列举了不可抗力情形,包括市政配套延误、政府管控(如高考、大型活动)、大气污染管理、极端天气等,若出现这些情况,出卖人可顺延交房期限,不承担违约责任。黄某升已支付全部购房款714 279元,徐州致某公司分别于2021年9月8日和2022年1月10日开具购房款发票。截至2024年6月21日,房屋未交付,黄某升尚未收房。

裁判理由：

一审法院认为：根据《民法典》相关规定,双方签订的商品房买卖合同合法有效,徐州致某公司未按合同约定于2023年10月10日前交付房屋,构成违约。徐州致某公司主张因疫情管控、大气污染管理、中高考及文明城市建设等原因停工184天,符合不可抗力免责事由,法院予以采纳。经酌情考虑,法院扣除120天的停工期,确定逾期交房违约金为9 571.34元(254-120天×714 279元

---

① 参见唐德华、孙秀君主编：《合同法及司法解释新编教程》(上),人民法院出版社2004年版,第488页。

② 参见徐州致某公司与黄某升商品房预售合同纠纷案,江苏省徐州市中级人民法院(2024)苏03民终7116号民事判决书。

×0.0001）。2024年6月21日之后的违约金可另行主张。

二审法院认为：关于徐州致某公司抗辩因疫情管控及政府政令（如天气污染、中高考、文明城市建设等）导致停工184日，要求顺延房屋交付期限的问题，法院认为，案涉合同约定因不可抗力影响房屋交付的，可顺延交付期限而不承担违约责任。徐州致某公司需举证证明不可抗力因素与房屋迟延交付之间的关联性。一审法院已综合考虑徐州致某公司提供的疫情防控通告、重污染天气预警、中高考期间噪声监管通知、防汛防台风通知等证据，酌定支持扣减逾期交付期限120天，认定合理，法院予以维持。

【法理阐释】

本案的争议焦点在于徐州致某公司是否可以因疫情防控、大气污染管控等不可抗力因素延迟交房，而无需承担违约责任。根据《民法典》第六百零一条的规定，出卖人应当按照约定的时间交付标的物，但合同中亦可约定因不可抗力导致无法按期交付的情形。在本案中，双方签订的《商品房买卖合同》明确约定了交房时间及不可抗力条款，其中包括疫情防控、大气污染管控等影响施工的因素，并对这些因素造成的交房延迟给予免责。因此，徐州致某公司可依据合同约定，因不可抗力因素申请顺延交房期限。

徐州致某公司提出的因不可抗力因素导致的施工停工天数为184天，但法院根据提供的证据，酌情扣减了120天的逾期交房天数，认为扣减天数的裁定是合理的。根据合同约定，逾期交房违约金按实际逾期天数计算，法院结合各项不可抗力因素的具体情况，裁定徐州致某公司应向黄某升支付9 571.34元的违约金。

综上，徐州致某公司虽受不可抗力因素影响，但未能提供足够证据证明184天的停工时间完全符合合同约定的不可抗力情形。法院对其逾期交房天数的酌定扣减具有合理性，判决依法维持原判，符合《民法典》关于合同履行及违约责任的相关规定。

相关法律条文

《民法典》

第五百八十五条　当事人可以约定一方违约时应当根据违约情况向对方支付一定数额的违约金，也可以约定因违约产生的损失赔偿额的计算方法。

约定的违约金低于造成的损失的，人民法院或者仲裁机构可以根据当事人的请求予以增加；约定的违约金过分高于造成的损失的，人民法院或者仲裁机构可以根据当事人的请求予以适当减少。

当事人就迟延履行约定违约金的,违约方支付违约金后,还应当履行债务。

2. 李某、南京某房地产开发有限公司商品房预售合同纠纷案[①]

裁判要旨：

本案商品房预售合同纠纷中,双方签订的《机动车停车位买卖协议》合法有效,标的为车位使用权而非所有权,不因涉及人防工程而无效；逾期交付违约金应以实际逾期天数为基础,结合合同约定的利率标准及疫情政策调整因素综合计算；主张合同无效或标的物权利瑕疵的一方需提供充分证据,否则承担举证不能后果。

案件事实：

2020年5月4日,李某与南京某房地产开发有限公司签订《商品房预售合同》,约定房屋及车位交付时间为2021年12月31日,逾期交付违约金以全部房价款每日万分之1.5计算。同年12月6日,双方签订《机动车停车位买卖协议》,约定李某以50 000元购房券购买地下车库编号165的永久使用权（不提供产权证）。2022年3月7日,案涉车库取得《建设工程消防验收备案凭证》,但李某主张车位位于地下二层人防区域属公共设施不可交易,开发商未按约交付车位,要求支付违约金5 422.5元并返还30 000元抵用券及20 000元现金。

裁判理由：

法院认为,《机动车停车位买卖协议》明确约定李某购买车位使用权而非所有权,且《人民防空法》第五条第二款规定人防工程可由投资者使用管理并收益,故协议合法有效；案涉车库已通过消防验收,开发商依约履行交付义务,逾期天数以房屋实际交付时间（2022年7月3日）为准,扣除疫情延期30天,按合同标准计算违约金为1 222.5元；李某主张人防车位禁止买卖及返还财产,但未能提供证据证明车位属人防工程或开发商存在违约行为,应承担举证不能责任。

【法理阐释】

本案核心在于《民法典》第六百零一条关于逾期交付责任的适用与合同标的性质的认定。根据该条款,出卖人应当按照约定时间交付标的物,逾期交付的,应当承担违约责任。本案中,开发商虽未在合同约定期限（2021年12月31日）

[①] 参见李某、南京某房地产开发有限公司商品房预售合同纠纷案,江苏省南京市中级人民法院(2024)苏01民终13733号民事判决书。

交付车位，但案涉车库已通过消防验收，且房屋实际交付时间为2022年7月3日，结合《商品房预售合同》约定房屋及车位交付时间为2021年12月31日，认定车位交付时间应与房屋同步，符合《民法典》第六百零一条的规定。开发商因疫情延期30天具有政策依据，法院据此调整逾期天数为163天，既尊重合同约定，亦平衡了不可抗力对履行期限的影响。

此外，李某主张人防车位禁止买卖，车位使用权买卖协议虽涉及人防工程，但法律允许投资者通过使用权转让收益，合同效力不受影响；违约金计算需以实际损失为基础，兼顾合同履行情况与疫情政策调整，平衡双方利益；主张合同无效或返还财产需符合《民事诉讼法》第六十七条举证规则，李某未能证明权利瑕疵或开发商违约，故其主张不成立。

相关法律条文

《民法典》

第五百八十五条　当事人可以约定一方违约时应当根据违约情况向对方支付一定数额的违约金，也可以约定因违约产生的损失赔偿额的计算方法。

约定的违约金低于造成的损失的，人民法院或者仲裁机构可以根据当事人的请求予以增加；约定的违约金过分高于造成的损失的，人民法院或者仲裁机构可以根据当事人的请求予以适当减少。

当事人就迟延履行约定违约金的，违约方支付违约金后，还应当履行债务。

《人民防空法》

第五条　国家对人民防空设施建设按照有关规定给予优惠。

国家鼓励、支持企业事业组织、社会团体和个人，通过多种途径，投资进行人民防空工程建设；人民防空工程平时由投资者使用管理，收益归投资者所有。

第五节　交付期限不明或无约定

《民法典》第六百零二条　当事人没有约定标的物的交付期限或者约定不明确的，适用本法第五百一十条、第五百一十一条第四项的规定。

【立法意旨和制度背景】

本条是关于买卖合同未约定标的物交付期限或者约定不明确如何处理的规定。本条来源于《合同法》第一百三十九条，"当事人没有约定标的物的交付期限或者约定不明确的,适用本法第六十一条、第六十二条第四项的规定"。

从条文本身的内容以及《民法典》的体例安排和立法技术上看,《民法典》中的第五百一十条和第五百一十一条是两个十分重要的条文,对于合同内容的确定和合同的履行具有重要的意义。

根据我国《民法典》第五百一十条的规定,当事人在合同生效后,若未约定或约定不明确标的物的交付期限,首先应当通过协商达成补充协议;不能达成补充协议的,则可以根据合同相关条款或交易习惯来确定。如果仍无法确定,根据《民法典》第五百一十一条的规定,出卖人可以随时履行,买受人也可以随时要求出卖人履行,但应当给予对方必要的准备时间。[1]为了让买受人有合理的准备时间以接收标的物,如准备仓库等,出卖人应当在交付之前通知买受人。即使法律没有明确规定,出卖人也应依照诚实信用原则履行通知义务。对出卖人而言,通知并不构成重大负担,而能够帮助买受人避免可能的损害。至于通知的准备时间应如何确定,应当根据具体情况合理确定,难以一概而论。[2]

因此,在交货时间方面,按照《民法典》规定,当事人应当按照约定的期限交付标的物。约定交付期间的,出卖人可以在该交付期间内的任何时间交付。当事人没有约定标的物交付期限或者约定不明确的,可以协议补充;不能达成补充协议的,按照合同有关条款或者交易习惯确定。如仍不能确定交货时间,则债务人可以随时履行,债权人也可随时要求履行,但应给对方必要的准备时间。[3]

【条文解读】

一、规定买卖合同标的物交付期限适用法定条款的原因

在实际生活中,买卖合同遗漏条款的现象较为常见。若当事人协商一致填补空缺,问题自然解决;若无法达成一致,为促进交易完成,不应轻易宣布合同无效。为此,需制定货物买卖的法定条款,供法院或仲裁机构在当事人无法协商时参照适用,填补空白条款。立法者在面对不确定性时,可能选择接受缺乏法律指引的风险,而非制定可能错误的一般规则。法律制度之间的差异,往往源于立

---

[1] 参见谢鸿飞、朱广新主编:《民法典评注合同编:典型合同与准合同(一)》,中国法制出版社2020年版,第27页。
[2] 参见黄薇主编:《中华人民共和国民法典合同编释义》,法律出版社2020年版,第505页。
[3] 参见《德国民法典》第271条第1款规定:"给付期未制定,亦不能按其情形决定者,债权人得立即请求给付,债务人亦得立即清偿。"

法者应对不确定性的方式不同。若立法者认为难以构造一般规则,可选择两种方式：一是拟定具体案件清单,明确适当结果；二是允许法官在特定案件中判断适当结果。拟定清单的优势在于法律更具确定性,但立法者在抽象考虑时可能难以发现妥当结果,且可能因未涵盖所有情况而产生法律漏洞。相比之下,法官在具体案件中更能灵活应对,但可能增加法律的不确定性。[①]

二、买卖合同交付期限无约定或约定不明确时的确定规则

买卖合同的条款应当由当事人逐一商定,考虑周全,尽可能把每个条款、每个可能发生的问题规定清楚,以便利合同的履行,减少纠纷。但是,在实际生活中,基于各种主客观原因致使合同遗漏一个或几个条款的现象是常见之事。如果当事人发现买卖合同的空缺条款后经过协商能够达成一致意见以填补空缺,固然很好。但是如若不能达成一致意见,特别是在合同已经部分履行或完全履行时,当事人出现对空缺条款的不同意见则更难于处理。为了保护和促进买卖的完成,不能因为某个空缺条款而轻易宣布合同不成立。为解决此问题就需要制定专门法律规定货物买卖的法定条款,以便当事人在出现空缺条款时参照适用,如当事人不能自行协商解决,法院或仲裁机构则可用法定条款填补当事人的空白条款。

《民法典》第六百零二条规定了在买卖合同未约定标的物交付期限或约定不明确的情况下的处理办法。根据《民法典》第五百一十条和第五百一十一条第四项,当事人未约定或约定不明确的合同内容,可通过协议补充；若无法达成协议,则依合同相关条款或交易习惯确定。履行期限不明确时,债务人可随时履行,债权人也可随时要求履行,但应给予对方准备时间。这些规定旨在确保合同的履行,维护交易的稳定性与可执行性。

---

① See James Gordley. Foundations of Private Law: Property, Tort, Contract, Unjust Enrichment. Oxford University Press, 2006, pp. 34-35.

【典型案例】

1. 胡某象、胡某艳等房屋买卖合同纠纷案[①]

裁判要旨：

原告与被告签订的房屋买卖合同，系双方真实意思表示，符合相关法律规定。因未明确约定交付期限，房屋交付应视为随时履行。被告未按约交房，构成违约。

案件事实：

胡某象与胡某艳原为夫妻关系，2019年2月28日双方登记离婚。

2019年5月1日，原告李某辉与被告胡某象签订《房屋买卖合同》，合同约定胡某象以700 000元价格将其所有位于张家界市永定区崇文办事处思善桥居委会五金建材市场E5栋121号房屋出售给李某辉，并约定双方在本协议签订后，李某辉按胡某象指定的收款账户支付全部购房款。李某辉、胡某象在合同上签署姓名。同日，胡某象向李某辉出具《资金支付联系函》，要求将购房款支付给某典当有限公司用于偿还借款，请予支付。同日，胡某象向某典当有限公司提出申请，并签署将购房款用于偿还借贷本金及利息的申请书，胡某象在上述合同、联系函、申请书上代胡某艳签署姓名。

2019年5月5日，胡某象、胡某艳、李某辉在不动产登记中心签署《某市二手房买卖合同》，双方在合同上签字捺印。同日，双方办理了过户登记，李某辉取得了不动产权证书。同日，李某辉向某典当有限公司转账支付价款，胡某象、李某辉在转账凭证上签字，胡某象代胡某艳签署姓名。

2023年5月18日，李某辉通过律师向胡某象发出律师函，要求腾房并承担相关费用，胡某象委托其女儿胡某芳代为签收。

裁判理由：

一审法院认为：原告李某辉与被告胡某象、胡某艳签订的《房屋买卖合同》合法有效，双方房屋买卖关系成立。胡某艳知晓该合同，且未提供证据证明合同为抵押关系。被告未按照约定时间交房，原告有权随时要求交房，且未超过诉讼时效。由于被告未履行交房义务，构成违约，原告要求支付违约金和律师费的请求成立，违约金按中国人民银行公布的贷款利率标准计算，起算时间为2023年5

[①] 参见胡某象、胡某艳等房屋买卖合同纠纷案，湖南省张家界市中级人民法院（2023）湘08民终619号民事判决书。

月27日。关于阳台外无证增加的约25平方米临时建筑,由于未办理相关权属证明,本案不予评判。

二审法院认为:李某辉与胡某象、胡某艳的房屋买卖合同关系明确,相关证据充分,合同系双方真实意思表示,合法有效。胡某象、胡某艳未按李某辉要求腾让房屋,构成违约。一审法院依据《最高人民法院关于审理商品房买卖合同纠纷案件适用法律若干问题的解释》及相关规定,参照年利率3.65%计算违约金及律师费用,处理适当。李某辉通过律师函要求对方七日内腾让房屋,未超诉讼时效。胡某象、胡某艳的上诉理由不成立,一审判决事实清楚,适用法律正确,应予维持。

【法理阐释】

本案争议焦点为胡某象、胡某艳是否应履行《房屋买卖合同》并支付违约金。法院确认合同系双方真实意思表示,合法有效。胡某艳虽未亲自签署合同,但通过授权委托书委托胡某象签字,并在不动产登记中同意交易,故应承担合同义务。合同中未明确交房时间,但根据《民法典》,债务人可随时履行,债权人亦可随时要求履行。李某辉于2023年5月18日通过律师函要求交房,未超合理时间及诉讼时效。

胡某象、胡某艳未按时交房构成违约,应承担违约责任。法院参照中国人民银行贷款利率标准计算违约金,符合法律规定。综上,胡某象、胡某艳未履行交房义务,构成违约,法院判决其支付违约金并交付房屋,符合法律规定,应予维持。

相关法律条文

《民法典》

第五百一十一条 当事人就有关合同内容约定不明确,依据前条规定仍不能确定的,适用下列规定:

(一)质量要求不明确的,按照强制性国家标准履行;没有强制性国家标准的,按照推荐性国家标准履行;没有推荐性国家标准的,按照行业标准履行;没有国家标准、行业标准的,按照通常标准或者符合合同目的的特定标准履行。

(二)价款或者报酬不明确的,按照订立合同时履行地的市场价格履行;依法应当执行政府定价或者政府指导价的,依照规定履行。

(三)履行地点不明确,给付货币的,在接受货币一方所在地履行;交付不动产的,在不动产所在地履行;其他标的,在履行义务一方所在地履行。

（四）履行期限不明确的，债务人可以随时履行，债权人也可以随时请求履行，但是应当给对方必要的准备时间。

（五）履行方式不明确的，按照有利于实现合同目的的方式履行。

（六）履行费用的负担不明确的，由履行义务一方负担；因债权人原因增加的履行费用，由债权人负担。

第五百七十七条　当事人一方不履行合同义务或者履行合同义务不符合约定的，应当承担继续履行、采取补救措施或者赔偿损失等违约责任。

第五百七十八条　当事人一方明确表示或者以自己的行为表明不履行合同义务的，对方可以在履行期限届满前请求其承担违约责任。

2. 张某财与苏某峰买卖合同纠纷案①

裁判要旨：

当事人签订的合同明确了买卖关系及付款方式，虽然双方未完全履行合同约定，但原告张某财已支付货款，并履行了付款义务。由于被告苏某峰未按时交付货物，原告张某财有权解除合同并要求返还已支付的货款及支付利息。

案件事实：

张某财与苏某峰于2015年12月26日签订《销售合同》，约定张某财支付定金120 000元，并在收到提单复印件后支付尾款264 000元。2016年1月3日，张某财按约支付了尾款，但苏某峰未交付货物，也未退还款项。庭审中，双方确认此前有过类似交易习惯，张某财支付定金后，苏某峰提供提货单，张某财验收后支付尾款。张某财表示仅收到提货单打印件，但由于时间久远，未能提供相关提货单。

裁判理由：

一审法院认为：本案为买卖合同纠纷，张某财与苏某峰签订的合同有效，双方应履行义务。张某财支付定金并按约收到提货单，已履行付款义务。张某财主张苏某峰未交货要求退货款，但未提供有效证据，且合同已履行完毕。张某财未能提供解除合同的法定依据，法院判定苏某峰已履行合同，张某财的请求缺乏事实和合同依据，因此法院依法不予支持。

二审法院认为：本案为买卖合同纠纷。本案的争议焦点为涉案《销售合同》

---

① 参见张某财与苏某峰买卖合同纠纷案，广东省江门市中级人民法院（2024）粤07民终799号民事判决书。

是否应予解除。苏某峰与张某财签订的《销售合同》合法有效。张某财主张解除合同并退还货款,但苏某峰未能按约交付货物,且提供的提单为收货待运提单而非已装船提单,因此未履行交货义务。张某财在收到该提单后支付尾款,视为认可该提单符合付款条件。根据《民法典》第五百一十条规定,张某财可随时要求履行合同,且已给予苏某峰足够时间履行合同,最终未果,因此张某财有权解除合同并要求退还货款及利息。法院支持张某财的上诉请求,判决改判一审结果。

【法理阐释】

本案的争议焦点在于张某财是否有权解除与苏某峰签订的买卖合同,并要求返还已支付的尾款。根据《民法典》第五百零九条的规定:"当事人应当按照约定全面履行自己的义务。"双方在《销售合同》中明确约定了货物交付和尾款支付的时间和条件。具体来说,合同约定苏某峰应向张某财交付符合约定要求的提单,张某财则应在收到提单后支付尾款。合同中明确交付方式是通过"正本提单",而非货物交付。由此,苏某峰是否已履行义务,应当以是否交付符合约定的"正本提单"为标准,然而,苏某峰提供的提单为"收货待运提单",而非符合合同要求的"已装船提单"。"收货待运提单"无法满足合同中明确约定的交付标准,因此,苏某峰未能履行合同约定的交付义务。基于这一违约行为,张某财有权要求解除合同并返还已支付的尾款。

关于合同解除的时效性问题,虽然张某财在第一次收到"收货待运提单"时未立即提出解除请求,但他多次催促并最终提出解除请求,符合合理的时效要求,因此,解除权并未过期。在此情形下,张某财解除合同的行为是符合法律规定的。

综上所述,苏某峰未按合同约定履行交付义务,导致合同目的未能实现,因此,张某财有权依据《民法典》的相关规定解除合同,并要求返还已支付的尾款。

相关法律条文

《民法典》

第五百一十条 合同生效后,当事人就质量、价款或者报酬、履行地点等内容没有约定或者约定不明确的,可以协议补充;不能达成补充协议的,按照合同相关条款或者交易习惯确定。

第五百六十六条 合同解除后,尚未履行的,终止履行;已经履行的,根据履行情况和合同性质,当事人可以请求恢复原状或者采取其他补救措施,并有权请求赔偿损失。

合同因违约解除的,解除权人可以请求违约方承担违约责任,但是当事人另有约定的除外。

主合同解除后,担保人对债务人应当承担的民事责任仍应当承担担保责任,但是担保合同另有约定的除外。

第六节　交付地点

《民法典》第六百零三条　出卖人应当按照约定的地点交付标的物。

当事人没有约定交付地点或者约定不明确,依据本法第五百一十条的规定仍不能确定的,适用下列规定:

(一)标的物需要运输的,出卖人应当将标的物交付给第一承运人以运交给买受人;

(二)标的物不需要运输,出卖人和买受人订立合同时知道标的物在某一地点的,出卖人应当在该地点交付标的物;不知道标的物在某一地点的,应当在出卖人订立合同时的营业地交付标的物。

【立法意旨和制度背景】

本条是关于买卖合同标的物交付地点的规定。本条来源于《合同法》第一百四十一条,"出卖人应当按照约定的地点交付标的物"。"当事人没有约定交付地点或者约定不明确,依照本法第六十一条的规定仍不能确定的,适用下列规定:(一)标的物需要运输的,出卖人应当将标的物交付给第一承运人以运交给买受人;(二)标的物不需要运输,出卖人和买受人订立合同时知道标的物在某一地点的,出卖人应当在该地点交付标的物;不知道标的物在某一地点的,应当在出卖人订立合同时的营业地交付标的物。"

本条规则的确立承继了我国《民法通则》第八十八条的相关规定。该条综合参考了大陆法系和英美法系的有关规定,特别是《联合国国际货物销售合同公约》的规定。[1] 本条的规定与《联合国国际货物销售合同公约》第三十一条规定的含义基本上是相同的。[2]

---

[1] 参见黄薇主编:《中华人民共和国民法典合同编释义》,法律出版社2020年版,第508页。

[2] See United Nations Convention on Contracts of International Sale of Goods, section 31, 11 April 1980.

对买卖合同标的物交付地点的问题,曾经存在着这样的一种处理办法,即以当事人约定的一些交付的方式来确定交付地点。这些交付方式主要是自提方式、送货方式、代办托运方式等。考虑到当事人约定的这些交付方式,有些本身就已经说明了标的物交付的地点。因此《民法典》摒弃了这种解决的办法,并且认为此时合同对交付地点的约定是明确的,或者说依照《民法典》第五百一十条的规定属于通过对合同其他条款的解释可以确定的情形。

【条文解读】

一、标的物交付地点的确定方式

根据《民法典》第六百零三条,若合同未约定交货地点或约定不明确,适用以下规定:若标的物需要运输,出卖人应将货物交给第一承运人,无论运输工具由出卖人或买受人安排。即便货物需经过多个承运人,出卖人只需完成向第一承运人的交付;若标的物不需运输且双方在订立合同时知晓货物所在地,出卖人应在该地点交付;否则,应在出卖人营业地交付。此外,若合同涉及国际货物买卖且采用特定贸易术语,交货地点已被该术语涵盖,此时不适用上述规定。[①]

如果标的物不需要运输,即合同中未涉及运输事宜,当出卖人和买受人在订立合同时知道标的物位于某一地点时,出卖人应当在该地点交付标的物。双方当事人知道标的物所在地点的情况通常较为常见,如:买卖合同的标的物是特定物;标的物是从某批特定存货中提取的货物,例如从指定存放于某地的小麦仓库中提取若干吨小麦作为交付的货物;或者是尚待加工生产或制造的未经特定化的货物,如买卖的定货将在某地某家工厂进行加工制造。[②]

二、我国《民法典》标的物交付地点的确定方式与国际公约相关规定的比较

熟悉《民法典》和《联合国国际货物销售合同公约》对合同履行地点的规定是相当重要的,同时也要了解两者的差异之处。根据《民法典》规定,履行地点的确定依据合同约定,若未约定则需参考合同内容或交易习惯。而在《联合国

---

① 参见谢鸿飞、朱广新主编:《民法典评注合同编:典型合同与准合同(一)》,中国法制出版社2020年版,第32页。

② 参见黄薇主编:《中华人民共和国民法典合同编释义》,法律出版社2020年版,第510页。

国际货物销售合同公约》下,若合同涉及运输,出卖人需将货物交给第一承运人;若不涉及运输且标的物在特定地点,出卖人应在该地点交付;若上述情况均不成立,则在出卖人的营业地交货。在选择适用法律时,若未明确约定法律,应依据《涉外民事法律关系适用法》确定,同时若对方所在国是《联合国国际货物销售合同公约》缔约国,则适用《联合国国际货物销售合同公约》的相关规定。

在买卖合同中没有明确约定交货地点的前提下,《联合国国际货物销售合同公约》第三十一条分别就三种情况确定交付地点。[①]第一种情况是,如果出卖人负责办理运输事宜,则其交货义务是把货物交给第一承运人。适用这一条款的条件是合同涉及运输,即根据合同出卖人有义务把货物运交给买受人。第二种情况是,如果出卖人无须办理运输事宜,且是特定化的标的物的话,则出卖人在货物所在地交货。并且双方当事人在订立合同时必须知道货物是在某一地点或将在某一地点制造或生产。在这种情况下,出卖人应在该地点交付货物。在上述条件都不满足的情况下,适用第三十一条的第三款,出卖人应在他订立合同的营业地交付货物。

在合同未规定交货地点时,《民法典》规定首先由当事人协议补充;若无法达成协议,则参照合同条款或交易习惯确定。如仍无法解决,货币交付在接受方所在地,不动产交付在不动产所在地,其他标的在履行方所在地交付。若标的物需运输,出卖人应将其交给第一承运人;若无需运输且双方已知标的物所在地,则在该地点交付,否则在出卖人营业地交付。

与《联合国国际货物销售合同公约》相比,两者存在显著差异。《民法典》强调补充协议和交易习惯,区分货币之债与非货币之债的履行地点;而《联合国国际货物销售合同公约》则依据标的物是否为特定物确定履行地点,适用范围限于国际货物买卖,排除不动产等交易。《民法典》更细致完备,突出自愿和协议自由原则,优先通过补充协议解决争议,体现了更强的灵活性和适用性。从法理上讲,补充协议实质上是原合同的变更,只要双方协议一致,补充合同的主要条款是允许的。此外,《联合国国际货物销售合同公约》第二十九条规定,合同只要双方协议,可以更改或终止。[②]这与跨国交易的灵活性和诚实信用原则相符,通常不需要专门规定补充协议。[③]

---

① See United Nations Convention on Contracts of International Sale of Goods, section 31, 11 April 1980.
② See United Nations Convention on Contracts of International Sale of Goods, section 29, 11 April 1980.
③ 参见叶生明:《论约定不明情况下合同履行地点的确定》,《国际经贸探索》2001年第6期,第61页。

【典型案例】

1. 张某与肖某林买卖合同纠纷案[①]

裁判要旨：

当事人就牡蛎买卖合同中质量争议问题进行诉讼，张某主张因肖某林所供牡蛎存在质量问题未支付货款，然而未能提供充分证据证明货物确有质量问题，也未能证实牡蛎运输过程中存在问题。买受人应在收到标的物后及时进行检验，张某未能履行该义务，且未能提供证据证明因质量问题产生的实际损失，应按约支付货款。

案件事实：

2022年，张某多次向肖某林购买牡蛎，并支付部分货款。肖某林主张张某欠款297 935元，一审庭审中，张某确认欠款293 025元。张某声称牡蛎存在质量问题，但未提供相应损失证据。肖某林提交了检测报告，张某对此未提出异议。关于利息，肖某林要求自起诉起按银行间同业拆借中心的利率计算。

二审中，张某主张2022年8月12日和2022年8月21日两批货物存在质量问题，要求减少货款193 025元，仅支付100 000元，但未提供足够证据支持此主张。张某未解释为何购买开口牡蛎。关于货物的处理，张某称由案外人王某代售，卖出三分之一，但未提供证据。

张某称未验收牡蛎，由王某收货并发现质量问题，肖某林则表示牡蛎经张某指定养殖场养殖，张某现场验收提货。双方均未提供有效证据。

裁判理由：

一审法院认为：张某自肖某林处购买牡蛎，双方形成买卖合同关系。张某承认尚欠肖某林货款293 025元，肖某林对此无异议，故张某应支付该欠款。张某以牡蛎存在质量问题为由拒付货款，但未能提供充分证据证明其主张，且未合理解释购买280斤开口牡蛎的情况，故其抗辩理由不成立。关于利息，双方未作约定，肖某林主张自起诉之日起按全国银行间同业拆借中心公布的贷款市场报价利率计算利息，符合法律规定，应予支持。

二审法院认为：本案争议焦点为肖某林销售的牡蛎是否存在质量问题，张某要求减少货款是否有事实及法律依据。张某主张货物存在质量问题，提交了

[①] 参见张某与肖某林买卖合同纠纷案，山东省威海市中级人民法院（2024）鲁10民终2037号民事判决书。

录音及微信聊天记录,但录音不涉及8月21日货物情况,且张某未在合理时间内提出质量异议,亦未提供其他证据证明质量问题,故其主张证据不足,不予支持。根据《民法典》第六百零七条规定,肖某林将牡蛎交付物流车辆即视为完成交付,张某应即时检验外观瑕疵。张某怠于验收,应视为货物合格。张某虽主张收货时三分之二牡蛎开口,但未提供充分证据证明货损及运输条件符合要求,无法直接认定质量问题由肖某林导致。综上,张某的上诉请求不能成立,应予驳回;一审判决认定事实清楚,适用法律正确,维持原判。

【法理阐释】

本案争议焦点为张某是否有权因肖某林提供的牡蛎存在质量问题而要求减少货款。根据《民法典》第六百二十条规定,买受人应在合理时间内检验货物并及时提出质量异议,否则视为接受货物。张某未在收货后立即提出异议,且提供的录音、视频等证据未能明确证明牡蛎存在质量问题,亦未证明质量问题与肖某林的供货直接相关。

关于质量问题,张某主张的牡蛎开口等外观瑕疵是否构成严重质量问题,需结合合同约定及货物实际情况判断。张某未能提供充分证据证明这些瑕疵对货物基本用途造成重大影响,亦未证明具体损失数额,尤其是其主张的三分之二牡蛎无法使用的情形缺乏实际销售及货款流转等证据支持。此外,牡蛎通过冷链运输交付,张某未对运输过程中的温控问题提出异议或提供相关证据,无法证明运输条件对质量造成影响。

综上,张某未在合理时间内提出质量异议,且未能提供充分证据证明质量问题及损失数额,其要求减少货款的请求缺乏事实和法律依据,不予支持。

相关法律条文

《民法典》

第五百零九条 当事人应当按照约定全面履行自己的义务。

当事人应当遵循诚信原则,根据合同的性质、目的和交易习惯履行通知、协助、保密等义务。

当事人在履行合同过程中,应当避免浪费资源、污染环境和破坏生态。

第五百七十七条 当事人一方不履行合同义务或者履行合同义务不符合约定的,应当承担继续履行、采取补救措施或者赔偿损失等违约责任。

2. 甲公司与张某峰、高某波、郭某强买卖合同纠纷案①

裁判要旨：

当事人因买卖合同发生争议，买受人发现标的物存在瑕疵后拒收，并要求解除合同。法院认为，标的物在交付前已发生毁损，导致合同目的无法实现，买受人解除合同符合法律规定。公司唯一股东未履行出资义务且恶意注销公司，应对公司债务承担连带责任。

案件事实：

2022年6月10日，原告甲公司与乙公司签订《夺标40型雾炮机购买合同》，约定甲公司向乙公司购买四台雾炮机，总价15 200元，定金5 200元，余款10 000元。合同明确交货地点为烟台经济技术开发区，运费由乙公司承担。合同签订当日，甲公司支付定金5 200元。之后，乙公司委托丙公司运输设备至甲公司所在地，乙公司要求甲公司先支付余款后发货，甲公司法定代表人徐某元遂前往丙公司物流点查看设备外包装，确认无破损后支付余款10 000元。

2022年6月17日，设备运抵约定交货地点后，甲公司发现四台雾炮机外壳严重变形，立即拒收并要求解除合同。乙公司主张甲公司已验收外包装且未及时反馈问题，但乙公司未能提供设备瑕疵由运输造成的证据。

另查明，乙公司原股东为张某峰（持股40%）、高某波（持股30%）、郭某强（持股30%），注册资本1 000万元（认缴期限至2025年）。2023年2月，张某峰受让高某波、郭某强全部股权，成为唯一股东。2023年6月，张某峰在诉讼期间注销乙公司，甲公司遂对张某峰、高某波、郭某强提起诉讼。

裁判理由：

一审法院认为：甲公司与乙公司签订的买卖合同合法有效。根据《民法典》第六百零四条，标的物交付前毁损风险由出卖方承担。设备在交货地点发现严重瑕疵，导致合同目的无法实现，甲公司有权解除合同，乙公司应返还全部货款15 200元。关于股东责任，高某波、郭某强在出资期限届满前转让股权，若系恶意逃避债务，则需对未实缴出资部分承担补充赔偿责任；张某峰作为唯一股东，未证明公司财产独立于个人财产，且恶意注销公司，依据《公司法》第六十三条（现《公司法》第二十三条）应对公司债务承担连带责任。

二审法院认为：甲公司在丙公司物流点查看外包装不构成最终验收。设备

---

① 参见甲公司与张某峰、高某波、郭某强买卖合同纠纷案，山东省烟台市中级人民法院（2024）鲁06民终3569号民事判决书。

在约定交货地点发现瑕疵，风险仍由乙公司承担。乙公司无法举证证明瑕疵并非由其过错所致，应承担不利后果。本案中，设备外壳变形可能影响安全使用，甲公司合同目的未能实现，解除合同符合《民法典》第五百六十六条规定。

【法理阐释】

本案争议焦点在于标的物瑕疵的责任归属及合同解除的合法性。根据《民法典》第六百零三条，出卖人应按约定地点交付标的物，第六百零四条进一步明确标的物毁损、灭失的风险在交付前由出卖人承担。本案中，合同明确约定交货地点为烟台经济技术开发区，交付的完成应以标的物到达约定地点并经买方验收合格为标志。

甲公司法定代表人徐某元在丙公司物流点查看外包装的行为，本质上是对运输过程中外观完整性的初步确认，而非对设备质量的最终验收。根据《民法典》第六百二十条，验收应发生于标的物交付时或交付后，且需针对质量、性能等核心要素进行检验。本案设备在约定交货地点查验时发现外壳变形，属于交付前标的物毁损，风险应由出卖方乙公司承担。乙公司主张"外包装完好即视为验收合格"，混淆了运输风险与质量责任的界限，与法律规定不符。《民法典》第五百六十六条规定，合同因违约解除时，守约方可要求恢复原状、赔偿损失。本案中，雾炮机外壳变形可能导致设备功能受损或安全隐患，直接影响甲公司购买设备用于环保除尘、降温的合同目的。根据《民法典》第五百六十三条，当事人一方迟延履行债务或有其他违约行为致使不能实现合同目的的，另一方有权解除合同。

2023年修订后的《公司法》第二十三条规定，一人公司股东不能证明公司财产独立于个人财产的，应对公司债务承担连带责任。本案中，张某峰作为乙公司唯一股东，在诉讼期间恶意注销公司，且未提交财务账目证明财产独立，构成滥用公司独立人格逃避债务。

相关法律条文

《民法典》

第五百六十六条　合同解除后，尚未履行的，终止履行；已经履行的，根据履行情况和合同性质，当事人可以请求恢复原状或者采取其他补救措施，并有权请求赔偿损失。

合同因违约解除的，解除权人可以请求违约方承担违约责任，但是当事人另有约定的除外。

主合同解除后,担保人对债务人应当承担的民事责任仍应当承担担保责任,但是担保合同另有约定的除外。

《公司法》

第二十三条 公司股东滥用公司法人独立地位和股东有限责任,逃避债务,严重损害公司债权人利益的,应当对公司债务承担连带责任。

股东利用其控制的两个以上公司实施前款规定行为的,各公司应当对任一公司的债务承担连带责任。

只有一个股东的公司,股东不能证明公司财产独立于股东自己的财产的,应当对公司债务承担连带责任。

第三章 标的物的风险转移

第一节 风险负担的一般规则

《民法典》第六百零四条 标的物毁损、灭失的风险,在标的物交付之前由出卖人承担,交付之后由买受人承担,但是法律另有规定或者当事人另有约定的除外。

【立法意旨和制度背景】

本条是关于买卖合同标的物意外风险负担的规定。本条来源于《合同法》第一百四十二条,"标的物毁损、灭失的风险,在标的物交付之前由出卖人承担,交付之后由买受人承担,但法律另有规定或者当事人另有约定的除外"。

买卖合同中货物风险转移主要解决的是买卖双方谁应承担货物毁损或灭失的风险。买卖合同标的物因不可归责于双方当事人的原因发生毁损灭失,如何分配该风险是典型的风险负担问题。现代社会中商品的交换形式日益多样,交易环节渐趋复杂,使得标的物毁损、灭失的风险随之增加,当事人在此问题上纠纷不断。尽管法律允许当事人通过约定风险负担条款来事先分配风险,但实际中当事人往往未做此类约定。因此,法律需要设定补充性风险负担规则,以便在风险发生后能依据该规则处理争议。即使风险未发生,也能为预防纠纷提供保护,有助于合同的顺利履行。

买卖合同标的物意外风险承担是一个颇具实践价值的理论问题,《民法典》有关买卖合同标的物意外风险承担的规则在司法实践中具有重要的指导意义。风险负担是指合同因不可归责于当事人的事由,而不能履行时所造成的损失由哪方承担。[1]众所周知,在买卖合同履行过程中,一旦因不可抗力或意外事件等原因导致标的物毁损、灭失时,标的物毁损的风险如何承担涉及合同当事人的切

---

[1] 参见黄薇主编:《中华人民共和国民法典合同编释义》,法律出版社2020年版,第511页。

身利益。因此，货物风险在买卖双方之间如何承担是合同法理论和实践所必须要解决的问题。甚至有学者认为，全部合同法特别是买卖法的主要目的就是把基于合同关系所产生的各种损失的风险在各方当事人之间进行适当的分配。①

风险负担的关键是如何确定风险转移的时间。除当事人在合同中自行约定外，法律必须确定一个规则以解决合同当事人对此问题未进行约定或约定不明确时，标的物风险从何时转移的问题。标的物风险转移一般有两种立法例：一是所有权人承担风险原则，即所有权转移给买受人时，风险也随之转移；二是交付原则，即以标的物的交付时间确定风险转移时间。我国《民法典》采取了第二种做法，以标的物交付确定风险转移时间的原则，即标的物毁损、灭失的风险，在标的物交付前由出卖人承担，交付后由买受人承担。关于标的物风险负担规则，德国立法亦采用交付主义模式，认为基于物权行为产生的物权变动和基于债权行为产生的风险负担转移是两个独立的问题，风险可以脱离所有权独立移转，具体制度体现在《德国民法典》第四百四十六条第一款规定："在买卖物被交付时，意外灭失和意外毁损的风险转移给买受人。自交付之时起，用益归属于买受人，且由买受人承担物的负担。"②

【条文解读】

一、买卖合同标的物意外风险负担

（一）对"风险"的理解

在合同法律制度中，买卖合同的风险问题具有重要的实践和理论意义，直接关系到买卖双方的基本义务和根本利益，且易引发分歧和纠纷。风险在不同领域有不同含义：在经济学中，风险指不利事件或损失发生的概率及其后果；在合同法中，广义风险包括可归责于一方或双方及不可归责于双方的非正常损失，而狭义风险仅指因不可归责于双方的事由导致的非正常损失。③

风险以标的物的毁损灭失的损害事实发生为客观要件。只有在发生毁损灭失的客观损害情况下，才发生风险问题。所谓毁损，是指标的物不再以原有的方式存在；所谓灭失，是指标的物不在当事人的控制范围。买卖合同中的风险实

---

① 参见冯大同：《国际货物买卖法》，对外贸易教育出版社1993年版，第132页。
② 参见陈卫佐译注：《德国民法典》（第5版），法律出版社2021年版，第176页。
③ 参见王轶：《论买卖合同标的物毁损、灭失的风险负担》，《北京科技大学学报（社会科学版）》1999年第4期，第48页。

质是指价金风险,它是对待给付风险在买卖合同中的体现,它解决的是在标的物毁损、灭失,一方当事人免除给付义务时,另一方当事人是否有对待给付义务。对待给付风险区别于给付风险,给付风险的"法律上之意义为负担此危险者,有义务使约定的给付,无论如何成为可能。且当该给付变为不可能时,不管其不能是否可归责于该负有给付危险之当事人,他皆应负债务不履行的责任"。① 该债务不履行责任的负担一般采取请求债务人重新另为给付的形式,故而给付风险规定的立法意旨在于解决债务人在标的物灭失时,有无再为给付的义务。

不可归责于双方的事由主要包括不可抗力和意外事件。一般来说都将不可抗力作为免除债务人责任的事由,所以引起风险的事由应包括不可抗力。根据《民法典》第一百八十条第二款规定,不可抗力是指不能预见、不能避免且不能克服的客观情况。无论不可抗力条款作为免责条款还是约定解除条件,只有在当事人之间具有法律约束力,不得对抗第三人。② 不可抗力的范围,各国立法一般不予明确列举。学理一般认为,不可抗力包括:(1)自然灾害,如地震;(2)政府行为,如征收;(3)社会异常事件,如战争和罢工。当事人还可以通过约定不可抗力条款来明确不可抗力的范围。

意外事件,是指非因当事人的故意或者过失而偶然发生的事故。虽然意外事件的不可预见性弱于不可抗力,③当事人如果预见也存在避免的可能,但是意外事件的发生一般不可归责于债务人,在债务人不存在过错的情况下,似应免除其合同责任。所以意外事件应为引起风险的事由之一。意外事件是不可预见的。如碰撞、触礁、搁浅、污染。意外事件也是外在于当事人事件。确定意外事件的不可预见性,一般应以当事人为标准,即当事人是否在当时的环境下,通过合理的注意能够预见。

(二)标的物意外风险负担规则的模式选择——交付主义

风险负担制度,始终是买卖合同中的核心问题。④ 风险负担,也就是风险发生后由哪一方当事人承担不利后果。因为风险的转移有一个相对确定的时点,该时点之前由一方当事人负担风险,该时点之后由另一方当事人负担风险。所以,对风险负担归属的讨论就是对风险转移时点的讨论。

---

① 参见黄茂荣:《买卖法》(增订版),中国政法大学出版社2002年版,第438页。
② 参见崔建远:《不可抗力条款及其解释》,《环球法律评论》2019年第1期,第48-57页。
③ 参见王利明:《违约责任论》,中国政法大学出版社1996年版,第316页。
④ 参见宋晓明、张勇健、王闯:《〈关于审理买卖合同纠纷案件适用法律问题的解释〉的理解与适用》,《人民司法》2012年第15期,第31页。

动产交付的债权法效力是指在买卖合同中交付是否影响货物的意外毁损、灭失的风险负担。买卖合同标的物因不可归责于双方当事人的事由而毁损、灭失，损失由谁来负担，即是买卖合同中标的物毁损、灭失风险的负担问题。对此问题，各个国家和地区的立法并不完全一致，就动产标的物而言，大致有两种立法例，一种是将标的物毁损、灭失的风险负担与标的物所有权归属相关联，从而使标的物毁损、灭失的风险负担的转移与标的物所有权的转移相统一；另一种是将标的物毁损、灭失的风险负担与标的物所有权归属相脱离，从而使标的物毁损、灭失的风险负担的转移与标的物所有权的转移相分离，以标的物的交付决定风险负担的归属。前一种为所有权主义，后一种为交付主义。但无论哪一种立法例，关于风险负担的规定都是任意性规定，允许当事人特别约定予以变更。①

所有权主义是指在标的物所有权转移于买受方之前，标的物的风险由出卖人承担，但所有权一经转移于买受方，则不论标的物是否交付，都应由买受方承担风险。简而言之，标的物的风险随着标的物所有权的转移而转移。这一原则的实质是把风险转移与所有权转移联系在一起，以所有权转移的时间决定风险转移的界限。买卖合同风险转移制度是一个债法问题，属于债权法律关系，所有权属于物权法律关系，所有权制度与买卖合同风险转移制度的制度目的根本不同，在物权法的框架体系下无法从根本上实现风险转移制度的制度目的。交易形式日益复杂，所有权转移与占有转移相分离的买卖形式出现，尤其表现在不动产交易方面，再以所有权主义作为判断风险转移的规则显然已不符合"谁占有标的物，谁就有最大的方便来维护标的物并采取措施防止损失扩大"②的目的，在实践中，所有权人与占有人不相同时，要求不实际占有标的物的所有权人承担风险显是苛责。正是因为所有权主义弊大于利，已逐渐不能适应时代的需求，采用该理论的立法例已不多。

交付主义以物的实际交付时间作为标的物风险转移的时点，体现了"利益之所在，危险之所在"的原则，确保风险负担与利益享有的一致性。在交付前，标的物毁损、灭失的风险由出卖人承担；交付后，由买受人承担。交付主义以转移占有为核心，明确了风险分配的判断标准，具有标准明确、举证便利和减少纠纷的优势。通过考察标的物占有的转移即可确定风险负担，易于普通交易双方掌握，避免了所有权主义中所有权转移时间难以确定的复杂性。综上，交付主义

---

① 参见王轶：《物权变动论》，中国人民大学出版社2001年版，第341页。
② 参见江平主编：《民法学》，中国政法大学出版社2007年版，第673页。

通过明确的风险转移时点和简便的举证方式,有效降低了风险负担纠纷的发生,优于所有权主义。

二、标的物风险移转的具体规则

标的物毁损、灭失不是由于双方当事人任何一方过错造成的,而是由于不可归责于双方当事人的外界力量所致。而且这种外界力量是当事人所无法预见、无法防止和无法克服的。风险责任具有相对性,只能发生在合同当事人之间,而不能要求当事人以外的他人如货物的承运人来承担。

标的物风险负担转移基本规则是买卖合同中的重要内容,我国《民法典》第六百零四条在"买卖合同"一章中的重要性仅次于原《合同法》第一百三十三条。所谓风险负担,指非可归因于任何一方当事人的原因,标的物发生的毁损、灭失的损失承担。关于风险负担有两种立法例,一为所有权主义,即认为风险应由所有权人承担,因之风险应随所有权的转移而转移。二是交付主义,即认为风险应自交付时起由出卖人转移给买受人。有关标的物风险负担移转规则,我国《民法典》第六百零四条确立了一般规则:交付主义。

《民法典》第六百零四条规定的交付主义是标的物风险负担的基本原则,但法律另有规定或当事人另有约定的例外。① 例外情形主要包括:(1)《民法典》第六百零五条中因买受人原因交货迟延的;(2)《民法典》第六百一十条中出卖人瑕疵履行的;(3)《民法典》第六百零六条的路货买卖;(4)《民法典》第六百零七条中交货地点不明确的;(5)《民法典》第六百零八条中买受人受领迟延的。另外,需要注意,出卖人未交付物权凭证以外的标的物单证、资料的,不影响风险负担转移(第六百零九条)。同时,买受人承担风险负担的,不影响出卖人承担违约责任(第六百一十一条)。

【典型案例】

1. 徐某华、清镇某畜牧有限公司种植、养殖回收合同纠纷案 ②

裁判要旨:

本案涉及合同自由原则下的风险分配问题。根据双方在《委托养鸡合同》

---

① 参见黄薇主编:《中华人民共和国民法典合同编释义》,法律出版社2020年版,第515页。
② 参见徐某华、清镇某畜牧有限公司种植、养殖回收合同纠纷案,贵州省贵阳市中级人民法院(2024)黔01民终4903号民事判决书。

中的约定,徐某华承担因自然灾害等不可抗力因素导致的养殖损失,且该约定未违反法律强制性规定,因此有效。2023年因强对流天气导致养殖损失后,双方签署了确认函,对损失进行了结算和确认。徐某华在签署《确认函》时确认了损失分摊方案,并未提出异议,因此该结算协议对双方具有法律效力。徐某华主张合同无效的理由未能提供充分证据予以支持,且合同条款中的不可抗力条款和后续确认函并未违反相关法律规定。

案件事实:

2023年1月10日,清镇某畜牧有限公司(以下简称"某公司",甲方)与徐某华(乙方)签订《委托养鸡合同》,约定甲方提供饲料、药物及技术指导,乙方负责养殖并支付保证金,结算方式为肉鸡回收后7个工作日内结算,逾期扣除保证金。2023年1月19日,徐某华领苗8 988只。2023年4月20日,贵州省强对流天气导致鸡舍损坏及部分鸡群死亡。2023年5月10日,双方签署《确认函》,确认因灾无法继续饲养,按实际成本结算。2023年5月17日,甲方提交《清镇服务部养护结算表》,显示最终上市肉鸡5 088只,徐某华签字确认结算金额。

另查明,贵州省实施肉(蛋)鸡养殖政策性农业保险,养殖规模达2 000只以上的主体可投保,保险范围包括自然灾害等非人为因素造成的损失,80%保险费由政府补贴。

裁判理由:

一审法院认为:本案的争议焦点为:1.案涉鸡舍受损导致鸡群死亡是否属于不可抗力;2.养殖过程中不可抗力造成的损失由谁承担;3.某公司是否需支付徐某华肉鸡回收款;4.保证金是否退还。首先,合同第7.6条明确约定自然灾害的损失由徐某华承担,该条款并不违反法律规定,具有效力。其次,关于肉鸡回收款,徐某华未能提供相关证据证明回收款的具体数额,因此法院不支持其要求支付回收款的诉求。再次,至于保证金,某公司确认徐某华的保证金为92 323.52元,扣除损失36 941.24元后,某公司应返还55 382.28元。最后,徐某华要求解除合同的诉求未得到支持,法院认为合同已履行完毕,不涉及解除问题。

二审法院认为:本案争议焦点包括:1.合同第7.6条是否违反不可抗力免责规定;2.养殖户是否应承担肉鸡死亡的部分损失;3.合同约定的保险责任及责任分摊;4.某公司是否应赔偿鸡舍垮塌损失。法院认定,合同第7.6条未违反不可抗力免责规定,仅对风险和责任进行合理分摊。肉鸡死亡虽因冰雹引起,但徐某华作为养殖方应承担部分管理责任。某公司未按合同投保农业保险,未履行防范责任,应分担部分损失。一审判决双方各承担50%损失合理。鸡舍垮塌损失依合同由养殖户自行承担,某公司无需赔偿。对于某公司主张的扣减占用费等费用,因合同未约定,法院不予支持。综上,二审维持原判,认定事实清楚、适用法律正确。

【法理阐释】

本案的争议焦点在于徐某华是否应当承担因自然灾害所造成的损失,以及合同中免责条款的效力。根据《民法典》第六条以及第一百四十三条的规定,合同条款应当遵循公平、公正的原则,且任何免除或减轻一方责任的条款不得违反法律的强制性规定。虽然合同中有约定由徐某华承担因自然灾害所造成的损失,但该条款并不能完全免除徐某华的责任。自然灾害作为不可抗力事件,虽然可以作为免责的依据,但免责条款的效力仍受到一定的限制。

在本案中,虽然自然灾害属于不可抗力因素,但合同中另有条款明确要求某公司为鸡群投保,并承担保险相关责任。然而,某公司未能履行这一义务,导致徐某华未能有效规避自然灾害带来的损失。根据《民法典》第五百七十七条规定,合同双方应当履行各自的约定,未履行相关义务的一方应当承担相应责任。依据双方的结算表和相关证据,徐某华应返还部分保证金,且相关证据对保证金金额做出了明确认定。合同履行中,虽然自然灾害的发生对损失起到了关键作用,但由于某公司未履行其保险购买义务,导致损失未能得到有效保障。因此,双方应当按合同约定分别承担责任。

综上所述,虽然自然灾害属于不可抗力因素,但由于合同中其他条款的未履行,损失加重,应当由双方按比例承担责任,判决要求某公司返还部分保证金符合相关法律规定。

相关法律条文

《民法典》

第一百八十条 因不可抗力不能履行民事义务的,不承担民事责任。法律另有规定的,依照其规定。

不可抗力是不能预见、不能避免且不能克服的客观情况。

2. 广东某科技有限公司与南昌某建设集团有限公司买卖合同纠纷案①

裁判要旨：

当事人根据合同约定，要求被告支付货款，但被告未按约履行支付义务。法院认定被告的行为构成违约，且被告提出的抗辩意见未得到支持。依据合同法相关规定，判决被告支付货款及违约利息，维持原告的诉讼请求，合同条款未违反相关法律法规，应予执行。

案件事实：

南昌某建设集团有限公司（以下简称"乙公司"）与广东某科技有限公司（以下简称"甲公司"）于2020年6月5日签订《水生植物采购合同》，约定采购仪陇县江东片区水环境综合治理工程所需水生植物，包括斑叶芒、蒲苇等。合同中约定了苗木数量、规格、单价、交货时间及付款方式。因初期合同中部分苗木单价与市场价格差异较大，双方于2020年7月16日重新签订调整后的合同，部分苗木单价下调，付款方式更改为货品验收合格后一次性付款。2020年5月到11月，甲公司按合同约定进行供货，但乙公司声称未收到部分苗木，且存在运输过程中的损耗。具体而言，乙公司表示未收到的苗木包括4 126株矮蒲苇和288株再力花，并且甲公司部分发货存在数量不足和质量问题。乙公司根据送货单与发票进行核对，质疑甲公司提供的相关证据存在不实，特别是在苗木单价和货款结算方面，部分发票金额不符。法院在审理过程中，对证据的真实性和有效性进行审查，最终对部分证据未予采信。

裁判理由：

一审法院认为：本案争议焦点为：1.甲公司与乙公司实际履行的是哪份《水生植物采购合同》；2.乙公司尚欠甲公司货款金额。关于合同履行，甲公司主张双方最初签订单价47.5元的合同，后因乙公司未按约付款，双方协商签订单价110元的新合同。但法院根据甲公司2022年对账单按单价47.5元结算及发票金额与实际送货数量不符，认定实际履行的是乙公司提供的单价47.5元的合同。关于货款欠款，乙公司辩称未收到部分苗木且部分在运输中损坏，要求核减。法院认为乙公司未提供充分证据，仅核减运输中损坏的1 300株矮蒲苇金额，认定乙公司已支付280万元，尚欠货款1 438 100元，并支持按合同约定计算利息。一审判决乙公司支付剩余货款1 438 100元，并承担违约责任，按约定利率支付自

---

① 参见广东某科技有限公司与南昌某建设集团有限公司买卖合同纠纷案，江西省南昌市中级人民法院（2024）赣01民终4367号民事判决书。

2022年2月13日起的利息。

二审法院认为：本案争议焦点为乙公司尚欠甲公司货款数额及利息起算时间。甲公司对合同签订及履行情况陈述不一致，未能提供合理证据。法院确认实际履行的是乙公司提供的合同，乙公司已支付230万元，未付款项与对账单一致。2020年10月18日《送货单》显示1 300株矮蒲苇存在质量问题，一审法院扣减相应款项后，判决乙公司支付货款1 438 100元，并自2022年2月13日起按全国银行间同业拆借中心公布的一年期贷款市场报价利率的1.5倍计算利息至清偿之日止。二审维持一审判决，对甲公司关于合同履行顺序的意见不予采纳。

【法理阐释】

本案的争议焦点在于乙公司是否仍应支付剩余货款，尤其是在双方就苗木的质量和数量存在争议的情况下。根据《民法典》第五百七十七条和第六百二十条的规定，合同的履行应当按照合同约定的内容进行，交付的标的物必须符合合同要求，并且收货方应当及时检查并提出异议。在本案中，甲公司按约定向乙公司交付了水生植物苗木，在交货过程中，乙公司未对货物提出异议，且在签收发票后也未表示存在任何问题。根据《民法典》的相关规定，收货方未在合理时间内提出质量或数量方面的异议，应视为已接受交付的货物。

乙公司虽然在后期提出了苗木数量差异及质量问题，且认为存在部分损耗，但根据《民法典》第六百二十条的规定，合同一方在交付后应当在合理期限内对货物的瑕疵进行检验并提出异议，若未及时提出异议，则应视为默认接收货物。由于乙公司未能及时提出异议，且未能提供充分证据证明损耗问题，法院在审查后认为其主张缺乏充分依据。另外，乙公司未能按时支付剩余货款，构成违约。债务人未按期履行支付义务，应当承担逾期付款的责任。甲公司有权要求乙公司继续履行支付义务，并根据合同约定要求支付逾期利息。因此，法院判定乙公司仍应支付剩余货款，并承担逾期利息赔偿责任。

综上所述，乙公司未能及时提出异议且未履行支付义务，法院判决其继续履行支付剩余货款的义务，并支付逾期利息，符合法律规定。

相关法律条文

《最高人民法院关于适用〈中华人民共和国民法典〉时间效力的若干规定》

第一条　民法典施行后的法律事实引起的民事纠纷案件，适用民法典的规定。

民法典施行前的法律事实引起的民事纠纷案件，适用当时的法律、司法解释的规定,但是法律、司法解释另有规定的除外。

民法典施行前的法律事实持续至民法典施行后,该法律事实引起的民事纠纷案件,适用民法典的规定,但是法律、司法解释另有规定的除外。

《民法典》

第五百七十七条　当事人一方不履行合同义务或者履行合同义务不符合约定的,应当承担继续履行、采取补救措施或者赔偿损失等违约责任。

第五百七十九条　当事人一方未支付价款、报酬、租金、利息,或者不履行其他金钱债务的,对方可以请求其支付。

第二节　买卖合同标的物迟延交付的风险负担

《民法典》第六百零五条　因买受人的原因致使标的物未按照约定的期限交付的,买受人应当自违反约定时起承担标的物毁损、灭失的风险。

【立法意旨和制度背景】

本条是关于买受人违约致使交付不能时的风险承担的规定。本条来源于《合同法》第一百四十三条,"因买受人的原因致使标的物不能按照约定的期限交付的,买受人应当自违反约定之日起承担标的物毁损、灭失的风险"。

由于标的物毁损、灭失的风险与双方当事人的利益密切相关,[①]所以,无论是各国的国内立法,还是有关的国际条约与国际惯例,都非常重视买卖合同的风险责任问题。通常而言,标的物风险自交付时起由出卖人移转至买受人,移转之前标的物的毁损灭失均由出卖人承担。但在标的物迟延交付是由买受人过错造成的情况下,如果仍然坚持标的物的风险自交付时起转移,显然对出卖人极为不公平。因此,若是因为买受人违反了及时接受标的物的合同义务导致标的物无法按时交付,应由买受人承担自违反约定之日起标的物毁损灭失的风险。

依照前条,标的物的风险自交付时起由出卖人转移至买受人。但在标的物迟延交付是由买受人过错造成的情况下,如果仍然坚持标的物的风险自交付时起转移,则显然对出卖人是不公平的。因为他已经为标的物的交付做好了准备,标的物已处于可交付的状态,而买受人则违反了及时接收标的物的合同义务。因此,本条作出这样的规定,是合情合理的。《联合国国际货物销售合同公约》

---

① 参见吴志忠:《买卖合同法研究》,武汉大学出版社2007年版,第130页。

第六十九条也规定,在相关情况下,买受人从货物交付给他处置但他不收取货物时起承担货物的风险。①

【条文解读】

一、买受人迟延受领对买卖合同标的物风险转移的影响

买受人违约对标的物风险转移产生影响主要是由买受人受领迟延所引起的。受领迟延是指对于必须经债权人受领才能完成的债权,债务已到清偿期债务人提出给付或已为实际给付,债权人应当受领而不受领或不能受领。②就货物买卖合同而言,受领迟延是指买受人对于出卖人已经提出的给付未为受领或者未为其他给付完成所必要的协力的事实。③如果遵循交付主义确定风险转移时间,买受人受领迟延会导致货物滞留在出卖人手中,此时如果因为出卖人对标的物的实际占有而承担标的物毁损、灭失的风险,显失公平,因为交付未完成是由于买受人的原因所导致的,出卖人没有理由因别人的过失而承担责任,这是不符合责任自负原则这一基本法理的。通常而言,风险负担以"占有与风险相一致"原则为常态,但在买卖合同中因买受人的原因致标的物未按照约定的期限交付的情形,买受人迟延的要件齐备之时(不论是出于主观不能还是客观不能),对待给付的风险即已转移到买受人方面。④为防止救济效果受损于风险移转常态规则的适用,在制度发生竞存时,只能择风险负担的特殊规定赋予优先地位。⑤

我国《民法典》第六百零五条规定,"因买受人的原因致使标的物不能按照约定的期限交付的,买受人应当自违反约定之日起承担标的物毁损、灭失的风险"。另外,我国《民法典》在第六百零八条也规定:"出卖人按照约定或者按照本法第六百零三条第二款第二项的规定将标的物置于交付地点,买受人违反约定没有收取的,标的物毁损、灭失的风险自违反约定之日起由买受人承担。"在这些情形,价金风险移转的正当性在于,如果不是买受人迟延或受领障碍,出卖人已经为了获得价金而履行了己方义务;因此,应当使出卖人处于和买受人未

---

① See United Nations Convention on Contracts of International Sale of Goods, section 69, 11 April 1980.
② 参见江平:《民法学》,中国政法大学出版社2007年版,第469页。
③ 参见余延满:《货物所有权的移转与风险负担的比较法研究》,武汉大学出版社2002年版,第398页。
④ 参见刘洋:《对待给付风险负担的基本原则及其突破》,《法学研究》2018年第5期,第105页。
⑤ 参见胡康生:《中华人民共和国合同法释义》,法律出版社2013年版,第250、253页。

迟延受领或发生受领障碍时同样的地位。①

二、买受人违约不予受领对买卖合同标的物风险转移的影响

受领给付是买受人的法定义务，否则买受人的行为构成违约，买受人应对此承担违约责任。就买卖合同而言，如果买受人违约不受领已交付的标的物，买受人理应自违约时起承担标的物的意外损失。《联合国国际货物销售合同公约》第六十九条规定，在这种情形下，"则从货物交给他处置但他不收取货物从而违反合同时起，风险转移到买受人承担"②。《美国统一商法典》的规定与《联合国国际货物销售合同公约》稍有不同，它规定在买受人违约拒收后的"商业上的合理时间内"，风险由买受人承担。③ 需要注意的是，如果是因买受人的侵权行为致使标的物毁损、灭失的，买受人仍应给付约定的价金。因为风险是不可归责于双方当事人的原因造成的不利益，此时，买受人的价金义务本就没有消灭，而非风险移转给买受人的结果。④

与迟延受领的情况相比，在买受人违约不予受领时，其不能以"即使及时受领风险也会发生"为理由，而主张免除自己的风险责任。因为违约不予受领属于根本违约，其违约程度大于迟延受领，故买受人不得享有此权利，这也体现出法律对根本违约的当事人行为的谴责与否定。我国《民法典》第六百零八条也明确规定："出卖人按照约定或依照本法第一百四十一条第二款第二项的规定将标的物置于交付地点，买受人违反约定没有收取的，标的物毁损、灭失的风险自违反约定之日起由买受人承担。"这一规定明确了买受人在违约不受领情形下的风险责任的负担标准，对督促买受人及时受领标的物、减少纠纷的发生和社会财富的浪费是有助益的。

但对于此种规定，似乎仍有可完善之处。例如，出卖人将标的物置于交付地点后，是否需要通知买受人前来领取呢？《民法典》对此没有作出规定，但根据诚实信用和协作履行的原则，应规定如有必要出卖人须依合同的性质、目的与交易习惯履行通知义务并给买受人留下合理的在途时间。否则，即使发生风险，买

---

① 参见吴香香：《〈合同法〉第142条（交付移转风险）评注》，《法学家》2019年第3期，第185页。
② See United Nations Convention on Contracts of International Sale of Goods, section 69, 11 April 1980.
③ 参见《美国统一商法典》，潘琪译，法律出版社2020年版，第98页。
④ 参见[德]迪特尔·梅迪库斯：《德国债法分论》，杜景林、卢湛译，法律出版社2007年版，第27页。

受人亦不应承担。①

【典型案例】

1. 南京某公司与澳大利亚某公司、江苏某公司买卖合同纠纷案②

裁判要旨：

根据《民法典》第六百零五条的规定，因买受人的原因致使标的物不能按照合同约定的期限交付的，买受人应当自违反约定之日起承担标的物毁损、灭失的风险。因此，由于南京某公司的原因导致迟延交付，自迟延交付之日起种羊死亡的风险即应由南京某公司承担。

案件事实：

2002年11月5日，澳大利亚某公司与南京某公司签订了一份贸易合同，约定由澳大利亚某公司向南京某公司出口澳大利亚波尔山羊种羊200只以上（含200只），总价人民币210万元；同年11月26日，南京某公司与江苏某公司签订了一份委托代理进口协议书，约定由江苏某公司代理南京某公司从美某飞公司进口澳大利亚波尔种羊200只，进口日期为2002年11月。2002年4月，201只种羊由澳大利亚某公司安排运抵美某飞公司指定的隔离场，等候由美某飞公司办理检疫及出口到中国的手续。

江苏某公司与美某飞公司之间的种羊买卖合同并未得到实际履行。在该合同最终没有履行后，澳大利亚某公司与南京某公司之间种羊买卖合同的履行随之也陷入僵局，而南京某公司已选定的种羊在美某飞公司的隔离场中却每天都需要费用维持，美某飞公司也在敦促澳大利亚某公司支付饲养费等费用。最终，由于死亡和检疫淘汰，南京某公司实际收到种羊178只，总价款为人民币1 869 000元。

澳大利亚某公司在种羊滞留期间即多次向南京某公司催要因种羊滞留而产生的饲养费。鉴于澳大利亚某公司和南京某公司在合同文本中未明确约定交货期限，审理中，合议庭要求其对此作出解释。南京某公司称澳大利亚某公司承诺于2003年3月交货，而澳大利亚某公司认为交货期应为种羊选定后45日内。

---

① 参见贾林青、全炳军：《〈合同法〉有关买卖合同意外风险承担规则的适用研究》，《法律适用》2004年第9期，第37页。

② 参见南京某公司与澳大利亚某公司、江苏某公司买卖合同纠纷案，江苏省高级人民法院（2008）苏民三终字第0065号民事判决书。

裁判理由：

一、南京某公司应承担本案标的物迟延交付的责任

本案买卖合同项下种羊迟延交付的责任属于南京某公司。理由是：

1. 澳大利亚某公司早已作好履行合同准备，而南京某公司未能及时受领货物。本案中，澳大利亚某公司早在2003年5月即已作好履行准备，并要求南京某公司接受履行，但南京某公司直至2003年11月才接受履行。因此，南京某公司接受履行的期限明显迟延，应当承担迟延履行的责任。

2. 本案迟延交付是由于南京某公司代理人江苏某公司造成的。由于江苏某公司所代理的其他客户的原因，江苏某公司中断了其与澳大利亚某公司出口代理商美某飞公司的合同，导致澳大利亚某公司与南京某公司之间的买卖合同中断。因此，澳大利亚某公司与南京某公司之间的合同迟延履行的责任应由南京某公司承担。

二、关于南京某公司应承担的违约责任

根据《合同法》第一百零七条（现《民法典》第五百七十七条）的规定，当事人一方不履行合同义务或者履行合同义务不符合约定的，应当承担继续履行、采取补救措施或者赔偿损失等违约责任。本案中，南京某公司迟延受领货物，造成相应的损失，应当承担继续履行、赔偿损失的责任并自迟延受领时开始承担货物灭失的风险。南京某公司应当按照大龄羊的价格支付货款、额外的饲养费和20只种羊死亡的损失。

【法理阐释】

根据《民法典》第六百零五条，因买受人的原因致使标的物未按照约定的期限交付的，买受人应当自违反约定时起承担标的物毁损、灭失的风险。

本案中，澳大利亚某公司和南京某公司在合同虽未约定明确的履行时间，但根据双方陈述，合理的交货时间应为2003年5、6月份。澳大利亚某公司早在2003年5月即已作好履行准备，并要求南京某公司接受履行，但南京某公司直至2003年11月才接受履行。南京某公司接受履行的期限明显迟延，应当承担迟延履行的责任。根据《民法典》第六百零五条的规定，因买受人的原因致使标的物未按照约定的期限交付的，买受人应当自违反约定时起承担标的物毁损、灭失的风险。因此，由于南京某公司的原因导致迟延交付，自迟延交付之日起种羊死亡的风险即应由南京某公司承担，澳大利亚某公司有权向法院主张由南京某公司承担20只种羊死亡的损失。

相关法律条文

《民法典》

第六百零八条 出卖人按照约定或者依据本法第六百零三条第二款第二项的规定将标的物置于交付地点,买受人违反约定没有收取的,标的物毁损、灭失的风险自违反约定时起由买受人承担。

2. 小某羊肉制品有限公司与鸿某蔬菜配送有限责任公司买卖合同纠纷案[①]

裁判要旨:

小某羊肉制品有限公司(以下简称"小某羊公司")并未在合同约定的期限内通知对方以行使合同解除权,应视为质量符合约定,在此情况下,小某羊公司未按照合同约定履行自己要求供货的义务,导致合同在履行期限内未全部履行,应由小某羊公司承担违约责任。

案件事实:

2020年10月26日和2020年11月1日,鸿某蔬菜配送有限责任公司(以下简称"鸿某蔬菜公司")与小某羊公司签订了两份《蔬菜购销合同书》,合同分别约定:鸿某蔬菜公司向小某羊公司供应2020年黄萝卜300吨和2020年新土豆300吨,以商品总金额的30%预付定金,拉货时结清所提货物70%余款。鸿某蔬菜公司必须按小某羊公司的要求,提供必要的清单,按质、按量交给小某羊公司,鸿某蔬菜公司出库时黄萝卜不得有坏、烂、中间开裂、发青等情况且重量不低于200克/个的标准,土豆不得有坏、烂、发青等情况且重量不低于300克/个的标准。鸿某蔬菜公司与小某羊公司一方违约,则五倍赔偿对方经济损失。因其他原因一方需要解除本合同的,应提前30天通知对方,双方债权、债务关系清理完毕后,合同解除。

小某羊公司分别于2021年2月9日、3月18日向鸿某蔬菜公司支付货款250 000元。在上述合同履行期间,小某羊公司仅按照合同约定,要求鸿某蔬菜公司供应土豆98 086.8公斤、黄萝卜138 368.2公斤,剩余土豆201 913.2公斤、黄萝卜161 631.8公斤存放在鸿某蔬菜公司租用的冷库未及时予以处理,最终导致部分货物损坏。

---

① 参见小某羊肉制品有限公司与鸿某蔬菜配送有限责任公司买卖合同纠纷案,新疆维吾尔自治区阿克苏地区中级人民法院(2021)新29民终1325号民事判决书。

裁判理由：

法院认为，本案的争议焦点为：1. 双方当事人履行蔬菜购销合同中哪一方违约；小某羊公司请求解除蔬菜购销合同未履行部分的诉求是否有事实和法律依据；鸿某蔬菜公司是否应当承担违约责任。2. 原审法院判决小某羊公司承担向鸿某蔬菜公司支付货款及违约金有无法律依据。

关于争议焦点一。本案中，双方签订的两份《蔬菜购销合同》第五条第二款约定：鸿某蔬菜公司必须按小某羊公司的要求，提供必要的清单，按质、按量交给小某羊公司。根据双方交易习惯，小某羊公司需在合同履行期限内根据自己需求向鸿某蔬菜公司发出供货指令，鸿某蔬菜公司根据小某羊公司的需求向小某羊公司送货。鸿某蔬菜公司交付的货物虽然存在质量瑕疵，小某羊公司在发现交付的货物不符合约定的情况下，应当通知鸿某蔬菜公司，由鸿某蔬菜公司及时予以更换，但小某羊公司并未在合同约定的期限内通知对方以行使合同解除权，应视为质量符合约定。故小某羊公司的以上行为构成违约，应由小某羊公司承担违约责任。

关于争议焦点二。《民法典》第六百零五条规定：因买受人的原因致使标的物未按照约定的期限交付的，买受人应当自违反约定时起承担标的物毁损、灭失的风险。本案中，小某羊公司怠于履行自己要求供货的义务，导致合同在履行期限内未全部履行，未履行部分，经双方确认土豆为201 913.2公斤，黄萝卜161 631.8公斤。一审法院根据未履行部分合同约定的货款减去在诉讼中已处理的价格，按照合同未履行部分货款的30%计算违约金符合法律规定。

【法理阐释】

根据《民法典》第六百零五条，因买受人的原因致使标的物未按照约定的期限交付的，买受人应当自违反约定时起承担标的物毁损、灭失的风险。

本案中根据合同履行的一般规定，在鸿某蔬菜公司交付的货物确实存在质量瑕疵、不符合合同约定的情形下，小某羊公司应当及时通知鸿某蔬菜公司，要求鸿某蔬菜公司承担违约责任等。但小某羊公司并未在合同约定的期限内通知对方以行使合同解除权，在此情况下，小某羊公司未按照合同约定履行自己要求供货的义务，导致合同在履行期限内未全部履行。根据《民法典》第六百零五条规定，因买受人的原因致使标的物未按照约定的期限交付的，买受人应当自违反约定时起承担标的物毁损、灭失的风险。因此，应由小某羊公司承担违约责任。

相关法律条文

《最高人民法院关于适用〈中华人民共和国民法典〉合同编通则若干问题的解释》

第五十三条 当事人一方以通知方式解除合同,并以对方未在约定的异议期限或者其他合理期限内提出异议为由主张合同已经解除的,人民法院应当对其是否享有法律规定或者合同约定的解除权进行审查。经审查,享有解除权的,合同自通知到达对方时解除;不享有解除权的,不发生合同解除的效力。

第三节 路货买卖中在途标的物的风险负担

《民法典》第六百零六条 出卖人出卖交由承运人运输的在途标的物,除当事人另有约定外,毁损、灭失的风险自合同成立时起由买受人承担。

【立法意旨和制度背景】

本条是关于出卖运输途中标的物的风险转移的规定。本条来源于《合同法》第一百四十四条,"出卖人出卖交由承运人运输的在途标的物,除当事人另有约定的以外,毁损、灭失的风险自合同成立时起由买受人承担"。

路货买卖是指标的物已在运输途中,出卖人寻找买主,出卖在途的标的物。它可以是出卖人先把标的物装上开往某个目的地的运输工具,然后再寻找适应的买主订立买卖合同,也可以是按一个买卖合同买受人未实际收取标的物前,再把处于运输途中的标的物转卖给另一方。一般路货买卖以后一种形式为多,往往是买受人取得出卖人交付的有关货物单证后转卖货物。《联合国国际货物销售合同公约》第六十八条对路货买卖的风险承担问题作了规定,对于在运输途中销售的货物,从订立合同时起,风险就转移到买受人承担。但是,如果情况表明有此需要,从货物交付给签发载有运输合同单据的承运人时起,风险就由买受人承担。尽管如此,如果出卖人在订立合同时已知道或者理应知道货物已经遗失或者损坏,而他又不将这一事实告知买受人,则这种遗失或者损坏应由出卖人负责。[1]

---

[1] See United Nations Convention on Contracts of International Sale of Goods, section 68, 11 April 1980.

【条文解读】

一、路货买卖中意外风险承担规则的特性

（一）路货买卖的特征

在货物贸易实践中，有时会发生出卖人出售在途货物的情况，理论上称之为路货买卖。所谓路货买卖，是指出卖人将处于运输途中的货物出卖给买受人。其主要特征是：第一，货物交付的时间与地点不确定。路货买卖中，从货物的装载地到卸货地，凡运输工具途经之处，都可以理解为交付地点。第二，对此种形态的买卖而言，在合同订立时，由于货物已在船上或其他运输工具上，双方都难以知道货物是否已毁损、灭失，也难以判断货物的毁损、灭失发生在运输过程中的哪一个阶段。[①]第三，当事人往往对标的物进行投保。[②]

（二）针对路货买卖中意外风险规定特殊规则的原因

《民法典》第六百零六条规定，"出卖人出卖交由承运人运输的在途标的物，除当事人另有约定的以外，标的物毁损、灭失的风险自合同成立时由买受人承担"。此条规定看似是采用古老的合同成立主义，其实不然。在途货物买卖是指买卖的标的物已在运输途中，出卖人寻找买受人，将该运输途中的货物出卖给买受人。[③]其特点在于，买卖合同发生时，交付的时间与地点往往是不确定的。因此，以普通买卖的交付时间和地点确定在途货物买卖的风险转移是难以做到的。[④]货物在运输途中而不在所有人的实际控制之下，所有人将在途货物出让后虽然没有完成现实的交付，但是再由其承担风险显得苛责。因此，立法必须对在途货物买卖做出特殊规定，以实现风险在合同双方当事人之间合理的分配。

二、路货买卖中意外风险承担的具体规则

我国《民法典》第六百零六条借鉴了《联合国国际货物销售合同公约》第六十八条的类似规定。依据《联合国国际货物销售合同公约》第六十八条，如果

[①] 参见谢鸿飞、朱广新：《民法典评注合同编：典型合同与准合同（一）》，中国法制出版社2020年版，第45页。
[②] 参见最高人民法院民法典贯彻实施工作领导小组：《中华人民共和国民法典合同编理解与适用（二）》，人民法院出版社2020年版，第905页。
[③] 参见张新宝、龚赛红：《买卖合同·赠与合同》，法律出版社1999年版，第87页。
[④] 参见王利明、奚晓明：《合同法评论》，人民法院出版社2004年版，第23页。

情况表明有此需要,从货物交付给签发载有运输合同单据的承运人时起,风险就由买受人承担。[①]这一规定是符合现实需要的。在买卖在途货物的情形下,标的物已经交由承运人运输,出卖人已经丧失了对标的物的控制,而买受人则可以在收到标的物后及时调查货物毁损、灭失情况。[②]且在实践中,在途货物的买卖一般通过移转所有权的单据实现交付,同时出卖人会向买受人移转标的物相关的保险单。这种情况下风险、所有权、保险利益同时转移于买受人,事故发生时由持有保险单的所有人向保险公司追索。但是如果风险发生在交易之前,按一般规则,风险应当由出卖人承担,而保险单、所有权已经移转于买受人,此时由何人向保险公司追索便是一个非常困难的问题,保险等后续救济措施不易进行。在此种情况下对于货物在途中发生风险的时点确定困难的情况下,风险自标的物交付承运人时转移于买受人会使得保险等后续救济措施便于施行,符合交易实际。[③]

鉴于路货买卖并非仅限于国际货物买卖领域,国内货物买卖中亦不乏路货买卖的情形,因此对于路货买卖,应当根据各种具体情形,作出更为细致的区分。除当事人另有约定外,标的物意外风险的承担自买卖合同订立时起移转于买受人。出卖人已经投保且保险单交付于买受人的,意外风险从货物交付给签发载有运输合同单据的承运人时起移转于买受人。出卖人如果仅就部分意外风险予以投保的,如果出卖人已经将货物及保险单交付给买受人,则买受人应承担的意外风险仅适用于已经投保的部分。如果出卖人在订立合同时已经知道或理应知道货物已经灭失或损坏,而出卖人又不将此一事实告知买受人的,货物的灭失或损坏应由出卖人承担。只有如此,才能给司法实践中疑难案件的解决提供具体的法律依据。

[①] See United Nations Convention on Contracts of International Sale of Goods, section 68, 11 April 1980.
[②] 参见朱晓桔:《我国买卖合同风险负担规则的比较法困境——以〈最高人民法院关于审理买卖合同纠纷案件适用法律问题的解释〉第11条、第14条为例》,《苏州大学学报》(哲学社会科学版)2013年第4期,第82页。
[③] 参见吴志忠:《买卖合同法研究》,武汉大学出版社2007年版,第138-139页。

【典型案例】

1. 张某亮与王某章、王某明财产损害赔偿纠纷案①

裁判要旨：

《民法典》第六百零六条规定，出卖人出卖交由承运人运输的在途标的物，除当事人另有约定外，毁损、灭失的风险自合同成立时起由买受人承担。本案中，张某亮与廖某一方货物已交付完毕，货物并已装上买受人的货车，由买受人驾车向外行驶，故应认定该批货物的所有权已转移至买受方，对此，上诉人应向买受方主张该批货物的款项。

案件事实：

原告张某亮系河南省某生化农药有限公司（以下简称"某生化农药公司"）的销售科长。某生化农药公司与廖某曾有买卖合同，双方约定将货物送到对方的仓库，货到付款。某生化农药公司在某县农业局院内设有经销点，2002年6月19日，原告张某亮从公司拉了一些除草剂运至某县农业局院内，分发给经销商，并给廖某打电话，让其租车过来拉货。廖某和其弟租了崔某驾驶的货车来到某县农业局院内，装了630件除草剂。当廖某的车辆走到某县农业局大门口时，被告王某章、王某明以廖某欠其货款为由将货物扣下。当时经刘某、肖某调解，让被告将货物放行，廖某所欠被告货款由张某亮和刘某担保一周内还款，廖某同意后接一电话后又反悔，原告张某亮要求廖某为其出具收条，廖某不出具。事发后，原告张某亮曾向被告主张，说货物是他的，廖某未付款也没给他打手续，后被告王某章和王某明将廖某车上的630件除草剂卸下并拉走。原告张某亮以被告抢劫为由报警，某县公安局立案侦查后，并对廖某欠被告款一事查明后撤销了案件。另二审法院查明，涉案货物的所有权人已从某生化农药公司转移至张某亮。

张某亮于2008年3月10日向某县人民法院提起诉讼，请求判令二被告王某章、王某明返还货物价款8万元，并承担本案诉讼费用。

裁判理由：

法院认为，王某明与廖某原有生意往来，交往中双方有债权债务关系，该权利义务关系，双方当事人应通过法律渠道进行解决，王某明及王某章通过私扣货物的方式来解决双方的经济纠纷是错误的。涉案的货物系某生化农药公司从其

---

① 参见张某亮与王某章、王某明财产损害赔偿纠纷案，河南省商丘市中级人民法院（2009）商民终字第60号民事判决书。

单位发至某县的,由其单位在某县的工作人员张某亮接受货物,张某亮根据客户的要求进行分发货物。该批货物中含有给虞城县廖某的货物。2002年6月19日货到某县后,张某亮打电话告知廖某,廖某与其弟租崔某货车,3人驾乘该车到某县农业局院内,将货物(除草剂)630件,从某生化农药公司的货车上卸至廖某所租来的货车上,并发动车辆行至某县农业局大门口。至此,张某亮与廖某之间的买卖合同所涉及的标的物已交接完毕。《物权法》第二十三条(现《民法典》第二百二十四条)和《合同法》第一百三十三条(现《民法典》第二百零八条)均规定:物的所有权自交付时起发生转移。法律另有规定或者当事人另有约定的除外。本案中涉案的标的物已卸至廖某货车上,且车辆已开动的事实,双方当事人认可,法定的转移事由已成立。根据《合同法》第一百四十四条((现《民法典》第六百零六条))规定:"出卖人出卖交由承运人运输的在途标的物,除当事人另有约定的以外,毁损、灭失的风险自合同成立时起由买受人承担。"本案中,张某亮与廖某一方货物已交付完毕,货物并已装上买受人的货车,由买受人驾车向外行驶,故应认定该批货物的所有权已转移至买受方,对此,出卖人应向买受方主张该批货物的款项。

【法理阐释】

根据《民法典》第六百零六条,出卖人出卖交由承运人运输的在途标的物,除当事人另有约定外,毁损、灭失的风险自合同成立时起由买受人承担。

本案中,张某亮与廖某之间存在买卖合同关系,根据合同约定,张某亮将货物送到对方的仓库,货到付款。涉案货物由张某亮从其单位发至某县并根据客户的要求进行分发,廖某等三人驾车到某县农业局院内,将货物从张某亮的货车上卸至另一货车上,并发动车辆行至某县农业局大门口。至此,张某亮与廖某之间的买卖合同所涉及的标的物已经交付完毕,货物的所有权已经转移至买受方。根据《民法典》第六百零六条的规定,除当事人另有约定外,合同所涉标的物毁损、灭失的风险自合同成立时起应由买受人承担。因此,应当向买受方廖某主张该批货物的款项。

相关法律条文

《最高人民法院关于审理买卖合同纠纷案件适用法律问题的解释》

第十条 出卖人出卖交由承运人运输的在途标的物,在合同成立时知道或者应当知道标的物已经毁损、灭失却未告知买受人,买受人主张出卖人负担标的物毁损、灭失的风险的,人民法院应予支持。

2. 任某国与重庆某商贸有限公司买卖合同纠纷案[①]

裁判要旨：

《民法典》第六百零六条规定，出卖人出卖交由承运人运输的在途标的物，除当事人另有约定外，毁损、灭失的风险自合同成立时起由买受人承担。本案中，重庆某商贸有限公司通过金某快递公司向任某国发货，其作为出卖人的交付义务已经完成，该批货物毁损、灭失的风险应由买受人承担。

案件事实：

任某国为重庆某商贸有限公司河北省邯郸分公司负责人。2012年8月3日，重庆某商贸有限公司与任某国签订《诗仙太白酒经销合同》，约定：1.任某国为重庆某商贸有限公司在邯郸市辖区的经销商；2.经销期限三年，从2012年8月3日至2015年8月3日；3.产品结算价额以双方约定的价格执行；4.任某国向重庆某商贸有限公司订购产品实行先款后货。合同签订后，任某国向重庆某商贸有限公司交纳了保证金300 000元。

从2012年4月到2012年11月，重庆某商贸有限公司数次向任某国提供了价值896 264.80元的诗仙太白酒，为了支持任某国开展经营活动，没有按照约定先款后货，但任某国接受产品后拒绝支付货款。重庆某商贸有限公司为证明其于2012年9月4日通过金某快递公司向任某国发货700件商品酒，在一审中提交了2012年9月4日出库单2张、石家庄市裕华区金某快递公司2012年9月3日出具的货物运单1张。该货物运单载明，斯某勇（重庆某商贸有限公司员工）在2012年9月3日将700件货物交金某快递公司运送至邯郸交任某国收取，但该运单"提货人"栏无签名。

裁判理由：

法院认为，本案的争议焦点是任某国是否收到2012年9月4日重庆某商贸有限公司通过金某快递公司托运的700件货物。根据任某国与重庆某商贸有限公司签订的《诗仙太白酒经销合同》第六条，"交货和运输……3.甲乙双方同意，在甲方库房交货。4.应乙方要求，甲方可以代办运输，相关费用由乙方承担"，双方根据不同的交付方式约定了两种交货方式：一是需方自提，二是由供方代办运输，交货地点在供方库房。根据《合同法》第一百三十三条（现《民法典》第二百零八条）的规定："标的物的所有权自标的物交付时起转移，但法律另有规

[①] 参见任某国与重庆某商贸有限公司买卖合同纠纷案，重庆市高级人民法院（2015）渝高法民申字第00869号民事判决书。

定或者当事人另有约定的除外",第一百四十二条(现《民法典》第六百零四条)规定:"标的物毁损、灭失的风险,在标的物交付之前由出卖人承担,交付之后由买受人承担,但法律另有规定或者当事人另有约定的除外",第一百四十四条(现《民法典》第六百零六条)规定:"出卖人出卖交由承运人运输的在途标的物,除当事人另有约定的以外,毁损、灭失的风险自合同成立时起由买受人承担。"双方讼争的700件货物,重庆某商贸有限公司依照约定代办运输,后交付金某快递公司承运,货运单表明其作为出卖人的交付义务已经完成。代办运输也说明运输合同的真正托运人是任某国,而非重庆某商贸有限公司。至于任某国是否收到该批货物,是任某国与金某快递公司之间的关系,如其确实未收到该批货物可以向金某快递公司而非重庆某商贸有限公司主张权利。因此法院认为,任某国关于其没有收到2012年9月4日重庆某商贸有限公司通过货运公司托运的700件货物的辩称不能成立。

【法理阐释】

根据《民法典》第六百零六条的规定,出卖人出卖交由承运人运输的在途标的物,除当事人另有约定外,毁损、灭失的风险自合同成立时起由买受人承担。

本案中,重庆某商贸有限公司与任某国间存在经销合同关系,由供方代办运输在供方库房交货或由任某国自提。2012年9月4日,重庆某商贸有限公司通过金某快递公司向任某国托运700件货物,货物运单载明,重庆某商贸有限公司员工已经在2012年9月3日将700件货物交金某快递公司运送至邯郸,其作为出卖人的交付义务已经完成。根据《民法典》第六百零六条的规定,重庆某商贸有限公司出卖交由承运人运输的在途标的物,其毁损、灭失的风险自合同成立时起由任某国承担,如其确实未收到该批货物,应当向金某快递公司而非重庆某商贸有限公司主张权利。

相关法律条文

《民法典》

第六百零四条 标的物毁损、灭失的风险,在标的物交付之前由出卖人承担,交付之后由买受人承担,但是法律另有规定或者当事人另有约定的除外。

第四节　货交第一承运人规则

《民法典》第六百零七条　出卖人按照约定将标的物运送至买受人指定地点并交付给承运人后，标的物毁损、灭失的风险由买受人承担。

当事人没有约定交付地点或者约定不明确，依据本法第六百零三条第二款第一项的规定标的物需要运输的，出卖人将标的物交付第一承运人后，标的物毁损、灭失的风险由买受人承担。

【立法意旨和制度背景】

本条是关于标的物交付第一承运人后标的物风险转移的规定。本条来源于《合同法》第一百四十五条，"当事人没有约定交付地点或者约定不明确，依照本法第一百四十一条第二款第一项的规定标的物需要运输的，出卖人将标的物交付给第一承运人后，标的物毁损、灭失的风险由买受人承担"。

本条规定是要解决标的物在运输中的风险由谁承担的问题。根据我国《民法典》第六百零三条第二款第一项规定，当事人未约定交付地点或者约定不明确，依照本法第五百一十条的规定又不能确定时，如果是标的物需要运输的，出卖人应当将标的物交付给第一承运人以运交给买受人。这项规定实际上确定了在这种情况下，出卖人将标的物交付给第一承运人就是履行了合同的交付义务。而《民法典》规定标的物的风险，交付前由出卖人承担，交付后由买受人承担。所以规定这种情况下在出卖人将标的物交付给第一承运人后，标的物的风险由买受人承担就是符合逻辑的。

实践中，大量的买卖合同在运输过程中都容易发生各种风险，所以确定货物运输中的风险由谁承担是一个非常重要并且十分现实的问题。规定其风险由买受人承担的理由是买受人所处的地位使他能在目的地及时检验货物，在发现货物受损时便于采取必要的措施，包括减轻损失、及时向有责任的承运人请求赔偿以及向保险人索赔等。

【条文解读】

一、标的物交付第一承运人后的风险承担

我国《民法典》第六百零七条规定："出卖人按照约定将标的物运送至买受

人指定地点并交付给承运人后,标的物毁损、灭失的风险由买受人承担。当事人没有约定交付地点或者约定不明确,依据本法第六百零三条第二款第一项的规定标的物需要运输的,出卖人将标的物交付给第一承运人后,标的物毁损、灭失的风险由买受人承担。"此项规定仅对代送买卖而言,无论运输以及运输工具是由出卖人安排的还是由买受人安排的。① 我国《民法典》在买卖合同涉及运输时的意外风险承担规则上采取了目前国际上通行的做法。根据《联合国国际货物销售合同公约》第六十七条之规定,对于需运输货物的风险转移的规定按照出卖人有无在特定地点交付为标准分为两种情况处理:如果出卖人有在特定地点交货的义务,则风险在出卖人在特定地点将标的物交付于承运人时风险转移于买受人;如果出卖人没有在特定地点交货的义务,则风险在出卖人将货物交给第一承运人时,风险转移于买受人承担。②

二、承运人的范围界定

我国《民法典》并未对第六百零七条中的"承运人"的含义和范围作出明确的界定。因此,"承运人"是否包含出卖人自身及其履行辅助人(比如其雇员),便留有疑问。从我国《民法典》第六百零七条的规定来看,所谓的"第一承运人"似乎仅指独立于买卖双方当事人之外的第三方运送人。出卖人如果委托自身的履行辅助人将标的物运送至特定地点,此时,价金风险并非自货交"第一"承运人,而是货交"第一独立"承运人时移转。③ 相比之下,德国法中的"承运人"的范围要比我国《民法典》中承运人的范围宽泛,它不仅包括狭义之承运人,而且包括货运公司,以及其他指定的运送人或者机构。另外,根据德国法院的判例,德国法亦承认出卖人将货物交由其雇员运交给买受人的行为亦足以发生意外风险的转移。当然,货物于运输途中的毁损结果如果是因为出卖人雇员的行为或过失引起的,出卖人应对此负责。

如果货物是交付于隶属于出卖人的承运人,而该承运人是独立于出卖人的法人实体时,风险何时转移则存在疑问。在此处宜适用管领控制理论来认定意外风险的承担问题。如果该货运公司不仅名义上而且实质上独立于出卖人,如其处于自主经营和决策状态,承运运输不受出卖人控制,则由买受人来承担货物

---

① 参见胡康生:《中华人民共和国合同法释义》,法律出版社2013年版,第227页。
② See United Nations Convention on Contracts of International Sale of Goods, section 67, 11 April 1980.
③ 参见吴香香:《〈合同法〉第142条(交付移转风险)评注》,《法学家》2019年第3期,第168页。

运输途中的意外风险则较为合情合理。因为交付之后的标的物位于承运人权力所及领域与管领照顾之下,作为占有人,承运人能够更好地保护标的物和采取预防措施,自不宜再任由风险停留于出卖人方面。①

【典型案例】

1. 肖某文与佛山市顺德区某化工实业有限公司买卖合同纠纷案②

裁判要旨:

在本案中,肖某文、佛山市顺德区某化工实业有限公司(以下简称"化工公司")均认可货已交承运人广州市某货运公司,且该货已运到肖某文所在城市贵阳,只是因为货物部分损坏,肖某文没有收到货物。化工公司已按约及时将货物交承运人发送给肖某文,应视为向化工公司履行了相关的交货义务,标的物的风险也已经转移。至于标的物在运输途中是否发生毁损、灭失等属于另一法律关系,肖某文可以该法律关系向承运人主张权利。

案件事实:

2004年10月起,肖某文与化工公司多次发生业务往来,由肖某文向化工公司订购装修涂料等,双方通过电话或传真对订货的种类、价格、数量等达成一致后,肖某文通过银行付款给化工公司,化工公司收到货款后通过货运公司发货给肖某文。

2004年11月17日,肖某文向化工公司订购装修涂料一批,共计价款为27 201.25元。化工公司收到肖某文付款后,依约通过广州市某货运公司向肖某文发送了货物,并同时开具了发票。

因货物在运输途中产生损坏,在货物运到贵阳市后,广州市某货运公司通知肖某文看货,并以货物渗漏造成其他货物损失为由要求肖某文赔偿损失,肖某文因此没有提取货物。

2006年10月25日,肖某文向广东省佛山市顺德区人民法院起诉,请求判令化工公司返还购货的货款27 200元及利息(从2004年11月17日至清偿之日止,按中国人民银行同期同类逾期还款利率支付,截止起诉之日,应支付逾期利息4 055元),并承担诉讼费用。

---

① 参见刘洋:《对待给付风险负担的基本原则及其突破》,《法学研究》2018年第5期,第95页。

② 参见肖某文与佛山市顺德区某化工实业有限公司买卖合同纠纷案,广东省佛山市中级人民法院(2007)佛中法民二终字第61号民事判决书。

裁判理由：

法院认为，本案争议的焦点在于：1.承运人由哪方指定？2.肖某文要求化工公司返还货款，理由是否成立？

根据化工公司指证，承运人广州某货运公司是肖某文指定的，化工公司有义务按其指定将货物交由广州某货运公司运交给肖某文。化工公司的指证，已提供录音记录资料为佐证，证明本案涉诉的货物，确实交由肖某文指定的承运人广州某货运公司运交，虽然肖某文在上诉期间否认化工公司的指证，但肖某文放弃了录音记录资料真实性的鉴定申请，故有理由相信，化工公司提供的录音记录资料是客观真实的，可以作为本案认定化工公司按肖某文的指定承运人广州某货运公司交运了货物，履行了出卖人交货义务的事实依据。根据《合同法》第一百四十一条（现《民法典》第六百零三条）第一款"出卖人应当按照约定的地点交付标的物"及第二款第（一）项"标的物需要运输的，出卖人应当将标的物交付给第一承运人以运交给买受人"和第一百四十二条（现《民法典》第六百零四条）"标的物毁坏、灭失的风险，在标的物交付之前由出卖人承担，交付之后由买受人承担，但法律另有规定或者当事人另有约定的除外"的规定，本案化工公司出卖给肖某文的货物业已履行了交付义务。根据上述法律规定，自化工公司将合同标的物交予广州某货运公司交运后，货物在运输中的风险已转移给肖某文承担。据此，肖某文若没有收到交运的合同标的物，依法应向承办人广州某货运公司主张赔偿权利。

【法理阐释】

根据《民法典》第六百零七条的规定，出卖人按照约定将标的物运送至买受人指定地点并交付给承运人后，标的物毁损、灭失的风险由买受人承担。当事人没有约定交付地点或者约定不明确，依据本法第六百零三条第二款第一项的规定标的物需要运输的，出卖人将标的物交付给第一承运人后，标的物毁损、灭失的风险由买受人承担。

本案中，根据化工公司的指证，肖某文指定承运人广州某货运公司负责运输货物，化工公司按肖某文的指定，向广州某货运公司交运了货物，履行了出卖人交货义务。根据《民法典》第六百零七条的规定，出卖人应按约定地点或交给第一承运人交付标的物，交付后风险转移给买受人。故本案中，化工公司将货物交给广州某货运公司后，运输风险已转移给肖某文，若其未收到货物，应依法向广州某货运公司主张赔偿。

相关法律条文

《最高人民法院关于审理买卖合同纠纷案件适用法律问题的解释》

第九条　出卖人根据合同约定将标的物运送至买受人指定地点并交付给承运人后，标的物毁损、灭失的风险由买受人负担，但当事人另有约定的除外。

2. 江西某新材料有限公司、日照市某木业有限公司买卖合同纠纷案[①]

裁判要旨：

根据《民法典》第六百零七条的规定，出卖人将标的物交付给第一承运人后，标的物毁损、灭失的风险由买受人承担。买受人未全面履行合同义务，因此造成的货物毁损、灭失的风险由买受人承担。

案件事实：

2020年11月15日，原告江西某新材料有限公司、被告日照市某木业有限公司通过网络交易平台，以原告为甲方，被告为乙方签订了一份编号为SDWHMY-202001115的《板方材销售合同》，原告向被告采购精方方木（德国白松），其中双方商定由被告代办托运，运费初定为5 100元，并备注木方四面要求平整，没有弯曲变形。合同中约定，甲方可以采取自提货和货物承运两种方式，货物出厂后乙方概不负责；如因甲方原因，在合同期内未提清货物，由甲方承担仓储第三方出具的相关费用，如乙方原因导致甲方无法在合同期内正常提货，甲方有权要求更改合同并向乙方索赔相应的经济损失。2020年11月20日下午，被告在完成定作木料后进行了打包（共计18包），由被告联系货运公司托运货物，被告在装车前按照原告的指示要求对货物的尺寸规格、品相外观等通过微信视频进行了验收，在征得原告的同意后交付给货运人装车。之后，原告于2020年11月20日16时32分通过银行转账方式支付余下货款85 961.6元。次日上午，货运公司将涉案木材运送至原告指定的收货地即安徽省某山村工地，原告在拆卸4包（计11.98立方）货物后认为被告交付的货物有严重的质量问题，并以此为由拒绝拆卸其余的14包木材（计41.79立方），后货运公司将未卸货的14包木材运回物流仓储场地，已拆卸的4包封存在原告处。货运公司送货产生的货运费为4 900元，被告将货运差价200元退还给原告。

[①] 参见江西某新材料有限公司、日照市某木业有限公司买卖合同纠纷案，江西省上饶地区（市）中级人民法院（2021）赣11民终1553号民事判决书。

裁判理由：

本案中，货运公司独立于涉案合同双方，运费实际由买受人即原告支付，被告负责代办货运，合同中约定采用货物承运的方式，货物出厂后被告概不负责，未明确具体的交货地点，依照《民法典》第六百零三条、第六百零四条、第六百零七条规定，标的物需要运输的，出卖人应当将标的物交付给第一承运人以运交给买受人；出卖人将标的物交付给第一承运人后，标的物毁损、灭失的风险由买受人承担。在买卖合同关系中，原告作为买受人，原告有及时接收货物、履行质量检验和瑕疵通知义务，原告仅在拆卸4包货物后，对余下14包货物拒不拆卸验收，未全面履行合同义务，因此造成的货物毁损、灭失的风险由买受人承担的，所产生的再次货运费用、仓储管理费用等应由原告承担。综上所述，被告作为供货方按照合同约定向原告履行了交付货物的合同义务，原告在未全面履行收货检验的情况下，拒收货物，并以被告交付的货物存在严重的质量瑕疵为由要求解除买卖合同关系，并要求退还已经支付的合同价款，没有事实基础和法律依据，故对原告的诉讼请求，不予支持。

【法理阐释】

根据《民法典》第六百零七条的规定，出卖人按照约定将标的物运送至买受人指定地点并交付给承运人后，标的物毁损、灭失的风险由买受人承担。当事人没有约定交付地点或者约定不明确，依据本法第六百零三条第二款第一项的规定标的物需要运输的，出卖人将标的物交付给第一承运人后，标的物毁损、灭失的风险由买受人承担。

本案中，江西某新材料有限公司和日照市某木业有限公司间存在合法有效的买卖合同关系，合同中约定采用货物承运的方式，由日照市某木业有限公司负责代办货运。被告在装车前按照原告的指示要求对货物的尺寸规格、品相外观等通过微信视频进行了验收，在征得原告的同意后交付给货运人装车。依照《民法典》第六百零七条的规定，出卖人日照市某木业有限公司已经将标的物按照合同要求交付给第一承运人，完成了交付任务，而原告某材料有限公司作为买受人，有及时接收货物、履行质量检验和瑕疵通知义务。原告仅在拆卸4包货物后，对余下14包货物拒不拆卸验收，未全面履行合同义务，因此造成的货物毁损、灭失的风险由买受人承担。

相关法律条文

《民法典》

第六百零三条　出卖人应当按照约定的地点交付标的物。

当事人没有约定交付地点或者约定不明确，依据本法第五百一十条的规定仍不能确定的，适用下列规定：

（一）标的物需要运输的，出卖人应当将标的物交付给第一承运人以运交给买受人；

（二）标的物不需要运输，出卖人和买受人订立合同时知道标的物在某一地点的，出卖人应当在该地点交付标的物；不知道标的物在某一地点的，应当在出卖人订立合同时的营业地交付标的物。

第六百零四条　标的物毁损、灭失的风险，在标的物交付之前由出卖人承担，交付之后由买受人承担，但是法律另有规定或者当事人另有约定的除外。

第五节　买受人未依约受领标的物的风险负担

《民法典》第六百零八条　出卖人按照约定或者依据本法第六百零三条第二款第二项的规定将标的物置于交付地点，买受人违反约定没有收取的，标的物毁损、灭失的风险自违反约定时起由买受人承担。

【立法意旨和制度背景】

本条是关于买受人不履行接受标的物义务时风险承担的规定。本条来源于《合同法》第一百四十六条，"出卖人按照约定或者依照本法第一百四十一条第二款第二项的规定将标的物置于交付地点，买受人违反约定没有收取的，标的物毁损、灭失的风险自违反约定之日起由买受人承担"。

《民法典》第六百零三条第二款第二项规定，当事人未约定交付地点或者约定不明确，依照《民法典》第五百一十条的规定仍不能确定的，如果标的物不需要运输，出卖人和买受人订立合同时知道标的物在某一地点，那么出卖人应当在该地点交付标的物；不知道标的物在某一地点的，应当在出卖人订立合同时的营业地交付标的物。总之出卖人有义务在某一地点将标的物交付给买受人。在合同约定的交付期限届至时，如果标的物已经特定于合同项下而且出卖人已经完成了必要的交付准备工作，让买受人能够取得标的物，如将标的物适当包装，刷上必要的标志，并向买受人发出通知让其提货等，则标的物就处在了可以交付买受人处置的状态。[①] 如果这时买受人违反合同的约定没有接收标的物,那么按照该条的规定,买受人就从违反约定之日起承担标的物毁损、灭失的风险。

【条文解读】

一、买受人违约时的意外风险承担规则

根据我国《民法典》第六百零八条的规定,出卖人按照约定或者依照《民法典》第六百零三条第二款第二项的规定将标的物置于交付地点,买受人违反约定没有收取的,标的物毁损、灭失的风险自违反约定之日起由买受人承担。由此可知,如果当事人在合同中约定了交付地点的,出卖人依约定将标的物置于交付地点,即为完成交付,买受人没有接收的,自违反约定的交付之日起即应承担标的物毁损、灭失的风险;如果当事人没有约定交付地点,且标的物不需要运输的,双方当事人订立合同时知道标的物在某一地点,当出卖人依照约定在该地点交付标的物时买受人没有接收的,应当由买受人自违反约定的交付之日起承担标的物毁损、灭失的风险。所谓"违反约定时",即买受人本应收取标的物而未取之时。[②]

在买受人违约没有收取货物的情况下,如果仍然以实际交付的时间作为意外风险的转移时间,对于出卖人而言显然显失公平。因此,在买受人违约没有收取货物之日起,意外风险应当由买受人承担,这样既有利于保护出卖人的合法权利,也有利于监督买受人及时履行受领标的物的义务。

在出卖人营业地交货和第三方地点交货的风险转移时间是否相同?同样是买受人违约,在第三方地点交货情况下的风险转移时间要比在出卖人营业地交货的风险转移时间有所提前。因为当货物被置于第三方控制时,出卖人并不比买受人处于更利于管控标的物风险的地位,向第三人或其他责任人索赔时也不占有优势。相反,在约定的交货时间将货物交由买受人处置时,买受人可以通过不拖延提货的行为来防范风险。

二、买受人迟延受领对标的物风险转移的影响

买受人违约对标的物风险转移产生影响主要是指买受人受领迟延所引起的

[①] 参见吴志忠:《买卖合同法研究》,武汉大学出版社2007年版,第137页。
[②] 参见杨代雄:《袖珍民法典评注》,中国民主法制出版社2022年版,第581页。

风险提前转移,受领迟延主要是指对于必须经债权人受领才能完成的债权,债务已到清偿期债务人提出给付或已为实际给付,债权人应当受领而不受领或不能受领。①

就货物买卖合同而言,受领迟延是指买受人对于出卖人已经提出的给付未为受领或者未为其他给付完成所必要的协力的事实。②标的物的风险移转一般应遵循交付主义原则,自交付时起移转于买受人,但如果出卖人因买受人不予受领而无法顺利交付标的物,致使出卖人的合同义务无法完成,此时如果仍然追究出卖人的责任,就使其承担了过重的风险。因此,基于公平原则,法律认为,此时标的物上的风险应自买方迟延受领时起,移转于买方。③

依据民法典第六百零三条第二款第二项、第六百零五条和第六百零八条的规定,如果当事人在合同中约定了交付地点,出卖人将标的物按约定送达约定地点,不论买受人是否实际受领,在风险转移制度上视为完成交付,影响到标的物的风险移转。买受人不论因为主观原因或是客观原因未能受领而实际未占有标的物,自违约之日起承担标的物的风险。如果当事人没有约定交付地点,且标的物也不需要运输,双方在订立合同时知道标的物在某一地点的,当出卖人按约定在该地点交付标的物时买受人没有受领,自违反约定之日起承担标的物的风险。

【典型案例】

1. 高台县某商贸有限公司与高台县某林牧业科技开发有限责任公司买卖合同纠纷案④

裁判要旨:

根据《民法典》第六百零八条规定,出卖人按照约定或者依据本法第六百零三条第二款第二项的规定将标的物置于交付地点,买受人违反约定没有收取的,标的物毁损、灭失的风险自违反约定时起由买受人承担。本案中,买受人怠于履行拉运义务,违反合同约定没有收取货物,应当自违反约定时起承担标的物毁损、灭失的风险。

---

① 参见江平:《民法学》,中国政法大学出版社2007年版,第469页。
② 参见余延满:《货物所有权的移转与风险负担的比较法研究》,武汉大学出版社2002年版,第398页。
③ 参见最高人民法院经济审判庭:《合同法释解与适用》(上册),新华出版社1999年版,第685页。
④ 参见高台县某商贸有限公司与高台县某林牧业科技开发有限责任公司买卖合同纠纷案,甘肃省张掖市中级人民法院(2022)甘07民终297号民事判决书。

案件事实：

2021年3月19日，原告高台县某林牧业科技开发有限责任公司与被告高台县某商贸有限公司签订《玉米销售合同》一份，合同约定玉米的交货时间为2021年6月1日前。合同签订后，被告于2021年3月22日向原告转账支付了120吨玉米的货款344 400元。同年6月5日，原告向被告开具收款发票（甘肃增值税普通发票）一份。被告向原告支付玉米货款后，原告多次要求被告拉运玉米，但被告未按照合同约定的时间于6月1日前拉运玉米。7月11日，原告仓库储存被告的玉米出现霉变。7月19日，被告以原告仓库的玉米水分超标，未达到国家标准和有关质量要求，以及存放的玉米发生霉变为由曾与原告协商降低本案玉米价格，由被告于7月24日前拉运完毕玉米，但最终原被告未达成一致意见。原被告协商未果后，原告起诉要求被告立即履行《玉米销售合同》，由被告拉走存放在原告仓库内的120吨玉米，并由被告承担仓储保管费等。被告以合同目的不能实现为由，要求解除原被告签订的《玉米销售合同》，由原告返还被告玉米货款344 400元，并要求原告赔偿其经济损失39 600元。

裁判理由：

法院认为，本案中，双方当事人争议的主要焦点是涉案货款应否返还的问题。被告主张原告出卖的玉米质量不达标导致霉变，故应返还货款并承担损失。原告否认存在玉米质量不达标导致霉变的事实，并陈述被告在高温天气下迟延受领货物导致霉变。根据法律规定，买受人超过合同约定的时间没有收取货物，标的物毁损、灭失的风险自违反约定时起即由买受人承担。根据查明的事实，合同约定被告于6月1日前拉运玉米完毕，并约定被告拉运玉米前检验玉米的质量是否符合国家标准，故被告在2021年3月18日至2021年6月1日前随时可对买受的玉米进行检验，若在6月1日前，被告发现玉米不符合合同约定的质量标准，应当及时通知原告，但被告实际并未于6月1日前检验玉米的质量。根据法律规定，买受人怠于履行检验义务通知的，视为标的物的数量或者质量符合合同约定。因此，被告主张涉案货物质量不符合约定无事实和法律依据，法院不予支持。根据《民法典》第六百零八条规定，"出卖人按照约定或者依照本法第六百零三条第二款第二项的规定将标的物置于交付地点，买受人违反约定没有收取的，标的物毁损、灭失的风险自违反约定时起由买受人承担"。本案中，合同约定被告于6月1日前拉运玉米完毕，但被告作为买受人怠于履行拉运义务。根据上述法律规定，因买受人的原因致使标的物未按照约定的期限交付的，买受人应当自违反约定时起承担标的物毁损、灭失的风险。因此，造成本案玉米发生霉变等灭失的风险,应当由被告承担。

【法理阐释】

根据《民法典》第六百零八条的规定,出卖人按照约定或者依据本法第六百零三条第二款第二项的规定将标的物置于交付地点,买受人违反约定没有收取的,标的物毁损、灭失的风险自违反约定时起由买受人承担。

本案中,原被告之间已经形成了买卖合同关系,被告支付货款后其应当按照合同约定及时履行完毕拉运相应120吨玉米的义务。合同约定买受人于约定的期限拉运完毕玉米,但买受人怠于履行拉运义务,导致玉米发生霉变并给被上诉人造成了巨大的经济损失。根据上述法律规定,因买受人的原因致使标的物未按照约定的期限交付的,买受人应当自违反约定时起承担标的物毁损、灭失的风险。因此,造成本案玉米发生霉变等灭失的风险,应当由买受人承担。

相关法律条文

《民法典》

第六百零三条　出卖人应当按照约定的地点交付标的物。

当事人没有约定交付地点或者约定不明确,依据本法第五百一十条的规定仍不能确定的,适用下列规定:

(一)标的物需要运输的,出卖人应当将标的物交付给第一承运人以运交给买受人;

(二)标的物不需要运输,出卖人和买受人订立合同时知道标的物在某一地点的,出卖人应当在该地点交付标的物;不知道标的物在某一地点的,应当在出卖人订立合同时的营业地交付标的物。

2.某公司与某矿业管理办公室等买卖合同纠纷案[①]

裁判要旨:

买卖合同约定的货物数量已经确定、标的物已经交付,虽然标的物铅锌矿并未放置在罗某平经营的某选矿厂内,但铅锌矿堆放的地点在龙岩市新罗区下鲜帮溪畔双方都是清楚的,因买受人罗某平未及时收取导致货物毁损、灭失,其风险应由罗某平自行承担。

---

① 参见某公司与某矿业管理办公室等买卖合同纠纷案,福建省龙岩市中级人民法院(2017)闽08民终1797号民事判决书。

案件事实：

2011年10月10日，罗某平以某公司某分公司（受托方）的法人代表名义与某矿管办（委托方）签订了《委托书》一份，主要约定委托事项：1.收购559.7吨（毛重）铅锌矿石；2.所得款存入委托方国库的罚没款专柜中。同时，罗某平以某选矿厂名义出具《便条》一份，注明："今收到某矿管办查扣的岩山乡玉宝村董某华（董某雄）无证矿点铅锌矿559.2吨，（此矿无品位、土很多）过磅单20张"。

2012年9月24日，一审法院依法对董某华因无证开采上述559.7吨铅锌矿犯非法采矿罪的事实予以认定，并判决扣押的被告人董某华所开采的铅锌矿计559.7吨，予以没收，上缴国库。

另外，某公司某分公司（甲方）与罗某平（乙方）于2010年6月30日签订《租赁协议》一份。协议主要约定，某公司某分公司将某选矿厂现在的正常运行的厂房、设备、备品备件、尾矿库、办公室及生活设施等租赁给罗某平，租赁期限暂定二年。

同时，经2017年4月7日督查，某矿管办认为某选矿厂未履行《委托书》约定的义务，导致原堆放场内已搭盖临时建筑，委托某选矿厂收购的铅锌矿已灭失，故诉至法院，请求判令某公司、某公司某分公司、罗某平立即向某矿管办赔偿因铅锌矿灭失造成的损失89 552元。

裁判理由：

法院认为，2011年10月10日罗某平与某矿管办签订的《委托书》虽名为委托，但其实质内容是将查扣的铅锌矿交由罗某平收购，即直接出售给罗某平，而不是委托罗某平出售。因此，双方之间成立买卖合同关系而非委托合同关系，本案案由应为买卖合同纠纷。

根据《合同法》第一百四十二条（现《民法典》第六百零四条）的规定，买卖合同中"标的物毁损、灭失的风险，在标的物交付之前由出卖人承担，交付之后由买受人承担"，本案中罗某平出具了《便条》，表明已经收到了铅锌矿559.2吨，收到"过磅单20张"也表明货物数量已经确定，标的物已经交付，标的物毁损、灭失的风险已经转移给买受人罗某平。虽然查扣的铅锌矿并未放置在罗某平经营的某选矿厂内，但铅锌矿堆放的地点在龙岩市新罗区下鲜帮溪畔双方都是清楚的。《合同法》第一百四十六条（现《民法典》第六百零八条）规定，"出卖人按照约定或者依照本法第一百四十一条（现《民法典》第六百零三条）第二款第二项的规定将标的物置于交付地点，买受人违反约定没有收取的，标的物毁损、灭失的风险自违反约定之日起由买受人承担"。标的物因罗某平未及时收取导致毁损、灭失,亦应由罗某平自行承担。

罗某平收到某矿管办交由收购的查扣铅锌矿559.2吨后,没有将收购款支付给对方,已经构成违约。某矿管办有权要求罗某平限期支付。某矿管办诉请赔偿因铅锌矿灭失造成的损失实质上与支付尚欠货款相同。

【法理阐释】

根据《民法典》第六百零八条的规定,出卖人按照约定或者依据本法第六百零三条第二款第二项的规定将标的物置于交付地点,买受人违反约定没有收取的,标的物毁损、灭失的风险自违反约定时起由买受人承担。

本案中,虽然查扣的铅锌矿并未放置在罗某平经营的某选矿厂内,但铅锌矿堆放的地点在龙岩市新罗区下鲜帮溪畔的事实为交易双方所明知,罗平出具了《便条》表明其经已经收到了铅锌矿559.2吨,收到的"过磅单20张"也表明货物数量已经确定、标的物已经交付。根据《民法典》第六百零八条的规定,出卖人按照约定或者依据本法第六百零三条第二款第二项的规定将标的物置于交付地点,买受人违反约定没有收取的,标的物毁损、灭失的风险自违反约定时起由买受人承担。标的物因罗某平未及时收取导致毁损、灭失,其风向应当由罗某平自行承担。

相关法律条文

《民法典》

第六百零四条 标的物毁损、灭失的风险,在标的物交付之前由出卖人承担,交付之后由买受人承担,但是法律另有规定或者当事人另有约定的除外。

第六节 未交付单证、资料的风险负担

《民法典》第六百零九条 出卖人按照约定未交付有关标的物的单证和资料的,不影响标的物毁损、灭失风险的转移。

【立法意旨和制度背景】

本条是关于出卖人未交付单证、资料时标的物毁损、灭失风险承担的规定。本条来源于《合同法》第一百四十七条,"出卖人按照约定未交付有关标的物的单证和资料的,不影响标的物毁损、灭失风险的转移"。

随着商品流通速度的加快,商品流通范围和规模也日益扩大,与之相应的风险种类及其发生的可能性也随之增加。在买卖合同领域,因不可归责于双方当事人的事由而致使标的物毁损、灭失的情况时有发生。当风险发生后,货物的损失由合同的哪一方当事人承担,直接涉及双方当事人的利益。

本条借鉴《联合国国际货物销售合同公约》第六十七条的规定,即"出卖人有权保留控制货物处置权的单据,并不影响风险的转移"。[①]我国《民法典》第六百零九条规定:"出卖人按照约定未交付有关标的物的单证或资料,不影响标的物毁损、灭失风险的转移"。单据和相关资料往往是与所有权相关的,出卖人未交付有关标的物的单证或资料往往关系到标的物的所有权是否移转。但是,在交付主义模式下,所有权移转可以与占有移转相分离,因此只要标的物的实际占有移转,风险便也随之移转。这一规定充分体现了我国在风险转移制度中采取交付主义。风险随交付转移有利于规避风险,保护交易安全。"盖以交付主义,系基于互易思想,因交付标的物处于买受人保护之下,而入其所支配之危险范围,同时出卖人因此已履行其主要义务。"[②]而且在实践中,出卖人保留相关单据票证以敦促买受人在收到货物时支付价款,能够保证交易安全。

【条文解读】

一、出卖人交付单证、资料的义务

在买卖合同中,交付货物单据或其他资料是出卖人的从给付义务。从给付义务其本身不具有独立的意义,仅具有辅助主给付义务的功能。其存在的目的,不在于决定合同关系的类型,而是在于确保债权人的利益能够获得最大限度的满足。[③]从给付义务是随着合同关系的发展而逐渐发生的义务,其目的在于确保债权人利益能够获得最大的满足。

我国《民法典》第五百九十九条规定:"出卖人应当按照约定或者交易习惯向买受人交付提取标的物单证以外的有关单证和资料。"出卖人交付的单证有两类:一类是提取标的物的单证,如提单;另一类是辅助单证,即与标的物有关的单证和资料。单证的性质决定着这类单证是否为标的物风险转移的前提条件。[④]关于提取标的物的单证,《民法典》第五百九十八条规定,出卖人应当交付

[①] See United Nations Convention on Contracts of International Sale of Goods, section 67, 11 April 1980.
[②] 参见史尚宽:《债法各论》,中国政法大学出版社2000年版,第62页。
[③] 参见王泽鉴:《债法原理》(第1册),中国政法大学出版社2001年版,第37页。
[④] 参见吴志忠:《买卖合同法研究》,武汉大学出版社2007年版,第140页。

标的物或者交付提取标的物单证。提取标的物的单证，如提单、仓单，是对标的物占有的权利的体现，可以由出卖人交付给买受人作为拟制的交付以代替实际的交付。这种拟制的交付不需要当事人在合同中作出专门的约定。本条规定仅适用于出卖人没有交付与标的物有关的单证和资料，而不适用于提取标的物的单证，因为交付提取标的物的单证即视为交付标的物。因此，如没交付提取标的物单证的，标的物风险不转移；已交付的，标的物风险则由买方承担。[①]

为了合同的顺利履行，出卖人在交付标的物的同时，应当依照约定或者交易习惯向买受人交付提取标的物单证以外的有关单证和资料。现实生活中关于买卖的标的物，尤其是国际贸易中的货物，还有其他一些单证和资料，例如：产品合格证、产品说明书、保修单（卡）、发票、检验单证、检疫单证、保险单、质量保证书、装箱单等。对于这些单证和资料，如果买卖合同中明确约定了出卖人交付的义务或者是按照交易习惯出卖人应当交付，则出卖人就有义务在履行交付标的物的义务以外，向买受人交付这些单证和资料。《联合国国际货物销售合同公约》第三十四条规定："如果出卖人有义务移交与货物有关的单据，他必须按照合同所规定的时间、地点和方式移交这些单据。"[②]出卖人交付《民法典》第六百零九条规定的单证和资料的义务因合同具体条件而异。例如普通货物买卖无需进出口许可证；在FOB或CFR条件下，有买受人自己办理保险，出卖人当然无义务提供保险单或者保险凭证。

二、出卖人未交付单证、资料时的意外风险承担

出卖人违反从给付义务的情况主要是指出卖人在承担主合同义务之外，还应负担按照约定或者交易习惯向买受人交付提取标的物单证以外的有关单证和资料的义务。[③]一般情况下，出卖人违反从给付义务不构成根本违约，风险转移不受影响。对于此，根据《民法典》第六百零九条规定可知，如果出卖人凭授权保留控制货物处置权的单据、资料，并不影响标的物风险的转移。这是由于交付提取标的物的单证的意义与交付辅助单证和有关资料的意义并不相同，前者的交付是标的物的拟制交付，是完成基本义务的行为，后者的交付，是为了保证给付效果，是为了基本义务的完成。应当注意的是，这里的"单证和有关资料"所

[①] 参见最高人民法院经济审判庭：《合同法释解与适用》（上册），新华出版社1999年版，第689页。
[②] See United Nations Convention on Contracts of International Sale of Goods, section 34, 11 April 1980.
[③] 参见崔建远：《合同法》，法律出版社2003年版，第343页。

指的应当是"产品合格证、质量保证书、卫生许可证、产品检疫书、发票、保修单等相关凭证",而非提单、仓单等具有物权效力的凭证。① 否则,应当按照《民法典》第六百零四条的规定,自买受人收到合同标的物所有权凭证时视为所有权转移,应认定标的物意外风险自此时转移给买受人承担。

另外,当事人口头或书面约定供货价格,并且不开发票时如何处理?当事人之间的约定违反了国家税收法律和行政法规的强制性规定,因损害国家利益而无效;导致该约定无效的责任,双方应平均承担,因双方均应明知国家税收法律、法规的规定。根据无效合同处理的一般原则和公平原则出发,可判令购货方向销售方加付应交纳的税款。②

【典型案例】

1. 严某与钟某明买卖合同纠纷案③

裁判要旨:

对于严某提出的钟某明没有提供植物检疫证书的问题,由于严某接收苗木没有及时进行检验验收,其给钟某明出具了收条后,就证明了其对苗木的接收。因此,严某就应负有保管和苗木不被毁损的责任,现苗木死亡,严某应承担其相应的保管责任,并承担苗木死亡的相应后果。

案件事实:

2002年9月27日,钟某明以某良种苗木场代表人的身份与某县林业局种苗站职工严某签订花椒苗买卖合同,合同约定原告方钟某明给被告方严某销售红花椒苗200 000株,总计50 000元,约定由原告方负责检疫的单位、方法、地点、标准及费用,运至某村交货,运费由原告方负担,下车费用由被告方负担,货到(农历九月上旬)点数验收出具收据,并于一周内付货款20,年底付清货款。单方违约,负担违约金20 000元。双方于2002年7月签订的合同作废,按该合同执行。2002年农历九月二十日,钟某明将200 000株花椒苗、5 300株葡萄苗、800株李子苗运至某村,当天严某给钟某明出具收条,载明收到花椒苗200 000株,葡萄苗5 300株,李子苗800株,付款方式按合同执行;一个月后钟某明称原收条丢失,

---

① 参见唐德华:《合同法条文释义》(下),人民法院出版社2000年版,第1001页。
② 参见陆传美、刘亚莉:《买卖合同纠纷中无发票责任探讨》,《江苏法制报》2007年11月14日,第2版。
③ 参见严某与钟某明买卖合同纠纷案,湖南省湘西土家族苗族自治州中级人民法院(2004)州民一终字第277号民事判决书。

要求严某再补写一张收条,严某补写同样内容的收条一份。被告严某收到苗木后,将苗木假植,现苗木基本已死亡。后来,原告方多次向被告方取款,被告方分文未付,原告方诉至龙山县人民法院,要求被告支付55 570元苗木款,并承担20 000元的违约金及本案诉讼费。

裁判理由:

一审法院认为,根据我国《合同法》第一百四十二条(现《民法典》第六百零四条)规定,"标的物毁损、灭失的风险,在标的物交付之前由出卖人承担,交付之后由买受人承担,但法律另有规定或者当事人另有约定的除外"。第一百四十七条(现《民法典》第六百零九条)规定,"出卖人按照约定未交付有关标的物的单证和资料的,不影响标的物毁损、灭失风险的转移"。同时我国《合同法》第一百五十七条(现《民法典》第六百二十条)规定,"买受人收到标的物时应当在约定的检验期间检验。没有约定检验期间的,应当及时检验"。本案中,在原告方交付苗木时,被告方业已出具收条,证实已收到苗木,且在原告提出收据可能丢失时,再次出具收条,证实了被告方在交货后一月仍对货物交易行为的确认,双方在合同中没有约定检验期限,故应及时对苗木进行检验,且苗木交付后,应由收货方负责保管,在交货后被告严某负有保管责任期限内造成苗木死亡,严某也没有向法庭提供相关证据证明苗木的死因,故被告严某应当承担苗木死亡的相应后果。原告钟某明在履行合同时,没有按时及时提供苗木,亦未及时提供苗木的相关检疫证书,故其提出要求被告方承担违约金的诉讼请求不予支持。

二审法院认为,钟某明按照合同约定给严某提供了花椒苗,严某也已接收,并出具了收条,为此严某就应依约向钟某明支付货款。现严某称在收到苗木时已提出了质量异议,由于严某提供不出证据证实,且其在接收苗木后又对该苗木进行了部分出卖,在两次给钟某明出具的收条中均没有提出质量异议,现其提出质量异议应不予支持。另严某提出的钟某明没有提供植物检疫证书的问题,由于严某接收苗木没有及时进行检验验收,其给钟某明出具了收条后,就证明了其对苗木的接收。因此,严某就应负有保管和苗木不被毁损的责任,现苗木死亡,严某应承担其相应的保管责任,并承担苗木死亡的相应后果。

【法理阐释】

根据《民法典》第六百零九条,出卖人按照约定未交付有关标的物的单证和资料的,不影响标的物毁损、灭失风险的转移。

本案中,原告钟某明与被告严某间存在合法有效的苗木购销合同关系。钟某明按照合同约定给严某提供了花椒苗,严某也已接收,并出具了收条。钟某明虽然没有提供植物检疫证书，但植物检疫证书作为交易标的的辅助凭证，无法发挥标的物拟制交付的作用，仅能作为合同从给付义务保障合同的履行效果，根据《民法典》第六百零九条的规定，出卖人按照约定未交付有关标的物的单证和资料的，不影响标的物毁损、灭失风险的转移。严某接收苗木没有及时进行检验验收，其给钟某明出具了收条后，就证明了其对苗木的接收，因此严某就应负有保管和苗木不被毁损的责任，现苗木死亡，严某应承担其相应的保管责任，并承担苗木死亡的相应后果。

相关法律条文

《民法典》

第五百九十九条　出卖人应当按照约定或者交易习惯向买受人交付提取标的物单证以外的有关单证和资料。

2. 某科贸公司与某纺织公司买卖合同纠纷案[①]

裁判要旨：

本案合同中约定的"货权转移手续"应当包括仓单、提货单或者出库单的权利凭证和相关手续。某科贸公司仅向某纺织公司交付《货权转移证明》，而未能交付出库单或提货单，没有完成办理交付货权所需的全部手续，应承担违约责任。

案件事实：

2010年3月19日，某纺织公司、某科贸公司通过传真形式签订《棉花销售合同》一份，约定：某纺织公司向某科贸公司购买棉花，货物名称为印度棉（印棉，S-61-1／8），提单号为EPIRNDVVAI02617。交货地点及方式为某市仓库交货，某纺织公司自行提货，出库费用由某纺织公司承担，仓储费自2010年4月3日后由某纺织公司承担。某科贸公司在收到某纺织公司全款后向某纺织公司办理货权转移手续并开具增值税发票。

2010年3月22日至23日，某纺织公司通过银行电汇将7 653 469.22元货款支付给某科贸公司。2010年3月24日，某科贸公司通过传真将《货权转移证明》（编号：ZSHL10031802-0324）发送给某纺织公司，主要内容为："某纺织公司：我公司将外商合同号EXP／1026／0910，提单号为EPIRNDVVAI02617项下共

---

① 参见某科贸公司与某纺织公司买卖合同纠纷案，最高人民法院（2013）民提字第138号民事判决书。

计20个整箱印棉的货权转移给贵公司,由贵公司直接与仓库联系提货事宜。"此货权转移证明传真件有效。2010年3月31日,某科贸公司通过传真向某纺织公司发出温馨提示,主要内容为:"某纺织公司及杨经理:我公司于2010年3月24日编号:ZSHL10031802-0324《货权转移证明》已将合同号EXP／1026／0910、提单号为EPIRINDVVAI02617项下共计20个整箱印棉货权已转移给贵公司,该批货物已于3月23日通关完成,贵公司尚未提货出库。我公司对该批货物的仓储保险有效期至2010年4月1日零时终止,如贵公司在此期间没有安排提货出库等事宜,请贵公司及时安排对此单货物的仓储保险事宜,特传真温馨提示。"

2010年4月22日,某科贸公司租用的青岛某储运公司(以下简称"储运公司")仓库发生火灾,部分货物被烧毁。4月27日至28日,某纺织公司从储运公司提取了剩余货柜5箱750件,箱号分别为:9612234、9616142、9367644、9182304、9058767,共计120.35吨,并支付了出库费及仓储费2 398元。某纺织公司向法院请求判令某科贸公司继续履行合同并承担迟延履行期间的经济损失。

裁判理由:

本案中,某纺织公司作为买方的主要合同义务是支付货款,卖方某科贸公司的主要合同义务是交付货物。双方当事人在《棉花销售合同》中约定"某科贸公司在收到某纺织公司全款后向某纺织公司办理货权转移手续并开具增值税发票",同时,该合同约定了"某纺织公司自行提货",可见,某科贸公司履行"向某纺织公司办理货权转移手续"的拟制交付行为应当满足某纺织公司可以自行提货的全部必要条件,其中"货权转移手续"应能满足提货人从仓储方储运公司提货的全部必备要件。

双方当事人对于什么内容的"货权转移手续"可以满足向仓储方的提货要求各执一词。根据仓储保管人储运公司与存货人某科贸公司签订的《货物储运合同》第一条第(6)项的约定,商品出库时,要有储运公司提供的正式出库单,发货完毕要由承办人签字方可放行。该合同第二条第(5)项约定,一切货物出库凭证由储运公司负责人签字并加盖业务专用章的提货单标明的商品规格数量放行,放行货物须与提货单相符,凡不符合上述要求,储运公司擅自放货引起的损失由储运公司承担。可见,仓储保管人某公司对于本案所涉货物的提货手续有着具体明确的要求,应包括正式出库单和提货单。根据《合同法》第三百八十五条(现《民法典》第九百零八条)、第三百八十七条(现《民法典》第九百一十条)的规定,存货人交付仓储物的,保管人应当给付仓单。仓单是提取仓储物的凭证。存货人或者仓单持有人在仓单上背书并经保管人签字或者盖章的,可以转让提取仓储物的权利。故本案合同中约定的"货权转移手续"应当包括仓单、提货单或者出库单的权利凭证和相关手续。本案中的《货权转移证明》既非出库单也非提货单，某科贸公司关于某纺织公司持有《货权转移证明》传真件即可提取货物的主张既不符合法律规定，也不符合当事人《货物储运合同》的相关约定，该主张不能成立。某科贸公司主张买方某纺织公司持卖方某科贸公司传真的《货权转移证明》即可向仓储保管人储运公司提货是一种特殊交易惯例，但未能提供确实充分的证据予以证明，应承担举证不能的法律后果。

综上，本案中某纺织公司已将7 653 469.22元货款支付给某科贸公司，某科贸公司应依约在收到货款后向某纺织公司办理全部货权转移手续，但某科贸公司仅向某纺织公司交付《货权转移证明》，而未能交付出库单或提货单，没有完成办理交付货权所需的全部手续，应承担违约责任。

【法理阐释】

根据《民法典》第六百零九条，出卖人按照约定未交付有关标的物的单证和资料的，不影响标的物毁损、灭失风险的转移。

本案中，仓储保管人储运公司对于本案所涉货物的提货手续有着具体明确的要求，应包括正式出库单和提货单，本案合同中约定的"货权转移手续"应当包括仓单、提货单或者出库单的权利凭证和相关手续。本案中的《货权转移证明》既非出库单也非提货单，某科贸公司关于某纺织公司持有《货权转移证明》传真件即可提取货物的主张既不符合法律规定，也不符合当事人《货物储运合同》的相关约定。根据《民法典》第六百零九条的规定，出卖人按照约定未交付有关标的物的单证和资料的，不影响标的物毁损、灭失风险的转移，但是某科贸公司仅向某纺织公司交付《货权转移证明》，而未能交付出库单或提货单，没有完成办理交付货权所需的全部手续，所有权未能转移，因此应承担标的物毁损、灭失的风险。

相关法律条文

《民法典》

第九百零八条 存货人交付仓储物的，保管人应当出具仓单、入库单等凭证。

第九百一十条 仓单是提取仓储物的凭证。存货人或者仓单持有人在仓单上背书并经保管人签名或者盖章的，可以转让提取仓储物的权利。

第四章　标的物瑕疵担保

第一节　买卖合同标的物瑕疵担保责任

《民法典》第六百一十条　因标的物不符合质量要求，致使不能实现合同目的的，买受人可以拒绝接受标的物或者解除合同。买受人拒绝接受标的物或者解除合同的，标的物毁损、灭失的风险由出卖人承担。

【立法意旨和制度背景】

本条是关于出卖人交付之标的物有瑕疵时风险承担的规定。本条来源于《合同法》第一百四十八条，"因标的物质量不符合质量要求，致使不能实现合同目的的，买受人可以拒绝接受标的物或者解除合同。买受人拒绝接受标的物或者解除合同的，标的物毁损、灭失的风险由出卖人承担"。

契约自由作为契约法中的基本原则，其实质是指契约的成立以当事人的意思表示一致为必要，契约权利义务仅在以当事人的意志而成立时，才具有合理性和法律上的效力。① 依据契约自由原则和诚实信用原则，出卖人应当交付双方当事人约定好的标的物，不能交付价值减少或灭失、效用减少或灭失以及与契约约定的效用或担保的品质不相符的标的物。即使双方当事人对于标的物的品质无特别约定，也应依社会一般通常的观念交付标的物。

交易安全对于维护正常的市场秩序，保护买卖交易双方的合法利益，实现当事人双方所追求的合同价值具有重要意义。遵守交易规则，自觉维护交易安全也是买卖交易当事人的当然义务。买卖合同是出卖人移转财产权于买受人，买受人支付出卖人价金的双务合同，买受人所追求的目的是取得质量合格、权利完整的标的物，能否取得所有权完全取决于出卖人的履行行为，一旦出卖人交付的标的物有瑕疵，那么买受人订立合同的目的就会落空，对其造成的损害是显然

---

① 参见李永军：《合同法》，法律出版社2004年版，第37页。

的。因此，为了约束并规范出卖人的行为，促使出卖人诚信无欺并及时恰当地履行债务人的义务，最大限度地减少交易风险，确保交易安全，法律便选择了瑕疵担保责任制度。

在现代社会，由于生产组织形式的变革，生产者已经不再是手工业者和小作坊主，而是现代化的大企业、大公司，科学技术的发展推动其经济实力快速增长、生产过程和生产技术高度复杂化，在商品交换中处于显著优越的地位，使得消费者根本无法判断商品的品质，不得不完全依赖生产者。由于流通革命，商品从生产者到达消费者须经过复杂多层的流通环节，消费者与生产者之间一般不再发生直接的契约关系，各种推销、宣传、广告手段的采用，使消费者实际上处于完全盲目的状态，听任其摆布。在这样利益失衡的情况下，基于诚信原则，更应坚持出卖人承担物之瑕疵担保责任的规定，这对于促使出卖人为远离责任而充分考虑买受人的利益有积极作用，从而从根本上保障买受人的利益。

该条的立法目的在于：其一，规定货物质量与合同不符时，买受人可以行使拒绝接受货物或解除合同的权利；其二，规定买受人拒绝接受货物或解除合同后，货物的风险承担问题。在涉及买受人拒绝接受标的物权利的行使条件时，《民法典》使用了"不能实现合同目的"的字眼，强调的是违反合同的后果，既不看违约行为违反了合同中的哪些条款，也不是只讲违约的事实，而是要考虑违约在客观上给对方所造成的损害。

【条文解读】

一、质量瑕疵担保责任中"质量瑕疵"的理解

所谓标的物质量瑕疵担保责任，是指买卖合同中的出卖人对其提出的给付，应担保标的物的质量符合合同的约定，违反此种担保义务，应承担特殊的物的瑕疵担保责任。易言之，出卖人要保证标的物转移至买受人后，不存在品质或使用价值降低、效用减弱的瑕疵。[①]

在理解物的瑕疵概念时，应注意以下几点：第一，一般来说，《民法典》第六百一十条中的标的物瑕疵担保仅限于质量瑕疵，不适用数量的瑕疵。在合同上标明的数量成为标的的品质时，数量的瑕疵实际上是质的瑕疵。第二，物的瑕疵担保对于特定物、种类物的买卖均可适用。出卖人针对出卖标的物的瑕疵担

---

① 参见张俊浩：《民法学原理》（下册），中国政法大学出版社2000年版，第778页。

保责任给付对于种类物与特定物并无不同。无论是特定物还是种类物,出卖人都有交付无瑕疵之物的义务,只是由于特定物与种类物性质上的区别导致了救济上的差别。种类物在给付瑕疵物后有交付无瑕疵物的可能,而特定物在交付瑕疵物后要求出卖人另行交付无瑕疵的特定物则较为困难。第三,对于因认识错误而为的与合同标的不一致的交付物,应适用民法关于认识错误有关理论解决,不属于标的物瑕疵担保问题。第四,不能简单将所有致使合同目的不能实现的违约情形解释为本条的"标的物不符合质量要求"。为了不突破法条的文义,可将其他不能致使合同目的实现的违约情形类推适用本条。[1]

二、标的物质量瑕疵担保责任中"质量瑕疵"的判断标准

我国《民法典》第六百一十五条规定:"出卖人应当按照约定的质量要求交付标的物。出卖人提供有关标的物质量说明的,交付的标的物应当符合该说明的质量要求。"可以看出,我国《民法典》中出卖人物的瑕疵担保责任仅限于双方约定的质量以及出卖人提供的质量说明(保证)。我国《消费者权益保护法》《产品质量法》中关于商品安全及基本性能、质量的规定,可以看作是《民法典》规定以外出卖人对商品的默示担保,不管双方是否约定,出卖人都要承担这种责任。经营者(出卖人)在出卖的标的物具有这些瑕疵时,即应承担物的瑕疵担保责任。由于我国《民法典》并没有对瑕疵的概念下一个明确的定义,只是在第六百一十六条中规定:"当事人对标的物的质量要求没有约定或者约定不明确,依照本法第五百一十条的规定仍不能确定的,适用本法第五百一十一条第一项的规定。"因而,一般认为,标的物的质量瑕疵,也称为标的物的"物的瑕疵",是指其质量未达到当事人在合同约定的标准,或者没有达到法律规定的标准、行业标准、企业标准。[2]只要出卖人所交付的标的物质量不合合同约定而使对方可以拒绝接受或解除合同的,标的物毁损、灭失的风险就应当由出卖人承担。[3]

三、质量瑕疵担保责任

出卖人的瑕疵担保责任具有以下特点:(1)它是出卖人对买受人承担的责任。买受人支付价款是为了取得符合约定条件的财产,如果该财产存在不符合

---

[1] 参见刘洋:《根本违约对风险负担的影响——以〈合同法〉第148条的解释论为中心》,《华东政法大学学报》2016年第6期,第188页。
[2] 参见张新宝、龚赛红:《买卖合同·赠与合同》,法律出版社1999年版,第48页。
[3] 参见李永军:《合同法》,中国人民大学出版社2004年版,第375页。

约定要求的情形,即在标的物上存在权利负担或者质量缺陷,买受人订立合同的目的难以实现,同时亦违反了公平和诚实信用原则。(2)瑕疵担保责任是法定责任也是约定责任。① 法律有关瑕疵担保责任的规定属于任意性规定而非强行性规定。因此,当事人可以在合同中作出特别约定以免除或者限制出卖人的瑕疵担保责任。但当事人的约定不得违反法律的强行性规定和诚实信用原则,否则无效。各国法律一般都规定,若出卖人故意不告知标的物瑕疵,则免除或限制瑕疵担保责任的约定无效。② (3)瑕疵担保责任是严格责任。只要出卖人交付的标的物存在瑕疵,即使出卖人对于瑕疵的存在并不知悉,都应当承担赔偿由此所产生的一切损害的责任。③

【典型案例】

1. 北京某机电设备有限公司与北京某房地产开发有限公司、北京某工贸有限公司买卖合同纠纷案④

裁判要旨:

因北京某机电设备有限公司(以下简称"某机电设备公司")提供的产品不符合质量要求,致使不能实现合同目的,北京某房地产开发有限公司(以下简称"某地产开发公司")要求解除合同,标的物毁损、丧失的风险由某机电设备公司承担,故某机电设备公司应当自行取回存放于某地产开发公司的风机19台。

案件事实:

2006年2月17日,北京某房地产开发有限公司作为甲方、北京某机电设备有限公司作为乙方、北京某工贸有限公司作为丙方签订风机供货合同,甲方委托丙方采购甲方的世纪财富中心工程风机设备。合同约定:……第二条质量标准。货物的技术标准(包括质量标准要求):按国家、地方、行业部门标准执行。第十一条货物初步验收。初步验收手段:例行手段。需要联机检验的项目以及货物的内在品质并不在本条所述的验收范围之内。第十六条乙方的违约责任。联机运行出现不符合标准的问题,乙方应当及时修理或者更换设备,并自验收发现

---

① 参见谢怀栻等:《合同法原理》,法律出版社2000年版,第324页。
② 参见梅仲协:《民法要义》,中国政法大学出版社1998年版,第347页。
③ 参见梁慧星:《论出卖人的瑕疵担保责任》,《比较法研究》1991年第3期,第30页。
④ 参见北京某机电设备有限公司与北京某房地产开发有限公司、北京某工贸有限公司买卖合同纠纷案,北京市第二中级人民法院(2009)二中民终字第07068号民事判决书。

问题之日至修复之日承担逾期交货违约责任，超过30天不能修复的，视作乙方全部货物不能交货。

合同签订后，某地产开发公司于2006年4月18日给付某机电设备公司预付款253 435元。某机电设备公司于2006年5月26日、5月29日向某地产开发公司交付风机19台。某机电设备公司未交付产品合格证。6月底，某机电设备公司向某地产开发公司交付了日期为2006年6月26日，生产厂家为北京某机电设备有限公司的产品合格证。

2006年6月8日，某地产开发公司召集建设方、施工方、监理方及某机电设备公司开会，会上，某地产开发公司提出某机电设备公司提供的风机存在缺少检测报告、没有喷漆等问题，某机电设备公司的李某杰则认为产品质量没有问题。后某地产开发公司委托国家空调设备质量监督检验中心对出厂编号为6Q1053069的低噪声轴流风机进行检验，国家空调设备质量监督检验中心于2006年6月8日出具检测报告，结果为该风机风量Q、全压P、比A声级LsA均为不合格。

裁判理由：

法院认为，本案中，虽然双方在合同中约定于货物到达交货地点次日起3日内进行初步验收，但初步验收只对货物的包装、外观、数量、名称、规格、型号、品牌、生产厂家、新旧以及可以单机检验的货物的运行品质进行验收，而标的物存在隐蔽瑕疵的，买受人对标的物提出质量异议不受检验期间的质量保证期的限制。双方合同还约定，双方对货物异议不能取得一致时，双方均可提交北京市技术监督检查机构对异议货物进行检验鉴定。某地产开发公司根据该约定单方委托国家空调设备质量监督检验中心进行了鉴定，某机电设备公司在本案审理中未能提供相反的证据推翻鉴定报告的真实性，故对鉴定报告的证明力予以确认合法有据。根据鉴定报告，能够证明某机电设备公司提供的产品存在隐蔽瑕疵；且三方合同约定某机电设备公司提供产品的生产厂家为上海某机电设备有限公司，而某机电设备公司向某地产开发公司提交的产品合格证系北京某机电设备有限公司合格证，亦不符合合同约定。在此情况下，某地产开发公司提出解除合同，合法有据，应予支持。

合同解除后，尚未履行的，终止履行；已经履行的，根据履行情况和合同性质，当事人可以要求恢复原状、采取其他补救措施，并有权要求赔偿损失。因某机电设备公司提供的产品不符合质量要求，致使不能实现合同目的，某机电设备公司应退还某地产开发公司已支付的预付款并承担不能交货的违约责任，向某地产开发公司支付违约金。

【法理阐释】

根据《民法典》第六百一十条,因标的物不符合质量要求,致使不能实现合同目的的,买受人可以拒绝接受标的物或者解除合同。买受人拒绝接受标的物或者解除合同的,标的物毁损、灭失的风险由出卖人承担。

本案中,某地产开发公司与某机电设备公司间存在合法有效的买卖合同关系,卖方对买卖合同标的物的质量负有担保责任。合同双方对货物质量是否符合合同要求产生异议,经国家空调设备质量监督检验中心对异议货物进行检验鉴定,某机电设备公司提供的产品确实存在隐蔽瑕疵,不符合合同约定,构成根本违约。根据《民法典》第六百一十条,标的物不符合质量要求致使不能实现合同目的的,买受人可以拒绝接受标的物或者解除合同,标的物毁损、灭失的风险由出卖人承担。因此,某地产开发公司可以请求解除合同并要求某机电设备公司退还某地产开发公司已支付的预付款,并承担不能交货的违约责任。

相关法律条文

《民法典》

第五百六十三条 有下列情形之一的,当事人可以解除合同:

(一)因不可抗力致使不能实现合同目的;

(二)在履行期限届满前,当事人一方明确表示或者以自己的行为表明不履行主要债务;

(三)当事人一方迟延履行主要债务,经催告后在合理期限内仍未履行;

(四)当事人一方迟延履行债务或者有其他违约行为致使不能实现合同目的;

(五)法律规定的其他情形。

以持续履行的债务为内容的不定期合同,当事人可以随时解除合同,但是应当在合理期限之前通知对方。

2. 南通某机械制造有限公司与刘某壮信息网络买卖合同纠纷案①

裁判要旨：

根据《民法典》第六百一十条，标的物不符合质量要求致使不能实现合同目的的，买受人可以拒绝接受标的物或者解除合同，标的物毁损、灭失的风险由出卖人承担。南通某机械制造有限公司制造的产品不符合质量标准，且案涉舷外机系用于船上在海上作业，如出现故障安全隐患较大，因此刘某壮解除双方买卖合同的请求于法有据。

案件事实：

刘某壮委托其连襟叶某钧通过微信与南通某机械制造有限公司协商购买了一台35匹风冷柴油舷外机，并于2020年9月25日通过微信转账方式支付。2020年10月23日，双方通过微信沟通安装使用方法后，叶某钧微信告知南通某机械制造有限公司决定先用一段时间再发回换前操。

2020年10月29日，因渔船动力不足，叶某钧微信与南通某机械制造有限公司联系将该舷外机发回公司改为前操。2020年11月20日刘某壮通过叶某钧微信转账，向南通某机械制造有限公司支付前操系统价款1 250元。双方通过微信对舷外机操作及保养事宜沟通后，2020年12月1日刘某壮驾驶安装该舷外机的渔船出海试航，试航未发现问题。后因天气原因一直未出海。2021年3月25日早，刘某壮开船出海作业，舷外机出现故障无法启动，联系南通某机械制造有限公司更换配件后可以正常启动。2021年3月30日，舷外机再次出现故障无法启动，当日刘某壮联系南通某机械制造有限公司，确认是电子熄火阀和继电器都出现故障，另舷外机下体插销折断，联系南通某机械制造有限公司更换配件后可以正常启动运行。2021年4月6日，刘某壮开船出海作业，中午返航时听到舷外机异响，螺旋桨不转。刘某壮提出退货，南通某机械制造有限公司未同意。该舷外机购买时附带的资料，包含一本使用说明书和一张单位自制合格证，机器上无产品标识、生产日期、型号等信息，刘某壮向当地市场监管局投诉后，当地市场监管局认为南通某机械制造有限公司产品合格证表票制作不符合规定，已责令整改。2021年6月29日下午，南通某机械制造有限公司法定代表人杨某宁赴刘某壮处现场拆开该舷外机查看，确认舷外机传动轴已断开且无法修复，并认可该情况确实属于质量问题。后刘某壮要求退货，但是被告南通某机械制造有限公司不予

---

① 参见南通某机械制造有限公司与刘某壮信息网络买卖合同纠纷案，山东省烟台市中级人民法院（2022）鲁06民终5987号民事判决书。

配合,刘某壮遂要求解除双方之间的买卖合同关系。

裁判理由：

法院认为,刘某壮通过微信与南通某机械制造有限公司协商购买了一台35匹风冷柴油舷外机,并通过微信转账方式支付定金,后又以同样方式支付尾款和商定购买前操系统,双方虽未签订书面合同,但已经形成了事实上的买卖合同法律关系,双方均应按照约定履行各自的义务。根据《民法典》第六百一十条规定："因标的物不符合质量要求,致使不能实现合同目的的,买受人可以拒绝接受标的物或者解除合同。买受人拒绝接受标的物或者解除合同的,标的物毁损、灭失的风险由出卖人承担。"本案中,南通某机械制造有限公司通过快递物流向刘某壮交付了35匹风冷柴油舷外机及前操系统后,刘某壮三次出海作业均因该舷外机出现故障导致渔船失去动力而无法航行,且出现故障后刘某壮多次联系南通某机械制造有限公司并在其指导下进行维修。虽然南通某机械制造有限公司辩称涉案船只并没有像刘某壮所述坏过三次,但通过微信聊天记录以及快递单据可以印证刘某壮所述。现刘某壮要求退货的原因在于传动轴断裂舷外机无法正常使用,南通某机械制造有限公司的法定代表人杨某宁到场也确认舷外机传动轴断裂的情况无法修复并同意退货,庭审中,南通某机械制造有限公司虽然辩解其产品符合质量标准,但其不能提交证据或通过鉴定证明其辩解意见,且案涉舷外机系用于船上在海上作业,如出现故障安全隐患较大。故刘某壮解除双方买卖合同的请求于法有据,法院予以支持。

【法理阐释】

根据《民法典》第六百一十条,因标的物不符合质量要求,致使不能实现合同目的的,买受人可以拒绝接受标的物或者解除合同。买受人拒绝接受标的物或者解除合同的,标的物毁损、灭失的风险由出卖人承担。

本案中,刘某壮与南通某机械制造有限公司间已经形成合法有效的买卖合同法律关系,双方均应按照约定履行各自的义务。南通某机械制造有限公司向刘某壮交付货物后,该舷外机前后三次出现故障导致渔船失去动力无法航行,且出现故障前后刘某壮曾多次联系南通某机械制造有限公司并在其指导下进行维修,其货物显然不符合质量规定,无法实现合同目的。根据《民法典》第六百一十条的规定,因标的物不符合质量要求,致使不能实现合同目的的,买受人可以拒绝接受标的物或者解除合同。买受人拒绝接受标的物或者解除合同的,标的物毁损、灭失的风险由出卖人承担。因此,刘某壮有权主张解除双方买卖合同。

相关法律条文

《民法典》

第五百六十三条　有下列情形之一的,当事人可以解除合同:

(一)因不可抗力致使不能实现合同目的;

(二)在履行期限届满前,当事人一方明确表示或者以自己的行为表明不履行主要债务;

(三)当事人一方迟延履行主要债务,经催告后在合理期限内仍未履行;

(四)当事人一方迟延履行债务或者有其他违约行为致使不能实现合同目的;

(五)法律规定的其他情形。

以持续履行的债务为内容的不定期合同,当事人可以随时解除合同,但是应当在合理期限之前通知对方。

第二节　买受人承担风险与出卖人违约责任关系

《民法典》第六百一十一条　标的物毁损、灭失的风险由买受人承担的,不影响因出卖人履行义务不符合约定,买受人请求其承担违约责任的权利。

【立法意旨和制度背景】

本条是关于买受人承担标的物的风险不影响违约责任的规定。本条来源于《合同法》第一百四十九条,"标的物毁损、灭失的风险由买受人承担的,不影响因出卖人履行债务不符合约定,买受人要求其承担违约责任的权利"。

本条表明在出卖人违约的情况下,买受人虽然按照《民法典》合同编的规定承担了标的物风险,但并不影响因出卖人的违约行为,买受人请求其承担违约责任的权利,如请求损害赔偿。在标的物质量不符合质量要求致使不能实现合同目的的情况下,可以适用前条的规定。

应当明确的是,此处所讲的违约对标的物风险转移制度的影响并非违约责任。违约责任是指合同一方当事人因不按照合同约定或法律规定履行合同义务造成对方损失而承担的责任,可见违约责任是由违约引起的。而在此违约并不是引起风险发生的原因,风险转移制度所指的风险始终是由于不可归责于双方当事人的原因引起的,而违约只是在法律对风险转移的规定上产生了一定的影响作用。其目的在于由于一方当事人的违约行为,按照一般原则再苛责守约方负担风险显有不公,法律应当对守约方的利益作出救济。

【条文解读】

一、货物不符时的意外风险承担

根据我国《民法典》第六百一十一条的规定,买受人对标的物毁损、灭失的风险责任与买受人请求出卖人承担违约责任是两种不同的责任和权利,两者之间并无直接的实际关联。买受人对意外风险责任的承担与违约请求权的行使并不互相影响。[①]在合同当事人违约的情形,买受人接受标的物的交付,只是表明占有发生了移转,但并非表明买受人认可该标的物符合合同约定或认可对方当事人的履行无瑕疵,更不表明买受人放弃了追究出卖人的责任。[②]这是因为风险负担制度与违约责任制度是两种独立的制度,前者是对不可归责于合同当事人的事由导致给付不能时的风险进行分配,后者则是对债务人未依照约定履行债务时产生的责任进行规定。当事人是否应当负担风险或者承担违约责任,应当分别适用这两项制度的规则进行确定。[③]由于占有发生了转移,即使出卖人履行债务不符合约定,买受人也必须对标的物毁损、灭失的意外风险负责,因为买受人对标的物毁损、灭失所承担的意外风险责任是买受人基于双方在买卖合同中的约定或者有关法律的规定而承担的合同责任,买受人不得对该责任的承担加以选择;但与此同时,买受人可以要求出卖人承担违约责任进行补救,当然买受人也可以放弃行使该项权利。

二、出卖人履行债务不符合约定时买受人的救济方式

出卖人违反质量瑕疵担保责任时,应当承担相应的责任。我国《民法典》第六百一十七条规定:"出卖人交付的标的物不符合质量要求的,买受人可以依据本法第五百八十二条至第五百八十四条的规定请求承担违约责任。"由于标的物品瑕疵的具体情况及当事人就品质瑕疵所作约定的具体内容不同,出卖人承担的责任方式也不相同。如果合同对出卖人的品质瑕疵担保责任作出了约定,

---

① 参见唐德华:《合同法条文释义》(下),人民法院出版社2000年版,第1005页。
② 参见魏耀荣等:《中华人民共和国合同法释论》(分则),中国法制出版社2000年版,第32页。
③ 参见徐涤宇、张家勇主编:《〈中华人民共和国民法典〉评注(精要版)》,中国人民大学出版社2022年版,第677页。

并且这种约定不违法,则出卖人依约定承担责任。在没有约定时,则依标的物品质瑕疵的程度和买受人购买标的物的目的不同,买受人可以请求减少价款、修理或者更换标的物、解除合同,造成其他损失的,可以要求损失赔偿。这种将交付有瑕疵标的物的行为作为违约行为对待的做法,不仅有利于违约责任与商品制造者的产品责任制度之间的衔接,还可以进一步明确出卖人对出卖商品的担保义务,如规定出卖人不仅对商品质量本身负有担保义务,对商品在数量、包装以及交付方式等方面均负有担保义务。这些义务都可以组成合同义务,违反这些义务将构成违约责任。这显然对保护买受人十分有利。①

出卖人履行债务不符合约定时买受人的损害赔偿请求权主要表现为以下情形:(1)出卖人所保证的品质瑕疵须于合同订立时不存在,而且于危险负担移转时也不存在。如于合同订立后,始失去其品质,则因可归责于买受人之事由,而使其负损害赔偿责任。出卖人如保证于交付前除去合同订立时已存在之瑕疵却未履约,亦应承担损害赔偿责任。(2)出卖人本人或其代理人不告知瑕疵。这里所说的瑕疵指灭失减少价值或预用效果的瑕疵。然而,如果买受人于合同订立时知其瑕疵,则出卖人不负担任何责任。(3)故意宣称标的物不具有的某种品质。此时法律虽无规定,然而可与故意不告知相同。买卖双方当事人订立合同时基于标的物无瑕疵之合意,则欠缺所宣称之品质,通常为欠缺约定之品质。于上述三种情形买受人得请求损害赔偿。

【典型案例】

1. 钱某华与何某泰买卖合同纠纷案②

裁判要旨:

何某泰出售给钱某华的S6KT发动机存在质量问题,并且怠于履行合同义务,买受人有权要求其承担违约责任,钱某华请求何某泰退还货款73 000元的主张合理合法。

案件事实:

2003年7月8日,钱某华向何某泰购买日本原装S6KT发动机1台,价款73 000元。供方何某泰按约定交付了货物,钱某华依约定支付了发动机货款

---

① 参见王利明:《中德买卖合同制度的比较》,《比较法研究》2001年第1期,第26页。
② 参见钱某华与何某泰买卖合同纠纷案,广东省佛山市中级人民法院(2004)佛中法民二终字第277号民事判决书。

73 000元。同日,钱某华以78 800元价格,将发动机转售给某乡的罗某祥和其合伙人彭某华、袁某发。罗某祥等人请机师安装,进行磨合试机,13日上午发现了漏油等问题。罗某华通知钱某华,钱某华遂通知何某泰。经钱某华与何某泰交涉,2003年7月22日,何某泰委托其弟何某猷参加发动机检测处理工作,三方同意聘请黄某旺为检测师傅,一起到现场检查发动机质量问题的原因。经检测,发现发动机的确有质量问题。同日,三方签名确认《S6KT发动机故障的报告》。

发动机出现了质量问题后,但是,何某泰未就发动机的质量问题提出合理的解决意见,怠于履行合同义务。买受人罗某祥等合伙人遂向赣州市公安局章贡分局报案,该分局扣押了发动机,并责令钱某华向罗某祥等合伙人返还发动机价款78 800元。钱某华因此事受该分局的人身限制。钱某华向罗某祥等合伙人退还发动机价款后,何某泰至今未退还发动机款73 000给钱某华。

2003年8月5日,钱某华向法院起诉,请求判令何某泰退还发动机款73 000元,赔偿损失6 000元,并承担诉讼费用。

裁判理由:

法院认为,钱某华向何某泰购买S6KT发动机之后,遂转卖给罗某祥、彭某华、袁某发,三人收货后安装试机,发现了发动机有质量问题,遂向钱某华交涉,钱某华又向何某泰交涉。三方就S6KT发动机的质量问题,2003年7月22日签署《S6KT发动机故障的报告》(实为备忘录),确认了发动机出现的七项质量问题。黄某旺是三方聘请来检测发动机质量的检测机师,黄某旺在上述报告和《S6KT发动机检测结果》上签名,证实的内容与三方确认的发动机七项质量问题的内容一致,故黄某旺在检测结果签名证实的结论应具有证明的效力。

关于何某泰卖给钱某华的发动机质量是否存在问题,由于三方签名确认了《S6KT发动机故障的报告》,并且有赣州市公安局章贡分局没收S6KT发动机等证据相互印证,法院于此认定,何某泰出售给钱某华的S6KT发动机确实存在质量问题,并且怠于履行合同义务,负有过错责任。由于发动机被赣州市公安局章贡分局没收,没有实物返还,法院不作返还的处理。何某泰退还给钱某华的发动机款后,可依法主张其权利。根据《合同法》第一百零七条(现《民法典》第五百七十七条)"当事人一方不履行合同义务或者履行合同义务不符合约定,应当承担继续履行、采取补救措施或者赔偿损失等违约责任"以及第一百四十九条(现《民法典》第六百一十一条)"标的物毁坏、灭失的风险由买受人承担的,不影响因出卖人履行债务不符合约定,买受人要求其承担违约责任的权利"的规定。钱某华主张请求何某泰退还货款73 000元,合理合法。

【法理阐释】

根据《民法典》第六百一十一条,标的物毁损、灭失的风险由买受人承担的,不影响因出卖人履行义务不符合约定,买受人请求其承担违约责任的权利。

本案中,钱某华与何某泰间存在合法有效的买卖合同关系,何某泰交付S6KT发动机之后,发动机存在质量问题。虽然发动机已经被赣州市公安局章贡分局没收,该标的物毁损、灭失的风险应当由买受人负担,但根据《民法典》第六百一十一条,标的物毁损、灭失的风险由买受人承担的,不影响因出卖人履行义务不符合约定,买受人请求其承担违约责任的权利。出卖人何某泰怠于履行合同义务,负有过错责任,钱某华有权主张请求何某泰退还货款73 000元。

相关法律条文

《最高人民法院关于审理买卖合同纠纷案件适用法律问题的解释》

第二十二条 买卖合同当事人一方违约造成对方损失,对方主张赔偿可得利益损失的,人民法院在确定违约责任范围时,应当根据当事人的主张,依据民法典五百八十四条、第五百九十一条、第五百九十二条、本解释第二十三条等规定进行认定。

2. 闫某立与郝某伟、曹某买卖合同纠纷案[①]

裁判要旨:

郝某伟已按约交付了挖掘机,闫某立作为买受人也缴纳了相应价款,合同的目的已经实现。闫某立以郝某伟交付给闫某立的挖掘机不符合双方合同的约定为由要求解除合同,不符合合同约定解除的条件和法定解除条件。

案件事实:

闫某立通过第三人山西某机械信息服务公司从郝某伟处购买了一台山重建机牌GC208-8、整机编号为J5QD0459的挖掘机,于2017年1月15日签订了编号ybt SAL1611020006《工程设备转让服务协议》。服务协议生效后,双方依约履行了付款和交车义务。2017年1月15日闫某立收到挖掘机后投入使用,于2017年2月14日被不知名的第三方强行拖走,报案后经万荣县公安局予以追回,并退还给闫某立。闫某立以郝某伟交付给闫某立的挖掘机不符合双方合同的约定

---

① 参见闫某立与郝某伟、曹某买卖合同纠纷案,山西省忻州地区(市)中级人民法院(2018)晋09民终107号民事判决书。

（即：保证合法拥有标的物的所有权，且标的物上不存在任何产权纠纷或债务纠纷），已构成根本违约，致使合同的目的无法实现且给闫某立造成了巨大的损失为由，要求解除合同、赔偿损失。以上事实有《工程设备转让服务协议》、收条、发还清单等证据及当事人陈述及庭审笔录在案佐证。

裁判理由：

一审法院认为，闫某立、郝某伟、第三人山西某机械信息服务公司之间签订的《工程设备转让服务协议》是三方当事人的真实意思表示，不违反法律、行政法规的强制性规定，合法有效。双方当事人均应按约定履行义务。现郝某伟已按约交付了挖掘机，闫某立作为买受人也缴纳了相应价款，双方就合同的相关义务也履行完毕，合同的目的已经实现。闫某立以郝某伟交付给闫某立的挖掘机不符合双方合同的约定，已构成根本违约，致使合同目的无法实现且给闫某立造成了巨大的损失为由，要求解除合同，其请求不符合合同约定解除的条件和法律规定的条件，故对闫某立的请求，一审法院不予支持。关于闫某立要求返还购车款和赔偿损失的请求，因不符合合同解除的条件，其要求返还购车款和赔偿损失的请求，一审法院也不予支持。

二审法院认为，闫某立在购买案涉旧设备时应当知道该设备无发票、合格证，其应当对购买无发票、合格证的旧设备可能存在风险有预判力。但涉案设备曾被第三方拖走的事实并不能证明第三方对该设备享有所有权，且该设备经公安机关追回并交还闫某立，并不影响闫某立占有使用。闫某立未能提供充足证据证实涉案设备存有权属争议，其以他人有可能对涉案设备主张权利的理由仅系主观推断，并非既成事实，且其解除合同的理由既无合同约定也不符合法定解除条件，故原审法院对闫某立解除合同的请求不予支持是正确的。

【法理阐释】

根据《民法典》第六百一十一条，标的物毁损、灭失的风险由买受人承担的，不影响因出卖人履行义务不符合约定，买受人请求其承担违约责任的权利。

本案中，闫某立、郝某伟、第三人山西某机械信息服务公司之间签订的《工程设备转让服务协议》是三方当事人的真实意思表示，不违反法律、行政法规的禁止性规定，合法有效，双方当事人均应按约定履行义务。现郝某伟已按约交付了挖掘机，闫某立作为买受人也缴纳了相应价款，双方就合同的相关义务也履行完毕，合同的目的已经实现。闫某立以郝某伟交付给闫某立的挖掘机不符合双方合同的约定，致使合同的目的无法实现且给闫某立造成了巨大的损失为由，要求解除合同并返还购车款和赔偿损失，其请求不符合合同约定解除的条件和法定解除条件,故对闫某立的请求法院不予支持合法有据。

相关法律条文

《民法典》

第五百六十三条 有下列情形之一的,当事人可以解除合同:

（一）因不可抗力致使不能实现合同目的;

（二）在履行期限届满前,当事人一方明确表示或者以自己的行为表明不履行主要债务;

（三）当事人一方迟延履行主要债务,经催告后在合理期限内仍未履行;

（四）当事人一方迟延履行债务或者有其他违约行为致使不能实现合同目的;

（五）法律规定的其他情形。

以持续履行的债务为内容的不定期合同,当事人可以随时解除合同,但是应当在合理期限之前通知对方。

第三节 买卖合同权利瑕疵担保责任

《民法典》第六百一十二条 出卖人就交付的标的物,负有保证第三人对该标的物不享有任何权利的义务,但是法律另有规定的除外。

【立法意旨和制度背景】

本条是关于标的物权利瑕疵担保责任的规定。本条来源于《合同法》第一百五十条,"出卖人就交付的标的物,负有保证第三人不得向买受人主张任何权利的义务,但法律另有规定的除外"。

买卖合同的目的在于发生财产所有权之转移。为了使买受人的利益得以实现,出卖人除了应当承担交付标的物并移转所有权之义务外,还负有保证第三人对该标的物不享有任何权利的义务,这种义务是买卖合同中出卖人的一项法定义务,即使合同中对其未作约定,出卖人也必须履行。

买卖合同中出卖人对标的物的权利瑕疵担保责任,是指出卖人应当保证对标的物享有合法的权利,且没有侵犯任何第三人的权利,并且任何第三人都不会就该标的物向买受人主张任何权利。具体而言,出卖人对标的物的权利瑕疵担保责任包括:其一,出卖人对出卖的标的物享有合法的权利,须对标的物具有所有权或者处分权。出卖人作为代理人替货主出售货物,即是出卖人具有处分权的情形。而出卖人将其合法占有或者非法占有的他人财产作为出卖的标的物,或者出卖自己只有部分权利的标的物,如与他人共有的财产等,都是对此项义务的违反。其二,出卖人应当保证标的物上不存在他人可以主张的权利,如抵押权、租赁权等。其三,出卖人应当保证标的物没有侵犯他人的知识产权。确定出卖人的这项义务比较复杂,需要结合有关知识产权的法律作出判断。

出卖人未能履行权利担保的义务,使得合同订立后标的物上的权利缺陷没有去除,属于出卖人履行债务不符合约定的一种情况,买受人可以依照《民法典》合同编关于违约责任的规定,请求出卖人承担违约责任。即使在标的物的部分权利属于他人的情况下,也可以认为出卖人的行为构成了根本违约,即严重影响了买受人订立合同所期望的经济利益,买受人可以单方解除合同。如果买受人不想解除合同,则可以请求出卖人减少标的物的价款。

【条文解读】

一、权利瑕疵和权利瑕疵担保责任

买卖合同是移转标的物所有权的合同。保证其移转的标的物所有权完好且不负担任何第三人的权利,是出卖人的基本义务。如果转移的标的物上存在着其他权利负担,买受人就不能取得标的物完全的所有权,而且其和平占有和使用标的物的权利可能会受到干扰,从而直接危及合同目的的实现。因此,出卖人的权利瑕疵担保责任得以确立,是源于维护市场交易安全及保护买受人合法利益的考量。在《民法典》中规定权利瑕疵担保责任制度使买受人不必过分关注标的物所有权的真实状况,可以自由地从市场上购买自己所需要的商品,有利于买卖合同的订立,进而有利于促进商品流转的顺利进行。[1]

所谓标的物的权利瑕疵,是指买卖合同的标的物上涉及第三人的权利,导致买受人对合同标的物将来享有的所有权不完全。就我国法律而言,通说认为,违反权利瑕疵担保义务的瑕疵担保责任属于违约责任的一种情形。[2]权利瑕疵主要有以下两种情况:第一,标的物的所有权属于第三人而不属于出卖人,或者第

---

[1] 参见吴志忠:《论出卖人的权利瑕疵担保责任》,《中南财经政法大学学报》2006年第3期,第128-129页。

[2] 参见王利明:《合同法研究》(第三卷,第二版),中国人民大学出版社2015年版,第420-422页;韩世远:《合同法总论》(第四版),法律出版社2018年版,第555页。

三人与出卖人对标的物共同享有所有权;第二,出卖的标的物的所有权受到限制,即标的物上设有其他权利致使所有权人不能完全自主地行使所有权,如抵押权等。所谓权利瑕疵担保责任,是指买卖合同的出卖人就标的物的所有权不能完全转移至买受人而应当承担的责任。具体而言,出卖人的权利瑕疵担保责任包括:出卖人对出卖的标的物享有合法的所有权或处分权;出卖人应当保证标的物上不存在其他第三人可以主张的权利;出卖人应当保证标的物没有侵犯他人的知识产权。依据我国《民法典》第六百一十二条规定,出卖人就交付的标的物,负有保证第三人对该标的物不享有任何权利的义务,但法律另有规定的除外。

二、出卖人承担标的物权利瑕疵担保责任的条件和方式

买受人请求出卖人承担标的物的权利瑕疵担保责任需要具备特定的条件。

首先,标的物的权利瑕疵必须是在买卖合同成立时就存在。[1]如果第三人在买卖合同成立之后才发生对买卖标的物的权利,则出卖人对买受人承担的是违约责任而不是权利瑕疵担保责任。[2]

其次,买受人在订立合同时不知道并且也不应当知道其对标的物享有的权利存在瑕疵。根据《民法典》的规定,买受人订立合同时知道或者应当知道第三人对买卖的标的物享有权利的,出卖人不承担权利瑕疵担保责任。

再次,第三人已经向买受人主张权利。虽然合同标的物存在买受人不知道的权利瑕疵,但是对合同标的物享有权利的第三人没有向或不向买受人主张权利,或者第三人的权利已经因法定事由而丧失,则买受人的权利实际上没有受到侵害,所以出卖人不承担权利瑕疵担保责任。当第三人向买受人主张权利时,买受人可以请求出卖人承担责任。

最后,买卖合同双方当事人未特别约定免除或限制权利瑕疵担保责任。契约自由是私法自治的核心部分。就如海因·科茨等所指出的:"私法最重要的特点莫过于个人自治或其自我发展的权利。契约自由为一般行为自由的组成部分,是一种灵活的工具,它不断进行自我调节,以适应新的目标。它也是自由经济不可或缺的一个特征。它使私人企业成为可能,并鼓励人们负责任地建立经济关

---

[1] 参见崔建远:《合同法》(第六版),法律出版社2016年版,第307页。
[2] 参见谢鸿飞、朱广新:《民法典评注合同编:典型合同与准合同(一)》,中国法制出版社2020年版,第68页。

系。因此,契约自由在整个私法领域具有重要的核心作用。"①权利瑕疵担保责任与物的瑕疵担保责任一样,并不具有强行性,买卖合同当事人双方可以在合同中约定限制或免除出卖人的权利瑕疵担保责任。如果当事人之间对此作出特别约定,除非约定无效,应当依照特别约定。

【典型案例】

1. 许某鹉与某开发建设有限公司、某城镇建设综合开发公司商品房买卖合同纠纷案②

裁判要旨:

许某鹉与某开发建设公司签订《商品房买卖合同》,在合同履行的过程中,许某鹉所购店面作为安置房安置给了被拆迁户,某开发建设公司交付的标的物出现了权利上的瑕疵,即使没有合同约定,根据《民法典》第六百一十二条的规定,某开发建设公司依法也应向许某鹉承担违约责任。

案件事实:

2000年8月18日,第三人某城镇建设综合开发公司(甲方,以下称综合开发公司)与何某辉(乙方)签订《某县城朝阳路口联合拆迁改造工程协议书》并经公证,约定拆迁改造某县城朝阳路口工程的范围、内容及双方责、权等。2001年11月13日第三人与被拆迁户陈某某签订《某县朝阳路口拆迁安置补偿协议书》并经公证,约定由第三人将朝阳花园A幢1#、2#店面屋安置给被拆迁户陈某忠等人。

2002年8月16日被告某县某开发建设有限公司(以下称某开发建设公司)与原告许某鹉签订《商品房买卖合同》,将本公司开发的朝阳花园A幢1#、2#店面房出售给原告。另该合同第十二条约定:"出卖人应保证销售的商品房没有产权纠纷和债权债务纠纷。因出卖人原因,造成商品房不能办理产权登记或发生债权债务纠纷的,由出卖人承担全部责任。"2003年6月1日双方交房,原告实际接管朝阳花园A幢1#、2#店面房。2005年5月31日,被告在代办房产证时,余契税款7 719元未交纳征税机关。2005年7月,原告取得该商品房产权证,但产

---

① 参见[德]罗伯特·霍恩、海因·科茨、汉斯·G·莱塞:《德国民商法导论》,楚建译,中国大百科全书出版社1996年版,第90页。

② 参见许某鹉与开发建设有限公司、某城镇建设综合开发公司商品房买卖合同纠纷案,漳州市中级人民法院(2006)漳民终字第640号民事判决书。

权证中店面房建筑面积比合同约定面积少5.2平方米。诉讼期间经被告申请,按GB／T17986.1-2000的测量标准重新进行测量办证,朝阳花园A幢1#、2#店面房建筑面积比合同约定只少0.07平方米。

原告起诉至某县人民法院称:被告交付的店面房面积比合同约定少5.2平方米而多收购房款30 120元和多收契税款7 719元,应予退还原告,且被告交付的店面房存在纠纷被法院查封造成原告经济损失36 000元,被告应负责赔偿。请求判令被告返还多收的款项人民币37 839元及赔偿经济损失人民币36 000元。

裁判理由:

法院认为,许某鹉与某开发建设公司签订《商品房买卖合同》,在合同履行的过程中,某开发建设公司依约交付给许某鹉所购的店面。因许某鹉所购店面由原审第三人综合开发公司事先与被拆迁户订立拆迁安置协议,而作为安置房安置给了被拆迁户,由此引发朝阳花园A幢1#、2#店面涉讼而被查封,就履行效果而言,某开发建设公司交付的标的物出现了权利上的瑕疵,即使没有合同约定,根据《合同法》第一百五十条(现《民法典》第六百一十二条)的规定,某开发建设公司依法也应向许某鹉承担违约责任,故许某鹉以违约为由,主张合同相对人某开发建设公司应向其承担违约责任的上诉理由成立,应予支持。某开发建设公司与原审第三人综合开发公司在《某县城朝阳路口联合拆迁改造工程协议书》中的约定,根据合同的相对性原理,仅能约束某开发建设公司与综合开发公司,不能成为其对许某鹉的违约免责事由,且根据《合同法》第一百二十一条(现《民法典》第五百九十三条)的规定,某开发建设公司因综合开发公司的原因造成违约的,也应当向许某鹉承担违约责任,至于某开发建设公司与综合开发公司之间的纠纷,属于另一个法律关系,应另案解决,故某开发建设公司的辩解于法不符,不予采纳。

【法理阐释】

根据《民法典》第六百一十二条,出卖人就交付的标的物,负有保证第三人对该标的物不享有任何权利的义务,但是法律另有规定的除外。

本案中,许某鹉与某开发建设公司签订的《商品房买卖合同》真实有效。在合同履行的过程中,某开发建设公司依约交付给许某鹉所购的店面,但因许某鹉所购店面事先作为安置房安置给了被拆迁户,某开发建设公司交付的标的物存在权利上的瑕疵。根据《民法典》第六百一十二条的规定,出卖人就交付的标的物,负有保证第三人对该标的物不享有任何权利的义务,因此某开发建设公司依法应向许某鹉承担违约责任。

相关法律条文

《民法典》

第五百九十三条　当事人一方因第三人的原因造成违约的,应当依法向对方承担违约责任。当事人一方和第三人之间的纠纷,依照法律规定或者按照约定处理。

2. 刘某喜与张某志买卖合同纠纷案[①]

裁判要旨:

出卖人张某志就交付的标的物即涉案买卖车辆,负有保证第三人不得向买受人即刘某喜主张任何权利的义务,涉案车辆现被认定为盗抢车辆而予以扣押,致使不能实现合同目的,因此涉案车辆买卖合同应予法定解除。

案件事实:

2013年4月23日,张某志与刘某喜签订《购车协议》,约定:张某志将车牌照号为xxx号,车架号为:LFV3A14F563053792的奥迪A6L轿车一辆出售给刘某喜,保证此车手续真实合法、无经济纠纷、无违章、无任何法律纠纷,购车款为110 000.00元整。违章以2013年4月23日12点为止。刘某喜实际交付给张某志购车款108 000.00元(张某志认可)后,并实际占有使用该车辆。2017年7月28日,广东省某公安局作出扣押决定书一份,以该车辆属被盗车辆而予以扣押,并出具扣押清单一份。另查明:本案涉案车辆,登记所有人为隗某春,初登时间为1999年6月7日,发动机号:036516。2010年3月15日,徐某玲向广东省某公安局下角派出所报案,该派出所立案受理。2017年6月7日,由该派出所呈报,经公安局同意,填报《被盗抢车上网登记表》。现刘某喜以"张某志处分了该车辆,未经过车辆所有权人的同意"为由,主张双方签订的合同无效,张某志应返还给自己曾支付的购车款108 000元,并给付相应银行利息(从2013年4月23日起至还款之日止,按照中国人民银行同期贷款利率4.3%计算)。

裁判理由:

本案涉案车辆买卖合同应认定为有效,故法院应当对涉案合同是否符合解

[①] 参见刘某喜与张某志买卖合同纠纷案,吉林省延边朝鲜族自治州中级人民法院(2018)吉24民终90号民事判决书。

除条件、进而应否支持其返还购车款及赔偿利息损失的诉请进行审查。根据《合同法》第一百五十条（现《民法典》第六百一十二条）关于标的物权利瑕疵担保的规定，出卖人张某志就交付的标的物即涉案买卖车辆，负有保证第三人不得向买受人即刘某喜主张任何权利的义务。在张某志与刘某喜于2013年4月23日签订的购车协议中，双方也约定保证此车手续真实合法，无经济纠纷、无违章、无任何法律纠纷。涉案车辆现因被广东省某公安局认定为盗抢车辆而予以扣押，致使不能实现合同目的，根据《合同法》第一百四十八条（现《民法典》第六百一十条）关于标的物瑕疵担保责任、第九十四条（现《民法典》五百六十三条）关于合同的法定解除以及第九十七条（现《民法典》第五百六十六条）解除的效力的规定，涉案车辆买卖合同应予法定解除，刘某喜要求张某志返还购车款108 000元的诉请，有事实和法律依据，法院予以支持。因刘某喜在购买涉案车辆时应当知道张某志并非涉案车辆的登记所有人，购买车辆后也未依法办理车籍过户手续而自身具有过错，并非善意第三人，且其已使用了涉案车辆4年，故对刘某喜主张的返还购车款利息损失的诉请，法院不予支持。

【法理阐释】

根据《民法典》第六百一十二条，出卖人就交付的标的物，负有保证第三人对该标的物不享有任何权利的义务，但是法律另有规定的除外。

本案中，张某志和刘某喜间签订的《购车协议》合法有效，出卖人就交付的标的物负有保证第三人不得向买受人即刘某喜主张任何权利的义务，合同本身也约定，张某志应当保证此车手续真实合法，无经济纠纷、无违章、无任何法律纠纷。但是，涉案车辆现因被广东省某公安局认定为盗抢车辆而予以扣押，致使不能实现合同目的，根据《民法典》第六百一十二条的规定，出卖人就交付的标的物，负有保证第三人对该标的物不享有任何权利的义务，因此刘某喜有权主张解除涉案合同并要求张某志返还购车款108 000元。

相关法律条文

《民法典》

第六百一十条　因标的物不符合质量要求，致使不能实现合同目的的，买受人可以拒绝接受标的物或者解除合同。买受人拒绝接受标的物或者解除合同的，标的物毁损、灭失的风险由出卖人承担。

第四节　权利瑕疵担保责任之免除

《民法典》第六百一十三条　买受人订立合同时知道或者应当知道第三人对买卖的标的物享有权利的，出卖人不承担前条规定的义务。

【立法意旨和制度背景】

本条是关于出卖人的权利瑕疵担保责任的免除的规定。本条来源于《合同法》第一百五十一条，"买受人订立合同时知道或者应当知道第三人对买卖的标的物享有权利的，出卖人不承担本法第一百五十条规定的义务"。

买卖合同的出卖人应当对买受人承担权利担保义务。但是，在订立合同时，如果买受人已知或者应知标的物在权利上存在缺陷，除合同没有约定相反的意思，就应当认为买受人抛弃了对出卖人的担保权。因为买受人在订立合同时明知这种情况就等于表示愿意购买有权利缺陷的标的物，这同买受人明知货物有质量上的瑕疵而仍愿意购买的道理是一样的。《联合国国际货物销售合同公约》第四十一条也规定，出卖人所交付的货物必须是第三方不能提出任何权利或者请求的货物，但买受人同意在受制于这种权利或者请求的条件下，收取这项货物的除外。①

另外，如果就买受人是否知情发生争议，出卖人如果主张买受人在订立合同时明知标的物的权利缺陷，则该举证责任由出卖人负担，而非买受人。在货物买卖合同中，货物的权利瑕疵担保责任是出卖人的一项主要义务。《民法典》合同编规定出卖人对其所出售的货物负有权利保证的义务。出卖人就交付的标的物，负有保证第三人不得向买受人主张任何权利的义务，但法律另有规定的除外。但是，当买受人在订立合同时知道或者应当知道第三人对买卖的标的物享有权利的，出卖人则不应承担上述权利担保责任。

---

① See United Nations Convention on Contracts of International Sale of Goods, section 41, 11 April 1980.

【条文解读】

一、买受人"知道或者应当知道第三人对买卖的标的物享有权利"的理解

在《民法典》中,出卖人免除权利瑕疵担保责任的条件是在订立合同时,买受人知道或者应当知道第三方对买卖的货物享有权利。那么,如何理解买受人"知道或者应当知道第三人对买卖的标的物享有权利"呢?

买受人必须在合同订立时知悉有权利瑕疵,在订立后始知道的,除非买受人对担保责任予以抛弃,出卖人不得免除其担保责任。需要指出的是,此处买受人不必明知标的物存在权利瑕疵,一旦他应当知道第三人对买卖的标的物享有权利的,出卖人不承担权利瑕疵担保义务。所谓买受人应当知道,是指买受人如果尽到合理的注意义务,就能知道标的物上存在其他权利,买受人仅是因为自身过失而致客观上不知标的物存在权利瑕疵。[①]因为疏忽大意或过于自信而没有知道的,则应当推定买受人知道标的物权利瑕疵的存在,例如买受人知道某辆汽车实际属于第三人所有,且第三人一直占有并使用该车,而出让人在转让该车时也没有向买受人出示该车辆的产权凭证,买受人也没有对此予以审查,在此情况下可以认为买受人应当知道第三人对该车享有权利。我国法律规定买受人在应当知道他人享有权利的情况下购买标的物,可以免除出卖人的权利瑕疵担保责任。这对于督促买受人在买卖过程中尽到必要的注意义务,防止欺诈是有益的,也有利于保护出卖人的利益。

需要注意的是,虽然买受人因重大过失不知标的物上存在权利瑕疵,但出卖人故意不告知标的物上权利瑕疵的,出卖人是否还需要承担责任?应当认为,出卖人的行为违反诚信原则,如卖方故意隐瞒标的物的权利瑕疵和自为设定或让与的第三人的权利,卖方仍应承担权利瑕疵担保责任。[②]

二、买受人"知道或应当知道"的内容

买受人知悉的内容必须是关于权利瑕疵的危险,如可认为当事人有除去瑕

---

① 参见金可可、贺馨宇:《我国买卖合同权利瑕疵担保制度研究》,《江苏行政学院学报》2016年第6期,第118页。

② 参见吴志忠:《论出卖人的权利瑕疵担保责任》,《中南财经政法大学学报》2006年第3期,第128页。

疵之意思，则买受人仅仅知道标的物权利有瑕疵也不足以免除出卖人担保责任。例如附有抵押权负担之土地出卖人，如可认为抵押权之除去为当事人默示之合意，则买受人虽知有抵押权，不能使出卖人免除担保责任。然而，如果买受人以负有负担之状态而为承受，则根本不成立担保责任。

我国《民法典》对于买受人应当知道的内容是严格限定的，即买受人应当知道确切的第三人对此享有权利，而不仅仅是怀疑。[①]但同时也并不意味着在从事交易时买受人在任何情况下都应当严格审查出卖的标的物的产权归属，否则将承担一切责任。例如，出卖人将房产转让给买受人之前，该房产已经为他人设定了抵押，但出卖人在出让时隐瞒了这一情况，在此情况下，尽管买受人存在某些过失，但并不符合《民法典》第六百一十三条所规定的情况，从而不能免除出卖人的瑕疵担保责任。如果买受人在订约时知道或者应当知道第三人对买卖标的物享有权利，只能由买受人承担权利存在瑕疵的后果，买受人不能据此请求出卖人承担瑕疵担保责任。

【典型案例】

1. 梁某波诉罗某海、罗某杰船舶买卖合同纠纷案[②]

裁判要旨：

原告梁某波在订立合同时已知买卖标的物"某3048"号船舶设有抵押权，抵押权人为某农村信用合作社（以下简称"某信用社"），而又自愿与船舶所有权人签订买卖合同，原告自愿承担某信用社行使抵押权而被申请拍卖的风险。据此，被告罗某海不再负有保证某信用社不得向原告主张任何权利的义务，即免除了被告罗某海的权利瑕疵担保责任。

案件事实：

2003年3月31日，被告罗某海与某信用社签订抵押担保借款合同，约定：被告罗某海向某信用社借款30万元用于购买船舶，用其所有的"某3048"号船舶作抵押，抵押人在抵押期间有偿转让抵押物，应征得抵押权人同意。合同签订当日办理了抵押登记手续，某信用社向被告罗某海发放了借款300 000元。

[①] 参见徐涤宇、张家勇：《〈中华人民共和国民法典〉评注（精要版）》，中国人民大学出版社2022年版，第679页。

[②] 参见梁某波诉罗某海、罗某杰船舶买卖合同纠纷案，北海海事法院（2006）海商初字第012号民事判决书。

2004年10月18日，被告罗某海与原告梁某波签订船舶转让协议，被告罗某海将"某3048"号船舶转让给原告，价款为545 000元，原告先付245 000元，余下某信用社的300 000元抵押贷款随船转移给原告，并由原告负责归还本金和利息；原告须按信用社规定按月归还本金和利息，如三个月内未归还本金和利息，被告无条件收回船舶；原告接管经营船舶后，一切责任由原告承担。协议签订当日，原告支付被告购船款200 000元。10月20日，被告将船舶交给原告经营。2005年1月，被告罗某海代收原告的运费中30 000元作为原告应付的购船款，被告罗某海承认已收到原告购船款245 000元。

后原告向北海海事法院起诉，请求法院依法撤销船舶转让协议，判令被告返还其购船款384 600.26元；判令被告按银行同期贷款利率支付资金占用费。

裁判理由：

法院认为，根据《合同法》第一百五十条（现《民法典》第六百一十二条）"出卖人就交付的标的物，负有保证第三人不得向买受人主张任何权利的义务，但法律另有规定的除外"、第一百五十一条（现《民法典》第六百一十三条）"买受人订立合同时知道或者应当知道第三人对买卖标的物享有权利的，出卖人不承担本法第一百五十条规定的义务"的规定，原告在订立合同时已知买卖标的物"某3048"号船舶设有抵押权，而又自愿与船舶所有权人签订买卖合同，原告自愿承担某信用社行使抵押权而被申请拍卖的风险。据此，被告罗某海不再负有保证某信用社不得向原告主张任何权利的义务，即免除了被告罗某海的权利瑕疵担保责任。故在原告明知船舶设定抵押权而自愿与被告罗某海签订船舶买卖合同，致使船舶被某信用社就该抵押物行使抵押权被拍卖，其风险责任完全应由原告承担。

协议约定，第二期购船款由原告直接支付给某信用社，代替被告罗某海偿还某信用社的抵押借款。该约定旨在消除设定在该船舶上的抵押权，从而实现原告取得船舶所有权的目的。只要原告按照协议约定时间代替被告罗某海偿还某信用社的抵押借款，使抵押权消灭，原告就可依协议取得船舶所有权，但原告违约，未能代替被告罗某海偿还某信用社的抵押借款，以致抵押权不能消灭，导致某信用社行使抵押权申请拍卖了船舶，最终导致原告合同目的不能实现。

被告罗某杰参与原告与被告罗某海协商船舶转让事宜是事实，但被告罗某杰仅以在场人的身份在协议上签名，而非合同当事人。故原告与被告罗某海之间签订的船舶转让协议不能约束被告罗某杰。被告罗某杰收取原告部分购船款是事实，但系代被告罗某海所收，即使存在返还之责也应由被告罗某海承担。故原告请求被告罗某杰返还购船款的主张,没有事实和法律依据,法院不予支持。

【法理阐释】

根据《民法典》第六百一十三条,买受人订立合同时知道或者应当知道第三人对买卖的标的物享有权利的,出卖人不承担前条规定的义务。

本案中,被告罗某海与原告梁某波签订的船舶转让协议合法有效,罗某海在订立合同时已知买卖标的物"某3048"号船舶设有抵押权,抵押权人为某信用社,仍然自愿与船舶所有权人签订买卖合同,由此表明,罗某海自愿承担某信用社行使抵押权而被申请拍卖的风险。根据《民法典》第六百一十三条的规定,买受人订立合同时知道或者应当知道第三人对买卖的标的物享有权利的,出卖人不承担标的物的权利瑕疵担保义务,因此罗某海无权要求撤销船舶转让协议,应当承担抵押物被申请拍卖的风险。

相关法律条文

《民法典》

第六百一十二条　出卖人就交付的标的物,负有保证第三人对该标的物不享有任何权利的义务,但是法律另有规定的除外。

2. 杨某然、陈某伦等买卖合同纠纷案[①]

裁判要旨:

陈某伦将车辆出卖给杨某然,对车辆抵押登记情况等并无隐瞒,杨某然作为具有完全民事行为能力的成年人,具备二手车买卖的相关经验,在明知案涉车辆为抵押车的情况下,仍自愿购买并支付价款。其在订立合同时已经知道他人对案涉车辆享有权利,故陈某伦不承担标的物权利瑕疵担保责任。

案件事实:

案涉车辆登记在案外人郭某全名下,车牌号为鄂AV×××,型号为野马MUSTANG2.3T跑车。2019年7月14日,案外人郭某全与担保机构签订授权委托暨承诺书,载明如出现违约行为:1.每月25日前没有严格按照本人与贵公司签订的协议按时足额归还银行贷款本息;……本人授权并完全同意贵公司或者贵公司授权的第三方无条件暂扣并处置贷款所购车辆。2019年8月9日,案

---

① 参见杨某然、陈某伦等买卖合同纠纷案,湖南省岳阳市中级人民法院(2022)湘06民终1796号民事判决书。

外人郭某全在工商银行武汉口支行办理信用卡汽车专项分期,该笔分期分别于2021年1月22日、2月24日、3月24日出现违约,其担保机构依据分期付款担保合同,为该客户代偿;后该笔分期又于2021年12月30日出现违约,其担保机构依据分期付款担保合同,于2021年12月30日为该客户代偿。工商银行武汉口支行分别出具代偿证明。

陈某伦主张其于2021年10月7日从"潜江急速名车"以16.4万元的价格购买了案涉车辆,但未提交购车合同,仅有付款记录。杨某然从事二手车买卖,2021年12月,陈某伦在闲鱼平台向杨某然发消息,对车辆抵押登记情况等并无隐瞒。后双方达成买卖合意。2021年12月16日,杨某然通过银行账户向陈某伦转账,陈某伦将车辆交付给杨某然。2021年12月20日晚,第三人担保机构在杨某然小区停车场将涉案车辆拖走,并留下告知郭某全取回车辆内物品等的告知函,杨某然故知晓其车辆已被第三人拖走。

裁判理由:

案涉车辆原登记所有人系郭某全,车辆登记的抵押权人系工商银行武汉口支行,后该车被转卖给陈某伦,陈某伦又将车辆卖给杨某然。陈某伦对车辆抵押登记情况等并无任何隐瞒,完全将真实情况告知杨某然,杨某然知晓后,仍自愿购买并支付价款,2021年12月16日,陈某伦也已将车辆交付给杨某然。可见,杨某然、陈某伦之间订立的车辆买卖合同系双方自愿达成,是双方真实意思表示,不违反法律规定和公序良俗等,应为有效合同。杨某然依约支付了价款,陈某伦依约交付了车辆,该合同已经履行完毕。故杨某然请求解除买卖合同没有事实与法律依据,应予驳回。关于第三人担保机构是否有权将案涉车辆拖走,杨某然应如何主张权利,因不属于本案审理范围,故不予审查。综上,杨某然诉讼请求不成立。

【法理阐释】

根据《民法典》第六百一十三条,买受人订立合同时知道或者应当知道第三人对买卖的标的物享有权利的,出卖人不承担前条规定的义务。

本案中,根据在案证据分析,原告杨某然在庭审中承认买卖二手车辆为其副业,案涉车辆新车指导价在30余万至40万;被告已告知原告案涉车辆抵押在工商银行。杨某然作为具有完全民事行为能力的成年人,具备二手车买卖的相关经验,在明知案涉车辆为抵押车的情况下,低价予以购进。根据《民法典》第六百一十三条的规定,杨某然在订立合同时已经知道他人对案涉车辆享有权利,故被告陈某伦不承担标的物权利瑕疵担保责任。

相关法律条文

《民法典》

第四百零六条　抵押期间，抵押人可以转让抵押财产。当事人另有约定的，按照其约定。抵押财产转让的，抵押权不受影响。

抵押人转让抵押财产的，应当及时通知抵押权人。抵押权人能够证明抵押财产转让可能损害抵押权的，可以请求抵押人将转让所得的价款向抵押权人提前清偿债务或者提存。转让的价款超过债权数额的部分归抵押人所有，不足部分由债务人清偿。

第五节　买受人的中止支付价款权

《民法典》第六百一十四条　买受人有确切证据证明第三人对标的物享有权利的，可以中止支付相应的价款，但是出卖人提供适当担保的除外。

【立法意旨和制度背景】

本条是关于买受人就标的物的权利缺陷行使中止支付价款权的规定。本条来源于《合同法》第一百五十二条，"买受人有确切证据证明第三人可能就标的物主张权利的，可以中止支付相应的价款，但出卖人提供适当担保的除外"。

本条赋予买受人中止支付价款权的目的在于对买受人提供一种积极的保护，使其免受可能丧失标的物权利的损害。但买受人行使这一权利时，应当依照本条的规定，首先要有"确切的证据"，其次，只能中止支付与受影响的标的物"相应"的价款。

大陆法系的一些民法典也有类似的规定，如《日本民法典》第五百七十六条规定，有就买卖标的主张权利者，致买受人有丧失其买受权利之全部或一部之虞时，买受人可以按其危险程度，拒绝支付价金的全部或一部。但是，出卖人已提供相当担保时，不在此限。可以看出，在给买受人此项权利的同时，为了不过分损害出卖人的利益，出卖人可以提出以提供担保的办法使买受人支付价款。这种担保应当是与买受人有理由证明的可能损害相适应的。

【条文解读】

一、买受人价金中止支付权

在第三人对标的物提出权利要求时，如可能使买受人丧失标的物的部分权利或全部权利，买受人此时若无一定的救济手段，则可能会遭受价金损失。因而，法律赋予其中止支付相应价金的救济手段。有学者主张，本条实际上是不安抗辩权在买卖法中的具体运用。①

依据我国《民法典》第六百一十四条的规定，只有在买受人有确切证据证明第三人可能就标的物主张权利的，方可以中止支付相应的价款，但出卖人提供适当担保的除外。"中止支付相应的价款"在性质上属于延期抗辩权，因此，若出卖人已经提供适当的担保，买受人不得拒绝支付价款。②"买受人有确切证据证明"的规定目的在于严格限制买受人行使中止支付相应价金的权利，并促使买受人承担举证责任。如果买受人任意行使价金中止支付权，对出卖人的利益则极为不利。如果不规定买受人有确切证据，则买受人可以随时行使这一权利，并且买受人又不承担严格的证明责任，那么，买受人滥用价金中止支付权利的现象将时有发生。

买受人是否有确切证据需要视具体情况而定。例如，买受人能够证明买卖合同的标的物为第三人所有或系共有物，且其他共有人未同意出卖人对该标的物进行处分，或者标的物侵害了第三人的知识产权，或者标的物上已经设立了抵押权、质押权等。是否有确切证据，需要法院视具体案件进行判断。此外，买受人有证据证明第三人对标的物享有权利即可，不以出卖人是否已经交付标的物为要件。③

二、出卖人提出适当担保的权利

依据我国《民法典》第六百一十四条的规定，买受人有确切证据证明第三人对标的物享有权利的，可以中止支付相应的价款。同时法律为平衡买卖双方当事人的利益，又赋予了出卖人以选择权，即提出适当担保的权利。此时，如果出

---

① 参见王利明：《合同法研究》（第三卷，第二版），中国人民大学出版社2015年版，第73页。
② 参见林诚二：《民法债编各论（上）》，中国人民大学出版社2007年版，第107页。
③ 参见谢鸿飞、朱广新：《民法典评注合同编：典型合同与准合同（一）》，中国法制出版社2020年版，第75页。

卖人提供了适当的担保，买受人则应当支付合同约定的价金，不能拒绝支付；如果出卖人不提供担保或者担保不当的，买受人仍然有权利不支付相应的价金。此处"相应的价金"，指与买受人所有权受影响程度相一致的价金，拒绝支付之价金应与权利瑕疵危险之程度相当，始符公平之原则。①

出卖人提供适当的担保是指出卖人必须按照第三人对标的物主张权利的范围，按照合同约定的价金比例提供担保，可以是人的担保，即保证；也可以是物的担保，如抵押、质押等。但是，提供人的担保时，保证人必须符合法律规定的条件；物的担保中，物的价值必须与需要担保的价金数量相符。出卖人已经提供适当的担保的，买受人不得拒绝此种担保，并且必须按照合同的约定支付价金。如果出卖人提供的担保的时间在合同约定的买受人支付价金的期限之前，买受人应当按照合同约定的期限支付价金；如果出卖人提供的担保的时间在合同约定的买受人交付价金的期限之后，买受人在接受其担保时，即应尽快支付合同的价金。

【典型案例】

1. 许某华因与陈某泉、余某昌土地承包转让合同纠纷案②

裁判要旨：

作为买受人的许某华在有确切证据证明第三人余某昌可能就地面作物主张权利，因此，上诉人许某华有权提出以转让物上存在权利瑕疵而要求中止支付相应余款的主张。

案件事实：

陈某泉于2002年1月8日与某劳教所资源管理科签订《承包土地合同书》，由陈某泉承包136.2亩土地，承包期为2002年1月8日至2006年1月7日，合同约定了承包金、违约处理等，并约定"不得转包（租）给非合同签字人经营"。2004年6月1日陈某泉与第三人余某昌签订《订购合同》，将前述土地上种植的富贵竹50万支以9万元价格卖给第三人余某昌。2004年6月30日陈某泉与许某华签订《富贵竹场地转让合同》，将前述土地及地上富贵竹转让给许某华，转让费用15万元，许某华签订合同当日给付5万元，余下10万元双方约定于2005年农

---

① 参见黄茂荣：《买卖法》（增订版），中国政法大学出版社2002年版，第431页。

② 参见许某华因与陈某泉、余某昌土地承包转让合同纠纷案，广东省佛山市中级人民法院（2006）佛中法民五终字第664号民事判决书。

历正月初一付清。2004年12月第三人余某昌带人将前述土地上种植的富贵竹若干剪走,许某华向公安机关报警。

后陈某泉向广东省佛山市三水区人民法院起诉,请求判令许某华向陈某泉支付10万元转让金,并承担合同规定的月5‰的违约金。许某华反诉要求陈某泉承担其经营期间的员工工资、肥料等损失120 830元。

裁判理由:

法院认为,双方当事人在《富贵竹场地转让合同》中对被转让的地面作物未作明确约定,许某华提出陈某泉转让予第三人余某昌的涉讼土地上的50万支富贵竹属于被转让标的的主张合理,法院对该主张内容予以采纳。同时,结合庭审证据表明,在陈某泉向许某华转让涉讼土地上的地面作物之前,已将涉讼土地上的50万支富贵竹转让与第三人余某昌,且未将该事实告知许某华,即陈某泉转让与许某华的部分地面作物存在权利瑕疵。根据《合同法》第一百五十条(现《民法典》第六百一十二条)、第一百五十二条(现《民法典》第六百一十四条)的规定,作为买受人的许某华在有确切证据证明第三人余某昌可能就地面作物主张权利时,可以中止支付相应的价款。因此,许某华提出以转让物上存在权利瑕疵而要求中止支付相应余款的主张是有事实和法律依据的,予以支持。陈某泉提出支付10万元转让金的诉讼请求应予驳回。陈某泉应对自身违约行为造成的损失承担赔偿责任。但是,许某华提起的反诉请求具体包括工人工资、护理地上作物的材料费、交通费、复合肥款,以上请求事项均属于许某华正常管理受让地上作物的经营费用,不能作为本案陈某泉违约行为造成的实际损失,因此驳回许某华反诉请求。

【法理阐释】

根据《民法典》第六百一十四条,买受人有确切证据证明第三人对标的物享有权利的,可以中止支付相应的价款,但是出卖人提供适当担保的除外。

本案中,双方当事人在《富贵竹场地转让合同》中对被转让的地面作物未作明确约定,但陈某泉向许某华转让涉讼土地上的地面作物之前,已将涉讼土地上的50万支富贵竹转让给第三人余某昌,且未将该事实告知许某华,即陈某泉转让与许某华的部分地面作物存在权利瑕疵。根据《民法典》第六百一十四条,买受人有确切证据证明第三人对标的物享有权利的,可以中止支付相应的价款,但是出卖人提供适当担保的除外。陈某泉并未提供适当的担保,买受人有确切证据证明第三人余某昌对涉案标的物享有权利,因此有权要求中止支付相应余款。

相关法律条文

《民法典》

第六百一十二条 出卖人就交付的标的物,负有保证第三人对该标的物不享有任何权利的义务,但是法律另有规定的除外。

2. 纪某文与王某萍买卖合同纠纷案[①]

裁判要旨：

王某萍于2012年6月将挖掘机交付给纪某文后,该挖掘机至今一直处于纪某文支配状态,在此期间无第三人就该挖掘机向其主张过权利,纪某文也没有提供其他确切证据证明该挖掘机可能存在权利瑕疵,无权主张中止支付价款。买卖合同合法有效且已实际履行,因此纪某文理应及时支付货款。

案件事实：

2012年6月8日,王某萍(合同甲方)与纪某文(合同乙方)签订一份买卖合同,合同内容为：大宇300挖机属于甲方王某萍所有,经甲乙双方友好协商,就买卖一事达成如下协议：挖机总卖价共计60万元,付款方式为乙方于2012年6月9日前把挖机款46万元一次性付给甲方,余下14万元于2013年6月18日一次付清；挖机如果被厂家、银行或法院收回,甲方不负责。合同签订后,纪某文给付王某萍定金1万元,王某萍于2012年6月8日给纪某文出具收到纪某文付款31万元收据,王某萍向纪某文交付了挖掘机,因纪某文未按照合同约定支付剩余14万元货款,引起诉讼。

裁判理由：

王某萍、纪某文之间签订的买卖合同是双方当事人真实意思表示,不违反法律、行政法规的强制性规定,依法应予保护。纪某文在收到王某萍交付的挖掘机后,理应按照合同约定付款,拖延给付的,应承担违约责任。关于纪某文所称王某萍没有提供证据证明其所出售的挖掘机无权利瑕疵,该合同可能为无效合同的问题,根据《合同法》第一百五十二条(现《民法典》第六百一十四条)的规定,买受人有确切证据证明第三人可能就标的物主张权利,可以中止支付相应的价款。本案中,王某萍于2012年6月将挖掘机交付给纪某文后,该挖掘机至今一

[①] 参见纪某文与王某萍买卖合同纠纷案,江苏省徐州市中级人民法院(2017)苏03民终2841号民事判决书。

直处于纪某文支配状态,该挖掘机的GPS设备是否被拆除,是否存在权属争议,纪某文未提供证据证明。原审庭审中纪某文认可在此期间无第三人就该挖掘机向其主张过权利,纪某文也没有提供其他确切证据证明该挖掘机可能存在权利瑕疵,因此,纪某文拒绝付款的理由不能成立。此外,挖掘机GPS设备的拆除不影响其通常目的的实现,本案也不存在《合同法》第五十二条(现《民法典》第一百四十四条、第一百四十六条、第一百五十三条、第一百五十四条)造成合同无效的情形,买卖合同合法有效,且已实际履行,纪某文理应及时支付货款。综上,一审法院判决:纪某文于判决生效后十日内给付王某萍货款14万元。

【法理阐释】

根据《民法典》第六百一十四条,买受人有确切证据证明第三人对标的物享有权利的,可以中止支付相应的价款,但是出卖人提供适当担保的除外。

本案中,王某萍、纪某文之间存在合法有效的买卖合同,王某萍负有将不存在第三人权利的标的物交付给买受人的义务,纪某文负有在收到王某萍交付的挖掘机后按照合同约定付款的义务。王某萍于2012年6月将挖掘机交付给纪某文后,该挖掘机至今一直处于纪某文支配状态,该挖掘机的GPS设备是否被拆除,是否存在权属争议,纪某文未提供证据证明。在此期间,无第三人就该挖掘机向其主张过权利,纪某文也没有提供其他确切证据证明该挖掘机可能存在权利瑕疵。根据《民法典》第六百一十四条的规定,买受人有确切证据证明第三人对标的物享有权利的,可以中止支付相应的价款,但是出卖人提供适当担保的除外。纪某文没有确切证据证明第三人对标的物享有权利,无权主张自己享有中止支付价款权,应当按照合同约定及时支付货款。

相关法律条文

《民法典》

第五百七十七条　当事人一方不履行合同义务或者履行合同义务不符合约定的,应当承担继续履行、采取补救措施或者赔偿损失等违约责任。

第六节　标的物质量瑕疵担保

《民法典》第六百一十五条　出卖人应当按照约定的质量要求交付标的物。出卖人提供有关标的物质量说明的,交付的标的物应当符合该说明的质量要求。

【立法意旨和制度背景】

本条是关于出卖人应负的标的物质量瑕疵担保义务的规定。本条来源于《合同法》第一百五十三条,"出卖人应当按照约定的质量要求交付标的物。出卖人提供有关标的物质量说明的,交付的标的物应当符合该说明的质量要求"。本条与《民法典》第六百一十六条紧密相连,在司法实践中,若买卖合同双方对约定的质量要求无异议,法官可单独依据本条款判断标的物是否符合质量要求。但若双方对质量要求的理解存在分歧,需要澄清时,则应同时参考并援引本条款及第六百一十六条来作出裁判。[①]

本条及后两条是关于出卖人对交付的标的物应当符合约定或者其他方式所确定的质量要求的规定,这项义务通常称为物的瑕疵担保责任,与权利瑕疵担保责任并列为出卖人两大基本义务。[②]一旦合同当事人双方在合同中就标的物的质量做了约定,或出卖人对买受人就有关货物在事实方面做了确认、许诺或说明,并成为交易的组成部分,或出卖人提供了作为交易组成部分的标的物的样品、模型,则其交付的标的物必须符合之前的确认、许诺或说明。否则,买受人可以要求出卖人承担相应责任。

现代社会中,交通工具的改进和国际贸易的普及拉大了买卖合同双方的地理距离,使双方交流减少。同时,科技快速发展导致新产品、技术不断涌现,制造与销售过程日益专业化、现代化。买受人常依赖说明书操作,难以了解产品原理、性能、质量及瑕疵。这就需要出卖人按照诚实信用原则,对标的物的质量作出具体明确的说明和具有法律效力的保证。

【条文解读】

一、买卖合同标的物质量应符合约定

《民法典》物的瑕疵担保责任以质量为连接点,产品符合质量要求是指产品满足需要的适用性、安全性、可用性、可靠性、维修性、经济性和环境要求等所具有的特征和特性的总和,是产品品质、满足服务或潜在需要的特征和特性的总

[①] 参见谢鸿飞、朱广新主编:《民法典评注合同编:典型合同与准合同(一)》,中国法制出版社2020年版,第78页。

[②] 参见崔建远主编:《合同法》,法律出版社2003年版,第336页。

和。本条中的"质量"应作扩张解释，以包含价值、效用等更多维度的瑕疵类型。[①]但是本条的质量不包含数量、履行方式以及包装方式。对于数量、履行方式不符合约定的，应适用《民法典》第五百八十二条，对于包装方式不符合约定的，适用《民法典》第六百一十九条。[②]

我国《民法典》对物之瑕疵的判断标准为"主观标准为主、客观标准为辅"，主观标准占据优先地位。主观标准是指标的物不符合当事人的约定，客观标准是指标的物不符合其通用标准或不符合其通常特性。[③] "约定的质量要求"与"质量说明"即为主观标准，而"国家标准""行业标准"等则为客观标准。[④]在判断标的物是否符合质量要求时，应首先采取主观标准，即考察产品质量是否符合合同的约定，当事人应当在合同中对产品质量作出明确且具体的约定。[⑤]根据合同约定的质量标准，出卖人安排产品的生产，买受人在接受产品时对产品进行验收，在发生纠纷时判定产品责任的归属。为了方便合同履行以及减少纠纷，建议当事人在合同中对质量标准作出明确具体的约定。

买卖合同当事人签订标的物质量担保条款时，还应注意以下几个问题：（1）如果合同标的物有特别用途，由于用途不一，质量标准和要求也不同。为避免发生纠纷，应写明用途，如食用、饮用、药用等；（2）成套产品合同中应明确附件的质量要求；（3）按样品订货时，合同中应对样品的质量标准做出明确的说明，也可以封存样品；（4）实行抽样检验质量的产品，合同中应注明采用的抽样标准或抽样方法和比例。

二、标的物的质量说明构成品质保证

约定的标准既可以直接在合同书中约定，也可以通过质量说明加以约定，质量说明同样属于主观标准，它既可以是文字形式，也可以是图片形式。[⑥]说明是

---

① 参见郭歌：《〈民法典〉物之瑕疵规范的解释与适用研究》，《江西社会科学》2022年第3期，第169-170页。
② 参见谢鸿飞、朱广新主编：《民法典评注合同编：典型合同与准合同（一）》，中国法制出版社2020年版，第79页。
③ 参见王泽鉴：《法律思维与民法实例：请求权基础理论体系》，中国政法大学出版社2001年版，第29页。
④ 参见刘怡：《买卖合同物之瑕疵判断标准中德比较研究》，《法律适用》2018年第9期，第72页。
⑤ 参见黄薇主编：《中华人民共和国民法典合同编解读》，中国法制出版社2020年版，第540页。
⑥ 参见谢鸿飞、朱广新主编：《民法典评注合同编：典型合同与准合同（一）》，中国法制出版社2020年版，第84页。

指出卖人向买受人所作的关于标的物的构造、性能、特征、功用和注意事项等方面的陈述。出卖人在出卖标的物时,往往会通过产品介绍、产品说明书甚至销售广告等书面形式或者口头形式对标的物的品质进行说明,如果合同中没有明确约定,但出卖人提供了有关标的物的质量说明,并使买受人基于合理信赖而签订合同时,该说明即构成出卖人对标的物品质的明示担保。如果实际交付的标的物与该说明不符,即属于交付标的物的质量不符合要求。

《美国统一商法典》第2-313条的有关规定,很有参考作用。明示担保可以通过以下三种方式表现:(1)如果出卖人对买受人就有关货物在事实方面作出了确认或者许诺,并作为交易基础的组成部分,就构成一项明示担保,即保证他所出售的货物与他所作的确认或者许诺相符。这种对事实所作的确认或者许诺可以用货物的标签、商品说明及目录等方式表示,也可以记载在合同内。例如,如果出卖人在出售服装的标签上写明"100%纯棉",这就是一项对事实的确认,就是一项明示的担保。(2)出卖人对货物所作的任何说明,只要是作为交易基础的一部分,就构成一项明示担保,出卖人所交的货物必须与该项说明相符。(3)作为交易基础的组成部分的样品、模型,也是一种明示担保,出卖人所交货物应当与样品或者模型一致。[①]

【典型案例】

1. 刘某与王某买卖合同纠纷案[②]

裁判要旨:

《民法典》第六百一十五条规定,"出卖人应当按照约定的质量要求交付标的物"。本案中,刘某与王某已经在微信上约定标的物52钾肥中钾含量应≥5.2%,但刘某实际交付的52钾肥中钾含量仅为3.5%,刘某作为先履行义务一方交付标的物不符合约定的质量要求,王某作为后履行支付货款方有权拒绝刘某支付货款的请求,故法院驳回刘某要求王某支付货款及利息的诉讼请求合法有据。

案件事实:

2022年5月29日,王某向刘某赊购52钾肥,并出具一份欠条。通过双方的

---

① See Uniform Commercial Code, 2 U.C.C. § 313 (1952).
② 参见刘某与王某买卖合同纠纷案,新疆维吾尔自治区和田地区(市)中级人民法院(2024)新32民终1064号民事判决书。

微信聊天记录确定，刘某约定向王某供应钾含量≥5.2%的52钾肥。收货当日王某支付货物运输费19 140元，因王某未付货款，故刘某起诉至人民法院。

另查明，王某使用案涉52钾肥过程中，发现所购买的钾肥存在质量问题，因此于2023年2月20日向某农业农村局反映相关情况。某农业农村局抽样后，委托北京某研究院对52钾肥的钾含量进行测试，测试结果为钾含量3.5%。

裁判理由：

一审法院认为，双方通过微信聊天记录确定了质量标准，刘某提供的肥料钾含量不达标，构成根本违约。刘某未能提供相反证据反驳检测报告，故认定其供应的肥料不符合质量约定。对于已使用的部分肥料，刘某未提出估价鉴定申请或相关证据，因此其要求王某支付货款147 930元及利息的诉求无事实及法律依据。

二审法院认为本案因产品买卖及质量问题引发纠纷。经鉴定刘某向王某销售的钾肥含量为3.5%，未达到包装袋上标识的大于或等于5.2%的含量标准，刘某作为先履行交付产品方，其交付钾肥含量不达标的行为属于履行交付产品不符合约定，王某作为后履行支付货款方有权拒绝刘某提出支付货款的请求。所以二审法院认定一审法院判决驳回刘某的诉讼请求正确。

【法理阐释】

本案的核心问题在于刘某交付3.5%含量的钾肥是否不符合质量标准，构成违约。

在买卖合同中，出卖人的主要义务是交付符合合同约定或法律规定的标的物（不存在标的物质量及权利瑕疵），而买受人的主要义务是支付价款，《民法典》第六百一十五条规定旨在保护买受人的合法权益，确保交易公平、诚实信用。

本案中，王某与刘某之间的买卖合同关系依法成立，合法有效，双方均需全面履行合同规定的义务，刘某应当按约向王某供应52钾肥，王某收到货物后应当支付货款。关于52钾肥的质量约定，双方虽然没有作出书面说明，但是通过微信聊天记录可以确定刘某已向王某承诺供应钾含量≥5.2%的52钾肥，双方对于质量标准的约定不违反法律和行政法规的强制性规定，该约定有效。因此，刘某必须供应钾含量≥5.2%的钾肥。但是根据第三方检测机构出具的质量检测报告，刘某提供的钾肥钾含量仅为3.5%，刘某作为出卖人，对王某提交的质量检测报告未提出相反证据予以反驳，证明自己供应的钾肥已达到质量标准，故认定该质量检测报告具有证明力，刘某提供的肥料确未满足质量要求。刘某作为先履行义务一方未能全面履行义务,王某作为后履行义务一方因此享有支付货款的抗辩权。

因此,本案刘某请求支付货款的诉讼请求缺乏事实与法律依据,法院应予驳回。

相关法律条文

《民法典》

第五百零九条　当事人应当按照约定全面履行自己的义务。

当事人应当遵循诚信原则,根据合同的性质、目的和交易习惯履行通知、协助、保密等义务。

当事人在履行合同过程中,应当避免浪费资源、污染环境和破坏生态。

第五百二十六条　当事人互负债务,有先后履行顺序,应当先履行债务一方未履行的,后履行一方有权拒绝其履行请求。先履行一方履行债务不符合约定的,后履行一方有权拒绝其相应的履行请求。

2. 上海某进出口有限公司诉德国某有限公司买卖合同纠纷案[①]

裁判要旨:

本案中,上海某进出口有限公司(以下简称"上海某公司")与德国某有限公司(以下简称"德国某公司")以传真方式订立了进口木材的买卖合同,合同对货名、厚度、质量等级、付款方式等都作了规定。然而,德国某公司提供的木材不符合合同约定的质量标准,导致上海某公司合同目的无法实现,因此法院支持了上海某公司要求退货、承担货物进口所发生的各类费用,承担进口木材的退货或处理货物的全部费用的诉讼请求。

案件事实:

2001年3月15日,上海某公司(原告)作为受托人与委托人A公司订立代理进口委托合同1份,由原告为A公司代理进口洪宾木材。当日,原告与德国某公司(被告)订立买卖合同1份,合同对木材种类、质量等级、长度、宽度及数量做出约定。

2001年5月28日,原告收到被告所供的木材后,认为该木材不符合合同的

[①] 参见上海某进出口有限公司诉德国某有限公司买卖合同纠纷案,上海市杨浦区人民法院(2001)杨经初字第1179号。

约定,遂于同年6月委托中华人民共和国外高桥出入境检验检疫局检验,检验结果认为,货物之树种和品质不符合合同规定。2001年6月11日,委托人信用证支付被告5 179.63美元,折合人民币42 991元。另原告还支付报关费等人民币10 434.24元。

2001年6月2日,A公司诉至法院,请求德国某公司退还货款人民币42 991元、承担货物进口所发生的各种费用10 434.24元、赔偿经济损失10万元、商誉损失5万元、承担德国工商大会上海代表处工作费用2 653元、承担进口木材的退货或处理货物的全部费用,并承担诉讼费。

裁判理由:

一审法院认为,上海某公司对进口货物未即时商检,在运抵工场打开货物后才委托商检,又未通知被告下属上海代表处到场,存在一定过错,但不能因为原告过错,即否认检验证书的证据效力。

关于适用法律,根据《最高人民法院关于审理和执行涉外民商事案件应当注意的几个问题的通知》(2000年发布,2008年调整)第二条的规定,"除中华人民共和国《合同法》第一百二十六条第二款规定的三类合同必须适用中国法律外,均应依照有关规定或者当事人约定,准确选用准据法;对我国参加的国际公约,除我国声明保留的条款外,应予优先适用,同时可以参照国际惯例"。因原、被告在合同中未约定选择适用的法律,且原、被告所在国均为公约缔约国,符合公约的适用范围,故应优先适用公约。

关于原告要求损害赔偿的请求是否于法有据。本案中被告未按合同规定的品种、质量供货,系根本违反合同,应承担法律责任,但原告提出的A公司因被告违反合同导致无法交货而支付违约金人民币10万元及其商誉损失人民币5万元一并要求被告赔偿之诉,因原告未能举证已事先履行告知义务,以使被告对违反合同的后果能够预料,且原告坚持原诉讼请求,不同意适用公约来追究被告的违约责任,故对原告要求被告赔偿此经济损失的请求不予支持。

【法理阐释】

本案的核心问题之一在于,被告供应的货物是否已经满足合同约定的质量要求。

原、被告订立买卖合同后,当事人双方理应严格履行,并且根据《民法典》第六百一十五条的规定,标的物应当符合合同中的质量约定。本案中上海某公司与德国某公司在订立合同时,已经对标的物质量作出了详细规定,因此被告须提供严格符合质量要求的标的物。

本案中双方对于被告提供的货物是否符合质量标准产生了争议,原告依据检验证书的结论认定货物与合同约定质量不符,但是被告以检验不及时、程序存在瑕疵为由否认检验证书的效力。尽管原告在货物检验的时效性以及通知程序上确实存在一定的疏忽,但这并不足以构成对检验证书整体效力的根本性否定。法院在综合考量后,认定该检验证书具备法律效力,并据此判断被告提供的货物确实未达到合同约定的质量要求,此情形已构成根本违约,直接导致了原告合同目的无法实现。因此,被告应当依法承担相应的法律责任,包括退还货款及承担由此产生的必要费用。

但是就原告所提出的商誉损失索赔,以及因被告违约行为导致原告向第三方公司支付的违约金而言,鉴于原告未能在违约情形发生前向被告进行充分的告知或预警,使得被告难以合理预见此类经济损失的发生,故根据违约赔偿的可预见性原则,法院对此类经济损失的索赔请求不予支持。

相关法律条文

《民法典》

第五百零九条 当事人应当按照约定全面履行自己的义务。

当事人应当遵循诚信原则,根据合同的性质、目的和交易习惯履行通知、协助、保密等义务。

当事人在履行合同过程中,应当避免浪费资源、污染环境和破坏生态。

第七节 法定质量担保

《民法典》第六百一十六条 当事人对标的物的质量要求没有约定或者约定不明确,依据本法第五百一十条的规定仍不能确定的,适用本法第五百一十一条第一项的规定。

【立法意旨和制度背景】

本条是关于出卖人应负的关于标的物的法定质量瑕疵担保责任的规定。本条来源于《合同法》第一百五十四条,"当事人对标的物的质量要求没有约定或者约定不明确,依照本法第六十一条的规定仍不能确定的,适用本法第六十二条第一项的规定"。

本条旨在解决合同中买卖双方对标的物质量要求没有约定或者约定不明的

情况,但是本条是不完全法条,必须援引《民法典》第五百一十条和五百一十一条才能适用。具体而言,在此种情况下,首先适用第五百一十一条的一般规定,若仍无法确定,应考虑合同目的,或者交易习惯。①在买卖合同的框架下,出卖人交付标的物必须符合买受人的需求,即出卖人交付的应是符合双方约定或该类物通常应具有的价值或效用的物,才能获得对价,实现双方通过具体法律行为达成的交换正义的初衷。②由此产生了出卖人的一项极重要的义务——出卖人对其所提供的标的物,应担保其具有依通常交易观念或当事人的意思认为应当具有的价值、效用或品质。如果出卖人违反或不履行此项担保义务,则应承担民事责任,此责任称为物之瑕疵担保责任。

【条文解读】

一、质量瑕疵担保责任中"瑕疵"的界定

出卖人担保的物的质量应当达到何种标准?大陆法系要求标的物不存在不符合规定或者通用质量规格的缺陷,或者影响使用效果等方面的情况。③比如《德国民法典》规定,出卖人需担保标的物在风险转移时无价值或效用显著减少的瑕疵,但减少具有程度上的要求,无足轻重的不视为瑕疵。同时,出卖人如果对物的品质作出了特别的保证,则在物的风险责任转移之前,应担保标的物具有其所保证的品质。出卖人作出的保证,不限于物的品质,且及于可影响其价值或效用之一切法律上或事实上的关系。在判断标的物是否具有瑕疵时,实有对德国法中关于瑕疵的界定标准进行借鉴的必要。

二、物的瑕疵担保责任成立的条件

(一)物的瑕疵在风险移转时仍然存在

从比较法上来看,许多国家明确规定承担标的物瑕疵担保责任,首先要求物的瑕疵担保的时间界限是在危险移转于买受人之前。④结合我国民法风险负担

---

① 参见黄薇主编:《中华人民共和国民法典合同编解读》,中国法制出版社2020年版,第542页。
② 参见严之:《物之瑕疵担保责任制度的发展及其在我国〈合同法〉中的定位》,《暨南学报(哲学社会科学版)》2015年第3期,第60页。
③ 参见黄薇主编:《中华人民共和国民法典合同编解读》,中国法制出版社2020年版,第543页。
④ 参见周友军:《论出卖人的物的瑕疵担保责任》,《法学论坛》2014年第1期,第109页。

移转以交付为标准,因此一般是在标的物交付于买受人之后。① 在标的物的风险移转以前,出卖人应承担瑕疵担保责任,而在风险发生移转之后,则应当由买受人负责。如果在合同订立时,瑕疵虽然已经存在,但在风险移转时已经消除的,出卖人不再负瑕疵担保责任。但是在合同订立时,出卖人对买受人故意不告知物的瑕疵,买受人仍然可以请求损害赔偿。

(二)买受人不知有瑕疵且并无重大过失

根据传统大陆法系理论,物的瑕疵责任的成立,除瑕疵要件之外,通常还要求买受人不知道并且不应当知道标的物包含瑕疵,即买受人善意无过失。② 比如根据《德国民法典》第四百六十条规定,"买受人在买卖合同成立时明知物有瑕疵的,出卖人对出卖物的瑕疵不负担保责任。买受人因重大过失而不知有第四百五十九条第一款所称的瑕疵的,出卖人仅在故意隐瞒瑕疵时,始负责任,但出卖人已保证其无瑕疵的除外"。

若买受人在缔约时明知标的物存在瑕疵,出卖人不必承担瑕疵担保责任,这是因为:若买受人明知瑕疵存在仍购买,法律没有必要给予保护,并且如果允许明知瑕疵存在的买受人主张瑕疵担保责任,则违反了禁反言原则。③ 若买受人对物之瑕疵确实不知,然而如果其不知是由于其重大过失所导致的,出卖人也不承担瑕疵担保责任。因为重大过失几乎等于故意,对自己之权益漠不关心者,法律也没有特别加以保护的必要。但是,对重大过失免责有两点例外,一是出卖人特别保证标的物无瑕疵的,二是出卖人故意不告知瑕疵的,即使买受人有重大过失,出卖人也应负瑕疵担保责任。④

(三)买受人及时履行瑕疵通知义务

物的瑕疵担保责任构成要件中,买受人积极履行验收义务并在合理期限内履行瑕疵通知义务是前置条件。也就是说,若买受人要主张标的物存在瑕疵,则必须在验收期间提出,这在其他制度中并非必要条件。⑤ 在这一点上德国法区分了商人间的买卖关系和非商人间的买卖关系。在非商人间的买卖关系中,买

---

① 参见宁红丽:《试论出卖人物之瑕疵责任的构成——以〈买卖合同司法解释〉为主要分析对象》,《社会科学》2013年第9期,第92页。
② 参见夏静宜:《我国合同法上瑕疵概念的反思与重构——从客观瑕疵迈向主观瑕疵》,《南京大学学报(哲学·人文科学·社会科学)》2021年第3期,第141页。
③ 参见梅仲协:《民法要义》,中国政法大学出版社1998年版,第347页。
④ 参见周友军:《论出卖人的物的瑕疵担保责任》,《法学论坛》2014年第1期,第110页。
⑤ 参见金荣婧:《物之瑕疵担保责任的嬗变——从"买方自慎"到"卖方尽责"》,《法治研究》2023年第2期,第159页。

受人一般不负有此项义务,但在商人间的买卖中,买受人应负有此项义务。

（四）当事人没有通过约定减轻或免除出卖人的瑕疵担保责任

因为物的瑕疵担保责任一般不涉及公共利益,因此物的瑕疵担保责任应属于任意性规范,应当充分尊重当事人的自由意志,允许当事人通过约定免除或者限制瑕疵担保责任的适用。①

但是,需要注意的是,根据本法第六百一十八条的规定,在出卖人故意或存在重大过失而未向买受人如实告知标的物瑕疵的情况下,出卖人将丧失要求减轻或免除其责任的权利。这是因为在这种情况下,出卖人违反了诚实信用原则,不应当被免除或减轻责任。②

【典型案例】

1. 韦某与新疆独山子某化工有限公司合同纠纷案③

裁判要旨：

《民法典》第六百一十六条规定了当事人对标的物的质量要求没有约定或者约定不明确的情况如何处理。本案中,由于韦某、新疆独山子某化工有限公司（以下简称"独山子某公司"）在合同中仅写明"以现状转让",并未明确约定标的物的质量,应当按照第六百一十六条的法律规定认定其是否存在质量瑕疵。现因案涉房屋彩钢板夹芯材料不符合消防安全规定被行政处罚的事实客观存在,法院认定其存在质量瑕疵,故法院判决独山子某公司承担相应法律责任合法有据。

案件事实：

2021年6月16日,独山子某公司发布竞买公告,拍卖位于克拉玛依市独山子区博乐路X号的房产项目。交易条件要求一次性支付价款,标的以现状转让,意向受让方需自行现场详查后登记,公告期即可尽职调查。受让方一旦通过资格确认并缴纳保证金,即视为已完全认可资产评估报告及尽职调查结果,并接受标的现状。

韦某成功竞拍后,于2021年7月26日与该公司签订产权交易合同。独山子某公司于8月15日完成房屋交付及过户登记。

---

① 参见周友军：《论出卖人的物的瑕疵担保责任》,《法学论坛》2014年第1期,第111页。
② 参见杨与龄：《民法概要》,中国政法大学出版社2002年版,第173页。
③ 参见韦某、新疆独山子某化工有限公司合同纠纷案,新疆维吾尔自治区克拉玛依市中级人民法院（2024）新02民终508号民事判决书。

2022年8月,消防救援大队检查发现案涉房产消防设施存在问题,对租户罚款19 000元,并向韦某发出责令限期改正通知书,指出彩钢夹芯苯板材料属消防违法。韦某随即与独山子某公司协商,双方和解未果,韦某诉至法院。

经查,案涉房产结构为钢结构,外墙和内墙使用彩钢夹芯板,屋面也为彩钢夹芯板,当时符合《建筑设计防火规范》要求。

裁判理由:

一审法院认为,本案争议焦点为独山子某公司是否应承担案涉房屋彩钢板改正责任。独山子某公司明确约定"以现状转让",韦某在竞拍前已进行尽职调查并实地查看,应接受房屋现状。此外,房屋建设时已竣工验收和消防验收合格,独山子某公司履行了披露义务,无过错,故不承担改正责任。韦某的诉讼请求不予支持。

二审法院认为,本案争议焦点为独山子某公司是否隐瞒房屋彩钢板夹芯材料和使用年限,以及是否应承担瑕疵担保责任。

首先,独山子某公司在拍卖时明确约定"以现状转让",并在相关文件中列明房屋使用彩钢板夹芯保温板,无隐瞒材料问题。评估报告亦对建筑材料及使用年限的成新率进行评估,不存在隐瞒使用年限。因此,韦某主张独山子某公司隐瞒事实的理由不成立。

其次,关于瑕疵担保责任。独山子某公司虽无主观过错,但损失确因房屋质量瑕疵产生,应按公平原则分摊损失。综合考虑合同履行情况、公平原则及诚实信用原则,酌定独山子某公司承担维修费用364 369元。综上,韦某的上诉请求部分成立,一审法院认定事实清楚但适用法律有误,判决结果不当,应当予以纠正。

【法理阐释】

本案的核心问题在于独山子某公司是否应当承担房屋彩钢板夹芯材料的质量瑕疵担保责任。

根据《民法典》第六百一十五条、第六百一十六条规定,质量瑕疵的判断依据首先是合同约定,若无明确约定进而可协商补充,或按合同条款、交易习惯确定,若仍无法确定,则依据国家标准或行业标准进行判断。对于未明确约定质量标准的标的物,其质量应满足同类商品出售的要求及合同订立的具体目的,否则即视为存在质量瑕疵。

本案中,韦某与独山子某公司签订的房屋买卖合同仅约定"以现状转让",并未明确房屋质量要求。因此,在产生争议且未达成补充协议的情况下,应依据国家标准或行业标准判断房屋质量。然而，根据独山子区消防救援大队的通知书和查封决定书，案涉房屋因使用可燃彩钢夹芯苯板搭建，燃烧性能不达标，违反了《建筑设计防火规范》的相关规定，存在消防安全违法行为。这一瑕疵在房屋办理产权交易时已存在，而韦某作为买受人对此并不知情，且在受到行政处罚后立即向独山子某公司提出维修更换要求，符合物的瑕疵担保构成要件。

尽管独山子某公司在建造和验收房屋时符合当时规定，并经消防部门验收，但后因行政部门出台新规定，导致房屋使用的夹芯彩钢板不符合现行规定，韦某因此受到行政处罚并造成损失。虽然独山子某公司"现状交付"房屋并无主观过错，但根据公平原则，民事主体应秉持公平观念进行活动，合理确定权利和义务。因此，虽然独山子某公司无过错，但韦某因房屋质量瑕疵造成的损失仍应按照公平原则分摊。

相关法律条文

《民法典》

第六条 民事主体从事民事活动，应当遵循公平原则，合理确定各方的权利和义务。

第五百零九条 当事人应当按照约定全面履行自己的义务。

当事人应当遵循诚信原则，根据合同的性质、目的和交易习惯履行通知、协助、保密等义务。

当事人在履行合同过程中，应当避免浪费资源、污染环境和破坏生态。

第六百一十五条 出卖人应当按照约定的质量要求交付标的物。出卖人提供有关标的物质量说明的，交付的标的物应当符合该说明的质量要求。

第六百一十七条 出卖人交付的标的物不符合质量要求的，买受人可以依据本法第五百八十二条至第五百八十四条的规定请求承担违约责任。

2. 厦门某数控机械有限公司与贵州某新能源机械科技有限公司、贵州某科技有限公司买卖合同纠纷案[①]

裁判要旨：

本案中，厦门某数控机械有限公司（以下简称"厦门某数控公司"）与贵州某

---

① 参见厦门某数控机械有限公司与贵州某新能源机械科技有限公司、贵州某科技有限公司买卖合同纠纷案，福建省厦门市中级人民法院（2018）闽02民终4601号民事判决书。

新能源机械科技有限公司（以下简称"贵州某新能源公司"）签订了买卖合同，但双方就产品拐角处厚度是否符合质量要求产生争议，合同中并未对产品质量作出明确约定，关于拐角处厚度也无国家标准、行业标准等。考虑到案涉设备能正常开机生产草帽灯灯座，符合合同目的，因此法院认为案涉设备质量符合要求，贵州某新能源公司应当支付剩余货款。

案件事实：

2016年5月31日，厦门某数控公司与贵州某科技有限公司（以下简称"贵州某科技公司"）签订买卖合同，贵州某科技公司购买7套"300型数控旋压机含刀具模具"，总价923 000元，验收标准依双方约定但未明确技术参数。同日，贵州某科技公司与A公司签订另一合同，购买冲床等设备，总价416 000元。

2016年11月17日，厦门某数控公司、贵州某新能源公司及贵州某科技公司签订协议，确认贵州某科技公司作为中介，厦门某数控公司委托其向贵州某新能源公司采购草帽灯灯座生产线，总价1 339 000元，合同约定验收条件由厦门某数控公司与贵州某新能源公司协商。

贵州某新能源公司在签订合同后向厦门某数控公司提供草帽灯灯座样品及图纸，但图纸未经厦门某数控公司确认，厦门某数控公司亦未按照图纸生产设备，双方未将图纸和样品作为合同的附件，也未共同封存样品。

案涉设备送到贵州某新能源公司后，经安装调试，设备可以正常开机生产草帽灯灯座，但是贵州某新能源公司认为草帽灯灯座拐角处厚度无法达到要求，双方经过多次协商未能就验收方式、验收标准达成一致意见，贵州某新能源公司未支付合同余下30%款项。

2018年1月19日，A公司与厦门某数控公司签订《债权转让协议》，将基于与贵州某科技公司合同的剩余138 600元货款及违约金债权转让给厦门某数控公司，并向法院送达了《债权转让通知书》。

裁判理由：

一审法院认为，贵州某新能源公司确认设备经安装调试后可以正常生产草帽灯灯座，且双方对设备的技术标准、验收方式等均未具体约定，法院认为案涉设备能正常开机生产草帽灯灯座，应视为符合合同目的的特定标准。因此，剩余30%货款付款条件已成就。

二审法院认为：鉴于缺乏鉴定标准和基准，一审法院未准许其鉴定申请并无不当。在双方未约定具体要求的情况下，设备能正常开机生产即视为符合合同目的的特定标准，该认定合法，予以确认。贵州某新能源公司上诉称一审法院审判程序违法,缺乏依据。

一审法院认定三方已协商一致,厦门某数控公司可通过代位诉讼方式向贵州某新能源公司主张权利,合法有据。厦门某数控公司认可已收货款924 000元,一审法院判令贵州某新能源公司还需支付剩余货款,判决正确。

【法理阐释】

本案的核心问题之一在于产品拐角处厚度不达标是否是质量瑕疵,是否可以作为验收不合格的理由。

当质量条款缺失或不明确时,合同双方应首先尝试协议补充;无法达成补充协议的,则依据合同相关条款或交易习惯确定;若仍无法确定,则依国家标准、行业标准执行;若无此两类标准,则依通常标准或符合合同目的的特定标准履行。

本案中,合同双方并未对质量要求做出明确规定,也未能达成补充协议,合同相关条款及交易习惯均无法确定设备质量。并且案涉设备没有国家标准、行业标准,贵州某新能源公司亦未提交证据证明该设备有相应的通常标准。此时,应当考虑合同目的履行标准,案涉设备能正常开机生产草帽灯灯座,应视为符合合同目的的特定标准。并且瑕疵构成往往具有程度要求的规定,只有当标的物的瑕疵导致其价值显著减少或功能严重受损时,方可构成法律意义上的瑕疵。在本案中,产品拐角厚度的不足既不会导致物的灭失,也不会显著减少产品的价值,因此,不应被视为构成瑕疵。据此可以合理推断,所提供的设备并不存在质量问题。

因此,应认定厦门某数控公司主张的货款付款条件已成就,应当判决贵州某新能源公司支付剩余货款。

相关法律条文

《民法典》

第六百一十五条 出卖人应当按照约定的质量要求交付标的物。出卖人提供有关标的物质量说明的,交付的标的物应当符合该说明的质量要求。

第五章　买受人的权利和义务

第一节　买受人权利

《民法典》第六百一十七条　出卖人交付的标的物不符合质量要求的,买受人可以依据本法第五百八十二条至第五百八十四条的规定请求承担违约责任。

【立法意旨和制度背景】

本条是关于出卖人交付的标的物不符合质量标准时买受人权利的规定。本条来源于《合同法》第一百五十五条,"出卖人交付的标的物不符合质量要求的,买受人可以依照本法第一百一十一条的规定要求承担违约责任"。但本条内容有明显变化,将《合同法》援引违约责任一条规定(《合同法》一百一十条)扩充至三条(现《民法典》第五百八十二条——五百八十四条)。[1]

本条所规定的出卖人交付的标的物不符合质量要求,既包括标的物的质量要求由合同当事人明确约定的情形,也包括在前条中法律规定的情形。

《民法典》第五百八十二条规定,质量不符合约定的,应当按照约定承担违约责任。对违约责任没有约定或者约定不明确,依照《民法典》第五百一十条的规定仍不能确定的,受损害方根据标的的性质以及损失的大小,可以合理选择请求修理、更换、重做、退货、减少价款或者报酬。《民法典》第五百八十三条规定,违约后补救仍不足,需赔偿对方其他损失。《民法典》第五百八十四条规定,违约赔偿额应相当于实际及可得利益损失,但不超过可预见范围。买卖合同中买受人对出卖人的质量违约行为,可以通过上述规定要求其承担违约责任。

---

[1] 参见谢鸿飞、朱广新主编:《民法典评注合同编:典型合同与准合同(一)》,中国法制出版社2020年版,第95页。

【条文解读】

一、标的物质量瑕疵担保责任

（一）质量瑕疵担保责任

买卖合同是现实生活中最重要的合同类型之一。①在业已生效的买卖合同中，买受人所期待的无疑是出卖人能够依据合同的约定，并依照通常的交易习惯和惯例以及法律的规定向其交付具有相应价值、效用或品质的无瑕疵物。但是如果出卖人移转的标的物存有瑕疵，为了买受人期待利益的实现以及对消费者的保护，法律一般都规定了特殊的制度以对买受人的利益加以保护，维护有偿合同的等价均衡关系，增进交易信用，保护交易安全，这就是所谓的物的瑕疵担保制度。②

物的瑕疵担保责任是出卖人应担保所给付的标的物具有通常的价值、效用或品质的一种特别民事责任。对于此项特殊制度，大陆法系称之为瑕疵担保责任制度，而英美法系将具有相同机能的制度称为担保或保证，包括明示担保和默示担保。③

（二）质量瑕疵担保责任的特征

物的瑕疵担保责任具有如下几个方面的特征：

其一，瑕疵担保责任是出卖人应当承担的责任。④买受人支付价款是为了取得符合约定条件的财产，如果该财产不符合约定要求，即标的物上存在瑕疵，买受人的目的则难以实现，同时违反了公平和诚实信用原则。因此，瑕疵担保责任是交付标的物方即出卖人应承担的责任，而不是买受人应承担的责任。⑤

其二，物的瑕疵担保责任是法定补充责任。首先，瑕疵担保责任是法定责任。它产生于法律的直接规定，表现为：即使当事人在合同中没有约定，出卖人也应承担相应的责任。⑥同时，瑕疵担保责任也是一种补充责任。因为各国立法有关瑕疵担保责任制度的规定属于任意性规定而非强制性规定，所以，当事人可以

---

① 参见易军：《我国〈民法典〉买卖合同制度的重大更新》，《法学杂志》2022年第2期，第13页。
② 参见严之：《物之瑕疵担保责任制度的发展及其在我国〈合同法〉中的定位》，《暨南学报（哲学社会科学版）》2015年第3期，第61页。
③ 参见梁慧星：《论出卖人的瑕疵担保责任》，《比较法研究》1991年第3期，第29页。
④ 参见孙晓艳：《浅析买卖合同中的瑕疵担保责任问题》，《财经问题研究》2016年第2期，第195页。
⑤ 参见崔建远主编：《新合同法原理与案例评释》，吉林大学出版社1999年版，第940页。
⑥ 参见谢怀栻等：《合同法原理》，法律出版社2000年版，第324页。

在合同中作出特别的约定以免除或者限制出卖人的瑕疵担保责任。[1]但当事人的约定不得违反法律的强行性规定和诚实信用原则,否则无效。各国法律一般都规定,若出卖人故意不告知标的物的瑕疵,则免除或限制瑕疵担保责任的约定无效。[2]

其三,物的瑕疵担保责任是无过错责任。物的瑕疵担保责任的发生以出卖人交付的标的物存在瑕疵为充分条件,出卖人对于瑕疵的产生是否有过错则在所不问,即使出卖人主观上并无过错,只要在合同中不存在特殊约定予以免除,出卖人就应当承担责任。[3]无过错责任符合物的瑕疵担保责任的本质,因为物的瑕疵担保责任是由瑕疵担保义务转化而来的,而瑕疵担保义务源自事先有密切关系的当事人允诺。在一方不履行瑕疵担保义务时追究其责任,不过是执行当事人的约定,无需过错前提。

二、标的物不符合质量标准时的责任承担

出卖人交付的标的物的质量不符合约定的,应当按照当事人的约定承担违约责任。对违约责任没有约定或者约定不明确,依照《民法典》第五百一十条的规定仍不能确定的,受损害方根据标的的性质以及损失的大小,可以合理选择要求对方承担修理、更换、重作、退货、减少价款或者报酬等违约责任。

但是受害方在选择上述违约责任的方式时,应当遵循公平原则和诚实信用原则,考虑违约责任形式的功能异质性,并行或单独适用合适的责任形式。[4]如果合同对质量瑕疵问题没有约定,也可以分不同情况予以处理。

(一)对比较明显的标的物质量瑕疵的处理

买受人在接受标的物时,一般对其质量进行必要的检验,这也是买受人应该尽到的注意义务,凡是一般验收能够发现的显而易见的瑕疵,就属于明显的瑕疵。对于明显的瑕疵,买受人应该在接受时提出。在取得标的物很长一段时间之后买受人发现这种明显的标的物质量瑕疵的,如没有其他特别的规定,出卖人可以不再负责任,应由买受人负责维修或进行其他处理。出卖人已明确告知买受人在订立合同时已知有瑕疵的就可认定为已知的瑕疵,对此出卖人也不再负

---

[1] 参见周友军:《论出卖人的物的瑕疵担保责任》,《法学论坛》2014年第1期,第111页。
[2] 参见梅仲协:《民法要义》,中国政法大学出版社1998年版,第347页。
[3] 参见孙晓艳:《浅析买卖合同中的瑕疵担保责任问题》,《财经问题研究》2016年第2期,第195页。
[4] 参见金晶:《〈合同法〉第111条(质量不符合约定之违约责任)评注》,《法学家》2018年第3期,第186页。

任何责任,但法律有特别规定的除外。

（二）对标的物隐蔽质量瑕疵的处理

对采取通常方法一时不易发现,而须经过专门鉴定或在标的物使用过程中才能发现的瑕疵,买受人及时向出卖人提出的,出卖人应当承担责任。对于质量瑕疵程度较轻的,出卖人应负责更换或维修,或者适当减少标的物价金。对于标的物质量问题较重,甚至不能使用时,买受人可以解除买卖合同,因此给买受人造成的财产及人身损失出卖人应予赔偿。

【典型案例】

1. 吴某民与刘某强信息网络合同纠纷案[①]

裁判要旨:

《民法典》第六百一十七条规定交付标的物不符合质量要求可要求出卖人承担违约责任。本案体现了对买卖合同质量要求及违约责任的适用,根据买卖合同质量要求的相关规定,法院认定出卖人刘某强并未按约交付符合质量要求的喜德盛RT180公路车,致使原告吴某民合同目的不能实现,应当承担违约责任。原告有权请求被告刘某强退还1150元购车款,并承担自行车返还费用。

案件事实:

2024年8月,被告刘某强在二手购物平台闲鱼网上以1250元的价格出售一辆喜德盛牌自行车,并在物品详情写明"出售喜德盛RT180机械碟刹公路车,97新,四月份购入,总里程不到200,无磕碰无摔"。

2024年8月10日,原告吴某民通过平台询问该车辆情况,双方一致同意以1150元包邮的价格进行交易。后双方添加微信,签署了一份电子买卖合同,合同约定:物品为喜德盛RT180公路车黑色款式480 mm一辆;买受人于2024年8月10日一次性支付合同约定的总价金额1150元;验收时间为收到物品的7天内。

合同签订后,被告告知原告,快递将由顺丰物流发货,原告遂支付被告购车款1150元。原告于2024年8月14日收货,收货后发现该货物系由拼多多商家"翊诺户外自行车"销售的全新美翊诺品牌自行车,并非喜德盛牌自行车。原告

[①] 参见吴某民与刘某强信息网络合同纠纷案,湖北省武汉市汉阳区人民法院(2024)鄂0105民初12226号民事判决书。

要求被告退还购车款,因双方未达成一致,原告遂诉至法院。

裁判理由:

法院认为,根据《民法典》第六百一十七条规定,出卖人需按约定质量要求交付标的物,不符约定的则买受人可要求其承担违约责任。本案中,原告向被告支付1 150元购车款,约定购买喜德盛RT180公路车黑色款式480mm一辆。然而,被告实际交付的是其他品牌自行车,构成根本违约。因此,法院支持原告退还购车款的请求,并要求被告承担自行车退回的全部费用,同时原告需向被告返还已经收到的自行车。

至于原告诉请的三倍赔偿款,因被告出售时表明为二手闲置物品,原告无证据证明被告以营利为目的的经营,故法院不支持原告的三倍赔偿请求。

【法理阐释】

《民法典》第六百一十七条规定了质量违约行为对应的违约责任后果。在本案中,双方签订的买卖合同是双方的真实意思表示,具有法律效力,双方均应按约全面履行义务。根据《民法典》第六百一十五条的规定,出卖人应当按照约定的质量要求交付标的物,而本案中被告未能按照合同约定的质量要求交付标的物,即喜德盛RT180公路车,而是交付了其他品牌的自行车,这显然违反了合同的约定。

关于违约责任的承担,根据《民法典》第六百一十七条和第五百八十二条的规定,当出卖人交付的标的物不符合质量要求时,买受人可以请求出卖人承担违约责任。这种违约责任的承担方式,可以根据当事人的约定,或者在没有约定或约定不明确时,根据标的物的性质和损失的大小,合理选择修理、重作、更换、退货、减少价款或报酬等方式。本案中,由于被告交付的是明显不符合原告需求的标的物,导致原告的合同目的无法实现,因此原告可以选择请求被告退还购车款,并要求其承担由此产生的费用。

关于三倍赔偿款的请求,虽然《中华人民共和国消费者权益保护法》规定了消费者在某些情况下可以要求经营者承担三倍赔偿的责任,但本案中的被告出售自行车时表明系个人二手闲置物品,且原告无证据证明被告系以营利为目的从事生产经营活动的经营者。因此,原告的三倍赔偿请求无法律依据,法院不予支持。

相关法律条文

《民法典》

第五百八十二条 履行不符合约定的,应当按照当事人的约定承担违约责任。对违约责任没有约定或者约定不明确,依据本法第五百一十条的规定仍不能确定的,受损害方根据标的的性质以及损失的大小,可以合理选择请求对方承担修理、重作、更换、退货、减少价款或者报酬等违约责任。

第六百一十五条 出卖人应当按照约定的质量要求交付标的物。出卖人提供有关标的物质量说明的,交付的标的物应当符合该说明的质量要求。

2. 易某亮与湖北某家居实业有限公司买卖合同纠纷案①

裁判要旨：

本案中,易某亮与湖北某家居实业有限公司(以下简称"某家居")签订了家具买卖合同,合同中对家具材质以及五金配件等质量要求做出了约定,但是某家居实际并未交付符合质量要求的标的物,因此法院判令其承担减少价款的违约责任合法有据。

案件事实：

某家居与易某亮签订《定制家居供销合同》,合同约定:"一、报价清单如下……材质柜体:实木多层免漆板(ENF级);柜门:欧松板;五金配件:采用进口百隆五金。二、质量要求:以甲方的要求为准……"

合同签订后,某家居按照合同约定开始制作家具,但并未全部制作完成。易某亮已经向某家居支付15 000元货款。易某亮认为部分家具未按照合同约定质量,因此拒绝支付剩余货款。

某家居向一审法院起诉请求判令易某亮支付家具货款27 900元,并承担本案诉讼费。易某亮后向一审法院提起反诉,请求解除双方签订的《定制家居购销合同》及补充协议,返还已经支付的货款9 596元,并支付未按合同约定的履行货款28 416元的三倍赔偿85 248元和延期交付造成的损失9 000元。

裁判理由：

一审法院认为,某家居与易某亮签订了《定制家居供销合同》及补充合同,并通过微信聊天进行了确认,某家居应提供符合质量标准的家居产品,易某亮则支付相应货款。然而,某家居在法庭上承认提供的五金不符合约定,部分家具未完成制作。因此,一审法院按市场价格对五金扣减1 500元,对未完成家具扣减

---

① 参见易某亮与湖北某家居实业有限公司买卖合同纠纷案,湖北省咸宁市中级人民法院(2024)鄂12民终1815号民事判决书。

4 081元。同时,根据现场勘查和专家意见,某家居制作的柜子存在做工瑕疵,法院再扣减5 500元作为质量不符的赔偿。

二审法院认为,本案中,某家居提供的五金不符约定,部分家具未制作完成,一审认定事实清楚,证据充分。易某亮提出未制作部分应扣减9 008元、板材应扣减9 308元等上诉请求,但未提供证据支持,与事实不符,因此不予支持。

【法理阐释】

本案的核心问题在于合同的履行情况以及违约责任的承担。

某家居与易某亮之间签订的《定制家居供销合同》系双方真实意思表示,具有法律约束力,双方均应严格履行各自的合同义务。双方在合同中明确约定了质量要求,出卖人某家居有义务按照约定的质量标准向买受人易某亮提供家居产品,而易某亮则有义务支付相应的货款。

但是在实际履行过程中,某家居公司提供的五金质量以及部分家具质量不符合合同约定,且部分家具并未制作完成,构成了合同违约,买受人可以依据《民法典》第五百八十二条至第五百八十四条的规定请求对方承担违约责任。买受人应当根据标的物的性质和损失的大小,合理选择修理、重作、更换、退货、减少价款或报酬等方式。

在本案中,法院判令某家居承担减少价款的违约责任,对于五金不符合约定的问题,法院酌情在总合同价格中扣减了1 500元;对于未制作完成的家具,法院按易某亮所述的酌情扣减了4 081元。此外,对于存在做工瑕疵的柜子,法院酌情扣减了5 500元作为违约责任的承担。

相关法律条文

《民法典》

第六百一十五条 出卖人应当按照约定的质量要求交付标的物。出卖人提供有关标的物质量说明的,交付的标的物应当符合该说明的质量要求。

第二节 减轻或者免除瑕疵担保责任的例外

《民法典》第六百一十八条 当事人约定减轻或者免除出卖人对标的物瑕疵承担的责任,因出卖人故意或者重大过失不告知买受人标的物瑕疵的,出卖人无权主张减轻或者免除责任。

【立法意旨和制度背景】

本条是禁止权利滥用原则下的一项具体规定,①规定了减轻或者免除出卖人对物的瑕疵承担责任的例外。本条源自《最高人民法院关于审理买卖合同纠纷案件适用法律问题的解释》(2012年发布,2020年修正)第三十二条规定,"合同约定减轻或者免除出卖人对标的物的瑕疵担保责任,但出卖人故意或者因重大过失不告知买受人标的物的瑕疵,出卖人主张依约减轻或者免除瑕疵担保责任的,人民法院不予支持"。

根据合同自由原则,买卖合同当事人可基于其自由意思就违约责任的承担、范围等问题作出特别安排。因此,当事人约定减轻或者免除出卖人应承担的物的瑕疵责任的,该约定原则上有效,出卖人根据该约定不必承担物的瑕疵责任。②本条核心在于保护买受人的合法权益,防止出卖人通过事先约定减轻或免除责任来规避其应承担的法律责任,是禁止权利滥用原则的体现。通过禁止出卖人故意或者重大过失隐瞒瑕疵的行为,强化了交易中的诚信原则,避免因信息不对称导致的不公平交易。

【条文解读】

一、因出卖人过错导致的减免瑕疵担保责任例外

原则上,买卖合同中的出卖人对标的物负有瑕疵担保责任,审查标的物和如实告知买受人是出卖人瑕疵告知义务的重要内容,③但瑕疵担保亦属合同义务,基于合同自愿这一基本原则,买卖合同双方自然可以通过约定排除适用。④另外,通过约定减轻或免除瑕疵担保责任亦符合公平、诚信原则。因为出卖人也可能基于自身或标的物本身等原因,出现无法完全掌握标的物真实状态的情况,但只要买受人表示可以理解并接受由此带来的风险,就可按照约定减轻或免除出卖人的瑕疵担保责任,这也是尊重买卖合同双方意思自治的表现。

约定减轻或者免除瑕疵担保责任亦存在例外情形:买卖合同的出卖人存在

---

① 参见谢鸿飞、朱广新主编:《民法典评注合同编:典型合同与准合同(一)》,中国法制出版社2020年版,第109页。
② 参见易军:《我国〈民法典〉买卖合同制度的重大更新》,《法学杂志》2022年第2版,第19页。
③ 参见郑臻:《拍卖人瑕疵说明义务认定与标准——以2012—2020年已判决案例为样本的分析》,《山东大学学报(哲学社会科学版)》2023年第4期,第59页。
④ 参见黄薇主编:《中华人民共和国民法典合同编释义》,法律出版社2020年版,第362页。

过错。出卖人过错包括故意或重大过失两种情形。出卖人故意不告知意味着出卖人明知标的物存在质量瑕疵或"一物二卖"等权利瑕疵而不告知买受人标的物的真实情况；出卖人因重大过失不告知买受人标的物瑕疵则是指出卖人虽无故意，但客观上确实造成了买受人的权利受损。在这两种情形下，买受人无法了解标的物的真实情况，导致买受人获得的标的物存在瑕疵，有失公平，亦违反诚信原则，此时，出卖人主张减轻或者免除瑕疵担保责任的请求不能得到支持。

二、未履行瑕疵告知义务的后果

买卖合同关系中，双方当事人可依意思自治约定减轻或免除出卖人对标的物瑕疵承担的责任。但是，在出卖人故意或者重大过失未告知瑕疵的情形，不应再允许出卖人援引瑕疵免责条款主张减轻或免除责任，买受人可依据本条规定请求出卖人承担相应的违约责任。

需要讨论的是，法条只规定了出卖人无权主张减轻或免除对标的物承担的责任，但没有明确买受人应当遵循何种路径主张权利。有观点认为，出卖人故意或因重大过失不告知瑕疵的，担保责任排除的约定无效。[①]这与过去我国司法实践的立场相符。比如，《拍卖管理办法》第五十条第二款规定："拍卖企业、委托人在拍卖前声明不能保证拍卖标的真伪或者品质的，不承担瑕疵担保责任。但是拍卖企业、委托人明确知道或应当知道拍卖标的有瑕疵时，免责声明无效。"

也有观点认为，对于免责条款是否有效，应根据《民法典》第五百零六条进行解释。[②]依据该条第二项，一方当事人因故意或重大过失不告知买受人标的物瑕疵的行为造成对方人身损害和财产损失的，原本约定的免责条款无效。另有观点认为，本条并非直接规定免责条款无效，而是通过确定该责任减免条款的效力范围，排除了在出卖人故意或者重大过失的情形下瑕疵担保责任减免约定生效的可能性。[③]

然而，前述解释缺乏充分的法律依据，仅依《民法典》第五百零六条并不能直接认定免责条款无效。出卖人未告知瑕疵虽可能对买受人构成不利影响，但缔约时未披露瑕疵并不直接导致瑕疵损害必然发生，因为瑕疵有可能在合同成

---

① 参见[德]托马斯·M.J.默勒斯、李雨泽：《中国〈民法典〉买卖法中的开放式问题——与德国法及欧盟法相比较》，《财经法学》2021年第3期，第92页。

② 参见谢鸿飞、朱广新主编：《民法典评注合同编：典型合同与准合同（一）》，中国法制出版社2020年版，第111页。

③ 参见杨代雄主编：《袖珍民法典评注》，中国民主法制出版社2022年版，第591页。

立后、标的物交付前被识别并修正。因此,未告知瑕疵所导致的损害后果,在程度上与法律规定的人身伤害或故意、重大过失所致财产损失的情形并不相当。免责条款的效力判定不应系于信息提供义务的实际履行状态,不能仅凭出卖人故意隐瞒或重大过失未告知瑕疵这一事实,就认定预先排除瑕疵责任的约定自始不发生法律效力。①

那么违反瑕疵告知义务的后果应当如何解释?对此,应将出卖人事后援引免责条款的行为与其先前的故意隐瞒瑕疵行为相联系,视为权利滥用,从而使买受人就该行为享有抗辩权。在此情境下,若瑕疵因出卖人的故意或重大过失而未被告知,买受人需积极主张抗辩权利,司法机关会对此进行审查并作出认定。然而,值得注意的是,当瑕疵涉及违法性、安全性等关乎重大公共利益的问题时,一旦发现出卖人故意或重大过失违反了瑕疵信息提供义务,并在事后企图通过援引免责条款规避责任,司法机关有权依职权直接不予支持其主张,以确保法律的公正实施及公共利益的保护。②

【典型案例】

1. 郑某周与贾某合同纠纷案③

裁判要旨:

《民法典》第六百一十八条规定,"当事人约定减轻或者免除出卖人对标的物瑕疵承担的责任,因出卖人故意或者重大过失不告知买受人标的物瑕疵的,出卖人无权主张减轻或者免除责任"。本案中由于郑某周未告知标的物上存在使用权纠纷,致使贾某对案涉车辆的使用权因不可归责于贾某的事由灭失,贾某签订《债权转让协议》使用案涉车辆的目的不能实现,故案涉《债权转让协议》依法应予以解除。

案件事实:

2023年6月6日,郑某周在微信聊天中向贾某介绍车辆,贾某通过微信转账方式向郑某周支付5 000元,郑某周接收转账后回复"收到16年奔驰C200定

---

① 参见武腾:《拍卖人的信息提供义务与担保责任——从居间商的法律地位出发》,《法律科学(西北政法大学学报)》2017年第6期,第160页。

② 参见谢鸿飞、朱广新主编:《民法典评注合同编:典型合同与准合同(一)》,中国法制出版社2020年版,第112页。

③ 参见郑某周与贾某合同纠纷案,河南省南阳市中级人民法院(2024)豫13民终1507号民事判决书。

金"。2023年6月12日,贾某向郑某周转账54 000元,该笔转账单上附言"某车行购买奔驰C200车款"。2023年6月12日,郑某周与贾某分别作为甲方、乙方签订了《债权转让协议》。该协议约定甲方将债权及附带物(高某龙抵押"16年奔驰C200一台")转让给乙方,且乙方知晓有丢车风险,且因甲方不享有所有权,故不能为乙方办理过户手续。

另查明,案涉车辆行驶证登记所有人为高某慧,在刘某涛与高某慧民间借贷纠纷一案中,河南省某县人民法院依刘某涛提出的保全申请,于2023年6月5日作出(2023)豫1424执保459号执行裁定书,裁定查封高某慧名下梅赛德斯奔驰牌汽车一辆。贾某在车辆被河南省某县人民法院强制拖走后向河南省某县人民法院提出执行异议请求,河南省某县人民法院于2023年8月29日作出(2023)豫1424执异111号执行裁定书,裁定驳回贾某的异议请求。贾某提起上诉。

裁判理由:

一审法院认为,双方之间名为债权转让实为买卖合同关系,且郑某周不享有该车的所有权,无法办理车辆过户手续。后案涉车辆被河南省某县人民法院依法保全,双方间签订的买卖合同已不能实现合同目的,依法应予以解除。对于贾某要求郑某周退还购车款59 000元的诉讼请求,法院予以支持。贾某在购买该车时,明知该车辆存在抵押情况,却仍要购买,有一定的过错,故对于其要求郑某周赔偿维修费、保险、审车费等费用的诉讼请求,法院依法不予支持。

二审法院认为,本案的争议焦点为:郑某周与贾某是否构成买卖合同关系,一审判决郑某周退还贾某59 000元是否正确。

郑某周给贾某的是案涉车辆的使用权,郑某周收贾某的钱是相当于暂时地将案涉车辆使用权作价给贾某了,故本案应为合同纠纷,即案涉车辆使用权纠纷,一审法院确定本案为买卖合同纠纷不当,予以纠正。

结合郑某周二审所述,高某龙为抵销债务,将车的使用权抵押给郑某周,高某龙如果还钱的话应该把钱还给郑某周、郑某周再把贾某的钱退给贾某。结合郑某周在将车辆使用权再次转让给贾某时也存在过失,现贾某既然选择请求郑某周返还使用车辆款59 000元,一审判决郑某周返还并无不当,予以维持。

【法理阐释】

《民法典》第六百一十八条规定的标的物瑕疵并不仅限于物理意义上的瑕疵,可能存在的产权、使用权纠纷也应属于"瑕疵"范围内,出卖人有告知买受人可能存在的纠纷的义务;应告知而因故意或重大过失未告知的,出卖人无权主张减轻或者免除责任。

虽然郑某周与贾某签订的《债权转让协议》第四条约定，贾某已知该债权车有丢失风险，如有丢车贾某承担所有损失；及第七条约定，如贾某在使用车辆过程中，如遇交通违法、行车安全，车被拖走被盗抢以及国家车辆管理法律、法规或车辆状态发生变化等损失，均由贾某自行承担。但案涉车辆在贾某使用期间并非贾某丢失，也并非被他人拖走被盗抢，而是因案外人高某龙亲属高某慧的原因被河南省某县人民法院依法查封。虽然郑某周二审称其于2023年6月12日转让案涉车辆使用权给贾某时，其不知道所涉车辆已被法院查封，但郑某周在此时转让时应当向高某龙咨询车辆状况并通知高某龙其将车辆使用权再次转让，郑某周存在过失；贾某称其没见过高某龙也不认识高某龙。现贾某对案涉车辆的使用权因不可归责于贾某的事由灭失，贾某签订《债权转让协议》使用案涉车辆的目的不能实现，故案涉协议依法应予以解除。

相关法律条文

《民法典》

第五百九十七条　因出卖人未取得处分权致使标的物所有权不能转移的，买受人可以解除合同并请求出卖人承担违约责任。

法律、行政法规禁止或者限制转让的标的物，依照其规定。

2. 刘某友与咸某宇买卖合同纠纷案[①]

裁判要旨：

本案中，刘某友与咸某宇之间存在口头买卖合同。刘某友已将涉案车辆交付给咸某宇，并且咸某宇按照约定支付了购车款。然而，刘某友出售的车辆无法办理过户手续，违反了相关法律规定，导致合同目的无法实现，因此法院对咸某宇解除合同并返还购车款的诉求予以支持。

案件事实：

2023年12月12日，咸某宇（原告）从刘某友（被告）处购买了一辆丰田牌二手越野车。车辆行驶证记载的车辆所有人为阿某某，发动机号为×××93。然而，实际交付的车辆发动机号为×××73，与车辆行驶证所登记的发动机号不一致。

---

① 参见刘某友与咸某宇买卖合同纠纷案，内蒙古自治区呼伦贝尔市中级人民法院（2024）内07民终1865号民事判决书。

2024年1月29日,咸某宇在车辆管理所申请过户时被告知,由于车辆发动机号与登记证书不符,无法办理过户手续。

咸某宇随后联系刘某友,提出因车辆无法办理过户且不符合法律规定,要求解除合同并退还购车款,但协商未果。2024年3月,咸某宇诉至法院,主张解除买卖合同并返还购车款。

裁判理由：

一审法院认为,咸某宇与刘某友口头达成的车辆买卖合同合法,但刘某友出售的车辆更换了发动机,构成违约。刘某友未提供咸某宇知情的证据,法院认为其主张不成立,因此,法院支持咸某宇解除合同并返还购车款的请求。

二审法院认为,刘某友提供的录音证明其售车时告知了咸某宇发动机更换的事实,但更换发动机属法律禁止行为,且刘某友未证明车辆具备办理变更登记并上路行驶的条件,车辆无法完成变更登记,合同目的无法实现。故一审法院判决解除合同并返还购车款并无不当。

【法理阐释】

本案的核心问题在于刘某友是否可以通过告知咸某宇发动机更换的事实来主张自己已经履行了瑕疵告知义务,从而免除合同责任。

根据《民法典》第六百一十八条的规定,只有当事人在合同中明确约定的情况下,才能减轻或免除出卖人对标的物瑕疵的担保责任。然而,在本案中,发动机更换行为并不属于单纯的"瑕疵",而是影响车辆合法性的根本问题。更换发动机后,必须依法进行变更登记,未完成该登记的车辆将无法合法上路,这直接导致合同目的无法实现。

根据《中华人民共和国道路交通安全法》的相关规定,机动车的发动机及其他关键部件的更换,必须依法进行变更登记,未经变更登记的车辆不得上路行驶。刘某友出售的车辆未能完成合法的过户手续,导致车辆无法合法使用,进而影响了合同目的的实现。尽管刘某友辩称,车辆无法过户是由咸某宇的原因所致,但刘某友未能提供充分证据以支持该主张,刘某友的告知行为并不能免除其瑕疵担保责任。

因此,刘某友未能履行出售合法车辆的义务,且车辆未依法完成变更登记,导致合同无法履行,判决解除合同并返还购车款符合法律规定。

相关法律条文

《民法典》

第四百六十九条 当事人订立合同,可以采用书面形式、口头形式或者其他形式。

书面形式是合同书、信件、电报、电传、传真等可以有形地表现所载内容的形式。

以电子数据交换、电子邮件等方式能够有形地表现所载内容,并可以随时调取查用的数据电文,视为书面形式。

第五百六十四条 法律规定或者当事人约定解除权行使期限,期限届满当事人不行使的,该权利消灭。

法律没有规定或者当事人没有约定解除权行使期限,自解除权人知道或者应当知道解除事由之日起一年内不行使,或者经对方催告后在合理期限内不行使的,该权利消灭。

第三节 标的物包装方式

《民法典》第六百一十九条 出卖人应当按照约定的包装方式交付标的物。对包装方式没有约定或者约定不明确,依据本法第五百一十条的规定仍不能确定的,应当按照通用的方式包装;没有通用方式的,应当采取足以保护标的物且有利于节约资源、保护生态环境的包装方式。

【立法意旨和制度背景】

本条是关于出卖人交付标的物包装方式的规定,包括以约定方式确定包装方式以及无约定情况下如何确定包装方式的规定。本条来源于《合同法》第一百五十六条,"出卖人应当按照约定的包装方式交付标的物。对包装方式没有约定或者约定不明确,依照本法第六十一条的规定仍不能确定的,应当按照通用的方式包装,没有通用方式的,应当采取足以保护标的物的包装方式"。相较于《合同法》第一百五十六条,本条贯彻了绿色发展理念,额外增加了"有利于节约资源、保护生态环境"的要求,以实现绿色原则。[①]

包装是为在流通过程中保护产品、方便贮运、促进销售,按一定技术方法而采用的容器、材料及辅助物等的总体名称,也指为了达到上述目的而采用容器、材料和辅助物的过程中施加一定技术方法等的操作活动。

---

① 参见黄薇主编:《中华人民共和国民法典合同编释义》,法律出版社2020年版,第553页。

包装对于标的物品质的保护具有重要作用,尤其对一些易腐、易碎、易潮的物品以及化学物品等,甚至对有些标的物来说,质量标准的一部分可能就通过包装本身来表现。标的物的包装包括:(1)盛标的物的容器,通常称为包装用品或者包装物;(2)包装标的物的操作过程。因此,包装方式既可以指包装物的材料,又可以指包装的操作方式。包装又分为运输包装和销售包装两类。[①]运输包装在我国一般有国家标准或者行业标准。

【条文解读】

一、以约定方式确定包装方式

(一)包装方式的约定

异地交货必然发生产品的运输,运输则必然发生包装问题。对买卖的物品进行包装是为了保证该物运输安全和保管安全,使该物安全地送交给买受人或者买受人指定的其他收货人。包装方式包含着对包装技术和包装物器的质量要求,具体包装的方式由双方当事人根据标的物的性质等情况来商定,同时还要确定包装费用的承担方式,一般由出卖人负责。标的物需要包装时,应明确其包装标准,如果采用国家标准或行业标准的,应该写明该标准的名称、代号或编号。

(二)合同中的包装条款

合同中的包装条款,主要包括包装标准、包装物的供应与回收。(1)包装标准。包装标准是对产品包装的类型、规格、容量、印刷标志以及产品的盛放、衬垫、封袋方法等由有关部门统一规定的以统一材料、统一规格、统一容量、统一标记和统一封装方法等为主要内容的技术标准。产品包装按国家标准或专业标准执行,没有国家标准或专业标准的,可由合同双方商定并按照合同中写明的标准进行包装。合同中对包装方式没有约定或者约定不明确,依合同有关条款或交易习惯仍不能确定的,应当按照通用的方式包装,没有通用方式的,应当采取足以保护标的物的包装方式。(2)包装物的供应。包装物的供应是指包装物由谁提供的问题。对于包装物的供应,除国家规定或当事人约定由买受人提供之外,一般应由出卖人负责供应。(3)包装物的回收。包装物的回收是对可以多次使用或使用一次后还可以加工利用的包装物,为经济合理地节约使用,出卖人将可利

---

① 参见谢鸿飞、朱广新主编:《民法典评注合同编:典型合同与准合同(一)》,中国法制出版社2020年版,第114页。

用的包装物收回,重新加以利用的方法。包装物的回收办法有:其一,押金回收。它适用于专用的包装物,如电缆卷筒、电线绕线轴、东立柱、捆绑用具、水泥袋、集装箱、标准大中型木箱等。出卖人发货后,在清算货物价款时,同时核收押金。包装物返回后,扣除折旧费,所余部分押金应及时退还买受人。其二,折价回收。它适用于一般可以再次利用或供作原料的包装器材,如油漆桶、玻璃瓶、麻袋、水泥纸袋等。买卖双方在签订合同时,应约定包装物的回收办法。回收办法应明确规定回收品的质量、回收价格、回收期限、验收方法等。国家对某些包装物的回收制订有统一的包装物回收办法。

二、无约定情况下包装方式的确定

(一)无包装方式约定的效力

合同中没有包装方式的约定,并不意味着标的物不用包装,相反这意味着出卖人必须提供与标的物相适应的包装,使其在正常运输中不致受损,因包装不当而产生的标的物损失由出卖人负责。买受人也可以标的物包装不当为由,拒收出卖人交付的标的物。判断何为与标的物相适应的包装,以标的物是否采用了在长期买卖、运输实践中形成的公认合理的包装方式或足以保护标的物正常运输的包装方式为标准。

(二)通用包装方式的推定

通用包装方式是指按照交易习惯、惯例所确定的包装方式。如果有国家强制性标准、推荐性国家标准、行业标准的,则以这些标准为通用的包装方式。[1] 如果不存在这些标准,一般要求包装要能防止泄漏、防止盗窃、适应气候变化,同时要根据具体商品的特点实施相应包装。为保障货物安全准确运交收货人,运输包装上应刷印运输标志。根据贸易需要,有时可采用中性包装。

(三)"足以保护"标的物且有利于节约资源、保护生态环境的包装方式

如果当事人对包装方式无约定,且不具有包装的通常标准时,应当按照"足以保护"标的物的标准来进行包装。这里的"足以保护"应当理解为出卖人应以使标的物损耗最小、安全、实用的方式来包装标的物。除此之外,包装足以保护标的物的同时,还要有利于节约资源、保护生态环境。《民法典》采用"总则规定基本原则与分则规定具体规范"相结合的方式,将绿色包装方式作为法定义务

---

[1] 参见黄薇主编:《中华人民共和国民法典合同编释义》,法律出版社2020年版,第555页。

规定于合同编。①这回应了《民法典》第九条关于绿色原则的规定,也体现了立法者鼓励绿色发展的政策导向。

【典型案例】

1. 梁某英与骆某理合同纠纷案②

裁判要旨:

本案中,由于合同双方当事人并未对包装方式进行约定,因此出卖人梁某英必须提供与标的物相适应的包装,被告承运人骆某理仅仅采取捆扎的方式,亦存在过错,应当承担违约责任,出于公平原则以及权利义务对等的考虑,法院判令被告骆某理承担40%的赔偿责任。

案件事实:

原告梁某英出售板材,由被告骆某理运输,自惠州某县运至广州市某区交货,约定运费1 700元。原告提供的图片显示满载一车8捆板材,板材除了用包装绳索捆起来之外,并无其他保护性包装,其中有部分板材被淋湿。淋湿后,双方进行了微信沟通。原告称,该车货由被告运至第三人买方,由买方处置。经原告与买方沟通,部分被淋湿的板材实在不能使用的由原告补发板材80件,每件71元,共5 680元。原告陈述,被淋湿严重的板材无法再利用,直接由买方处理;板材装车前已捆扎好,雨布是被告的,由被告处理。原告诉至法院,请求判令被告赔付补发板材货款3 980元(5 680 − 1 700 = 3 980)并承担本案诉讼费用。

裁判理由:

一审法院认为,本案焦点是原告诉求能否得到支持。

一方面,包装方式没有约定或者约定不明确时,原告作为托运人、货物出卖人应当采取足以保护标的物的包装方式,但案涉板材除了用包装绳索捆起来之外,并无其他保护性包装。原告约车时已明知该车辆是无顶盖的车型,应当预见如不完善包装,在运输途中遇到雨天则会有货物损毁的风险,故原告作为托运人存在过错。

另一方面,被告为履行本案运输合同约定的义务,亦付出了时间、人力等成本,如要求被告承担原告补发板材的全部费用,无疑对被告不公平。原告事后

---

① 参见崔梦溪:《基于〈民法典〉绿色原则的意定绿色义务》,《当代法学》2025年第1期,第97页。
② 参见梁某英与骆某理合同纠纷案,广东省阳山县人民法院(2024)粤1823民初2094号民事判决书。

补发板材80件，单价71元，共计损失5 680元。法院酌定原告自行承担60%的损失，被告应对运输过程中板材淋湿造成原告的损失承担40%的赔偿责任，即5 680元×40%=2 272元，鉴于原告未支付被告运费1 700元，与原告未付运费相抵扣后，被告应赔付572元给原告。

【法理阐释】

本案的核心问题在于被告是否应承担赔偿责任。

《民法典》第六百一十九条确立了标的物包装方式选择规则。本案中，根据原告提供的证据，不能证实双方事先约定了被告有对货物进行包装或者参与货物包装的义务。并且依据《民法典》第六百一十九条的规定，原告作为托运人、货物出卖人应当采取足以保护标的物的包装方式。但是本案原告对案涉板材的包装方式只是绳索捆扎，并无其他保护性包装，原告应该能预料到这种简易包装方式并不能保护货物免受雨水淋湿，因此作为出卖方的原告包装方式不当，原告自身存在过错。

同时，虽然被告人作为承运人，因雨布残破漏水，没有包装好板材，导致板材部分淋湿也存在过错，但是，本案被告确实已经为运输板材付出了人力、物力等等成本，如果要求被告承担全部责任，有违公平原则。基于公平原则及诚实信用原则之考量，损失应由双方合理分担。据此，法院判定被告在本案中需承担40%的赔偿责任合法有据。

相关法律条文

《民法典》

第八百二十七条　托运人应当按照约定的方式包装货物。对包装方式没有约定或者约定不明确的，适用本法第六百一十九条的规定。

托运人违反前款规定的，承运人可以拒绝运输。

第八百三十二条　承运人对运输过程中货物的毁损、灭失承担赔偿责任。但是，承运人证明货物的毁损、灭失是因不可抗力、货物本身的自然性质或者合理损耗以及托运人、收货人的过错造成的，不承担赔偿责任

2. 广州 A 电子有限公司、广州 B 电子有限公司合同纠纷案

裁判要旨：

本案中，广州 A 电子有限公司（以下简称"A 公司"）与广州 B 电子有限公司（以下简称"B 公司"）签订了芯片买卖合同，合同中双方对芯片包装要求并未做出约定，但是后续履行过程中 B 公司在微信上提出了包装要求，A 公司表示同意，应当视为双方已对包装要求作出补充协议，因此法院认为 A 公司提供的芯片的包装方式不符合标准，已构成违约，对 A 公司要求 B 公司支付货款的主张不予支持。

案件事实：

2021 年 9 月，B 公司与 A 公司签订了《采购合同》，约定采购某品牌、型号为 IPB180N04S4-01 的芯片。随后，双方又签订了两份《销售合同》，其中 C20210924001 合同约定产品数量为 23000PCS；C20210927001 合同约定产品数量为 7000PCS。两份合同均约定了 60 天保修期。同时，双方确认《采购合同》已被两份《销售合同》取代，实际履行以《销售合同》为准。

B 公司按照合同约定支付了预付款和尾款。然而，在合同履行过程中，A 公司向 B 公司交付的芯片存在质量问题。B 公司的委托人陈某玲与 A 公司总经理郭某杰的微信聊天记录显示，郭某杰确认了部分芯片存在外包装袋装反、无原厂标签等问题，并同意退货退款或重新包装。此外，A 公司还向 B 公司出具了《产品质量保证函》，承诺产品全程质保，保证原厂正品，如发现质量问题负责无条件换货。

然而，对于 7000PCS 芯片，A 公司未能按约定时间交货。B 公司在多次催告无果后，于 2021 年 12 月 8 日向 A 公司发出《通知函》，通知解除该合同，并要求 A 公司在收到通知之日起 3 日内返还已支付的预付款 299 440.96 元。

裁判理由：

一审法院认为，对于已交付 11 000 片的芯片，虽《销售合同》未对包装标准作出约定，但双方在微信聊天中明确了包装标准，A 公司同意退回不符合标准的 1 000 片芯片，说明双方已在实际履行过程中对包装标准达成一致。之后支付的 10 000 片芯片外包装与芯片编码不符，未达约定标准。因此，支持 B 公司要求 A 公司退还扣除部分芯片货款后的预付款及利息，同时退回不符标准的芯片；对

---

① 参见广州 A 电子有限公司、广州 B 电子有限公司合同纠纷案，广东省广州市中级人民法院（2022）粤 01 民终 20759 号民事判决书。

未交付货物的合同,支持B公司要求退还预付款及利息。两份合同未约定违约责任,利息按市场报价利率计算。A公司要求支付货款及违约金的主张不予支持。

二审法院维持一审判决,认为A公司提供的芯片不符约定标准,且未交付部分芯片导致B公司合同目的无法实现,有权解除合同。A公司提出的芯片质量鉴定申请不予接纳,因芯片不符交付标准已构成违约,质量是否合格不影响本案处理结果。

【法理阐释】

本案的核心问题之一在于A公司履行合同时是否构成违约以及如何认定违约责任。

根据《民法典》第六百一十九条的规定,出卖人应依约或按照通用方式包装标的物。本案中,虽然A公司与B公司实际履行的两份《销售合同》中并未对包装标准进行明确约定,但在之后的微信记录中,B公司在A公司首次交付1 000片芯片后,对包装标准提出明确要求,A公司表示接受并同意退回首批芯片以重新包装,此过程应当表明双方已经就包装方式达成了补充协议,标的物的包装方式应当符合补充协议的标准。

尽管A公司辩称自己并未同意此标准,但其并未提供足以推翻该聊天记录的依据,所以,在双方已对产品包装标准补充协商一致的情况下,A公司单方认为案涉芯片的质量不存在问题、包装问题不影响使用,并不能改变A公司所交付的货物不符合双方约定的违约事实。并且由于其经催告仍不交付芯片,导致B公司合同目的无法实现,根据《民法典》第五百六十三条第一款的规定,B公司有权解除合同。合同解除后,A公司应向B公司退回未交货部分的预付款,并向B公司支付利息损失。

相关法律条文

《民法典》

第五百零九条　当事人应当按照约定全面履行自己的义务。

当事人应当遵循诚信原则,根据合同的性质、目的和交易习惯履行通知、协助、保密等义务。

当事人在履行合同过程中,应当避免浪费资源、污染环境和破坏生态。

第四节 买受人的检验义务

《民法典》第六百二十条 买受人收到标的物时应当在约定的检验期限内检验。没有约定检验期限的,应当及时检验。

【立法意旨和制度背景】

本条是关于买受人对标的物的检验义务、标的物检验期间的规定。本条来源于《合同法》第一百五十七条,"买受人收到标的物时应当在约定的检验期间内检验。没有约定检验期间的,应当及时检验"。

买卖合同的履行过程中,在出卖人交付标的物后,接着一个重要问题就是买受人对标的物的检验。检验的目的是查明出卖人交付的标的物是否与合同的约定相符,因此它密切关系着买受人的合同利益。各国法律都赋予买受人检验标的物的权利。[1] 例如,《美国统一商法典》对此就规定得较为全面。该法典第2-513条规定,除当事人另有约定外,买受人在支付货款和接受标的物以前,有权对货物进行检验。检验的时间、地点和方法按照合同约定办理。如合同未作约定,在出卖人负责把货物运到目的地的情况下,应在目的地进行检验。在其他情况下,应当在合理的时间、地点,以合理的方式进行检验。如检验表明货物与合同约定相符合,检验的费用由买受人承担,反之由出卖人承担。[2]

同时,对标的物的及时检验,可以尽快地确定标的物的质量状况,明确责任,及时解决纠纷,有利于加速商品的流转。[3] 否则,就会使合同当事人之间的法律关系长期处于不稳定的状态,不利于维护健康正常的交易秩序。所以,《民法典》第六百二十条要求买受人收到标的物后应当及时进行检验。

【条文解读】

一、标的物的检验条款

质量检验条款是当事人约定的对交付产品检验期间、检验方法、检验结果的

---

[1] 参见黄薇主编:《中华人民共和国民法典合同编解读》,中国法制出版社2020年版,第555页。
[2] See Uniform Commercial Code, 2 U.C.C. § 513 (1952).
[3] 参见黄薇主编:《中华人民共和国民法典合同编解读》,中国法制出版社2020年版,第556页。

告知、进一步检验权利的保留或质量异议权的保留等的约定。标的物的检验条款一般包括如下内容:(1)验货人。双方可以在合同中约定是由买受人自己验货或者由双方以外的第三人来进行验货。①(2)验货方法。双方可以在合同中约定验货方法,也可以不在合同中约定而由买受人按照通常的方法进行检验。(3)验货地点。双方可以在合同中约定,如果没有约定,应该在交付地进行,但是若为了买受人的利益,也可以在其他地点进行。②(4)验货费用。双方已经明确的,按照约定处理。如果没有约定,货物合格的,检验费用由买受人承担。(5)检验方法。可引用有关国家标准、行业标准或其他标准的检验方法。也可以在合同中约定具体的检验方法。(6)检验机构。尽管双方当事人约定了检验方法、检验期间,但有时仍不能杜绝双方对于产品质量状况的争执。因此,有必要在合同中约定质量检验机构,并在合同约定依据该机构的抽样、检验方法做出的检验结果对双方当事人具有约束力。同时,作为第三方的质量检验机构应对其出具的数据和报告、证书负责,承担相应责任。③

二、标的物检验期间

检验期间,也称"质量异议期间",即当事人约定的或者法律规定的买受人对标的物进行检验、发现瑕疵并及时通知出卖人所应当享有的时间期限。④其主要是限制买受人的质量瑕疵请求权,以对供货方进行保护,是合同效率原则的要求。

对于检验期间,当事人在合同中有约定的,依照约定来加以确定。当事人在合同中没有约定的,则应区别情形加以确定:如果当事人就特定的标的物,没有约定检验期间,但约定有质量保证期间的,该质量保证期间即为买受人及时检验标的物质量的检验期间。结合生活实际,根据货物的外观瑕疵或内在瑕疵,对于比较容易发现的外观瑕疵,买受人应当按照标的物的性质尽快履行检验义务;对于内在瑕疵,应按照标的物的性质、买卖合同的种类等进行综合判断,不能立刻检验和发现的瑕疵,其检验期限最长不超过2年。

---

① 参见宋志龙:《标的物检验制度的不足与完善》,《华东政法大学学报》2017年第4期,第99页。
② 参见史尚宽:《债法各论》,中国政法大学出版社2000年版,第33页。
③ 参见宋志龙:《标的物检验制度的不足与完善》,《华东政法大学学报》2017年第4期,第104页。
④ 参见崔建远:《论检验期间》,《现代法学》2018年第4期,第84页。

【典型案例】

1. 山东A仪表科技有限公司与聊城市B钢管有限公司合同纠纷案[①]

裁判要旨：

《民法典》第六百二十条规定买受人有在约定检验期限内检验标的物质量的义务。本案中，原被告双方在合同中对质量检验期限、提出异议期限及质保期限已作出明确约定，山东A仪表科技有限公司（以下简称"A公司"）并未在上述期限内对案涉浆罐的质量提出异议，应认定涉案浆罐不存在质量瑕疵，因此法院判决A公司应当支付货款及承担相应违约责任合法有据。

案件事实：

2020年4月起，原告聊城市B钢管有限公司（以下简称"B公司"）陆续向被告A公司供应价值255 736.04元的货物。2021年5月10日，B公司与A公司签订《产品购销合同》，A公司向B公司购买10台浆罐，合同约定设备材质质保一年，焊缝保证不渗漏，需方应在接收货物十日内检验完毕，如有质量异议需方应在15日内书面通知供方，逾期或加工变形后视为接受的货物验收合格。

合同签订后，B公司交付浆罐共10台，A公司尚欠货款68 496.04元。

裁判理由：

一审法院认为，B公司与A公司签订的买卖合同合法有效，B公司已履行供货义务，A公司欠款68 496.04元未付，构成违约。因A公司未在规定期限内提出质量异议，视为认可产品质量，一审法院判决A公司应当支付欠款及自2023年1月4日以来的利息。

二审法院认为，A公司未及时检验标的物，且未在规定期限内提出质量异议，故一审法院判决A公司支付货款及承担违约责任无误，二审亦不支持其鉴定申请。

【法理阐释】

本案的核心问题在于，案涉合同中浆罐的材质问题是否属于检验期限规定或质量异议期约定条款的调整范围。

买卖合同中，出卖人应当承担瑕疵担保责任，但在不能认定其是否知道或者应当知道提供的标的物不符合约定的情况下，出卖人对标的物质量瑕疵的担保

[①] 参见山东A仪表科技有限公司与聊城市B钢管有限公司合同纠纷案，山东省聊城市中级人民法院（2023）鲁15民终4013号民事判决书。

义务并不是毫无时间限制的,无限期的质量瑕疵担保义务不仅会对出卖人产生不公平,也会妨碍商品的市场流转。出卖人交付的标的物是否符合要求,需要买受人对标的物及时进行检验,以确定是否与合同约定相符,买受人检验发现标的物不符合约定时,应当及时通知出卖人。

根据《民法典》第六百二十条规定,对检验期限有约定的,依照双方约定。本案中,双方已经对质量检验期限等作出明确规定,因此双方应当严格遵守此期限,若存在质量问题,应在期限内提出质量异议。

然而,在合同约定的检验期限内,A公司并未向出卖人B公司提出任何质量异议,据此应推定标的物不存在质量瑕疵,符合合同约定的质量标准。同时,A公司所提供的证据既不足以证明浆罐的材质与合同约定不符,也未能有效举证B公司存在根本性违约行为。所以,应认定B公司已经全面且适当地履行了合同所规定的各项义务,A公司不享有不履行合同义务的抗辩权。

因此,A公司拒不支付货款的行为,显然构成违约,法院支持应由A公司支付货款及承担相应违约责任。

相关法律条文

第五百零九条　当事人应当按照约定全面履行自己的义务。

当事人应当遵循诚信原则,根据合同的性质、目的和交易习惯履行通知、协助、保密等义务。

当事人在履行合同过程中,应当避免浪费资源、污染环境和破坏生态。

第五百七十九条　当事人一方未支付价款、报酬、租金、利息,或者不履行其他金钱债务的,对方可以请求其支付。

2. 如皋市A印刷机械有限公司与香河B文化发展有限公司合同纠纷案[①]

裁判要旨:

本案中,如皋市A印刷机械有限公司(以下简称"A公司")与香河B文化发展有限公司(以下简称"B公司")签订的《工业品买卖合同》以及《补充协议》对质量检验期限作出约定,B公司未在约定的检验期限内提出质量异议,并验收使用案涉设备,应认定案涉设备不存在质量瑕疵,因此B公司不享有合同解除权,

---

① 参见如皋市A印刷机械有限公司与香河B文化发展有限公司合同纠纷案,江苏省如皋市人民法院(2021)苏0682民初10662号民事判决书。

应当按照合同约定向 A 公司支付货款。

案件事实：

2019 年 5 月 3 日，A 公司（甲方）与 B 公司（乙方）签订《工业品买卖合同》，约定 A 公司向 B 公司出售一台大对开双面单色胶印机。后签订补充协议，约定乙方需在送货单上签字或盖章确认收货，如有质量问题应在 3 日内提出异议。质量标准按厂家出厂标准和国家标准规定，如有质量问题甲方负责维修。甲方保证货物符合合同型号，质量保修期为验收合格后一年，其中胶辊质保期为 6 个月。

2020 年 10 月 15 日，B 公司转账 60 万元货款至 A 公司法定代表人刘某华账户。2021 年 1 月 5 日，A 公司送货至 B 公司，梁某月签收。1 月 12 日，A 公司完成安装，但 B 公司未配合交接。1 月 22 日，赵某良签字验收合格。

2021 年 3 月至 4 月，B 公司多次反映设备质量问题，要求维修或更换，双方未达成一致。11 月 3 日，B 公司通知 A 公司设备无法使用，要求解除合同、取回设备及退款，A 公司为追讨货款，于 12 月 3 日提起诉讼。

裁判理由：

法院认为，本案案涉机器设备运送至 B 公司后，A 公司法定代表人刘某华在微信中告知 B 公司原法定代表人王某海案涉机器设备已安装调试好，并要求其安排人员配合办理交接，后在当天 15 时 58 分，A 公司现场调试工作人员沙某便通过微信向刘某华发送安装调试验收单照片，与 2021 年 1 月 14 日 B 公司出具的《工作证明》明确"设备安装调试完毕"相互印证，能够确认案涉机器设备在安装调试完毕后已经 B 公司验收确认。

其次，对于 B 公司所称案涉机器设备有油污是旧机器的辩解，因视频中显示的大量油污及粉屑明显系使用后造成，且案涉机器设备业经 B 公司验收使用，故对该辩解法院亦不予采信。

最后，因现案涉机器设备已交付 B 公司并已安装调试完毕，B 公司亦投入实际使用，应当认定 A 公司交付的案涉机器设备符合质量标准。

【法理阐释】

本案的核心问题在于，案涉机器设备有无调试验收合格？是否存在导致 B 公司合同目的无法实现的质量问题？

首先，根据双方签订的《工业品买卖合同》约定，乙方需在送货单上签字或盖章确认收货，如有质量问题应在 3 日内提出异议。双方已经对检验期限做出约定，按照意思自治原则，应当在此期限内提出质量异议。2021 年 1 月 5 日，案涉机器已经送达,并且经由B公司在送货单上签字确认收货,3日内,B公司并未对案涉机器的质量提出异议。并且A公司法定代表人刘某华于2021年1月12日下午1时48分在微信中明确告知B公司原法定代表人王某海案涉机器设备已安装调试好,说明B公司已经对案涉机器进行了验收确认,因此应当认定A公司交付的案涉机器设备符合质量标准。

B公司所举证据不足以证明案涉机器设备存在导致合同解除的根本质量问题,且在机器设备日常使用过程中,也确有可能因为易损件、人为操作、机器老化等方面的原因产生机器性能下降,不能正常使用的情况,A公司也表明相关问题可通过售后维修予以解决。现B公司将案涉机器设备长期投入使用,其合同目的已经实现,故B公司所主张的合同解除事由不能成立,其不享有合同解除权,案涉合同并未解除。

相关法律条文

《民法典》

第五百六十三条　有下列情形之一的,当事人可以解除合同:

(一)因不可抗力致使不能实现合同目的;

(二)在履行期限届满前,当事人一方明确表示或者以自己的行为表明不履行主要债务;

(三)当事人一方迟延履行主要债务,经催告后在合理期限内仍未履行;

(四)当事人一方迟延履行债务或者有其他违约行为致使不能实现合同目的;

(五)法律规定的其他情形。

以持续履行的债务为内容的不定期合同,当事人可以随时解除合同,但是应当在合理期限之前通知对方。

第五节　买受人的通知义务及免除

《民法典》第六百二十一条　当事人约定检验期限的,买受人应当在检验期限内将标的物的数量或者质量不符合约定的情形通知出卖人。买受人怠于通知的,视为标的物的数量或者质量符合约定。

当事人没有约定检验期限的,买受人应当在发现或者应当发现标的物的数量或者质量不符合约定的合理期限内通知出卖人。买受人在合理期限内未通知或者自收到标的物之日起二年内未通知出卖人的,视为标的物的数量或者质量符合约定;但是,对标的物有质量保证期的,适用质量保证期,不适用该二年的规定。

出卖人知道或者应当知道提供的标的物不符合约定的,买受人不受前两款规定的通知时间的限制。

【立法意旨和制度背景】

本条是关于买受人检验标的物异议通知义务、期间及其法律后果的规定。本条来源于《合同法》第一百五十八条,"当事人约定检验期间的,买受人应当在检验期间内将标的物的数量或者质量不符合约定的情形通知出卖人。买受人怠于通知的,视为标的物的数量或者质量符合约定"。"当事人没有约定检验期间的,买受人应当在发现或者应当发现标的物的数量或者质量不符合约定的合理期间内通知出卖人。买受人在合理期间内未通知或者自标的物收到之日起两年内未通知出卖人的,视为标的物的数量或者质量符合约定,但对标的物有质量保证期的,适用质量保证期,不适用该两年的规定。""出卖人知道或者应当知道提供的标的物不符合约定的,买受人不受前两款规定的通知时间的限制。"本条引入通知义务,旨在保护出卖人的信赖利益,实现效率价值。①

【条文解读】

一、买受人检验标的物义务

(一)标的物质量检验的合理期间的理解

标的物的质量瑕疵分为隐蔽瑕疵和外观瑕疵两种。②外观瑕疵存在于物体表面,而隐蔽瑕疵存在于标的物内部,必须经过使用或专门技术的检验才能发现质量缺陷。③可见标的物的质量瑕疵不是在交付过程中就完全可以发现的。正因为如此,我国的标的物质量瑕疵担保制度规定了买受人有合理的检验期,以检验标的物的质量。

对于当事人的违约行为,对风险转移做出特殊规定的根本目的就是要保护

---

① 参见金晶:《〈合同法〉第158条评注(买受人的通知义务)》,《法学家》2020年第1期,第174页。
② 参见谢鸿飞、朱广新主编:《民法典评注合同编:典型合同与准合同(一)》,中国法制出版社2020年版,第142页。
③ 参见韩松等编著:《合同法学》(第二版),武汉大学出版社2014年版,第185页。

守约方的利益,使违约人对自己的行为承担风险。合理的异议期间是保护作为守约方的买受人的重要保证,是经过双方利益的博弈所达成的平衡或妥协。由于买受人和出卖人之间关于标的物质量的信息不对等,因此需要通过合理的异议期间给买受人以特殊的保护,使其获取与出卖人相等量的信息;一旦超出异议期间,买受人和出卖人的信息或利益达到平衡,此时如果再给买受人以特殊的保护,则会造成出卖人的不利益。该检验期可能是双方妥协的结果,基于意思自治,只要双方达成合意且不违反强行性规定,即可认定为有效。

(二)标的物质量检验合理期间的判断

1. 约定优先原则。当事人如果约定了检验期间,买受人就应当在检验期间内将标的物的数量或质量不符合约定的情形及时通知出卖人。《民法典》第六百二十一条并未界分标的物检验期间和通知期间,通知期间被检验期间吸收,约定的检验期间不仅适用于标的物检验,也适用于瑕疵通知。也就是说,在约定的检验期间内,买受人需要同时完成检验与通知两项义务。①

2. 合理期间内检验。对于没有约定检验期间的情况,法律并未针对不同类型详细规定相应的期间长度,而只是规定了买受人收取标的物开始检验之后自发现或者应当发现标的物的质量或者数量不符合约定之日起的合理期间。②此处的合理期间,应当根据标的物瑕疵的性质、买受人应尽的合理注意义务、当事人之间交易方式、交易性质、交易目的、交易习惯、标的物的安装使用情况、买受人或者检验人所处的具体环境、自身技能以及其他合理因素进行判断。③买受人对合理期间负有举证责任。"合理期间"的确定没有绝对标准,通常要求买受人在发现质量瑕疵时立即通知。如果买受人收到货物后,不及时检验,或者发现质量瑕疵后放任不管,不及时通知出卖人,则构成怠于通知,在法律上视为出卖人交付的货物符合合同约定,买受人认可了此标的物。

3. 最长检验期间。《民法典》规定的两年是最长的合理期间。当事人约定的质量保证期间短于两年最长合理期间的,对标的物隐蔽瑕疵提出质量异议的期间适用两年最长合理期间。只要买受人自收到货物之日起超过二年没有向出卖人提出质量异议,在法律上则表示买受人认可了此标的物,即使标的物存在严重质量瑕疵,买受人也无权再向出卖人提出质量异议。但是,如果出卖人对所交

---

① 参见路成华:《瑕疵通知期间规则之借鉴与重构》,《甘肃政法大学学报》2020年第6期,第133页。
② 参见黄薇主编:《中华人民共和国民法典合同编释义》,法律出版社2020年版,第561页。
③ 参见张红:《超过两年通知期限的商品自损赔偿责任》,《法学家》2022年第5期,第120页。

付的标的物有质量保证期限的,则属于出卖人作出的一种明示质量保证,实际上也是双方当事人对质量检验期限的特别约定,此时不受二年最长法定期间的限制。

需要注意的是,如果出卖人知道或者应当知道其所提供的标的物不符合约定,买受人则可在任何时候提出质量异议。出卖人故意提供不符合约定的标的物属于一种欺诈行为,对于欺诈行为,《民法典》规定买受人可随时提出质量异议,是有利于买受人的,其出发点是不让实施欺诈行为的人得到法律规定上的利益。[1]需要注意的是:出卖人是否存在故意,须由买受人提供证据加以证明。

二、买受人就标的物质量瑕疵怠于通知出卖人的法律后果

根据权利和义务对等原则,瑕疵担保责任制度也对买受人履行诚实信用原则提出了一定的要求。买受人应尽到一个善良管理人的注意义务,及时履行合同的附随义务,例如买受人要及时履行瑕疵通知义务。如在物的瑕疵担保责任中,《德国民法典》第四百六十条规定:"买受人在买卖合同成立时明知物的瑕疵的,出卖人对出卖物的瑕疵不负担保责任。"《法国民法典》第一千六百四十二条规定:"出卖人对明显的且买受人自己能辨认的瑕疵,不负担保责任。"

在权利瑕疵担保责任中,买受人对标的物权利瑕疵在知悉的情况下,即使不及时告知出卖人,出卖人亦不负瑕疵担保责任。法律之所以规定在买受人知悉的情况免除出卖人的瑕疵担保责任,亦是从诚实信用原则的角度来考虑的。既然买受人在订立合同时知道瑕疵的存在,或者说知道有阻碍实现合同目的的危险存在,依诚实信用原则,就应该及时履行合同的附随义务,通知并督促出卖人及时纠正和补救瑕疵,从而顺利完成当事人双方共同追求的合同目的。而一旦买受人对知悉的瑕疵陷于迟延通知,说明其已违背了诚实信用义务,让其承担相应的后果也不为过。

---

[1] 参见黄薇主编:《中华人民共和国民法典合同编释义》,法律出版社2020年版,第562页。

【典型案例】

1. 贵州某建设（集团）有限责任公司与天柱县易某五金经营部、贵州某建设（集团）有限责任公司三穗分公司买卖合同纠纷案[①]

裁判要旨：

本案中，天柱县易某五金经营部（以下简称"易某五金经营部"）与贵州某建设（集团）有限责任公司三穗分公司（以下简称"某乙公司"）签订了采购合同，合同约定了24个月的质量保修期，但在此期间某乙公司从未对设备提出质量问题，也未提供证据证明存在质量问题，故应视为设备质量合格，法院认定其应当向易某五金经营部支付货款。

案件事实：

2021年8月3日，易某五金经营部与某乙公司签订了《水电材料采购合同》，并约定甲方在验收中发现商品不符可要求换货或退货，乙方需在规定时间内处理并在验收单上注明。质保期为24个月，自验收合格之日起计算。

易某五金经营部按某乙公司要求供货，经核对，某乙公司还需支付货款158 049元。易某五金经营部将核对后的明细表交付某乙公司审核，其财务负责人彭某云于2022年12月30日标注"已核"并签名。但某乙公司迟迟不支付剩余货款，并提出易某五金经营部提供的设备存在质量问题，故易某五金经营部向法院起诉要求支付剩余货款。

贵州某建设（集团）有限责任公司（以下简称"某甲公司"）作为某乙公司的总公司，在此案中也有所关联。

裁判理由：

一审法院认为，某乙公司财务人员已核实易某五金经营部提供的商品，且在合理期间内未提出异议，故视为供货合格。综上，判决被告十五日内支付易某五金经营部货款158 049元。案件受理费由被告负担1 587.54元，原告承担158.75元。

二审法院认为，在长达两年多的时间里，某甲公司及某乙公司从未对易某五金经营部提供的设备提出存在质量问题，也未提供证据证明存在质量问题，应视

[①] 参见贵州某建设（集团）有限责任公司与天柱县易某五金经营部、贵州某建设（集团）有限责任公司三穗分公司买卖合同纠纷案，贵州省黔东南苗族侗族自治州中级人民法院（2024）黔26民终2488号民事判决书。

为易某五金经营部提供的货款质量已合格,质保金已达到退还条件。二审法院对一审判决结果予以维持。

【法理阐释】

本案的争议焦点在于作为质保金的20%商品价款是否已经达到退还条件,也就是标的物是否存在质量问题或乙方是否已妥善解决全部质量问题。

根据《民法典》第六百二十一条第二款,"买受人在合理期限内未通知或者自收到标的物之日起二年内未通知出卖人的,视为标的物的数量或者质量符合约定;但是,对标的物有质量保证期的,适用质量保证期,不适用该二年的规定"。

本案中双方虽然没有约定商品检验期限,但买受人某乙公司依旧有及时履行检验和通知的义务。由于本案合同约定了24个月的质量保证期,因此优先适用质量保证期的约定,质量保证期的起算时间为自被告方收到商品并验收合格之日起。证据显示,某乙公司最后的供货时间为2022年6月14日,故案涉商品质量保证期限应至2024年6月14日,某甲公司及某乙公司可以在此期间履行通知义务,但是在长达两年的时间里,某甲公司及某乙公司从未对设备提出质量问题质疑,也未提供证据证明存在质量问题,因此应视为易某五金经营部提供的货款质量已合格,预扣的货物质保金已达到退还条件,不应再扣除质量保证金,故法院判决其向易某五金经营部支付剩余货款合法有据。

相关法律条文

《民法典》

第六百二十条 买受人收到标的物时应当在约定的检验期限内检验。没有约定检验期限的,应当及时检验。

2. 云南某环保科技有限公司与昆明某仪器有限公司、绍兴某环保科技有限公司买卖合同纠纷案[①]

裁判要旨:

本案中,昆明某仪器有限公司(以下简称"某乙公司")与云南某环保科技有限公司(以下简称"某甲公司")、绍兴某环保科技有限公司(以下简称"某丙公司")分别签订了合同,并分别约定了异议期限,由于某甲公司没有在合同约定

---

① 参见云南某环保科技有限公司与昆明某仪器有限公司、绍兴某环保科技有限公司买卖合同纠纷案,云南省昆明市中级人民法院(2024)云01民终11193号民事判号民事判决书。

的检验期限内提出异议，也没有在首次发现问题后及时通知某乙公司，因此法院认定产品不存在质量问题，驳回某甲公司全部诉讼请求。

案件事实：

2021年11月10日，某甲公司与某乙公司签订《产品购销合同》，购买30吨酒石酸，总价648 000元，按国家标准执行，异议需在一周内提出。次日，某乙公司与某丙公司签订《工矿产品买卖合同》，购买30吨DL-酒石酸（工业级），型号98%以上，按企业标准执行。

某丙公司将货物运输至某甲公司，某甲公司于11月18日收到货物并支付了某乙公司货款。后某甲公司称收到的货物缺少生产厂家、商标品牌、成分构成等信息。

裁判理由：

一审法院认为，某甲公司未在异议期内提出异议，视为货物质量符合约定。因时间间隔超过两年且保存期有限，鉴定条件不具备，故不准予鉴定。本案合同已经履行完毕，某甲公司以产品质量不合格为由诉请解除合同、退还货款并赔偿损失等各项诉讼均缺乏事实和法律依据，一审法院不予支持。

二审法院认为，某甲公司提出异议超期，应视为认可质量。且货物未经某乙公司确认，已不具备鉴定条件，某甲公司诉请无依据，一审法院对本案处理并无不当，予以维持。

【法理阐释】

某甲公司与某乙公司于2021年11月10日签订的《产品购销合同》是双方当事人真实意思表示一致的结果，并不违反法律、行政法规的强制性规定，也未侵害第三人的合法权益和违背社会公序良俗，故案涉合同合法有效，双方当事人应当按照案涉合同的约定全面、善意、诚信地履行自己的义务。

某甲公司与某乙公司合同中明确约定检验期限为一周即7天，本案中某甲公司于2021年11月18日收到货物并入库，某甲公司并未在一周内通知某乙公司其产品存在质量问题，并且某甲公司在2021年12月第一次使用案涉酒石酸发现无法正常提取锗金属时并未向某乙公司提出过质量异议，于2022年年底第二次使用发现同样问题后才于2023年1月向某乙公司提出质量异议，其提出质量异议的时间点已经明显超出了合同约定的检验期限，因此应当认定产品质量合格。

至于某甲公司依据《中华人民共和国化工行业标准》（HG/T 4792—2014）第7.4条提出的2年质保期，应当认为并不成立。《中华人民共和国化工行业标准》（HG/T 4792—2014）第7.4条的规定仅说明酒石酸的保存期为2年，不能直接得出产品质保期为2年的结论，并不能导致7天检验期限的约定无效。况且即使某甲公司主张7天检验期限过短，其也应于发现问题的第一时间向某乙公司提出异议，而非时隔一年后才提出异议，因此应视为某甲公司已认可案涉酒石酸的质量，应当判决驳回原告要求解除合同并退还货款的诉讼请求。

相关法律条文

《民法典》

第六百二十条　买受人收到标的物时应当在约定的检验期限内检验。没有约定检验期限的，应当及时检验。

第六节　约定的检验期限或质量保证期过短

《民法典》第六百二十二条　当事人约定的检验期限过短，根据标的物的性质和交易习惯，买受人在检验期限内难以完成全面检验的，该期限仅视为买受人对标的物的外观瑕疵提出异议的期限。

约定的检验期限或者质量保证期短于法律、行政法规规定期限的，应当以法律、行政法规规定的期限为准。

【立法意旨和制度背景】

本条是关于当事人约定的检验期限或质量保证期过短情形的规定。[①]本条源自《最高人民法院关于审理买卖合同纠纷案件适用法律问题的解释》（2012年发布，2020年修正）（以下简称《买卖合同解释》）第十八条规定，"约定的检验期间过短，依照标的物的性质和交易习惯，买受人在检验期间内难以完成全面检验的，人民法院应当认定该期间为买受人对外观瑕疵提出异议的期间，并根据本解释第十七条第一款的规定确定买受人对隐蔽瑕疵提出异议的合理期间"。

根据意思自治原则，当事人的检验期间应当首先遵从约定，但是由于《民法典》并未区分商事合同和普通消费者合同，对于普通消费者而言，无论在何种情况下都要在约定的检验期间履行检验和通知义务，无疑扩大了普通消费者的一

---

① 参见黄薇主编：《中华人民共和国民法典合同编释义》，法律出版社2020年版，第563页。

般注意义务,不合理地加重了消费者的负担。① 因此,本条旨在弥补前条的不足,将约定时间过短的瑕疵检验和通知义务限定在"外观瑕疵"范围内,具有维护公序良俗的现实意义。

【条文解读】

一、排除约定过短的检验期限

本条第1款规定排除过短的约定检验期限,保护了买受人对隐蔽瑕疵提出质量异议的权利,是有利于买受人的。② 对于标的物的外观瑕疵,当事人只要尽到一般注意义务即可发现,但是隐蔽瑕疵往往需要借助物理学、化学等其他学科的知识,甚至需要委托专家进行鉴定,当事人自身能力有限,不能苛求当事人在仓促时间内发现隐蔽瑕疵,因此应将其限制为对外观瑕疵的检验,③ 而隐蔽瑕疵期间可自动延长。④

判断当事人约定的检验期限是否过短,应当综合考量,必须依据标的物的性质、买受人能力以及交易惯例,判断隐蔽瑕疵的发现是否困难。具体而言,需考量标的物的复杂性、检测难度、买受人知识水平以及通常情况下的检验所需时间等因素,确保检验期限能够给予买受人充分且合理的时间以发现标的物的隐蔽瑕疵,若不能保证,则认为检验期限过短。⑤

二、法定检验期限和质量保证期

本条第二款规定约定检验期限或质量保证期短于法定期限,则以法定期限为准,这一规定旨在保护买受人的法定权利。基于公共利益保护,法律、行政法规会对此作出规定,例如《建设工程质量管理条例》规定,"屋面防水工程、有防水要求的卫生间、房间和外墙面的防渗漏,为5年""供热与供冷系统,为2个采暖期、供冷期""电气管线、给排水管道、设备安装和装修工程,为2年"。当事人约定期限短于法定期限,应当适用法定期限。

---

① 参见张良:《民法典编纂背景下我国〈合同法〉分则之完善——以民事合同与商事合同的区分为视角》,《法学杂志》2016年第9期,第28页。
② 参见易军:《我国〈民法典〉买卖合同制度的重大更新》,《法学杂志》2022年第2期,第16页。
③ 参见崔建远:《合同法》,法律出版社2010年版,第309页。
④ 参见[德]托马斯·M.J.默勒斯、李雨泽:《中国〈民法典〉买卖法中的开放式问题——与德国法及欧盟法相比较》,《财经法学》2021年第3期,第84页。
⑤ 参见黄薇主编:《中华人民共和国民法典合同编释义》,法律出版社2020年版,第564页。

但是本条没有规定,当事人约定的检验期限或质量保证期长于法定期限,该约定是否有效。对此情形,可以依据个案情况进行判断。① 如果标的物的性质随着时间的推移会发生明显变化,则长于法定检验期限或质量保质期的部分无效,但是如果标的物的性质不会随着时间变化而变化,则可认为这是出卖人对自身权利的放弃,承认超出法律规定部分有效。

【典型案例】

1. 湖南某有限公司与东莞市某有限公司合同纠纷案②

裁判要旨:

《民法典》第六百二十二条规定了约定检验期限的例外,若约定的检验期限过短,则该期限仅视为外观瑕疵的检验期限。本案中虽然双方约定了检验期限,但是考虑到标的物的数量以及性质,7天的检验期限过短,难以对标的物进行全面检验,因此东莞市某有限公司质量异议的提出不应以7天为限,湖南某有限公司不能以此为抗辩,主张不承担违约责任。

案件事实:

2022年10月25日,东莞市某有限公司(甲方)与湖南某有限公司(乙方)签订《销售合同》,约定购买20 000公斤锰酸锂,并约定甲方应在收货当日验收数量、规格、外包装,7日内检测并验收产品质量,异议需书面提出。

2023年2月,东莞市某有限公司退回部分货物并换货,其法定代表人黄某于2023年2月23日反映产品容量问题,湖南某有限公司否认质量问题。2023年3月8日,东莞市某有限公司发送品质异常联络函,对方回复称产品符合出厂标准,且已过异议期,不予认可损失。

东莞市某有限公司随后提起诉讼,经法院委托鉴定,涉案锰酸锂材料不符合约定的企业标准及行业标准。东莞市某有限公司支付鉴定费150 000元。

此外,东莞市某有限公司证明因锰酸锂质量问题导致的损失共计1 057 987元,并为本案支付律师费50 000元。

裁判理由:

一审法院认为,湖南某公司提供的锰酸锂不符合合同约定及企业和行业标

---

① 参见崔建远:《论司法解释对买卖规则完善的影响度》,《江汉论坛》2019年第2期,第119页。
② 参见湖南某有限公司与东莞市某有限公司合同纠纷案,湖南省中级人民法院(2024)湘01民终13074号民事判决书。

准，构成违约，支持东莞某公司要求赔偿损失的请求。东莞某公司主张的换货差价损失因未提供充分证据且对方迅速换货，未获支持；关于产品质量引发的损失，涉案锰酸锂质量不符合约定，东莞某公司已将有问题的锰酸锂出售给其他四家公司，导致四家公司要求折价处理，造成损失1 057 987元，法院对此予以认定。考虑东莞某公司接收后未按时检测也有过错，法院酌定湖南某公司赔偿740 591元，利息主张不予支持。律师费50 000元因合同有约定且证据充分，获支持。

二审法院认为：一审法院认定湖南某公司违约无误。因其约定的检验期限过短，认定其抗辩的验收期限已过不成立。赔偿数额740 591元考虑双方过错程度，判决合理；律师费50 000元由湖南某公司承担亦无误。一审判决事实清楚，适用法律正确。

【法理阐释】

本案的核心问题之一在于东莞市某有限公司并未在7日内提出质量异议是否影响湖南某有限公司违约责任的成立。

虽然东莞市某有限公司与湖南某有限公司签订的合同中约定检验期限为7天，应当遵从意思自治，但《民法典》第六百二十二条设置了例外情况，若约定的检验期限过短，该检验期限仅视为外观瑕疵的检验期限。

本案中，东莞市某有限公司购买的锰酸锂数量达到20 000公斤，并且该质量问题属于隐蔽瑕疵，需要专门的检验机构检验，显然案涉销售合同约定的7日验收期限过短，东莞市某有限公司在该期限内难以完成全面检验，因此7日应视为外观瑕疵的检验期限。东莞市某有限公司在发现质量问题后，及时通知了对方公司，湖南某有限公司抗辩不成立，其应当承担未能交付符合质量约定的标的物的违约责任。但是考虑到东莞市某有限公司在收到涉案锰酸锂后并未在约定的期间内积极检测验收，故其自身对上述损失的发生存在过错，因此法院判决湖南某有限公司承担部分损失。

相关法律条文

《民法典》

第五百零九条　当事人应当按照约定全面履行自己的义务。

当事人应当遵循诚信原则，根据合同的性质、目的和交易习惯履行通知、协助、保密等义务。

当事人在履行合同过程中，应当避免浪费资源、污染环境和破坏生态。

第五百七十七条 当事人一方不履行合同义务或者履行合同义务不符合约定的,应当承担继续履行、采取补救措施或者赔偿损失等违约责任。

2. 武汉甲有限公司与戴某光买卖合同纠纷案[①]

裁判要旨:

本案中,武汉甲有限公司(以下简称"甲公司")与戴某光签订了硅PU材料买卖合同,在戴某光使用从甲公司购买的硅PU时,发现其存在问题,虽然戴某光提出质量异议时间已超过双方约定的3日的质量异议期,但是该问题只有在材料多次喷涂后才会显现,3日检验期间过短,所以仅视为外观检验期间,法院认为甲公司不能以此为抗辩,应当承担违约责任。

案件事实:

2011年3月26日,戴某光承接某中学篮球场硅PU球场施工。4月8日,与甲公司签订合同,并约定产品技术标准、质量要求按企业技术标准,货到场地戴某光验收,如有疑义需在3日内书面提出。戴某光使用即视为甲公司产品质量及数量符合戴某光要求,戴某光对甲公司所供应产品无任何异议。

合同签订后,甲公司按合同约定向戴某光发货,戴某光在验清货物数量后付清货款。施工过程中,硅PU场地出现起泡、面漆脱落等质量问题。戴某光代付部分工人工资4 650元。

6月30日,戴某光致函甲公司要求返工,未获回应。因质量问题,某中学责令戴某光重新返工,他支付了返工费36 000元并从其他公司购买EDPM橡胶材料花费306 000元,支付重新施工工资50 400元。

戴某光起诉至法院,请求判令甲公司赔偿经济损失397 050元,并承担本案诉讼费用。

裁判理由:

一审法院认为,本案争议的焦点为:一、甲公司提供的货物是否存在质量问题;二、如果甲公司提供的货物存在质量问题,应承担的责任范围问题。

关于焦点一,虽然双方约定异议期限为3日,但该合同是格式合同,提供格式条款一方免除其责任、加重对方责任、排除对方主要权利的,该条款无效。因此该条为无效条款。

[①] 参见武汉甲有限公司与戴某光买卖合同纠纷案,湖北省武汉市中级人民法院(2014)鄂武汉中民商民终字第01343号民事判决书。

关于焦点二，甲公司提供给戴某光的商品出现严重质量问题，甲公司的行为构成违约。本案中，戴某光的损失应认定为商品价款230 000元、工人工资36 000元、代付工资4 650元，共计270 650元，原审法院对这部分予以支持。其余部分系为履行与某中学的合同必须支出的费用，不属于戴某光的损失范围，故不予支持。

二审法院认为，本案甲公司与戴某光约定的期限不合理，该期限只能认定为外观瑕疵的异议期，对甲公司不应承担损失责任的主张不予支持。至于甲公司认为不应承担未及时停止施工造成的扩大损失问题，法院认为，本案所涉工程施工是否停止由甲公司决定，其扩大的损失也应由施工单位即甲公司承担，其上诉理由也不能成立。原审法院认定甲公司承担施工造成的损失270 650元并无不妥。

【法理阐释】

本案的核心问题在于甲公司可否以戴某光提出质量异议已超出约定的3日期限为由进行抗辩。

根据《民法典》第六百二十二条的规定，当事人约定的检验期限过短，根据标的物的性质和交易习惯，买受人在检验期限内难以完成全面检验的，该期限仅视为买受人对标的物的外观瑕疵提出异议的期限。

本案甲公司提供给戴某光的PU材料系运动场表面涂层材料，该材料的质量问题需多次喷涂固化并交付使用一段时间后方能显现，属隐蔽瑕疵。甲公司与戴某光签订的协议将戴某光提出质量异议的期限限定在使用前，也就是PU材料隐蔽瑕疵显现之前，显然其约定的期限不合理。按照上述法律规定，该期限只能认定为戴某光对PU材料外观瑕疵的异议期，而不能认定为对隐蔽瑕疵的异议期。

因此，戴某光即便使用PU材料后仍可对PU材料的隐蔽瑕疵提出异议，甲公司不能以上述条款排除戴某光对PU材料的质量提出异议的权利，无权主张其PU材料不存在质量问题。

相关法律条文

《民法典》

第五百零九条　当事人应当按照约定全面履行自己的义务。

当事人应当遵循诚信原则，根据合同的性质、目的和交易习惯履行通知、协助、保密等义务。

当事人在履行合同过程中,应当避免浪费资源、污染环境和破坏生态。

第五百七十七条　当事人一方不履行合同义务或者履行合同义务不符合约定的,应当承担继续履行、采取补救措施或者赔偿损失等违约责任。

第七节　标的物数量、外观瑕疵检验的推定

第六百二十三条　当事人对检验期限未作约定,买受人签收的送货单、确认单等载明标的物数量、型号、规格的,推定买受人已经对数量和外观瑕疵进行检验,但是有相关证据足以推翻的除外。

【立法意旨和制度背景】

本条为标的物数量、外观瑕疵检验的推定规则。[1]这是《民法典》的新增规则,来源于《最高人民法院关于审理买卖合同纠纷案件适用法律问题的解释》(2012年发布,2020年修正)(以下简称《买卖合同解释》)的第十五条规定,"当事人对标的物的检验期间未作约定,买受人签收的送货单、确认单等载明标的物数量、型号、规格的,人民法院应当根据合同法第一百五十七条(现《民法典》第六百二十条)的规定,认定买受人已对数量和外观瑕疵进行了检验,但有相反证据足以推翻的除外"。

根据《民法典》第六百二十条的规定,当事人没有对检验期限做出约定的,应当及时检验。在司法实践中,一个普遍现象是,买受人往往在出卖人主张支付价款时,以标的物存在质量问题为由提出反诉,作为一种策略性手段,试图借此恶意拖延价款的支付时间。这种行为不仅损害了出卖人的合法权益,也造成了司法资源的无谓消耗,降低了诉讼效率。[2]《买卖合同解释》第十五条就是在此种背景下起草的,旨在促进司法资源的合理配置,过滤掉那些缺乏实质性争议、旨在拖延诉讼进程的反诉案件,从而维护司法的公正与效率。[3]签收推定检验体现了立法对效率的重视,然而,这一推定并非绝对,法律允许通过举证加以推

---

[1] 参见黄薇主编:《中华人民共和国民法典合同编释义》,法律出版社2020年版,第566页。

[2] 参见谢鸿飞、朱广新主编:《民法典评注合同编:典型合同与准合同(一)》,中国法制出版社2020年版,第148页。

[3] 参见全国人民代表大会常务委员会法制工作委员会编:《中华人民共和国合同法释义》(第3版),法律出版社2013年版,第292-293页。

翻,由买受人承担证明标的物存在瑕疵且与约定不符的举证责任。[①] 这一制度平衡了效率与公平的关系,既保护了买受人的合法权益免受无端侵害,又确保了交易的顺畅进行。

【条文解读】

一、签收推定检验

当事人虽然没有约定检验期限,但是其也应当履行检验义务。依据本条规定,只要买受人在载明标的物数量、型号、规格的送货单、确认单上签字,就可推定买受人已经完成了对标的物数量以及瑕疵外观的检验。实践中对于及时与否的判断比较复杂,本条款特别针对实践中常见的送货单、确认单签收情形制定了具体规定。基于日常生活经验法则,买受人在签署确认单前,通常会先行检验标的物的数量与外观,因为数量不符及外观瑕疵属于买受人易于识别的范畴,为了高效解决交易过程中的纠纷,本条对数量、外观瑕疵确立了"签收即检验"的推定规则,出卖人对买受人载送货单、确认单上签字负有证明责任。[②]

二、有相关证据足以推翻的除外

为了避免诉讼资源浪费,《民法典》第六百二十三条设定了"签收即检验"的一般规则,但是应当注意其仅产生推定效力,而非确定效力。这一规定充分考虑到了现实交易环境的复杂性,例如,面对部分快递公司强制要求先签收后开箱检验的行业惯例,买受人往往处于被动接受的地位。在此情境下,买受人虽然在送货单上签字,但这一行为其实是基于物流流程的要求,而非其对货物真实状况的确认。[③] 因此,法律赋予了买受人通过提出反证来推翻上述推定的权利,买受人若能提供充分证据,如开箱视频、快递员的证言或是货物损坏的照片等,证明其在签收时并未有机会或条件对货物进行全面检验,法庭应认可这些反证,从而撤销原有的推定效力。这一过程不仅维护了买受人的合法权益,也促使交易双方在未来的交易中更加注重货物检验环节,有利于从源头上减少争议,进一步节约诉讼资源。

---

① 参见黄薇主编:《中华人民共和国民法典合同编释义》,法律出版社2020年版,第566页。
② 参见易军:《我国〈民法典〉买卖合同制度的重大更新》,《法学杂志》2022年第2期,第19页。
③ 参见谢鸿飞、朱广新主编:《民法典评注合同编:典型合同与准合同(一)》,中国法制出版社2020年版,第149页。

【典型案例】

1. 郓城某有限公司、A 公司、李某红等合同纠纷案①

裁判要旨：

《民法典》第六百二十三条规定，当事人对检验期限未作约定，买受人签收的送货单、确认单等载明标的物数量、型号、规格的，推定买受人已经对数量和外观瑕疵进行检验，但是有相关证据足以推翻的除外。本案中，由于A公司与郓城某有限公司（以下简称"某公司"）未约定检验期限，A公司已经在送货单上签字签收，应当视为其已对外观瑕疵进行检验，因此其不得以外观瑕疵颜料存在色差为由拒绝付款，A公司及股东李某红应对货款及利息承担连带责任。

案件事实：

A公司自2020年10月份起多次购买某公司生产的油漆，并由某公司调试油漆颜色，双方当事人之间形成事实上的买卖合同关系。

2021年因一批油漆的色差问题，某公司与A公司双方进行了磋商，经双方对账，截至2022年1月24日，A公司尚欠某公司货款634 849元。

对账后，某公司又向A公司多次供货，送货价值分别为21 745元、3 575元，A公司退货11 012元。之后，A公司共支付25万元。故截止起诉之日，A公司尚欠某公司399 157元货款。另查明，A公司为一人有限责任公司，李某红为股东。

裁判理由：

一审法院认为，本案的争议焦点为：一、李某红是否需共担货款支付责任；二、某公司是否应赔偿A公司产品质量问题损失。关于焦点一，因李某红作为A公司唯一股东未证明公司财产独立，李某红应与A公司共同承担货款支付责任。针对焦点二，本案中，A公司接收并使用了油漆，未在规定时间内提出质量问题，且无法证明双方就色差问题达成一致。因此，法院推定A公司已验收合格，不支持其色差鉴定、现场勘验及反诉请求。此外，某公司要求A公司和李某红支付以399 157元为基数、自起诉日起按全国银行间同业拆借中心公布的一年期贷款利率计算的逾期利息，法院予以支持。

二审法院认为，关于A公司提出的某公司涂料色差问题，因喷漆过程中A公司未提出异议，且对账时也未提及质量问题，视为认可油漆质量和颜色。原审判

---

① 参见郓城某有限公司、A公司、李某红等合同纠纷案，山东省菏泽市中级人民法院（2023）鲁17民终4303号民事判决书。

决A公司支付货款无误。一审判决正确,应予维持。

【法理阐释】

本案的核心问题之一在于,A公司能否以颜料存在色差为由拒绝支付货款。《民法典》第六百二十三条规定了签收推定检验规则。本案中,A公司并未与某公司在合同中约定检验期限,某公司将调制好颜色的油漆交付给A公司,A公司应当及时检验,对存在的质量问题应当在合理期限内通知某公司。但是A公司反诉的油漆色差问题并不属于一般质量问题,而是属于外观瑕疵问题。若A公司认为某公司所交付的玻璃瓶油漆颜色不符合约定,在某公司交付货物的时候就应当能够发现色差问题,A公司完全有权拒绝接收货物,甚至提出解除合同。但事实是,A公司不仅在送货单据上签字接受了货物,还实际投入了生产,并对外进行销售,应当推定A公司已对货物的颜色进行了检验。因A公司并未提出足以推翻该推定的证据,故应当视为对货物验收合格,某公司已经交付了符合质量约定的标的物。

因此,应当判决A公司支付货款及产生的利息,李某红作为A公司一人公司的股东,未提交证据证明其个人财产独立于A公司财产,因此应当承担连带责任。

相关法律条文

《民法典》

第五百七十七条　当事人一方不履行合同义务或者履行合同义务不符合约定的,应当承担继续履行、采取补救措施或者赔偿损失等违约责任。

《公司法》

第二十三条第三款　只有一个股东的公司,股东不能证明公司财产独立于股东自己的财产的,应当对公司债务承担连带责任。

2. 江西某房地产开发有限公司与惠安县某建材商行买卖合同纠纷案①

裁判要旨:

本案中,原告江西某房地产开发有限公司(以下简称"某公司")与被告惠安县某建材商行(以下简称"某商行")签订石材买卖合同,但某公司认为石材存在

---

① 参见江西某房地产开发有限公司与惠安县某建材商行买卖合同纠纷案,江西省景德镇市中级人民法院(2024)赣02民终619号民事判决书。

疤块、线条和裂缝等次品情况，不符合约定，要求某商行赔偿损失。由于双方并未约定检验期限，且某公司已在送货单上签字，应推定石材不存在疤块、线条和裂缝等外观瑕疵，法院判决不支持原告诉讼请求。

案件事实：

2022年9月19日，原告某公司与被告某商行签订了《路沿石材料合同》约定，产品名称为芝麻灰天然石材，总价共计116 000元。质量要求及技术为提供的石材必须为天然石材A料，不得有疤块、线条和裂缝等次品情况出现。

另查明，2022年至2023年期间，被告某商行陆续向原告某公司发送石材货品，且原告某公司亦向被告某商行支付货款。某商行于2023年诉至原审法院要求某公司支付所欠货款，2023年8月15日，原审法院作出了（2023）赣0202民初4720号民事判决书，判决由某公司向某商行支付货款58 250元及违约金。现原告某公司诉至原审法院要求被告某商行赔偿损失，双方协商未果。

裁判理由：

一审法院认为，涉案合同中约定产品名称为芝麻灰天然石材，在实际供货中，被告某商行实际发货的石材包含芝麻灰、蒙古黑、中国黑。但原告某公司并未提交证据证明双方对实际交易中的其他石材存在何种标准，且亦未证明天然石材A料系质量标准。另双方对检验期未作约定，原告提交的发货单据中载明了石材数量、规格等，应推定原告对于数量和外观瑕疵进行了检验，故现原告申请进行鉴定，无法律依据，原审法院不予准许。综上，原告诉讼请求无事实和法律依据，原审法院不予支持。

二审法院认为，本案争议焦点为：一、某公司申请对案涉石材质量鉴定有无必要；二、案涉合同质量是否符合约定。

关于焦点一，由于当事人并未约定质量标准，质量的口头约定内容双方陈述不一致，故产品质量标准无法明确，一审法院对某公司所提出的鉴定申请不予准许不违反法律规定。

关于焦点二，某公司主张案涉石材质量不符合约定，但未能举证证明双方对于石材质量共同约定的标准，亦未举证证明具体损失的存在和损失与某商行供货质量之间的因果关系，应承担举证不能的不利后果。原审法院认定事实清楚，适用法律正确，应予维持。

【法理阐释】

本案的核心问题之一在于案涉石材质量是否符合约定。

依据《民法典》第六百二十三条规定，本案中，原告方主张石材质量未达到无疤痕、线条及裂缝的标准,并据此提出了鉴定申请。然而,石材表面是否存在疤痕、线条或裂隙,实际是对石材外观瑕疵的检验。由于双方并未就检验期限进行明确约定,且原告所提交的发货单据已详细记录了石材的数量、规格等信息,并经由原告签字确认。根据相关法律规定,此行为应被合理推断为原告已对石材的数量及外观瑕疵进行了必要的检验。因此,原告提出的对石材质量是否满足无疤痕、线条及裂缝标准的鉴定请求,缺乏充分的法律依据。由于原告未能提供有效证据来推翻这一推定,故应视为原告已认可了石材的质量。

因此,原告某公司要求被告某商行赔偿不合格石材的损失等,并无法律依据,判决驳回原告诉讼请求符合法律规定。

相关法律条文

《民法典》

第五百零九条　当事人应当按照约定全面履行自己的义务。

当事人应当遵循诚信原则,根据合同的性质、目的和交易习惯履行通知、协助、保密等义务。

当事人在履行合同过程中,应当避免浪费资源、污染环境和破坏生态。

第五百七十七条　当事人一方不履行合同义务或者履行合同义务不符合约定的,应当承担继续履行、采取补救措施或者赔偿损失等违约责任。

第八节　向第三人履行情形下的检验标准

《民法典》第六百二十四条　出卖人依照买受人的指示向第三人交付标的物,出卖人和买受人约定的检验标准与买受人和第三人约定的检验标准不一致的,以出卖人和买受人约定的检验标准为准。

【立法意旨和制度背景】

本条是合同相对性原则下的一项具体规定,规定了出卖人向第三人履行时标的物检验标准的确定。本条属《民法典》新增内容,源自《最高人民法院关于审理买卖合同纠纷案件适用法律问题的解释》(2012年发布,2020年修正)(以下简称《买卖合同解释》)第十六条规定,"出卖人依照买受人的指示向第三人交付标的物,出卖人和买受人之间约定的检验标准与买受人和第三人之间约定的检验标准不一致的,人民法院应当根据《合同法》第六十四条(现《民法典》第五百二十二条）的规定，以出卖人和买受人之间约定的检验标准为标的物的检验标准"。

合同履行过程中通常会出现出卖人按照买受人的要求向第三人交付标的物的情形，涉及标的物的检验义务，其中包括检验标准的确定。本条吸收了《买卖合同解释》第十六条规定，旨在解决双重检验标准的情形，并通过对检验标准的确定，判断出卖人是否需要承担违约责任，[①]体现出买卖合同重视效率的取向，[②]以及倾斜保护消费者的倾向，[③]同时，该条对检验标准的规定也在一定程度上缓解了商事交易的僵化。[④]

【条文解读】

一、出卖人应受买卖合同中检验标准的约束

出卖人依买受人要求向第三人交付标的物时，可能出现出卖人与买受人之间约定的检验标准和买受人与第三人之间约定的检验标准不一致的情形。此时，出卖人应受与买受人签订的买卖合同中的检验标准的约束，换言之，应以出卖人和买受人之间约定的检验标准为准。因第三人并非出卖人与买受人签订的买卖合同的当事人，且出卖人与第三人之间也不存在合同关系，[⑤]自然地，买受人与第三人约定的事项即检验标准无法约束出卖人，这也是合同相对性原则的体现。另外，出卖人出卖的标的物究竟是否合格、是否符合检验标准，当属出卖人与买受人之间的利益分配问题，并未涉及第三人利益，第三人亦非当事人。[⑥]因此，出卖人应受买卖合同中的检验标准约束。

二、对检验标准的确定仍属质量标准的内容

本条对检验标准的确定，事实上仍属于质量标准的内容。我国关于交付标

[①] 参见谢鸿飞、朱广新主编：《民法典评注合同编：典型合同与准合同（一）》，中国法制出版社2020年版，第151页。

[②] 参见杨勇：《根本违约场合风险负担规则的适用》，《财经法学》2022年第5期，第159页。

[③] 参见王俐智：《隐私政策"知情同意困境"的反思与出路》，《法制与社会发展》2023年第2期，第220页。

[④] 参见周江洪：《民法典合同编的制度变迁》，《地方立法研究》2020年第5期，第15页。

[⑤] 参见谢鸿飞、朱广新主编：《民法典评注合同编：典型合同与准合同（一）》，中国法制出版社2020年版，第150页。

[⑥] 参见崔建远：《论司法解释对买卖规则完善的影响度》，《江汉论坛》2019年第2期，第119页。

的物的质量判断标准与其他国家民法典规定较为一致，主要包括主观和客观两种判断标准，并形成主观标准为主、客观标准为辅的判断模式。①本条以出卖人与买受人之间的约定确定交付的标的物的检验标准，体现合同相对性原则的同时充分尊重当事人意思自治，属于质量判断标准中的主观标准，应当优先适用。而当买卖合同当事人之间的检验标准约定不明时，客观标准就需要发挥作用，标的物的检验标准需依据一般标准，也即依据相同种类标的物中应具备的一般的质量标准来判断。

《民法典》对质量的判断标准做出了规定，除优先适用的买卖合同当事人之间约定的标的物检验标准之外，还包括质量说明、协商确定的质量判断标准、合同相关条款或交易习惯确定的质量判断标准、国家标准、行业标准、通常标准或符合合同目的的特定标准。通过主客观检验标准相结合的确定方法，能够更加公平准确地判断出卖人交付的标的物的质量是否符合标准。

三、检验标准与《民法典》第五百二十二条的协调适用

本条适用过程中还应注意与《民法典》第五百二十二条的衔接问题。《民法典》第五百二十二条第一、二款先后规定了非真正第三人利益合同和真正第三人利益合同两种情形，当出现双重检验标准时，两种合同是否都应以出卖人与买受人之间约定的检验标准为准，值得讨论。

在非真正第三人利益合同中，第三人只能依照出卖人与买受人约定的标准检验标的物，因第三人与出卖人并无合同关系，受合同相对性原则影响，出卖人只受到买卖合同中约定的检验标准的约束，换言之，出卖人只对因违反与买受人之间约定的检验标准承担违约责任。

与非真正第三人利益合同不同，真正第三人利益合同赋予了第三人可以直接请求出卖人履行交付标的物这一债务的权利，但第三人也应以出卖人与买受人约定的标准检验标的物。因出卖人与买受人之间约定了检验标准，若买受人要求以买受人与第三人约定的检验标准为准，出卖人可向买受人提出抗辩，同时，依照《民法典》第五百二十二条第二款规定的内容，出卖人对买受人的抗辩可以向第三人主张，也即出卖人可以对第三人提出的以买受人与第三人之间约定的标准为准这一主张提出抗辩。②综上，无论真正第三人利益合同还是非真

---

① 参见黄薇主编：《中华人民共和国民法典物权编释义》，法律出版社2020年版，第375页。
② 参见易军：《我国〈民法典〉买卖合同制度的重大更新》，《法学杂志》2022年第2期，第18页。

正第三人利益合同,都应按照《民法典》第六百二十四条的规定,以出卖人和买受人之间约定的检验标准为准。

【典型案例】

1. 汪某文、王某港买卖合同纠纷案[①]

裁判要旨:

本案中,出卖人汪某文与买受人王某港签订的买卖合同中并未约定废钢的出水率,买受人王某港与收货方案外人某钢铁集团银山型钢有限公司(以下简称"某钢厂")之间关于废钢出水率的约定不能约束出卖人王某港。因此出卖人汪某文诉请买受人王某港支付剩余货款及利息于法有据,应予支持。

案件事实:

2020年起,原告汪某文向被告王某港供应废钢,被告以某链金(湖北)再生资源有限公司的名义向案外人某钢厂供应废钢。原告向被告供应废钢五车,其中前两车的废钢经收货方某钢厂检测后,出水率高于90%,收货方某钢厂予以接收,另外三车出水率低于90%,被告称收货方某钢厂将货物予以没收。被告支付前两辆车货款227 758元,均价2 830元/吨。后原告多次在微信中向被告催要剩余货款,被告未予正面回复,原告遂诉诸法院。

另查明,某链金(湖北)再生资源有限公司与某钢厂约定,出水率低于90%时,整车重量不予结算。

裁判理由:

法院认为,被告未提供证据证明双方曾对出水率进行约定,被告与收货方关于出水率的约定不能约束原告,即使货物质量存在问题,被告未将货物退回,该行为视为已接收货物。现原告要求被告支付剩余货款及利息,证据充分,法院应予支持。原告要求货款单价按照同批同类货物被告支付的单价计算,符合法律规定,法院应予支持。

原告要求被告承担保全保险费,对此法院认为,该部分费用系原告主张权利所支出的必要合理性费用,亦因被告违约造成,该费用应当由被告承担,故对原告要求被告支付保全保险费720元,法院予以支持。

[①] 参见汪某文、王某港买卖合同纠纷案,山东省临沂经济技术开发区人民法院(2023)鲁1392民初4975号民事判决书。

【法理阐释】

根据《民法典》第六百二十四条规定,当出卖人和买受人之间约定的标准和买受人与第三人之间约定的标准不同时,应以出卖人与买受人之间约定的标准为准,也就是说出卖人只受买卖合同中的义务约束。在本案中,汪某文按照其与王某港的约定直接将废钢交与第三方某钢厂,但是汪某文只与王某港存在买卖合同关系,依照合同相对性原则,即使汪某文与王某港之间并未约定废钢的出水率检验标准,还可依照质量说明、协商确定的质量判断标准、合同相关条款或交易习惯确定的质量判断标准、国家标准、行业标准、通常标准或符合合同目的的特定标准等来辅助判断。因为汪某文与第三方某钢厂之间不存在合同关系,第三方某钢厂也并非买卖合同当事人,汪某文无需受王某港与第三方某钢厂之间约定的出水率标准所约束。

因此,出卖人汪某文诉请买受人王某港按照同批同类货物的单价交付剩余货款,并以剩余货款为基点,按照全国银行间同业拆借中心公布的贷款市场报价利率计算并支付利息的要求应当得到支持。

相关法律条文

《民法典》

第五百七十七条 当事人一方不履行合同义务或者履行合同义务不符合约定的,应当承担继续履行、采取补救措施或者赔偿损失等违约责任。

第五百七十九条 当事人一方未支付价款、报酬、租金、利息,或者不履行其他金钱债务的,对方可以请求其支付。

2. 黄石市某环保节能设备股份有限公司与湖北某透平装备股份有限公司买卖合同纠纷案[①]

裁判要旨:

本案中,出卖方湖北某透平装备股份有限公司(以下简称"湖北某公司")与买受方黄石市某环保节能设备股份有限公司(以下简称"黄石某公司")在买卖合同中只约定了案涉设备的质量标准,未约定安装标准,因而案涉设备只需达到惯常的标准即可,买受方黄石某公司不得向出卖方湖北某公司主张其与案外人

---

① 参见黄石市某环保节能设备股份有限公司与湖北某透平装备股份有限公司买卖合同纠纷案,湖北省随州市中级人民法院(2023)鄂13民终179号民事判决书。

公司之间约定的安装检验标准来检验标的物，出卖方湖北某公司已经按照买卖合同履行了自己义务。因此，出卖方湖北某公司无需承担违约责任。

案件事实：

2019年7月15日，湖北某公司与黄石某公司签订购销合同，约定购买Y4-2X73NO31F除尘引风机，总价680 000元，约定了质量标准、质保期、检验标准等。

次日，双方又签订《技术协议》，进一步明确技术要求。黄石某公司支付612 000元货款后，湖北某公司于11月11日至14日交付风机及配件，并开具全额发票。12月及次年4月，湖北某公司完成调试，黄石某公司项目经理签字确认风机完好，表示满意。但因为案外人公司不愿使用湖北某公司的安装方式，黄石某公司拒绝支付货款。

裁判理由：

一审法院认为，案件争议焦点在于：湖北某公司出售的风机是否存在质量问题？湖北某公司是否应当承担违约责任？

关于焦点一，法院认为黄石某公司提交的证据均不能证明风机存在质量问题。

关于焦点二，湖北某公司已经按照买卖合同履行了自己的义务，且黄石某公司项目经理已确认风机完好，黄石某公司不得以其与案外人公司的合同约定约束湖北某公司，故对黄石某公司的违约抗辩法院不予支持。

二审法院认为，黄石某公司不得向湖北某公司主张其与第三方之间约定的安装检验标准来检验标的物。故黄石某公司要求湖北某公司承担二次安装费用5 000元，不予支持。

湖北某公司已经依约履行合同，黄石某公司也出具售后服务反馈单认可风机设备，黄石某公司主张设备存在问题给其造成损失没有事实和法律依据。

湖北某公司将风机设备交付给黄石某公司已经超过上述质保期限，黄石某公司应当依约支付剩余的款项。

【法理阐释】

本案的核心问题在于，出卖方湖北某公司是否因未达到安装标准而需要承担违约责任。

《民法典》第六百二十四条对检验标准的确定，更多用于判断出卖人是否违反提供无质量瑕疵标的物义务,是否需要承担违约责任。[①]本案中,案涉购销合同约定了由出卖方湖北某公司将案涉标的物风机设备直接交付第三方案外人公司,属于该条规定中的指示交付的情形。同时,根据该条规定,当出现双重检验标准时,应以买卖合同中买受人与出卖人之间约定的检验标准为准检验标的物。出卖方湖北某公司与第三方案外人公司不存在合同关系,第三方案外人公司也不是案涉购销合同的当事人,出卖方湖北某公司并不受买受方黄石某公司与第三方案外人公司之间签订的合同约束。买受方黄石某公司与第三方案外人公司因设备安装标准约定不明而产生争议不涉及出卖方湖北某公司,买受方黄石某公司也不得向出卖方湖北某公司主张其与第三方案外人公司之间约定的安装检验标准来检验标的物。

本案中的出卖方湖北某公司只与买受方黄石某公司在合同中约定了质量标准,并未约定安装标准,只是在技术协议中约定设备运行须达到的要求。虽然双方未就安装标准进行约定,但仍可依照质量说明、协商确定的质量判断标准、合同相关条款或交易习惯确定的质量判断标准、国家标准、行业标准、通常标准或符合合同目的的特定标准等对标的物的安装进行检验。本案中的出卖方湖北某公司提供的案涉标的物风机设备按照其通常标准安装,符合惯例,应当认为出卖方湖北某公司已经按照买卖合同履行了自己的义务。

因此,买受方黄石某公司认为湖北某公司因未达到安装标准而需承担违约责任,于法无据。

除此之外,买受方黄石某公司主张标的物的安装存在质量问题,但未提供证据证实湖北某公司的安装方式导致设备运行不符合协议约定标准,因而买受方黄石某公司诉请出卖方湖北某公司承担二次安装费用,不予支持。

相关法律条文

《最高人民法院关于审理买卖合同纠纷案件适用法律问题的解释》

第二十四条　买卖合同对付款期限作出的变更,不影响当事人关于逾期付款违约金的约定,但该违约金的起算点应当随之变更。

买卖合同约定逾期付款违约金,买受人以出卖人接受价款时未主张逾期付款违约金为由拒绝支付该违约金的,人民法院不予支持。

[①] 参见谢鸿飞、朱广新主编:《民法典评注合同编:典型合同与准合同(一)》,中国法制出版社2020年版,第151页。

买卖合同约定逾期付款违约金,但对账单、还款协议等未涉及逾期付款责任,出卖人根据对账单、还款协议等主张欠款时请求买受人依约支付逾期付款违约金的,人民法院应予支持,但对账单、还款协议等明确载有本金及逾期付款利息数额或者已经变更买卖合同中关于本金、利息等约定内容的除外。

买卖合同没有约定逾期付款违约金或者该违约金的计算方法,出卖人以买受人违约为由主张赔偿逾期付款损失,违约行为发生在2019年8月19日之前的,人民法院可以中国人民银行同期同类人民币贷款基准利率为基础,参照逾期罚息利率标准计算;违约行为发生在2019年8月20日之后的,人民法院可以违约行为发生时中国人民银行授权全国银行间同业拆借中心公布的一年期贷款市场报价利率(LPR)标准为基础,加计30%—50%计算逾期付款损失。

第九节　出卖人回收义务

《民法典》第六百二十五条　依照法律、行政法规的规定或者按照当事人的约定,标的物在有效使用年限届满后应予回收的,出卖人负有自行或者委托第三人对标的物予以回收的义务。

【立法意旨和制度背景】

本条是《民法典》总则编确立的绿色原则下的一项具体规定,规定了出卖人的标的物回收义务。本条属《民法典》新增内容,历经《民法典合同编(草案)》(征求意见稿)第一百六十八条、《民法典合同编(草案)》(一审稿)第四百一十五条、《民法典合同编(草案)》(二审稿)第四百一十五条,并在此基础上对用词稍作修改,最终确定为《民法典》第六百二十五条的规范内容。

《民法典》第九条确立了绿色原则这一基本原则,意味着生态环境保护义务正式纳入私法范畴,《民法典》在保留绿色原则的基础上,进一步将生态环境保护义务扩充至各分编的具体条文。[1]本条就是将绿色原则转化为绿色条款的具体体现。[2]本条明确了出卖人回收义务的来源以及法效果,进一步阐释了绿色原则的适用方式,旨在发挥法律的引领作用,规范出卖人的行为,防止出现标的

---

[1] 参见张金晓:《环境义务的私法之维——以〈民法典〉绿色原则为中心的考察》,《法制与社会发展》2024年第4期,第153页。

[2] 参见赵精武:《论人工智能治理体系中绿色原则的建构方式》,《法治研究》2024年第6期,第120页。

物期限届满后因未及时回收而污染生态环境的情况,符合绿色发展理念。

【条文解读】

一、出卖人回收义务的来源及法效果

本条将绿色原则的基本内涵具体化,规定了出卖人回收义务的来源。出卖人回收义务的来源包括法定回收义务和约定回收义务两种。[①]第一种法定回收义务来自法律、行政法规的规定;第二种约定回收义务则是来源于当事人之间的约定。根据法律、行政法规的规定或者按照当事人的约定,出卖人负有回收义务,此为本条的法律效果。

要构成出卖人回收义务,标的物还需达到有效使用年限。在标的物有效使用界限届满前,仍由买受人所有,且买受人仍可能因标的物而获益,若此时回收标的物,不仅剥夺了买受人可获得的利益,而且侵害其所有权。但若买受人自动放弃可获得的利益,则出卖人可提前履行回收义务,且出卖人为此增加的履行费用应由买受人承担。[②]同时,出卖人回收标的物既可通过自行回收履行,亦可通过委托第三人回收履行,此为出卖人回收义务的履行方式。

二、出卖人回收义务的性质

出卖人回收义务应属附随义务。附随义务以诚实信用原则为理论基础,根据交易习惯确定,且广义的附随义务除狭义的附随义务外还囊括了先合同义务和后合同义务,[③]因此后合同义务一般可解释为附随义务。[④]《民法典》第五百五十八条首先规定了"旧物回收义务",并明确其属于后合同义务。《民法典》第六百二十五条则进一步规定出卖人有义务对有危害生态环境之嫌的标的物进行回收。该规定有其正当性,因而出卖人回收义务仍可置于后合同义务的范畴中进行解释,属于《民法典》第五百五十八条规定的后合同义务的具体

[①] 参见陆青:《〈民法典〉与司法解释的体系整合——以买卖合同为例的思考》,《法治研究》2020年第5期,第117页。

[②] 参见谢鸿飞、朱广新主编:《民法典评注合同编:典型合同与准合同(一)》,中国法制出版社2020年版,第154页。

[③] 参见李敏:《合同法中的附随义务探讨》,《甘肃政法学院学报》2005年第5期,第132页。

[④] 参见韩世远:《合同法总论》(第四版),法律出版社2018年版,第343页。

体现。① 由此,出卖人的回收义务可看作附随义务的细化。② 然而,将出卖人回收义务列为附随义务所不能忽视的问题是,附随义务无法独立提起诉讼请求履行,③ 这将会限制本绿色条款的具体适用,④ 易使其虚置。

另外,由法律、行政法规规定的出卖人回收义务即法定回收义务究竟属于公法规范抑或私法规范,也值得探讨。若出卖人回收义务属于私法义务,则买受人为请求权主体,若出卖人回收义务属公法义务,则买受人法律地位如何尚需探讨,具体应依法律规范而定。⑤ 综上,关于出卖人回收义务的性质仍需进一步探讨,出卖人回收义务的内容仍需完善。

【典型案例】

1. 南充某商贸公司、中山某销售公司等买卖合同纠纷案⑥

裁判要旨:

《民法典》第六百二十五条规定,依照法律、行政法规的规定或者按照当事人的约定,标的物在有效使用年限届满后应予回收的,出卖人负有自行或者委托第三人对标的物予以回收的义务。本案中,案涉销售产品属于日用化工产品,使用年限届满需进行回收处理以防止污染环境。基于生态环境保护的考虑,以及买卖合同当事人之间的约定,南充某商贸公司(以下简称"南充某公司")有权就库存的有效使用年限届满或将要届满的产品向中山某销售公司(以下简称"中山某公司")主张退货回收,中山某公司应当履行回收义务。

案件事实:

袁某云与张某惠结婚后离婚,南充某公司系袁某云个人独资公司。

2016年12月,中山某公司与南充某公司签订《经销协议》及《赊销协议》。

---

① 参见刘长兴:《〈民法典〉合同编绿色条款解析》,《法学杂志》2020年第10期,第22页。
② 参见最高人民法院民法典贯彻实施工作领导小组主编:《民法典合同编理解与适用(二)》,人民法院出版社2020年版,第1007页。
③ 参见王泽鉴:《债法原理》,北京大学出版社2013年版,第83页。
④ 参见张金晓:《环境义务的私法之维——以〈民法典〉绿色原则为中心的考察》,《法制与社会发展》2024年第4期,第157页。
⑤ 参见谢鸿飞、朱广新主编:《民法典评注合同编:典型合同与准合同(一)》,中国法制出版社2020年版,第154页。
⑥ 参见南充某商贸公司、中山某销售公司等买卖合同纠纷案,广东省中山市中级人民法院(2020)粤20民终3450号民事判决书。

中山某公司授权南充某公司经销其生产的产品，中山某公司、南充某公司、袁某云、张某惠四方签订《担保协议》1份，袁某云、张某惠对南充某公司基于赊销协议所产生的债务提供连带责任保证。袁某云、中山某公司、南充某公司三方签订《抵押合同》，抵押权人为中山某公司。

中山某公司发出对账单，袁某云及南充某公司确认。中山某公司送货四批，袁某云及南充某公司再次确认。南充某公司支付部分货款并退货492 026元，但双方对部分退货和价款有争议。南充某公司声称有未核算退货和费用，但未提供证据。双方再次签订《经销协议》，中山某公司发出欠款协议书，南充某公司未确认。二审法院补充事实：协议书载南充某公司欠中山某公司1 927 882.37元，约定退货及还款方式。袁某云付款35 000元。南充某公司提交的退货单显示退货金额合计499 867.8元。

裁判理由：

一审法院认为，南充某公司未支付货款，应依《赊销协议》支付违约金。袁某云与张某惠虽已离婚，但共同签订《担保协议》提供连带责任保证，中山某公司诉求其承担连带清偿责任应予以支持。袁某云提供房地产抵押，中山某公司有权优先受偿。袁某云抵押价值过高否认合同有效性不成立，法院不采纳袁某云抗辩。

二审法院认为，本案争议焦点为：已退货的货款金额如何认定？库存货物价值应否扣减？业务支持费、推广费等应否在货款中扣减？中山某公司是否违约在先，南充某公司以此抗辩不支付违约付款利息是否理据充分？

关于焦点一，南充某公司退货单金额499 867.8元，中山某公司未举证证明损耗，故法院以退货单核定已退货物金额。

关于焦点二，南充某公司有权主张退临近有效期的产品，但未提出反诉，且未提供充分证据，故法院不予审查。

关于焦点三，南充某公司未核算业务支持费等费用，签署协议后主张扣减，理据不足，不予支持。

关于焦点四，南充某公司无证据证明中山某公司违约，且费用签署协议时未处理，其主张中山某公司先行违约不成立。中山某公司未处理费用申报、退货申请，且未提交反驳证据及逐月对账单，存在过错，不支持其主张的年利率10%逾期付款违约金。

【法理阐释】

本案中，二审法院变更了一审法院判决作出的"按年利率10%计付逾期付款违约金"的决定。针对此变更结果,需要探讨的关键问题是,出卖方中山某公司是否负有回收案涉产品的义务,是否因此存在过错。

《民法典》第六百二十五条实际上是对《民法典》第九条绿色原则这一基本原则具体化的表现,属于绿色条款。合同当事人可以依照该绿色条款请求出卖人履行相应的回收义务,司法机关也应根据该绿色条款和具体案情明确当事人的具体义务以及因不履行回收义务导致的责任。①本案中,案涉销售产品属于日化产品,若其使用年限届满后未及时回收进行正规处理,可能造成污染生态环境或损害消费者健康的后果。除此之外,南充某公司与中山某公司签订的产品经营协议及相关授信协议中约定,中山某公司确有协助经销商盘点产品,防止产品积存过大,终止合同时收回库存产品的合同义务。因此,无论是基于法律、行政法规的规定,还是按照南充某公司与中山某公司之间的约定,出卖方中山某公司都应按照本条规定,负有对使用年限届满或临近届满的案涉销售产品进行回收处理的义务。

出卖方中山某公司未履行案涉销售产品的回收义务,且自身作为在履行合同过程中的强势一方当事人,并未处理南充某公司的退货等相关申请,亦未提交逐月向对方发送对账单以及推广费已在对账时进行了核销的证据。综上,中山某公司在本案纠纷中亦存在明显过错,对其按年利率10%计付逾期付款违约金的主张不予支持。

相关法律条文

《民法典》

第九条　民事主体从事民事活动,应当有利于节约资源,保护生态环境。

第三百八十六条　担保物权人在债务人不履行到期债务或者发生当事人约定的实现担保物权的情形,依法享有就担保财产优先受偿的权利,但是法律另有规定的除外。

2. 王某甲、吉木萨尔县某村民委员会土地承包经营权合同纠纷案②

裁判要旨:

合同中的债权债务关系终止之后,基于诚信原则、交易习惯等,当事人还负

---

① 参见刘长兴:《〈民法典〉合同编绿色条款解析》,《法学杂志》2020年第10期,第27页。
② 参见王某甲、吉木萨尔县某村民委员会土地承包经营权合同纠纷案,新疆维吾尔自治区昌吉回族自治州中级人民法院(2024)新23民终1420号民事判决书。

有旧物回收等义务。本案中,王某甲与吉木萨尔县某村民委员会(以下简称"某村民委员会")签订了《转包合同》,王某甲在承包期满后,没有将承包田中的残留地膜进行清理,未能履行回收义务,致使某村民委员会单独雇佣人员进行残膜清理,由此造成的残膜清理费应由王某甲承担。

案件事实:

2020年9月7日,王某甲与某村民委员会签订《转包合同》,承包1 800亩责任田(2021年1月1日至2023年10月30日,每亩每年1 050元)及200亩公用地(每亩100元)。王某甲已付清2021—2022年责任田承包费,并支付了2021年公用地承包费20 000元及2022年公用地承包费92 000元(其中40 000元为另一村费用)。2023年,王某甲因两位销户村民未签字,向村干部张某转账11 000元作为他们责任田的承包费,另转20 000元为200亩公用地承包费。

承包期满后,王某甲未清理地膜,某村民委员会支出清理费5 530元。

裁判理由:

一审法院认为,王某甲转账的31 000元中,确认已付10 500元承包费,驳回某村民委员会该部分追讨。对于公用地承包费,按王某甲认可的200亩算,应支付40 000元,已付20 000元,支持某村民委员会追讨余款20 000元,驳回其他费用请求。同时,王某甲需承担因未遵守农膜回收政策而产生的5 530元清理费。

二审法院认为,双方转账记录和王某甲支付2022年承包费的事实表明,双方已实际按涨价标准履行,故王某甲关于涨价未达成合意等上诉理由不成立。王某甲以未履行村民会议程序为由主张撤销涨价亦不成立,原审法院判决并无不妥。

【法理阐释】

《民法典》第五百五十八条规定了当事人基于诚信原则、交易习惯等负有旧物回收等义务,《民法典》第六百二十五条规定的出卖人回收义务是在此规定之上更加细化的规定。因此,对《民法典》第六百二十五条规范内容的理解应当置于《民法典》第五百五十八条之下进行,同时也应置于《民法典》第九条确立的绿色原则这一更大的规范框架之下进行理解。

在本案中,较为关键的问题是王某甲是否需要支付某村民委员会雇人清理承包地残留地膜所花的费用。

王某甲与某村民委员会签订转包合同之后,王某甲应依照合同约定履行自己的义务。王某甲所在乡镇积极采取措施开展农膜回收专项整治工作,王某甲在承包经营某村民委员会的土地后,自然有义务履行当地政府的"谁生产、谁治理、谁使用、谁治理"的责任。而且,承包地残膜若不及时回收,可能有污染生态环境之嫌,出于保护环境、遵守绿色原则的考虑,王某甲也应履行残膜清理回收义务。因此,在承包期满后即债权债务终止后,王某甲应当遵循诚信等原则,履行旧物回收义务,对承包地残膜进行清理回收。但王某甲未履行残膜清理回收义务,法院判决王某甲支付某村民委员会为清理残膜而支出的费用于法有据。

相关法律条文

《民法典》

第九条 民事主体从事民事活动,应当有利于节约资源、保护生态环境。

第五百一十条 合同生效后,当事人就质量、价款或者报酬、履行地点等内容没有约定或者约定不明确的,可以协议补充;不能达成补充协议的,按照合同相关条款或者交易习惯确定。

第五百五十八条 债权债务终止后,当事人应当遵循诚信等原则,根据交易习惯履行通知、协助、保密、旧物回收等义务。

第十节 买卖合同中买受人的主给付义务

《民法典》第六百二十六条 买受人应当按照约定的数额和支付方式支付价款。对价款的数额和支付方式没有约定或者约定不明确的,适用本法第五百一十条、第五百一十一条第二项和第五项的规定。

【立法意旨和制度背景】

本条是关于买受人支付价款义务、价款数额的确定方式的规定。本条来源于《合同法》第一百五十九条,"买受人应当按照约定的数额支付价款。对价款没有约定或者约定不明确的,适用本法第六十一条、第六十二条第二项的规定"[1]。

出卖人交付标的物并转移其所有权,购买人支付价款是买卖合同中的基本义务。合同对买受人付款的数额作了相应规定,买受人应当按照约定的数额支付价款。当事人对价款没有约定或者约定不明确的,可以协议补充;不能达成

---

[1] 参见孙新宽:《分期付款买卖合同解除权的立法目的与行使限制——从最高人民法院指导案例67号切入》,《法学》2017年第4期,第159页。

补充协议的,按照合同有关条款或者交易习惯确定。仍不能确定价款数额的,按照订立合同时履行地的市场价格履行;依法应当执行政府定价或者政府指导价格的,按照规定执行。①

买受人应当依照买卖合同对标的物价款作出的约定履行义务是毋庸置疑的,但买卖合同当事人未就价款作出约定或者约定不明确,并不当然地导致合同不成立或无效,②而是需要通过交易惯例、习惯、法律规定加以补正,使得合同完整并得以履行。根据《联合国国际货物销售合同公约》第五十四条的规定,如果合同已有效地订立,但没有明示或暗示地规定价格或规定如何确定价格,在没有任何相反表示的情况下,双方当事人应视为已默示地引用订立合同时此种货物在有关贸易的类似情况下销售的通常价格。③《民法典》第六百二十六条的规定是借鉴公约的规定作出的,即体现为《民法典》第五百一十一条第二项的规定:价款不明确的,除依法由政府定价的以外,按照订立合同时履行地的市场价格履行。由法律确定价款是为了弥补当事人在订立合同时考虑的不足,而依订立合同时的市场价格确定是合理地反映当事人的心理状态的最好办法。

【条文解读】

一、买受人支付价款义务

(一)买卖合同通常的结算方式

买卖对象和形式多种多样,双方结算价款的方式也是多种多样的。实践中,结算方式主要包括现金结算、信用卡结算、票据结算、跟单信用证结算、交互计算结算、汇款和托收结算等,买卖双方在达成交易时选择结算方式。现金结算及信用卡结算较为容易理解,下文将不再赘述。

1. 票据结算

票据主要包括支票、汇票和本票,但用于结算价款的票据主要是支票和汇票。

(1)支票。利用支票结算价款实质上是出票人委托自己的开户行用自己在银行所存之款支付出卖人价款,银行应当无条件地见票即付。当然,出票人必须

---

① 参见单飞跃:《〈民法典〉时代的经济法:经济公法规范的结构、功能及其影响》,《现代法学》2022年第3期,第106页。
② 参见杨代雄:《〈合同法〉第14条(要约的构成)评注》,《法学家》2018年第4期,第179页。
③ See United Nations Convention on Contracts of International Sale of Goods, section 54, 11 April 1980.

有足够的存款结算价款,如支票上的面额大于存款额就构成空头支票,银行有权拒付。发生这种情况时,出卖人仍对买受人有追索权。①(2)汇票。汇票是出票人委托付款人于指定之日无条件支付持票人(受款人)一定金额的票据。②

2. 跟单信用证结算

跟单信用证在日常商业生活中简称为信用证,是银行向出卖人保证买受人有足够的支付能力的信用凭证,也是向出卖人表明保证履行合同的凭证。③

3. 交互计算结算

交互计算是指互有买卖的当事人双方约定,在一定期限内,相互间的买卖所生之债权与债务相互抵销,仅结算差额部分。利用交互计算结算价款的前提条件是买卖双方当事人互有买卖,当然交互计算可以扩大到买卖以外的债权与债务,利用各种债权与债务相互抵销。

4. 汇款和托收结算

汇款和托收都是基于商业信用的结算方式。如果一方对另一方缺乏信任,则不能轻易采用这两种方式。(1)汇款。汇款结算价款是指买受人委托银行或邮局将价款汇给出卖人的一种结算方式。银行或邮局在收妥买受人(汇款人)的价款(汇款金额)后即通知出卖人(收款人)收取。(2)托收。托收是与汇款相反的结算方式。汇款是买受人主动向出卖人汇寄价款,称之为顺汇法,托收则是出卖人(收款方)通常是银行主动向买受人索取价款,故称之为逆汇法。托收是指出卖人(托收中的委托人)向托收银行提交一定的凭证,托收银行向买受人(付款人)收取价款。

(二)价款支付币种的确定

在国内买卖合同中,标的物的价款通常是以人民币计算并支付的,除非双方当事人另有约定。

---

① 参见陈姣莹、尹逸斐:《出具空白支票骗取财物构成票据诈骗罪》,《人民司法(案例)》2016年第32期,第37页。
② 关于信用证跟单汇票与汇票的区别,可参见白树海:《国际惯例内化的司法困境与解决对策——以信用证跟单汇票为分析对象》,《东南学术》2024年第6期,第195-204页。
③ 参见梁睿、梁作民:《信用证单证审查严格相符原则研究》,《人民司法(应用)》2007年第1期,第37页。

二、价款数额的确定方式

（一）价款数额的确定

对于价款的确定，如果买卖合同对标的物的价款作出约定的，买受人应当依照约定履行义务，这是没有疑问的。有时合同可能并未直接约定价款的数目，而是约定了一个如何计算价款的方法，如果该方法清晰明确，同样属于对价款有约定的情形。

如果当事人对价款未作约定或者约定并不明确，依照《民法典》第六百二十六条的规定，对价款没有约定或约定不明确的，适用《民法典》第五百一十条、第五百一十一条第二项的规定处理，即应按照以下原则处理合同的价款：（1）根据《民法典》第五百一十条的规定，当事人对价款没有约定或约定不明确，可以协议补充；不能达成补充协议的，按照合同有关条款或者交易习惯确定。（2）按照上述方法仍不能确定价款时，则按照《民法典》第五百一十一条第二项的规定，价款不明确的，按照订立合同时的履行地的市场价格履行，依法应当执行政府定价和政府指导价的，按照规定履行。[1] 此时的处理方法有两种：一是标的物的价款存在政府定价或政府指导价的，应该按照政府定价或政府指导价确定合同价款；如果标的物没有政府定价或政府指导价的，则应按照合同履行地的市场价履行。[2]

（二）未按照约定支付价款的违约责任

买受人未按照约定支付价款，即构成违约，应当负迟延履行的法律责任。责任承担方式包括：（1）继续履行支付价款的义务。（2）支付违约金。买卖合同双方在合同中如果约定当买受人迟延履行支付价款义务时，应当由买受人向出卖人承担逾期付款的违约金。（3）如果双方约定在买受人迟延付款时应当向出卖人赔偿损失的数额时，也可以按约定判令买受人向出卖人赔偿逾期付款的损失。（4）出卖人解除合同。如果买受人在出卖人催告后合同期限内仍未履行付款义务，出卖人可以解除合同。

---

[1] 参见陈思：《论我国〈合同法〉中买卖合同的价格问题》，《时代法学》2012年第1期，第72页。
[2] 参见孙艺军：《买卖合同实务》，知识产权出版社2005年版，第79页。

【典型案例】

1. 深圳某科技公司与某技术公司买卖合同纠纷案[①]

裁判要旨：

以票据支付买卖合同货款的，买受人的货款支付义务于持票人实际获得承兑后方才履行完毕。在票据兑付不能时，合法持票的出卖人可基于买卖合同关系请求买受人支付货款。

案件事实：

2015年1月1日，深圳某科技公司（以下简称"科技公司"）与某技术公司（以下简称"技术公司"）签订框架合同，约定技术公司向科技公司采购产品。验货合格后，双方协商付款比例及数额，技术公司按发票日加月结90天及6个月承兑安排支付。

2016—2018年，科技公司供货7 923 223.45元，技术公司出具65张承兑汇票（纸质13张，电子52张）共7 458 649.95元，均未付款且技术公司已无力支付。科技公司放弃票据权利，要求依合同支付货款及利息。

科技公司主张持有一张20万元纸质承兑汇票（到期日2019年2月15日），票据号码为×××001，未背书转让且未提示付款。技术公司认可科技公司为该票据的最终持票人，且认可未支付该票据。

另，技术公司曾出具两张电子承兑汇票共54万元给科技公司，票据号码为×××002、×××003，后被背书转让给保理公司，科技公司到期未支付。保理公司与科技公司和解，科技公司支付54万元后取得再追索权，保理公司撤诉。

针对技术公司向科技公司出具的案涉其他纸质或电子商业承兑汇票，科技公司主张其已向最终持票人实际支付票据款项，但表示均是以现金方式进行的支付，不能提交实际付款单据，其还提交了部分证明，用以佐证其实际付款情况，其提交的上述证明上均加盖了出具证明单位的公章，部分证明上有日期，部分证明上日期处为空白，部分证明无原件。

裁判理由：

本案的争议焦点为：技术公司是否应支付涉及商业承兑汇票的货款7 458 649.95元及利息损失。

[①] 参见深圳某科技公司与某技术公司买卖合同纠纷案，北京市第一中级人民法院（2021）京01民终3045号民事判决书。

法院对案涉票据分析如下：

第一，关于票据号码为×××001的商业承兑汇票。科技公司未将该票据背书转让并持有纸质票据原件，技术公司亦认可科技公司为该票据最终持票人，亦未兑付该票据金额。且科技公司于2019年6月26日提起本案诉讼，已超过该票据的到期日即2019年2月15日，故可以确认科技公司为该票据的合法持票人。

第二，关于票据号码为×××002、×××003的商业承兑汇票。广东省深圳市宝安区人民法院（2018）粤0306民初26271号民事判决载明2019年3月12日，科技公司向保理公司支付了上述票据款540 000元。中国某银行2019年3月12日的业务回单亦显示科技公司于2019年3月12日向保理公司转账汇款540 000元，附言为付保理公司和解款，故可以确认科技公司已实际支付上述票据的对价，为上述票据的合法持票人。

第三，关于其他商业承兑汇票。依据当前证据无法得出科技公司已实际付款的结论，亦不足以认定其为上述票据的合法持票人。

综上，科技公司系票据号码为×××001、×××002、×××003的3张汇票的合法持票人，票据金额共计74万元。科技公司明确表示放弃上述汇票的票据权利，以买卖合同关系为依据向技术公司主张货款，并不违反法律规定，应予支持。

【法理阐释】

当事人约定以票据支付买卖合同货款，买受人的货款支付义务并非于票据背书转让之时即完成，而于持票人实际获得承兑后方才履行完毕。以票据支付货款应推定为新债清偿，出卖人将买受人用以支付货款的票据背书转让后，票据兑付不能的，出卖人有权基于买卖合同关系请求买受人支付货款。但是，为了防止买受人面临支付买卖合同货款和票据款的双重风险，出卖人主张货款前须成为票据合法持票人。

科技公司基于其与技术公司之间的买卖合同关系，依法取得上述商业承兑汇票，因此就该部分履行行为，技术公司与科技公司之间存在买卖合同关系和票据关系的竞合。本案中，技术公司向科技公司出具商业承兑汇票用以支付货款，但技术公司至今未履行案涉汇票的付款义务。此时，科技公司有权放弃票据权利，基于双方间存在的以买卖合同关系向技术公司主张货款。但科技公司依买卖合同关系向技术公司主张债权的前提是，科技公司为票据的合法持票人，即票据的取得必须给付对价，即应当给付票据双方当事人认可的相应的对价。

相关法律条文

《票据法》

第七十条　持票人行使追索权,可以请求被追索人支付下列金额和费用:

(一)被拒绝付款的汇票金额;

(二)汇票金额自到期日或者提示付款日起至清偿日止,按照中国人民银行规定的利率计算的利息;

(三)取得有关拒绝证明和发出通知书的费用。

被追索人清偿债务时,持票人应当交出汇票和有关拒绝证明,并出具所收到利息和费用的收据。

2. 甲方与乙方买卖合同纠纷案[①]

裁判要旨:

甲方对乙方提交的对账单中甲方签章及签字人员身份予以认可,且自认对账单所载金额与其提交的收料单所载金额相对应,故一审法院对乙方提交对账单予以认可,依法确认截至2023年10月31日欠付货款金额为17 345 307.41元,现付款期限届满,甲方未按约足额付款构成违约,乙方要求甲方支付扣除债务转移部分金额后剩余货款10 695 281.01元,于法有据,依法予以支持。关于甲方抗辩对账单中存在虚假过磅、数据造假一节,证据不足,依法不予支持。

案件事实:

2019年5月15日,双方签订《砂石供应合同》,约定黄砂、机制砂单价及付款方式等,合同有效期至2019年底,可续签。之后,双方定期续签合同至2022年底。

2019年7月至2023年11月,双方按月对账,确认截至2023年10月31日,甲方累计欠货款17 345 307.41元。

2022年3月31日,双方签订《四方债权转让协议》,调整各方债务,最终甲方共欠丁方货款21 260 730.48元,乙方与丁方债权债务清零。

庭审中,双方认可2023年未续签合同但仍有供货。甲方质疑乙方供货数量,提交证据并申请鉴定,乙方反驳称证据不足,与对账单不符,甲方恶意拖欠。甲方承认收料单与对账单金额对应,其债务包含在对账单确认金额中。乙方称甲

---

① 参见甲方与乙方买卖合同纠纷案,陕西省西安市中级人民法院(2024)陕01民终23705号民事判决书。

方自2023年11月3日后未支付欠款,遂提起诉讼,主张剩余货款10 695 281.01元,并自2020年11月1日起算利息,因甲方彼时欠款已超1 700万元。

裁判理由:

法院认为,乙方与甲方签订多份供应合同,乙方供应货物后,双方形成多份对账单,对账单与收料单的数额能够相互印证,扣除债务转移部分,剩余欠付货款为10 695 281.01元。甲方辩称,对账单数据造假,不符合日常生活经验。乙方表示收料单系甲方出具,系统的数据无法做修改,甲方称其是乙方的过磅员,其所出具的收料单都是真实的。因甲方以上所述并无证据证明,且甲方亦在对账单中盖章确认,法院对该意见依法不予采信。甲方抗辩乙方未足额、按时提供发票,应承担其税款成本。然而2022年3月31日《四方债权转让协议》载明,甲方欠付乙方的货款,发票已清,双方于2022年1月21日签订的供应合同约定货物价格不含税,2023年双方未续签合同。故甲方主张的税款成本,无事实依据,法院亦不予采信。

【法理阐释】

在商事交易中,若买受人因对交付货物的价值有异议而拒绝履行付款义务,此时买受人应承担举证交付价值不同的举证责任。在收料单与对账单所载金额相互对应,且买受人无法举证其他证据以证明收料单或对账单存在造假、伪造等情况时,买受人应按依法按约定履行付款义务。买受人拖欠款项构成违约的,应按LPR标准支付相应利息。

相关法律条文

《民法典》

第五百八十四条 当事人一方不履行合同义务或者履行合同义务不符合约定,造成对方损失的,损失赔偿额应当相当于因违约所造成的损失,包括合同履行后可以获得的利益;但是,不得超过违约一方订立合同时预见到或者应当预见到的因违约可能造成的损失。

第十一节 买卖合同中价款支付地点

《民法典》第六百二十七条 买受人应当按照约定的地点支付价款。对支付地点没有约定或者约定不明确,依据本法第五百一十条的规定仍不能确定的,买受人应当在出卖人的营业地支付；但是，约定支付价款以交付标的物或者交付提取标的物单证为条件的，在交付标的物或者交付提取标的物单证的所在地支付。

【立法意旨和制度背景】

本条是关于买受人支付价款的地点的规定。本条来源于《合同法》第一百六十条，"买受人应当按照约定的地点支付价款。对支付地点没有约定或者约定不明确，依照本法第六十一条的规定仍不能确定的，买受人应当在出卖人的营业地支付，但约定支付价款以交付标的物或者交付提取标的物单证为条件的，在交付标的物或者交付提取标的物单证的所在地支付"。

本条是借鉴《联合国国际货物销售合同公约》的规定作出的。根据《联合国国际货物销售合同公约》第五十七条规定，如果买受人没有义务在任何其他特定地点支付价款，他必须在以下地点向出卖人支付价款：出卖人的营业地；或者如凭移交货物或单据支付价款，则为移交货物或单据的地点。[①]

买卖合同中支付价款的地点问题不容忽视，尤其是在国际货物买卖中更是如此，因为它往往涉及外汇付款的问题。我国《民法典》第五百一十条也规定，履行地点不明确，给付货币的，在接受给付一方的所在地履行。如果按照合同的约定，支付价款以移交货物或单据为条件，则买受人应当在交付标的物或者提取标的物单证的所在地支付价款。

在国际货物买卖中，如采用CIF、FOB等条件成交时，通常都是凭出卖人提交装运单据支付货款。无论采用信用证还是跟单托收的付款方式，都是以出卖人提交装运单据作为买受人付款的必要条件。所以，交单的地点就是付款的地点。[②]按照国际贸易的通行做法，采用不同的货款支付方式，交单的地点也是不同的。例如，采用跟单托收的支付方式，出卖人应当通过托收银行在买受人的营业地点向买受人交单并凭单收取货款。而采用信用证付款，则出卖人是向设在出口地，一般为出卖人营业地的议付银行提交有关的单据，并由议付银行凭单付款。[③]

[①] See United Nations Convention on Contracts of International Sale of Goods, section 57, 11 April 1980.
[②] 参见联合国国际贸易法委员会：《关于〈联合国国际货物销售公约〉判例法摘要汇编》，联合国维也纳办事处出版和图书馆科2016年版，第265页。
[③] 参见最高人民法院经济审判庭：《合同法释解与适用》（上册），新华出版社1999年版，第739页。

【条文解读】

一、买受人支付价款的地点

（一）按照约定地点支付价款

如果当事人对买受人支付标的物价款的地点进行了约定，则买受人完全应当按照双方当事人的约定足额、及时地在该地点进行交付。

（二）当事人没有约定则按《民法典》第五百一十条确定价款支付地点

在当事人没有约定买卖合同标的物价款的支付地点时，应当按照我国《民法典》第五百一十条的规定来确定。[①] 我国《民法典》第五百一十条规定："合同生效后，当事人就质量、价款或者报酬、履行地点等内容没有约定或者约定不明确的，可以协议补充；不能达成补充协议的，按照合同有关条款或者交易习惯确定。"

（三）法律推定价款支付地点

对支付地点没有约定或者约定不明确，依照我国《民法典》第五百一十条的规定仍不能确定的，买受人应当在出卖人的营业地支付，但约定支付价款以交付标的物或者交付提取标的物单证为条件的，在交付标的物或者交付提取标的物单证的所在地支付。

总之，买受人应当按照约定的地点支付价款。对支付地点没有约定或者约定不明确，当事人可以协议补充；不能达成补充协议的，按照合同有关条款或者交易习惯确定。仍不能确定付款地点的，买受人应当在出卖人的营业地支付，[②] 但约定支付价款以交付标的物或者交付提取标的物单证为条件的，在交付标的物或者交付提取标的物单证的所在地支付。

二、对法律推定价款支付地点的理解

在当事人对价款支付地点无约定，且按照我国《民法典》第五百一十条无法确定价款支付地点时，我国《民法典》第六百二十七条规定了两种交付地点，一是出卖人的营业地，二是交付标的物或提取标的物的单证所在地。这是

[①] 参见李永军：《合同订立规则重述——基于〈民法典〉与司法解释的融贯性思考》，《北方法学》，2024年第5期，第56页。

[②] 参见胡康生：《中华人民共和国合同法释义》，法律出版社1990年版，第221页；唐德华：《合同法条文释义》，人民法院出版社2000年版，第991页。

否意味着买受人可以选择这两个地点中的一个而为交付呢？从《民法典》第六百二十七条的但书规定，即"但约定支付价款以交付标的物或者交付提取标的物单证为条件的，在交付标的物或者交付提取标的物单证的所在地支付"来看，买受人无选择权。

如果买受人支付价金的义务早于或者晚于出卖人交付标的物或提取标的物的单证义务的，买受人应当在出卖人的营业地履行。如果买受人支付价金的义务与出卖人的交付时间相同，则买受人必须在交付标的物或者提取标的物单证的所在地付款。如果买受人为交付时，出卖人履行交付的义务尚未到期，则买受人可以不在交付地履行，而待履行期限届满时交付即可。①

【典型案例】

1. 惠州市某胶管制品有限公司诉广东某网络投资有限公司买卖合同纠纷案②

裁判要旨：

签订合同后，原告依约向被告供应货物，但被告收货后未能付清全部货款，尚欠 10 606 016.04 元没有支付，显属违约，故原告要求被告立即清偿拖欠货款的诉讼请求合理合法。

案件事实：

原告惠州市某胶管制品有限公司与被告广东某网络投资有限公司有长期经济往来，签订了多份购销合同，购买 PE、PVC 等胶管。最后一份合同签订于 2002 年 11 月 18 日，总价值 10 044 000 元，约定分期付款。原告依约交货后，被告支付了部分货款。2004 年 4 月 29 日，双方对账确认被告欠货款 12 523 446.56 元。至起诉时，被告仍欠 10 606 016.04 元。

因催讨无果，原告向广东省广州市中级人民法院起诉，请求被告偿还货款 10 606 016.04 元及从 2005 年 4 月 30 日起的利息（按人民银行同期利率计算），并承担诉讼费用。

裁判理由：

法院认为：合同依法成立且生效，原告依约向被告供应货物，但被告收货后

---

① 参见最高人民法院经济审判庭：《合同法释解与适用》（上册），新华出版社1999年版，第739-740页。
② 参见惠州市某胶管制品有限公司诉广东某网络投资有限公司买卖合同纠纷案，广东省广州市中级人民法院（2005）穗中法民二初字第274号民事判决书。

未能付清全部货款,显属违约,故原告要求被告立即清偿拖欠货款的诉讼请求合理合法,法院予以支持。被告抗辩称根据双方签订的合同,被告付款的前提条件是被告对该批商品签署合格证书,并经过一定时间的试用,否则,付款条件并不成就。对于最后一次供货时间,原告没有直接证据证明。但根据双方签订的对账单,原告要求核对的是截止至2004年3月31日的货款,而被告是于2004年4月29日盖章确认的。该对账单表明,原告最后一次供货的时间不会超过2004年3月31日,原告于2005年8月16日提起诉讼时,已经远远超过合同约定的一年的付款期限。而且,被告从收到对账单到最终确认拖欠货款金额有近一个月的时间,其完全可以在该时间内对已收取的货物质量进行检验。事实上,被告在对账单上并未提出货物的质量异议,表明这些尚未支付货款的货物质量已经过被告验收,不存在质量问题。因此,原告提起诉讼时,其所主张货款的付款条件已经成就,被告理应向原告清偿拖欠的借款本金。被告认为付款条件不成就的抗辩理应不成立,法院不予支持。

【法理阐释】

被告拖欠货款的付款条件是否成就,不能仅依据合同的约定,还应以双方实际履行合同的情况及双方的陈述,本着公平合理的原则进行综合判断。被告在诉讼中称,其仅对早期的货物签订验收合格证书,后期的货物没有再签订验收合格证书。这表明双方在实际履行中变更了关于合同的约定,不再签订验收合格证书,而是收货后直接验收。被告在对账单上并未提出货物的质量异议,表明这些尚未支付货款的货物质量已经过被告验收,不存在质量问题,货款的付款条件已经成就。

相关法律条文

《民法典》

第五百一十条 合同生效后,当事人就质量、价款或者报酬、履行地点等内容没有约定或者约定不明确的,可以协议补充;不能达成补充协议的,按照合同相关条款或者交易习惯确定。

2. 山东某环保新材料有限公司与昆明元某建设发展有限公司买卖合同纠纷案①

裁判要旨：

案涉钢材的整个贸易链是案外人某建材公司→昆明元某建设发展有限公司（以下简称"元某公司"）→山东某环保新材料有限公司（以下简称"某材料公司"）→案外人甲公司→案外人禾公司，案涉钢材所涉的每一层买卖合同关系均是独立的民事法律关系，应由每一层买卖合同关系的两方基于合同相对性原则按照各自所签合同的约定承受权利义务。某材料公司否认元某公司交付案涉钢材，显然与其和元某公司确认收货、结算货款、协商付款事宜的行为相悖。

案件事实：

元某公司（卖方）与某材料公司（买方）于2022年6月签订《钢材采购合同》，约定购买多种钢材，暂估总价5 000万元，分批交货结算。2022年7月4日，双方签订采购订单，采购2 150吨钢材。2022年7月8日，买方确认收货2 155.299吨，结算金额9 502 649.40元，并签署结算单。《收货确认函》及结算单的"发货单位"处均加盖有元某公司经营贸易部业务专用章；"收货单位"处均加盖有某材料公司的合同专用章。

元某公司（甲方，买方）与案外人某建材公司（乙方，卖方）于2022年6月8日签订《钢材采购合同》。某材料公司（卖方）与甲公司（买方）于2022年6月24日签订《钢材采购合同》。

2022年6月，元某公司及某材料公司提出进行钢材交易，由元某公司购买某建材公司的钢材销售给某材料公司，某材料公司再销售给甲公司，业务量共计5 000万元。

这笔业务先开展了950万元左右的业务，由某建材公司出资，甲公司收到钢材后三个月付款，甲公司找到的下家是禾公司，钢材直接由某建材公司发至禾公司指定的收货地点昆明市菊花村。禾公司收到货后于2022年7月13日、14日分两笔转给甲公司900多万元。

裁判理由：

关于元某公司是否履行了交货义务的问题。某材料公司提出元某公司并未向其交付案涉钢材。法院认为，首先，根据本案目前查明的事实，案涉钢材的整个贸易链是案外人某建材公司→元某公司→某材料公司→案外人甲公司→案外

---

① 参见山东某环保新材料有限公司与昆明元某建设发展有限公司买卖合同纠纷案，云南省昆明市中级人民法院（2024）云01民终12317号民事判决书。

人禾公司,案涉钢材所涉的每一层买卖合同关系均是独立的民事法律关系,应由每一层买卖合同关系的两方基于合同相对性原则按照各自所签合同的约定承受权利义务。某材料公司的下游方甲公司法定代表人韩某伦于2023年8月26日接受公安机关询问时陈述:甲公司找到的下家是禾公司,钢材直接由某建材公司发至禾公司指定的收货地点昆明市菊花村,禾公司收到货后分两笔转给甲公司900多万元。表明甲公司认可案涉钢材已实际交付的事实。而案外人某建材公司将案涉钢材直接交付禾公司的行为,相对于案涉合同的两方即元某公司与某材料公司而言,亦属第三人履行行为,并不改变案涉合同的相对方,更不改变案涉合同两方基于双方所签案涉合同对各自的权利义务的安排。

在此情况下,某材料公司否认元某公司交付案涉钢材,显然与其和元某公司确认收货、结算货款、协商付款事宜的行为相悖。

【法理阐释】

合同具备相对性。合同的相对性原则是合同制度的基础,指的是依法成立的合同仅能约束合同当事人,对合同以外的第三人不具有法律约束力。尽管本案的案涉钢材交易链涉及"某建材公司→元某公司→某材料公司→案外人甲公司→案外人禾公司"多个公司,元某公司与某材料公司所签订的《钢材采购合同》相对性却不因此变更。某材料公司指定将案涉钢材送至甲公司下游案外人禾公司指定的收货地点昆明市菊花村,属于某材料公司与元某公司之间约定的交易地点,依法对其及元某公司生效。元某公司与某建材公司签订供货协议,指定某建材公司将案涉钢材送至交易地点,某建材公司的送货行为实质为元某公司的履行行为。

关于是否实际送达问题,禾公司收到货后分两笔转给甲公司900多万元。表明甲公司认可案涉钢材已实际交付的事实。其次,案涉合同第四条第(三)款"结算方式"第(2)项约定:卖方将买方签认的收货凭证原件汇总后交给买方办理结算单,买方按合同条款约定对单据的真实性、准确性进行核实,确认无误后,作为结算依据,结算单经买卖双方共同签字、盖章后生效。元某公司提交的发货单、收货确认函及结算单均有某材料公司的签章确认,元某公司就结算货款金额向某材料公司开具了发票,且元某公司于2023年2月22日与某材料公司进行谈判时,某材料公司再次确认元某公司钢材已供应到位,表明某材料公司对收到元某公司交付的案涉钢材是认可的,并与元某公司进行了货款结算。

相关法律条文

《民法典》

第四百六十五条　依法成立的合同，受法律保护。

依法成立的合同，仅对当事人具有法律约束力，但是法律另有规定的除外。

第十二节　买卖合同中价款支付时间

《民法典》第六百二十八条　买受人应当按照约定的时间支付价款。对支付时间没有约定或者约定不明确，依据本法第五百一十条的规定仍不能确定的，买受人应当在收到标的物或者提取标的物单证的同时支付。

【立法意旨和制度背景】

本条是关于买受人支付价款的时间的规定。本条来源于《合同法》第一百六十一条："买受人应当按照约定的时间支付价款。对支付时间没有约定或者约定不明确，依照本法第六十一条的规定仍不能确定的，买受人应当在收到标的物或者提取标的物单证的同时支付。"

本条借鉴了《联合国国际货物销售合同公约》的有关规定。根据《联合国国际货物销售合同公约》第五十八条的规定，如果买受人没有义务在任何其他特定时间支付价款，他必须于出卖人按照合同和公约规定将货物或控制货物处置权的单据交给买受人处置时支付价款。出卖人可以支付价款作为移交货物或单据的条件。如果合同涉及货物的运输，出卖人可以在支付价款后方把货物或控制货物处置权的单据移交给买受人作为发运货物的条件。[1]买受人在未有机会检验货物前，无义务支付价款，除非这种机会与双方当事人议定的交货或支付程序相抵触。[2]当事人对付款时间没有约定，买受人应当在收取标的物的同时付款，这也同我国民间"一手交钱，一手交货"的习惯相符合。

---

[1] 参见杨立新：《〈中华人民共和国民法典〉条文精释与实案全析（中）》，中国人民大学出版社2020年版，第160页。

[2] See United Nations Convention on Contracts of International Sale of Goods, section 58, 11 April 1980.

【条文解读】

一、支付价款时间的确定方式

有约定自然从约定,没有约定或者约定不明的,应首先适用《民法典》第五百一十条规定的方法确定付款期限,即由当事人双方协商,如协商不成,应当按照合同的有关条款或者交易习惯确定价款的支付时间。那么,如何按合同有关条款来确定付款时间呢?一般认为,标的物交付订有期限的,该期限推定为价金交付的期间。① 另外,按交易习惯确定付款期限应以不违背公序良俗为原则,如有月末支付款项的习惯;不动产之买卖虽未交付而在登记完成之后即应支付价款等。

二、交付标的物与付款同时履行的理解

"买受人应当在收到标的物或者提取标的物单证的同时支付"的规定实际是要求出卖人交付标的物的义务与买受人付款的义务同时履行。此时任何一方在对方未履行对待给付之前,都可以援引同时履行抗辩权拒绝履行相应的义务。但如果出卖人放弃同时履行抗辩权先行交付标的物时,买受人的付款时间如何确定呢?

对此我国法律未作出明确规定,大陆法系国家普遍采用了"催告"程序,② 即经过出卖人发出履行催告后才被认为是买受人履行付款义务的适当时间,买受人在此后仍不履行应支付迟延履行的利息。③ 我们认为,依抗辩权之属性应当属于当事人在合同履行中享有的权利,它的行使允许当事人选择,即当事人可以行使,也可以放弃。如买受人没有支付价款而出卖人自愿交付标的物,则应认为出卖人自动放弃了同时履行抗辩权,但并不意味着出卖人放弃了违约请求权。根据《民法典》第六百二十八条的规定,买受人在收到标的物或提取标的物单证之时,即系买受人应当付款的时间,出卖人既已交付标的物,买受人如不支付价款,即构成违约,出卖人可以要求买受人支付价金及逾期付款违约金。

---

① 参见史尚宽:《债法各论》,中国政法大学出版社 2000 年版,第 54 页。
② 参见韩世远:《履行迟延的理论问题》,《清华大学学报(哲学社会科学版)》2002 年第 4 期,第 46 页。
③ 相关规定亦可参见《关于贯彻执行〈中华人民共和国民法通则〉若干问题的意见(试行)》第 123 条:"未约定偿还期限但经出借人催告后,借款人仍不偿还的,出借人要求借款人偿付逾期利息,应予以准许。"

【典型案例】

1. 李某某与湖北某农业科技发展有限公司买卖合同纠纷案①

裁判要旨：

在履行协议过程中，因李某某与湖北某农业科技发展有限公司（以下简称"某公司"）未就花椒树苗货款的支付方式和支付时间进行约定，以致双方在发送花椒树苗时为货款的支付发生争执，虽经多次协商，但双方各执己见，最终导致案涉花椒树苗死亡的后果，对此李某某与某公司均存在过错，应承担同等责任。

案件事实：

2023年8月—9月，某公司授权的案外人周某与李某某协商达成嫁接花椒树苗买卖合同，并确认了实际采挖树苗数量和金额。所有事宜确认无误后，李某某要求周某支付全部货款后才发车。周某提出支付80%的货款，货到后验收完付尾款，并要求李某某补签采购合同。而李某某坚持要求周某付全款，并派人现场验收、交接，双方各执己见，由此酿成纠纷。2023年11月11日，李某某卸货后支付货车司机车辆费用800元。后案涉花椒树苗全部死亡。

裁判理由：

本案中，双方对花椒树苗约定的交付方式为"由李某某在货拉拉平台上联系厢式货车，运费到付"。按某公司授权的案外人周某的要求，李某某将采挖、打捆、装车的过程进行拍照和录制视频发与周某。根据该事实，可以认定李某某已经按照约定将花椒树苗交付给了承运人。如果承运人正常进行运输至某公司指定地点，花椒树苗的毁损、灭失的风险应由某公司承担。但由于双方因对应当支付的价款为全额支付还是部分支付，货到后验收完付尾款，或者是否应当在双方补签书面采购合同后全额支付价款发生争议，导致李某某拒绝发货并将货物卸车，致使花椒树苗未完成交付。双方理应在纠纷发生后，本着解决问题的态度及时协商处理好价款支付、书面合同签订等问题，最终按照有利于实现合同目的的方式进行履行，以避免损失的发生和扩大。但双方均因故怠于进行有效协商，致使花椒树苗最终全部死亡，造成不应当发生的损失。为此，双方均负有不可推卸的责任。故李某某与某公司均存在过错，应承担同等责任。

---

① 参见李某某与湖北某农业科技发展有限公司买卖合同纠纷案，四川省雅安市中级人民法院（2024）川18民终681号民事判决书。

【法理阐释】

买卖合同是出卖人转移标的物的所有权于买受人,买受人支付价款的合同。《民法典》第六百二十八条规定,对支付时间没有约定或者约定不明确,应先依据本法第五百一十条的规定确定。第五百一十条规定,合同生效后,当事人就报酬、履行地点等内容没有约定或者约定不明确的,可以协议补充;不能达成补充协议的,按照合同相关条款或者交易习惯确定。本案标的物为花椒树苗,属于活物产品,具有一定的特殊性。双方在协商时应考虑到活物的特殊性,友好协商,以最大促进合同目的实现。双方均应承担减轻损失扩大的义务。然而,本案双方均因不积极进行协商,导致损失的产生及扩大,故应对损失共同承担责任。

相关法律条文

《民法典》

第五百一十条　合同生效后,当事人就质量、价款或者报酬、履行地点等内容没有约定或者约定不明确的,可以协议补充;不能达成补充协议的,按照合同相关条款或者交易习惯确定。

2. 某1公司与某2公司买卖合同纠纷案[①]

裁判要旨:

某1公司主张应当按照纸质配送单认定货款,某2公司对此不予认可。某1公司对上述主张未提交充分证据证明,且其对订单详情页显示的货物已送达亦未作出合理解释,故某1公司未按约定时间付款,某2公司有权主张违约金。

案件事实:

2022年6月24日,某1公司作为甲方、采购方与某2公司作为乙方、供应商签订《大客户供销合同》。合同签订后,某1公司向某2公司下订单,某2公司供货。

某2公司提交对应订单的配送单、货物照片、订单详情页为证。经查,配送单打印件无某1公司人员签字、照片未体现出货物送达,订单详情页是配送单对应的订单详情,显示了货物明细、收货地址、订单编号、下单门店等,送达情况均为"已送达"。

---

① 参见某1公司与某2公司买卖合同纠纷案,北京市第三中级人民法院(2024)京03民终19525号民事判决书。

某2公司与某1公司微信沟通记录显示：2023年1月18日，某1公司员工向某2公司提出好多单没有店内收货人签名，某2公司回复称店里的人不签。2023年2月2日，某1公司提出有些退货没有退，也没有补采，表示没办法确认。双方此后对此沟通对账，未能达成一致。某1公司未支付货款，某2公司故向法院起诉要求支付货款与利息。

裁判理由：

法院认为，某2公司就争议货款出示了订单详情页原件，订单详情页载明了货物明细、收货地址、订单编号、下单门店等，显示相应货物均已送达，故法院对于某2公司主张的上述争议货款中有订单详情页对应的金额予以支持。某1公司主张应当按照纸质配送单认定货款，某2公司对此不予认可。某1公司对其该项上述主张未提交充分证据证明，且其对订单详情页显示的货物已送达亦未作出合理解释，故对于某1公司的该项意见，法院不予采信。

【法理阐释】

某2公司就上述争议订单出示了订单详情页原件，订单详情页载明了货物明细、收货地址、订单编号、下单门店等，显示相应货物均已送达。合同约定了逾期付款违约金标准，某1公司未按约定时间付款，某2公司有权主张违约金，但双方约定的违约金标准过高，某1公司要求调低，某2公司无证据证明其损失情况，法院依法调整。另外，根据双方微信沟通可见，某1公司始终在要求某2公司提供争议订单的送达证据后支付货款，并非故意拖延支付，故对于某2公司主张的利息起算时间，法院依法调整为判决作出之日。

买受人应当按照约定的时间支付价款。对于买受人未能按照约定的时间及时支付价款的，若双方约定了相应的违约金，买受人应支付违约金。违约金金额不宜过高，需与出卖人损失情况相符。对于因违约而产生的利息损失，需考察买受人是否故意拖延支付。对于存在客观理由而不能及时支付的，利息的起算时间可视具体情况延后。

相关法律条文

《民法典》

第五百八十五条　当事人可以约定一方违约时应当根据违约情况向对方支付一定数额的违约金，也可以约定因违约产生的损失赔偿额的计算方法。

约定的违约金低于造成的损失的，人民法院或者仲裁机构可以根据当事人的请求予以增加；约定的违约金过分高于造成的损失的，人民法院或者仲裁机构可以根据当事人的请求予以适当减少。

当事人就迟延履行约定违约金的,违约方支付违约金后,还应当履行债务。

第十三节　出卖人多交标的物的处理

《民法典》第六百二十九条　出卖人多交标的物的,买受人可以接收或者拒绝接收多交的部分。买受人接收多交部分的,按照约定的价格支付价款;买受人拒绝接收多交部分的,应当及时通知出卖人。

【立法意旨和制度背景】

本条是关于出卖人多交标的物的法律后果及其处理方式的规定。本条来源于《合同法》第一百六十二条,"出卖人多交标的物的,买受人可以接收或者拒绝接收多交的部分。买受人接收多交部分的,按照合同的价格支付价款;买受人拒绝接收多交部分的,应当及时通知出卖人"。

本条规定借鉴了《联合国国际货物销售公约》第五十二条的规定,即如果出卖人交付的货物数量大于合同规定的数量,买受人可以收取也可以拒绝收取多交部分的货物。如果买受人收取多交部分货物的全部或一部分,他必须按合同价格付款。[①]

出卖人多交标的物,在实际生活中并不鲜见。出卖人往往是出于让买受人多买的目的。实际上,出卖人多交标的物,属于违约。但多交标的物对于买受人来说,并非全然不利。因此,法律上并非完全对该种行为进行否定,而是赋予买受人接受或拒收的选择权。

买受人对多交部分的接受会构成不当得利,为了提高交易效率,买受人在知道或应当知道出卖人多交标的物时,应及时作出反应。基于诚实信用原则,买受人如拒绝,应在合理期间内通知出卖人。如果买受人未及时通知,应视为买受人接受多交的标的物。对于这部分多交的标的物,应当按照双方订立合同时约定的标的物价格计算价款,而不是按照交付时的价格。买受人也有权拒绝接收多交的部分。买受人拒绝接受标的物后,若出卖人不能进行保管,买受人就暂为妥

---

① See United Nations Convention on Contracts of International Sale of Goods, section 52, 11 April 1980.

善保管,由出卖人负担保管费用;[①]如出卖人未及时对多余标的物予以处理的,买受人可将标的物提存,提存费用由出卖人负担。

【条文解读】

一、出卖人多交标的物的法律后果

《民法典》第六百二十九条的立法目的是规定在出卖人多交货时买受人所拥有的权利。根据这一规定,出卖人无论是故意或由于疏忽而多交付了货物,买受人均有选择接受或不接受的权利。[②]但应注意的是,买受人如果决定拒绝接受多交部分的货物,应及时通知出卖人。

关于此处对"及时通知"义务的理解和把握,有赖于法官在基本原则、事实因素的约束下行使自由裁量权,根据个案实际情况确定"合理期间"。考虑到买受人拒收出卖人多交付的标的物表现的是数量问题而不是质量问题,因此应视不同情况分别对待,不宜做绝对性规定,从而为特殊情况的处理留有空间。

二、标的物数量不符(多交或少交)所涉及的标的物意外风险承担

出卖人少交或多交货物的情况下,少交或多交的货物的风险应当由谁承担?依据我国《民法典》第六百二十九条的规定,如果出卖人交付的标的物超过约定数量,而买受人接收的,意外风险自标的物交付之时移转于买受人;买受人拒绝接收多交付部分的,多交付的标的物的意外风险仍然应当由出卖人承担。[③]但需要以买受人及时通知出卖人为前提条件。如果买受人没有及时通知出卖人的,则应当视为买受人已经接收了多交付部分,意外风险也应当自标的物交付之日起移转于买受人。

然而,当出卖人交付的标的物少于合同约定的数量时,依我国《民法典》第五百三十一条的规定,买受人可以拒绝接收,但若不损害买受人的利益时则不能拒收。出卖人交付的标的物数量虽然少于约定,但是如果不损害买受人的利益,买受人则应当接收,只是有权请求出卖人承担继续履行等违约责任,为此而给买受人增加的费用由出卖人承担,意外风险自交付之日起移转于买受人;如果损

---

① 参见陆青:《〈民法典〉与司法解释的体系整合——以买卖合同为例的思考》,《法治研究》2020年第5期,第119页。
② 参见吴香香:《〈民法典〉第598条(出卖人主给付义务)评注》,《法学家》2020第4期,第181页。
③ 参见史尚宽:《债法各论》,中国政法大学出版社2000年版,第63页。

害买受人利益,买受人可以拒绝接收。买受人拒绝接收的,意外风险仍然应当由出卖人承担。

【典型案例】

1. 重庆某工程公司与重庆某工贸公司买卖合同纠纷[①]

裁判要旨：

重庆某工贸公司(以下简称"工贸公司")多交付部分钢材,重庆某工程公司(以下简称"工程公司")已经接受,应视为双方对约定的钢材数量予以变更,故应按实际交货量认定货款总额。

案件事实：

工贸公司于2005年7月17日与工程公司签订了《工矿产品购销合同》,约定：工程公司向工贸公司购买钢材160余吨,付款方式为货到付款。从2005年7月28日至8月21日,工贸公司向工程公司实际供应钢材197.822吨,工程公司均予接收。工贸公司向重庆市大渡口区人民法院提起诉讼,请求判令由工程公司支付货款等款项818 448.21元,并支付违约金,承担本案的诉讼费用。

裁判理由：

工贸公司与工程公司签订的买卖合同合法有效。工贸公司多交付的部分钢材,工程公司已经接受,应视为双方对约定的钢材数量予以变更,故应按实际交货量认定货款总额。工贸公司已履行其合同义务,工程公司未按约足额支付货款等款项的行为构成违约,应当承担违约责任。

【法理阐释】

工程公司与工贸公司签订的买卖合同是双方真实意思表示,不违反法律法规的强制性规定,合法有效。在合同履行期限内,工贸公司按约定的方式向交付钢材,其超过合同约定的数量多交付的钢材,工程公司已接收该货物,应视为对合同约定供货数量的变更。根据《民法典》第六百二十九条,接收多交部分应按合同的价格支付价款。工程公司最后一次接收钢材的时间为2005年8月21日,按双方约定货到付款的付款方式,当天即为付款时间。工程公司逾期未履行付款义务的行为构成违约,应当承担逾期付款违约责任。

---

① 参见重庆某工程公司与重庆某工贸公司买卖合同纠纷案,重庆市第五中级人民法院(2008)渝五中民终字第686号民事判决书。

相关法律条文

《最高人民法院关于审理买卖合同纠纷案件适用法律问题的解释》

第三条 根据民法典第六百二十九条的规定,买受人拒绝接收多交部分标的物的,可以代为保管多交部分标的物。买受人主张出卖人负担代为保管期间的合理费用的,人民法院应予支持。

买受人主张出卖人承担代为保管期间非因买受人故意或者重大过失造成的损失的,人民法院应予支持。

2. 重庆金某建设工程有限公司与广德鹏某商贸有限公司买卖合同纠纷案①

裁判要旨:

本案中,虽然张某林、贺某翔并非重庆金某建设工程有限公司(以下简称"金某公司")指定的材料签收人,但张某林、贺某翔签字的结算单载明已支付材料款、已开票金额与金某公司认可的已付款金额、收到的发票金额一致,且金某公司已支付的货款中包含张某林、贺某翔签字的送货单金额,足以证明金某公司认可了张某林、贺某翔签字的送货单,故胡某斌、张某林、贺某翔在本案中收货、对账、结算的行为均系代表金某公司履行职务的行为。

案件事实:

2019年10月,广德鹏某商贸有限公司(以下简称"鹏某公司")(乙方)与金某公司(甲方)签订《建筑材料采购合同》,约定:1.采购的数量及总货款以本合同约定的为限,不能超过本合同约定的数量及总货款,超过本合同约定数量的材料,甲方不予接收,甲方指定的材料签收人员等相关工作人员也无权签收,乙方认可甲方指定的材料签收人等相关工作人员在此情况下的签收行为与甲方无关,甲方无须对此承担任何责任。双方在合同约定的数量及价格范围内据实结算;2.货到指定场所后,由甲方胡某斌、乙方叶某共同对材料进行验收。

2020年1月9日,鹏某公司(乙方)与金某公司(甲方)签订另一份《建筑材料采购合同》,主要约定与前份合同相同。

鹏某公司举示了一份结算单,落款处载明:金额核对无误,以上数量属实。签字人员为:张某林、贺某翔。鹏某公司举示了送货清单,部分送货清单上有胡

---

① 参见重庆金某建设工程有限公司与广德鹏某商贸有限公司买卖合同纠纷案,重庆市第一中级人民法院(2024)渝01民终10897号民事判决书。

某斌、张某林、贺某翔共同签字确认,并注明:金额核对无误,以上数量属实。

庭审中,金某公司陈述张某林、贺某翔均不是其工作人员,不清楚其身份,对于二人签字的送货单金某公司付款时因现场施工需要供货,而金某公司不支付货款鹏某公司就不予供货,故金某公司才支付了货款,但并不代表金某公司放弃了按合同约定履行的权利。

裁判理由:

法院认为,本案争议的焦点为:1.张某林、贺某翔是否可以代表金某公司;2.对于超出合同约定金额的货款金某公司是否应当支付。

焦点1:金某公司认为张某林、贺某翔不是其工作人员,不能代表其与鹏某公司对账结算。首先,鹏某公司举示的送货清单有胡某斌、张某林、贺某翔三人的共同签字确认,而胡某斌系双方合同约定的材料签收人员;其次,金某公司认可的已付款金额、收到的发票金额与结算单载明的一致,且金某公司已支付的货款中包含了有张某林、贺某翔签字的送货单金额,可见金某公司对张某林、贺某翔签字的送货单是认可的,即使未获金某公司书面授权,胡某斌、张某林、贺某翔在本案中收货、对账、结算的行为均系代表金某公司履行职务的行为。

焦点2:金某公司辩称,根据合同约定对于超出合同约定部分的货款,金某公司不应承担责任。根据《民法典》第六百二十九条的规定,对于本案中鹏某公司交付的超出的合同约定部分的货物,金某公司可以拒绝接受,但金某公司未拒绝接受也未通知出卖人,且该部分货物已经金某公司工作人员签收,金某公司应当按照上述法律的规定向鹏某公司支付货款。

【法理阐释】

在出卖人多交标的物的情况下,买受人可以接受或拒绝多交部分。此处判断何种表示为"接受"便是司法实践中的关键。一般而言,接受可以以明示或默示的形式表示。明示接受包括签订补充协议、变更合同、签署书面声明等等。默示接受可以通过实际支付多交部分的货款、权利人实际接受等形式进行。

本案中,虽然案涉两份《建筑材料采购合同》约定"超过本合同约定数量的材料,金某公司不予接收,金某公司指定的材料签收人员等相关工作人员也无权签收,鹏某公司认可金某公司指定的材料签收人等相关工作人员在此情况下的签收行为与金某公司无关,金某公司无须对此承担任何责任",但两份合同涉及的总价款为190 096元,而金某公司认可的已付款金额、已收取发票金额均已超出合同约定的总价范围,可见在胡某斌、张某林、贺某翔超合同范围收货的情形下,金某公司已通过部分付款、接收发票的方式对胡某斌、张某林、贺某翔的收货行为进行了追认,故金某公司应按照《民法典》第六百二十九条的规定向鹏某公司支付剩余货款。

相关法律条文

《民法典》

第五百零九条 当事人应当按照约定全面履行自己的义务。

当事人应当遵循诚信原则,根据合同的性质、目的和交易习惯履行通知、协助、保密等义务。

当事人在履行合同过程中,应当避免浪费资源、污染环境和破坏生态。

第十四节 标的物孳息的归属

《民法典》第六百三十条 标的物在交付之前产生的孳息,归出卖人所有;交付之后产生的孳息,归买受人所有。但是,当事人另有约定的除外。

【立法意旨和制度背景】

本条是关于买卖合同标的物孳息归属的规定。本条来源于《合同法》第一百六十三条,"标的物在交付之前产生的孳息,归出卖人所有,交付之后产生的孳息,归买受人所有"。

买卖合同中标的物孳息,是指买卖合同中的标的物因其本身而产生的利益。孳息分为天然孳息和法定孳息。天然孳息指物依自然规律产生的收益。如土地生长的稻麦、树木的果实、牲畜的幼畜、挤出的牛乳、剪下的羊毛等。法定孳息指依民事法律关系产生的收益。如有利息的借贷或租赁,出借人有权收取利息,出租人有权收取租金等。

孳息之产生与原物占有人的照料大有关系,故很多国家有关买卖合同的法律都规定孳息收益人的确定与标的物的交付相联系。如大陆法系的《日本民法典》第五百七十五条规定:"未交付的买卖标的物产生孳息时,孳息属于出卖人"。《德国民法典》第四百四十六条规定:"自交付买卖标的物时起,物的收益归属于买受人。"我国《民法典》合同编亦采此种立法例。

另外,本条规定属于任意性的规定,当事人完全可以在合同中约定标的物产生的孳息的归属。

【条文解读】

一、孳息

以两物之间存在的相生关系为标准,可以将物分为原物和孳息。原物是指依其自然属性或者法律规定能够产生新物的物;孳息是相对于标的物原物而言的,指由物或者权利产生的收益。根据收益取得的方式的不同,孳息可分为自然孳息和法定孳息。① 自然孳息指物依据自然规律产生的收益,例如树木的果实、牲畜的幼崽(如母牛所生之牛犊)等。法定孳息指依照民事法律关系产生的收益,如银行存款的利息、房屋租金等。

二、标的物孳息归属

(一)动产所有权移转对标的物孳息归属的影响

1. 合同当事人对所有权无特殊约定的,② 动产所有权从交付时起转移。在实践中,无论是现实交付还是拟制交付,标的物的所有权自标的物交付时起发生转移,故标的物孳息的归属亦可依物之所有权来确定,即所有权转移(交付)前孳息归出卖人,所有权转移(交付)后归买受人。

2. 合同当事人约定出卖人对标的物所有权保留的,标的物的孳息自交付时起转移给买受人,而不以所有权是否转移为条件。我们认为,孳息的归属确是基于物权法上所有权的理论来判断,但在实践中有例外,买卖合同中标的物孳息的归属即是例外之一,即以标的物是否已交付为判断标准,因为买卖合同中当事人对标的物的认知与认可是在交付之前作出判断的,其对价也是基于此而定,交付之后标的物的自然变化与买卖行为本身并无关联,所以法律规定了以"交付"作为买卖合同中风险承担与利益承受的分配点。③ 一般情况下,所有权转移伴随标的物交付行为的完成而发生,至于当事人约定所有权保留的,不过是出卖

---

① 参见魏振瀛:《民法》,北京大学出版社、高等教育出版社2013年版,第127-130页;彭万林:《民法学》,中国政法大学出版社2002年第3版,第63页;张俊浩:《民法学原理》,中国政法大学出版社1991年版,第323页;《中国大百科全书》(法学卷),中国大百科全书出版社1984年版,第628页;谢在全:《民法物权论》(上册),中国政法大学出版社1989年版,第123页。

② 关于《民法典》中新增的"当事人另有约定的除外"的条款的讨论,参见陆青:《〈民法典〉与司法解释的体系整合——以买卖合同为例的思考》,《法治研究》2020年第5期,第117页。

③ 参见吴香香:《〈合同法〉第142条(交付移转风险)评注》,《法学家》2019年第3期,第173页。

人基于减轻交易风险而采取的一种担保措施,①在买受人不适当履行支付价金义务时多了一条法律救济的途径,既可要求买受人支付价金,又可要求其返还原物。②

（二）不动产所有权移转对标的物孳息归属的影响

关于不动产所有权的转移,现代各国法律一般都明确规定了登记公示的原则,我国相关法律亦规定了不动产所有权的转移以登记为准。但实践中不动产标的物的交付行为与所有权变动的登记行为有时同时发生,有时先后发生,这就给确定标的物的孳息归属造成一定的困难。

1. 不动产标的物的交付与所有权变动的登记行为同时进行的,交付（所有权转移）前孳息归出卖人所有,交付（所有权转移）后孳息归买受人所有。

2. 交付不动产标的物后再办理所有权变更登记手续的,此时买受人依据买卖合同已实际占有标的物,无论其是否支付对价,孳息均应归买受人所有。③例如,房屋所有权人（出卖人）在变更产权登记前即已将该房屋钥匙交给买受人,在法律上应视为已实际交付房屋,此时若将房屋出租,租金应归买受人所有,承租人如向产权人（出卖人）支付租金,出卖人则不得收取,如果收取即属不当得利,应予返还。

3. 先进行所有权变更登记后交付不动产标的物的,此时仍应以交付标的物的时间作为判断孳息归属的利益分配点,交付前孳息归出卖人,交付后孳息归买受人。在所有权变更登记行为完成后,出卖人应当交付标的物而未交付的,其占有标的物也不能认为是无权占有,而属履行合同义务不适当,即迟延交付,其应承担迟延履行的违约责任。此时,买受人对出卖人可享有两项权利：一是基于买卖合同的债权请求权；二是基于标的物所有权的物上请求权。而对于标的物所生孳息,买受人则无权收取。④

---

① 参见张家勇：《体系视角下所有权担保的规范效果》,《法学》2020年第8期,第4页。
② 参见纪海龙：《所有权保留担保权构成下保留卖主的合同解除权》,《政治与法律》2023年第4期,第21页。
③ 参见彭真明、丁海江：《论所有权保留合同中天然孳息的归属——兼评〈物权法〉第116条与〈合同法〉163条》,《社会科学》2014年第2期,第89页。
④ 参见于明丽、李慧东：《论买卖合同履行中标的物孳息的归属》,《人民法院报》2006年5月31日,第B02版。

【典型案例】

1. 卓某绵与惠阳区某贸易总公司、某舞厅、周某忠等所有权确认纠纷案[①]

裁判要旨：

因涉案楼房公开拍卖成交后，工商行惠阳支行（以下简称"工商行支行"）已于2004年1月8日将拍卖结果书面通知被告惠阳区某贸易总公司（以下简称"贸易公司"），而且将拍卖的房地产已移交给原告卓某绵，通知之日应视为房屋移交之日，根据《民法典》第六百三十条规定，标的物在交付之前产生的孳息，归出卖人所有，交付之后产生的孳息，归买受人所有。所以该楼房租金自2004年1月9日起归房屋所有人原告卓某绵所有。

案件事实：

被告贸易公司因欠工商行支行债务，1996年12月19日，双方签订《以物抵债协议书》，约定：被告贸易公司以某舞厅整栋楼和地皮抵偿工商行支行借款本息，被告贸易公司不得进行转让、出租、拍卖等，并由公证部门公证。在签订《以物抵债协议书》前，被告贸易公司将某舞厅整栋楼和地皮出租给被告周某忠，租期为1991年3月7日至2003年2月28日。签订《以物抵债协议书》后，1997年3月7日，工商行支行将某舞厅整栋楼出租给被告贸易公司，租期为1997年3月7日至2003年2月28日。2003年2月21日，被告贸易公司将该楼房出租给被告周某忠，约定租金每月14 000元，租期为2003年3月1日至2009年2月28日止。被告周某忠承租后又将该楼房分别转租给第三人某舞厅、李某河等人。该楼房2004年3月份之前租金已由被告贸易公司收取，2004年4月至10月租金已由被告周某忠收取。

工商行支行与被告贸易公司签订《以物抵债协议书》后一直未办理过户手续，2003年12月22日，工商行支行委托惠州市某拍卖有限公司公开拍卖，由原告卓某绵竞买所得，于当日签订了《拍卖成交确认书》。2004年1月8日，工商行支行将拍卖结果书面通知被告贸易公司，并告知被告贸易公司：拍卖的房地产已移交给买受人，从2003年12月份起的租金将由买受人收取。2004年5月31日，原告卓某绵取得了该楼房的房地产权证。后因租赁问题和租金收取问题，原告卓某绵与被告周某忠及第三人某舞厅、李某河等人无法协商，发生纠纷。原告

[①] 参见卓某绵与惠阳区某贸易总公司、某舞厅、周某忠等所有权确认纠纷案，广东省惠州市惠阳区人民法院（2004）惠阳法民一初字第492号民事判决书。

卓某绵2004年10月18日起诉。

裁判理由：

《以物抵债协议书》约定，以物抵债后被告贸易公司不得进行转让、出租、拍卖等，但是被告贸易公司在原租赁合同到期后，未征得房屋接受人工商行支行同意，就将该楼房出租给被告周某忠，属无权出租，双方签订的《租赁合同》，应确认无效。被告周某忠承租后又将该楼房分别转租给第三人某舞厅、李某河等人，并签订《房屋租赁合同》及《承包合同》，因被告周某忠与被告贸易公司签订《租赁合同》无效，故上述转租合同也相应无效。

卓某绵起诉请求确认被告与第三人之间关于该楼房租赁合同无效；被告及第三人向原告支付自2003年12月份起至今的租金；第三人向原告交还占用的涉案房产，理由充分。因该楼房公开拍卖成交后，工商行支行已于2004年1月8日将拍卖结果书面通知被告贸易公司，而且将拍卖的房地产已移交给原告，通知之日应视为房屋移交之日，根据《合同法》第一百六十三条（现《民法典》第六百三十条）规定，标的物在交付之前产生的孳息，归出卖人所有，交付之后产生的孳息，归买受人所有。所以该楼房租金自2004年1月9日起归房屋所有人卓某绵所有。

【法理阐释】

房屋租金属典型法定孳息的一种。在房屋所有权发生转移后产生的房屋租金，归新所有权人所有。但是，当事人另有约定的除外。2004年1月8日，工商行支行将拍卖结果书面通知被告贸易公司，并告知被告贸易公司：拍卖的房地产已移交给买受人，从2003年12月份起的租金将由买受人收取。这一通知的到达产生了房屋所有权转移的法律效果。故自2003年12月份起的租金均应由原告即新所有权人所有。由于已实际产生的孳息为租金每月14 000元，原告得到的孳息亦应为此，而不应根据市场价进行赔偿。

相关法律条文

《民法典》

第三百二十一条　天然孳息，由所有权人取得；既有所有权人又有用益物权人的，由用益物权人取得。当事人另有约定的，按照其约定。

法定孳息，当事人有约定的，按照约定取得；没有约定或者约定不明确的，按照交易习惯取得。

2. 吕某与曲阜市某经济合作社买卖合同纠纷案[①]

裁判要旨：

吕某收取了第三人孔某泉、吴某良、韩某生三人2011年3月至2012年3月的租金后，2011年4月25日吕某与曲阜市某经济合作社（后更名为通相某丙合作社）、曲阜市鲁城街道办事处签订合同时，未对资产交付后的租金归谁所有进行明确约定。根据《民法典》第六百三十条的规定，标的物在交付之前产生的孳息，归出卖人所有；交付之后产生的孳息，归买受人所有。因此，资产交付后相应的租赁收益理应归受让人即通相某丙合作社所有。

案件事实：

2011年4月25日，吕某（甲方）、通相某丙合作社（乙方）、曲阜市鲁城街道办事处（丙方）签订合同，约定：经丙方同意，甲方将位于开发区（西区）鲁城工业园内的腐竹生产项目所属厂房等资产所有权转让给乙方；2015年5月4日，通相某丙合作社向吕某下达告知，称双方所签订的出售合同条款，自签订之日起所有厂房等其他设施归通相某丙合作社，通相某丙合作社拥有外租权，你在签订合同前，已将厂房进行租赁，租赁期限有的三年有的两年等等不一，且已把租赁款收归你有，共计198 800元，所有债权债务应按合同执行。2012年3月份之后，通相某丙合作社将案涉资产以280万元的价格转让给第三人。通相某丙合作社起诉至法院请求吕某返还收取的租金198 800元。

裁判理由：

双方于上述合同签订时未对资产转让、交付后的租金归谁所有进行明确约定且有争议，一般情况下，资产转让交付后相应的租赁收益理应归受让人即通相某丙合作社所有，通相某丙合作社提交的公证书及证人韩某生的出庭作证证言，明确证实吕某已收取了第三人孔某泉、吴某良、韩某生三人2011年3月至2012年3月的租金198 800元，因此，通相某丙合作社要求吕某返还该部分租金的理由成立。

【法理阐释】

《民法典》第六百三十条规定，标的物在交付之前产生的孳息，归出卖人所有；交付之后产生的孳息，归买受人所有。但是，当事人另有约定的除外。由此可看出，对于标的物交付后产生的孳息，当事人约定为第一顺位，当事人可以合

[①] 参见吕某与曲阜市某经济合作社买卖合同纠纷案，山东省济宁市中级人民法院（2024）鲁08民终3523号民事判决书。

意约定孳息的归属。若当事人并未约定，此时法律将交付后产生的孳息规定给予买受人，这也是符合交易惯例与公序良俗的做法。本案中，交易双方并未约定交付后孳息的归属，故孳息依法应属买受人。

相关法律条文

《民法典》

第一百八十八条　向人民法院请求保护民事权利的诉讼时效期间为三年。法律另有规定的，依照其规定。

诉讼时效期间自权利人知道或者应当知道权利受到损害以及义务人之日起计算。法律另有规定的，依照其规定。但是，自权利受到损害之日起超过二十年的，人民法院不予保护，有特殊情况的，人民法院可以根据权利人的申请决定延长。

第六章　买卖合同的解除

第一节　合同解除与标的物的关系

《民法典》第六百三十一条　因标的物的主物不符合约定而解除合同的,解除合同的效力及于从物。因标的物的从物不符合约定被解除的,解除的效力不及于主物。

【立法意旨和制度背景】

本条是关于标的物主物与从物不符合约定的解除效力的规定。本条来源于《合同法》第一百六十四条,"因标的物的主物不符合约定而解除合同的,解除合同的效力及于从物。因标的物的从物不符合约定被解除的,解除的效力不及于主物"。

主物是从物的对称。主物指独立存在,与同属于一人的他物合并使用而起主要经济效用的物。如自划游船对于船桨、保险箱对于钥匙都为主物。反之,从物就是主物的对称。从物指独立存在,与同属于一人的他物合并使用而起辅助经济效用的物。一般地,从物的归属依主物的归属而定。因主物有瑕疵而解除契约者,其效力及于从物。从物有瑕疵者,买受人仅得就从物之部分为解除。其理由很简单,即从物附随于主物。即在所有人没有对从物权利作出处分意思表示时,法律强制性地剥夺从物上的权利。[1]

通常情况下,对权利的处分必须有所有权人的明确意思表示,所有权人没有处分权利的意思表示时,法律要维护权利的本来状况。法律为什么要遵循从物随主物原则作如此规定呢?这样规定是为了发挥物的最大效用,主物与从物若分离,则主物的经济价值或功用会受损,从物也会失去其价值或功用,两方面都受损,进而导致社会财富的浪费。因此,从最大化促使物的有效利用的目的出发,

---

[1] 参见梁慧星、陈华彬:《物权法》,法律出版社2002年版,第39页。

法律强制"从物随主物"。①依据法律规定,因标的物的主物不符合约定而解除合同的,解除合同的效力及于从物。因标的物的从物不符合约定被解除的,解除的效力不及于主物。

【条文解读】

一、对主物的处分及于从物

在标的物为主物和从物的情况下,由于从物附属于主物并为主物服务,与主物共同构成同一个标的物,因此,在合同履行中,出卖人必须同时交付从物,或者从物应当随主物一并交付。即使合同没有特别约定从物,按照交易习惯或者常识,出卖人也必须在交付主物的同时交付从物,因为只有这样,买卖的标的物才是完整之物,才具有该物应有的价值和使用价值,符合买受人购买该标的物的目的。②"主物之处分,及于从物"。此为区别主物与从物的实益,立法目的在于维护物的经济上的利用价值,因为某物既常助他物之效用,以之分属两人,势必减少其效用,对社会经济,实属不利。

二、主物不符合约定时买受人解除权的效力及于从物

物权的变动需要交付或登记,若主物与从物同时交付或登记,则不存疑问。若只有主物的交付或登记,从物没有交付或登记,此时主物的交付或登记效力是否及于从物呢?即是否要再进行从物的交付或登记才发生从物权的变动呢?这一问题需要区分动产与不动产来分别考察。

就动产而言,我们认为主物的交付效力应及于从物,不需要再对从物进行交付。③首先,若主物交付的效力不及于从物则受让人只享有要求从物所有人交付从物的债权,此对受让人来说明显不利;主物由受让人享有,从物由原所有人享有的局面,也会使物权法规定的从物随主物的原则丧失意义,不能实现从物随

---

① 参见崔建远:《物权法》,中国人民大学出版社2021年版,第35页;陈华彬:《民法总则》,中国政法大学出版社2017年版,第439页;王泽鉴:《民法总则》,北京大学出版社2022年版,第226页;黄薇:《中华人民共和国民法典物权编解读》,中国法制出版社2020年版,第377-378页。

② 参见王利明:《物权法研究》,中国人民大学出版社2016年版,第26页。

③ 学界也有观点认为主物与从物系两项处分客体,对从物上权利的变动,原则上仍应以完成相应的公示行为(交付或登记)为要件。参见谢在全:《民法物权论》,中国政法大学出版社2011年版,第95-96页;孙宪忠、朱广新:《民法典评注物权编2》,中国法制出版社2020年版,第497页;王利明、常鹏翱、黄忠:《中国民法典评注物权编》,人民法院出版社2021年版,第430页。

主物的原则所追求的保障主物所有人的所有权和发挥物的效用的目标。其次，若主物交付的效力不及于从物，则从物所有人仍享有所有权，其可以将从物再行转让与第三人，不管该第三人为善意或恶意，其都能取得从物的所有权，这是对"法律不保护恶意行为"原则的背叛。而交付的效力及于从物，则原所有人的转让属于无权处分，适用无权处分的规定，第三人只在善意的情况下才能取得从物所有权。再次，主物交付的效力及于从物不是对"一物一权"原则的违反。我们认为，一物一权原则不是要求每一个物权的变动必需有实际的交付行为，法律也可以规定有观念上的交付，即"视为交付"，可以将在主物上的交付行为复制到从物上来，观念上视为从物也已经交付。最后，主物交付效力及于从物对从物所有人或善意第三人没有损害，可以说是有益无害的制度。从物所有人本已经获取从物对价，其应将从物交付与受让人；其若没有获取对价，在主物交付前可以行使抗辩权，在主物交付后其可以行使留置权。而对第三人来说，善意取得制度也足以保障其交易安全。

就不动产来说，登记是物权变动的要件，登记的公示公信力原则要求登记记载的权利人即为真实权利人。因此，不动产从物的变动必需履行登记，主物登记而从物未登记的，主物登记的效力不及于从物，除非从物不需登记或在登记簿上无法登记。

三、从物不符合约定时的解除效力

由于主物在标的物中起主要作用，没有从物虽然影响标的物的整体性能，但其主要性能仍存在。[①]因此，对从物的处分效力不及于主物。当从物有瑕疵时，买受人仅能就从物部分解除合同，而不能解除整个合同，有关主物的约定仍然有效。在合同因从物不符合约定而被解除时，如从物与主物是以一总价款购买的，买受人有权请求从总价款中减去与从物价格相当的金额，出卖人应当从总价款中减去该金额，并将减去的金额返还给买受人。

---

① 参见黄风：《罗马私法导论》，中国政法大学出版社2003年版，第179页。

【典型案例】

1. 杜某国与徐某通一般买卖合同纠纷案[①]

裁判要旨：

关于徐某通所供配电柜，根据合同约定，属随机备品，未加施中国强制认证标志，应予以更换，但杜某国以该配电柜未加施中国强制认证标志为由要求全部返还货款，不符合法律规定。

案件事实：

2006年4月2日，杜某国与某工程设备厂（该厂为个体工商户，徐某通为该厂的业主）签订工矿产品购销合同一份，合同第八条约定随机备品有搅拌机一台、七米输送机一架（含输送带）、PLC配电柜一台等。合同签订后，杜某国、徐某通依约履行了付款义务和交货义务。徐某通提供给杜某国的随机备品中的PLC配电柜未加施中国强制认证标志。

2008年3月31日，杜某国以质量问题向巩义市质量技术监督局投诉，无果。故向巩义市人民法院提起诉讼，要求判令向被告退货并由被告返还全部货款。

裁判理由：

本案中杜某国、徐某通在合同中虽约定有检验期限，但检验期限的约定与交货日期一致，显然该期限不合理，故应视为双方对检验期限没有约定，但是杜某国、徐某通在合同第二条中明确约定了质量保证期限为六个月，根据《合同法》第一百五十八条第二款（现《民法典》第六百二十一条）之规定，本案中，杜某国提供的证据不能证明其在约定的质保期内对砖机的质量问题提出异议，应视为该砖机的质量符合合同约定。故杜某国以砖机质量不符合要求为由要求退款的诉讼请求，不予支持。

关于杜某国提出的徐某通所供的配电柜无中国强制认证标志应予退款的理由，因徐某通所提供证据不能证明供给杜某国的配电柜加施有中国强制认证标志，故徐某通应承担相应的违约责任。根据《合同法》第一百六十四条（现《民法典》第六百三十一条）之规定，从物解除效力不及于主物。杜某国以此要求徐某通全部退还货款的理由不能成立，不予支持，但徐某通应对其提供给杜某国的随机备品中的PLC配电柜予以更换。

[①] 参见杜某国与徐某通一般买卖合同纠纷案，河南省郑州市中级人民法院（2009）郑民四终字第278号民事判决书。

【法理阐释】

在《民法典》第六百三十一条的应用上,如何判断"主物"与"从物"是应用该法条的关键。主物和从物的区分主要依据它们之间是否存在从属关系。主物是指在相互配合的物品中起主要作用的物品,而从物则是辅助主物发挥作用的物品。以瑞士经验来看,从物需符合以下要素:(1)与主物通常以结合、调适等方式有空间联系;(2)持续地服务于主物的经营、使用或保管;(3)有地方习惯的支持。① 我国学理基本认可这种经验。② 本案中,双方当事人在合同中约定明确,合同标的物主物为QTJ420B型砌块砖机一台,约定PLC配电柜为随机备品,即发挥辅助作用,服务主物功能实现的从物。从物不符合约定被解除的,解除的效力不及于主物。PLC配电柜未加施中国强制认证标志,不影响主物合同的效力,仅应予以更换从物。

相关法律条文

《民法典》

第三百二十条 主物转让的,从物随主物转让,但是当事人另有约定的除外。

2. 张某与卿某动等买卖合同纠纷案③

裁判要旨:

张某、王某英与卿某动签订的《转让合同》虽无合同无效的法定事由,但双方合同根本目的是为转让"阿合奇蒙牛冰品经销权",由于"阿合奇蒙牛冰品经销权"已因张某、王某英的经销权到期而无法转让,合同目的不能实现,当事人享有合同解除权。在合同解除后,从物车辆等其他物品也应一并归还。

案件事实:

卿某动与王某英、张某于2021年7月26日签订《转让合同》一份。转让的成本为某商铺和蒙牛冰品代理。王某英、张某将现有的冷库、库房等店铺内所有物

---

① 参见常鹏翱:《经济效用与物权归属——论物权法中的从附原则》,《环球法律评论》2012年第5期,第76页。

② 参见孙宪忠:《中国物权法总论(第2版)》,法律出版社2009年版,第222-223页;崔建远:《物权法》,中国人民大学出版社2009年版,第34页。

③ 参见张某与卿某动等买卖合同纠纷案,新疆维吾尔自治区克孜勒苏柯尔克孜自治州中级人民法院(2022)新30民终276号民事判决书。

品给卿某动所有。蒙牛品牌方新疆某公司于2020年1月1日授权阿合奇县冷饮商行在阿合奇、乌什市场经销蒙牛冰品产品,授权时间为2020年1月1日至2020年12月31日止。

裁判理由:

合同中约定张某、王某英将其所有的阿合奇蒙牛冰品代理权转让给卿某动,而经法院查明张某、王某英实际并无阿合奇蒙牛冰品的代理权,其经蒙牛品牌方新疆某公司授权的经销权也已超过授权时间。结合双方签订的转让合同全部内容,合同虽约定商铺、冷库等归卿某动所有,但经法院查明,商铺、库房、冷库均系张某、王某英租赁,其没有所有权也无处分权,而张某、王某英实际有处分权的只有车辆及商铺内物品。该合同的价值为630 000元,与双方买卖关系中已交付的财物价值不符,双方在合同中明确约定了转让代理权,且就如何实施代理详细进行约定和说明,卿某动多次向张某、王某英明确表示其签订合同的主要目的是获取蒙牛阿合奇冰品代理权,因此可以认定双方签订合同的主要性质和目的为转让阿合奇蒙牛产品的代理权。本案中,张某、王某英未能按照约定向卿某动交付代理权,属于不能实现合同目的,因此对于卿某动请求解除双方于2021年7月26日签订的《转让合同》的诉求,符合法律规定,法院予以支持。

根据《民法典》第六百三十一条规定,本案中,合同转让的主要内容是阿合奇蒙牛冰品代理权,从物是车辆等其他物品,因"阿合奇蒙牛冰品代理权"未按约定交付而解除合同,合同中关于车辆及店内物品的约定也应一并解除,但因车辆及店内物品已经交付,合同解除后,卿某动应当返还上述已交付的财物。

【法理阐释】

在合同中争议条款的解读上,《民法典》第四百六十六条规定:"当事人对合同条款的理解有争议的,应当依据本法第一百四十二条第一款的规定,确定争议条款的含义"。《民法典》第一百四十二条第一款规定:"有相对人的意思表示的解释,应当按照所使用的词句,结合相关条款、行为的性质和目的、习惯以及诚信原则,确定意思表示的含义",即应结合签订合同的具体语境及合同履行的实际情况、行业惯例、诚信原则等进行解读。

在合同根本目的不能实现时,根据《民法典》第五百六十三条第一款第四项规定:"有下列情形之一的,当事人可以解除合同:(四)当事人一方迟延履行债务或者有其他违约行为致使不能实现合同目的",当事人有权解除合同。本案合同转让的主要内容是"阿合奇蒙牛冰品代理权",从物是车辆等其他物品,因"阿合奇蒙牛冰品代理权"未按约定交付而解除合同,合同中关于车辆及店内物品的约定也应一并解除。

相关法律条文

《民法典》

第五百六十三条　有下列情形之一的,当事人可以解除合同:

(一)因不可抗力致使不能实现合同目的;

(二)在履行期限届满前,当事人一方明确表示或者以自己的行为表明不履行主要债务;

(三)当事人一方迟延履行主要债务,经催告后在合理期限内仍未履行;

(四)当事人一方迟延履行债务或者有其他违约行为致使不能实现合同目的;

(五)法律规定的其他情形。

以持续履行的债务为内容的不定期合同,当事人可以随时解除合同,但是应当在合理期限之前通知对方。

第二节　数物买卖的合同解除

《民法典》第六百三十二条　标的物为数物,其中一物不符合约定的,买受人可以就该物解除。但是,该物与他物分离使标的物的价值显受损害的,买受人可以就数物解除合同。

【立法意旨和制度背景】

本条是关于数物并存时买卖合同解除的规定。本条来源于《合同法》第一百六十五条,"标的物为数物,其中一物不符合约定的,买受人可以就该物解除,但该物与他物分离使标的物的价值显受损害的,当事人可以就数物解除合同"。

在买卖合同中,如果作为买卖标的的数物中一物有瑕疵者,买受人仅可就有瑕疵之物行使解除权。出卖人以总价金将数物同时卖出的场合,买受人可以请求减少与瑕疵物相当的价款。

当事人之任何一方如果因有瑕疵之物与他物分离而显受损害者,可以解除整个合同。如果质量不符合约定的物不宜与他物分离,否则将明显受到损害,那么,合同当事人的任何一方,包括买受人和出卖人,都可以要求解除全部合同。

例如,买卖标的物是古对联一副,其中一联不符合约定的标准,显然只就该一联解除,就失去了悬挂的价值。这种情况下,就应当允许解除整个合同。

【条文解读】

一、数物并存时买卖合同的解除

当标的物为数物的,各物可以相互独立存在,一物的缺少不会影响他物的价值,买受人可以就各物分别解除合同。[①]但当标的物为数物时,虽然各物彼此独立存在,但相互之间存在较大关联性,一物的缺少会影响他物的价值,一旦其中一物不符合约定解除合同,则买受人可就整个合同的数物解除合同。

需要注意的是,每个物之间必须没有主从关系,否则应根据主从物相关规定予以处理。在数物中的一物不符合合同的约定的情况下,除非当事人另有约定,仅买受人一方有解除权,出卖人一方无此权利;买受人也只能就该物解除,而不能延及其他的物,这属于合同的部分解除。买受人对一物解除的,在当事人之间对该物发生合同解除的效力,当事人之间要互相返还。

在不符合约定的物与符合约定的物分离将使标的物的价值显受损害的情况下,为了保持数物间的关联价值,当事人均可以就数物解除合同,而不仅仅买受人有此权利。数物的分离是否会使标的物的价值显受损害,可以从主观方面和客观方面综合予以考虑。主观方面主要是看当事人买受或者出卖标的物的目的,如果仅解除一物会妨碍其目的,可以全部解除;客观方面主要是看数物的分离是否使符合约定的物的使用价值或者交换价值大为降低。

二、标的物解除的价金返还

如果出卖人或者买受人全部解除标的物的,出卖人应当全部返还价金,其价金返还比较容易操作。

如果出卖人或者买受人仅解除部分标的物,其价金返还方法应当以标的物全部无瑕疵时的总价格与未解除之物的价格的比例,减少总价值。例如数物无瑕疵之总价为800元,其未被解除的物之价格为600元,买卖之总价金为700元,

---

[①] 参见徐冰:《情势变更原则的具体化构建——规范审判权行使视角下〈民法典〉第533条的准确适用》,《法律适用》2022年第2期,第101页。

则减少的价金应以 800/600=700/X 来计算,其中 X 的价值即为应返还的价金。[1]

【典型案例】

1. 关某昭与深圳某纸品有限公司买卖合同纠纷案[2]

裁判要旨:

深圳某纸品有限公司(乙方)与关某昭所经营的广州市某印刷设备经营部(甲方)以传真件的形式签订销售合同,约定甲方为乙方供应如下货物:"EPSON7880打印机"(2台,单价19 300元)、"EFI 3.1 XL FOR EPSON7880"(1套,单价19 000元)、"数码打样培训课程"(1套,单价3 000元)等。因甲方未能及时向乙方交付"EFI 3.1 XL FOR EPSON7880"正式版软件序列号,经催告后在合理期限内仍未履行,乙方要求解除与甲方之间的"EFI 3.1 XL FOR EPSON7880"软件买卖合同关系合理,法院予以支持。

案件事实:

2008年7月9日,深圳某纸品有限公司(乙方)与关某昭所经营的广州市某印刷设备经营部(甲方)以传真件的形式签订销售合同,约定甲方为乙方供应如下货物:"EPSON7880打印机"(2台,单价19 300元)、"EFI 3.1 XL FOR EPSON7880"(1套,单价19 000元)、"数码打样培训课程"(1套,单价3 000元)等。2008年7月26日,甲方将合同约定物送至乙方的住所地,并于2008年8月2日完成调试,乙方的员工在甲方出具的《工程服务单》上签名确认,对调试结果表示"赞许",并在打印样本上签名确认打印样本的颜色合格。

2009年2月4日,乙方致函甲方,发现甲方提供的EPSON7880打样系统EFI 3.1软件为试用版,客户已于2008年12月22日将电脑主机运回至乙方。甲方于2009年2月4日答复乙方给错软件模块,因国外客户要求乙方重新订购软件,乙方要求退回EFI软件给甲方,并要求甲方退还货款19 000元。

深圳某纸品有限公司向法院起诉,请求判令解除与关某昭"EFI 3.1 XL FOR EPSON7880"软件买卖合同关系。

裁判理由:

根据双方签订的《销售合同》,乙方向甲方支付订金后,甲方就需向乙方提

---

[1] 参见最高人民法院经济审判庭:《合同法释解与适用》(上册),新华出版社1999年版,第755页。
[2] 参见关某昭与深圳某纸品有限公司买卖合同纠纷案,广东省广州市中级人民法院(2009)穗中法民二终字第1906号民事判决书。

供货物,其中包括一套"EFI 3.1 XL FOR EPSON7880"软件。对该软件的性质,双方当事人已当庭确认《销售合同》中约定的"EFI 3.1 XL FOR EPSON7880"软件为配有正式版序列号的"EFI 3.1 XL FOR EPSON7880"软件。因此,甲方在乙方支付订金后应按约向乙方交付包括正式版软件在内的货物。而甲方向乙方交付的是配有试用版序列号的"EFI 3.1 XL FOR EPSON7880"软件,而非正式版软件,甲方交付不符合约定的货物构成违约,应承担相应责任。乙方要求解除与甲方之间的"EFI 3.1 XL FOR EPSON7880"软件买卖合同关系合理,法院予以支持。

【法理阐释】

乙方与甲方以传真件的形式签订销售合同,约定甲方为乙方供应打印机、数码打样培训课程等多项标的物。因甲方无法证明其已将正式版软件交付给乙方,且经催告后在合理期限内仍未履行,乙方要求解除与甲方之间的"EFI 3.1 XL FOR EPSON7880"软件买卖合同关系合理,法院予以支持。"EFI 3.1 XL FOR EPSON7880"仅为当事人合同中的标的物之一,与打印机等其他标的物互相独立,可以区分,解除与其有关的合同并不影响合同其他部分的效力。

相关法律条文

《最高人民法院关于审理买卖合同纠纷案件适用法律问题的解释》

第二十八条 分期付款买卖合同约定出卖人在解除合同时可以扣留已受领价金,出卖人扣留的金额超过标的物使用费以及标的物受损赔偿额,买受人请求返还超过部分的,人民法院应予支持。

当事人对标的物的使用费没有约定的,人民法院可以参照当地同类标的物的租金标准确定。

2. 甲公司、刘某甲与乙公司、丙公司股权转让纠纷案[①]

裁判要旨:

股权具有可分割性,同时转让股权亦可被分割履行,因此本案《股权转让合同》可以被部分解除。对于合同未履行部分,乙公司的逾期付款行为违反合同约定,致使甲公司、刘某甲获取股权转让款的合同目的无法实现,已构成根本违

---

① 参见甲公司、刘某甲与乙公司、丙公司股权转让纠纷案,新疆维吾尔自治区乌鲁木齐市中级人民法院(2024)新01民初146号民事判决书。

约,甲公司、刘某甲有权依据上述法律规定,行使法定解除权,解除合同第一、二、三期支付条款中乙公司未履行部分。

案件事实:

丙公司成立于2004年7月14日,工商登记股东为楚某某、甲公司(刘某甲为甲公司法定代表人)。

2007年11月17日,甲公司、刘某甲与乙公司签订《股权转让合同》,合同约定甲公司将其持有的丙公司15%的股权转让给乙公司,刘某甲将其持有的丙公司83%的股权转让给乙公司(刘某甲如何取得丙公司股权与本案无关,此处略)。

2008年3月22日,丙公司召开股东会,形成《股东会决议》,同意甲公司将其持有的丙公司48%的股权,其中2%转让给刘某甲、46%转让给乙公司。丙公司股东会同意楚某某将其持有的丙公司52%的股权全部转让给乙公司,并作出《章程修正案》,对丙公司股东及出资比例进行修正。《股东会决议》《章程修正案》均由丙公司、甲公司、刘某甲、楚某某、乙公司签字盖章确认。同日形成由各方签字盖章确认的《股权交割证明》3份,证明上述股权已交割完毕。但在后续履行中,乙公司仅向甲公司、刘某甲给付了部分股权购买款。

裁判理由:

本案的争议焦点为乙公司应否向甲公司、刘某甲返还丙公司的部分股权。

根据《民法典》第六百三十二条及第六百三十三条的规定,本案股权转让合同可以部分解除。根据《民法典》第五百六十六条第一款的规定,合同部分解除后乙公司应当向甲公司、刘某甲返还丙公司的部分股权。

因案涉股权转让前股权登记于甲公司及案外人楚某某名下,经法院询问,楚某某同意将股权返还甲公司、刘某甲。在乙公司应当向甲公司、刘某甲分别返还丙公司部分股权的情形下,甲公司、刘某甲有权要求公司进行股权变更登记。故对于甲公司、刘某甲主张由乙公司、丙公司协助办理股权变更登记的诉求,法院予以支持。

【法理阐释】

《民法典》第六百三十二条规定:"标的物为数物,其中一物不符合约定的,买受人可以就该物解除。但是,该物与他物分离使标的物的价值显受损害的,买受人可以就数物解除合同。"第六百三十三条规定:"出卖人分批交付标的物的,出卖人对其中一批标的物不交付或者交付不符合约定,致使该批标的物不能实现合同目的的,买受人可以就该批标的物解除。出卖人不交付其中一批标的物或者交付不符合约定,致使之后其他各批标的物的交付不能实现合同目的的,买受人可以就该批以及之后其他各批标的物解除。买受人如果就其中一批标的物解除,该批标的物与其他各批标的物相互依存的,可以就已经交付和未交付的各批标的物解除。"

根据上述法律规定,合同标的物为可分物或可以分批履行的情况下,当事人可以主张部分解除合同。合同能否部分解除取决于合同标的是否能分割履行,违约救济是否具有可分性。且部分解除仅对该部分的标的物发生履行终止的法律效果,而不涉及合同其他部分。本案中,股权转让合同的标的为目标公司的股权,股权具有可分割性,同时转让股权亦可被分割履行,故本案股权转让合同可以部分解除。

相关法律条文

《民法典》

第五百六十三条 有下列情形之一的,当事人可以解除合同:

(一)因不可抗力致使不能实现合同目的;

(二)在履行期限届满前,当事人一方明确表示或者以自己的行为表明不履行主要债务;

(三)当事人一方迟延履行主要债务,经催告后在合理期限内仍未履行;

(四)当事人一方迟延履行债务或者有其他违约行为致使不能实现合同目的;

(五)法律规定的其他情形。

以持续履行的债务为内容的不定期合同,当事人可以随时解除合同,但是应当在合理期限之前通知对方。

第三节 分批交付标的物的合同解除

《民法典》第六百三十三条 出卖人分批交付标的物的,出卖人对其中一批标的物不交付或者交付不符合约定,致使该批标的物不能实现合同目的的,买受人可以就该批标的物解除。

出卖人不交付其中一批标的物或者交付不符合约定,致使之后其他各批标的物的交付不能实现合同目的的,买受人可以就该批以及之后其他各批标的物解除。

买受人如果就其中一批标的物解除,该批标的物与其他各批标的物相互依存的,可以就已经交付和未交付的各批标的物解除。

【立法意旨和制度背景】

本条是关于分批交付标的物之买卖合同解除的规定。本条来源于《合同法》第一百六十条,"出卖人分批交付标的物的,出卖人对其中一批标的物不交付或者交付不符合约定,致使该批标的物不能实现合同目的的,买受人可以就该批标的物解除"。"出卖人不交付其中一批标的物或者交付不符合约定,致使今后其他各批标的物的交付不能实现合同目的的,买受人可以就该批以及今后其他各批标的物解除"。"买受人如果就其中一批标的物解除,该批标的物与其他各批标的物相互依存的,可以就已经交付和未交付的各批标的物解除"。

分批交货买卖合同是指一个买卖合同项下的货物分成若干批交付。对于分批交付标的物的情况,[1] 如果出现出卖人不履行的情况,买受人要解除合同,应当受本条规定调整。它表现为三个层次。其一,一般情况下,出卖人不履行某一批标的物的交付,买受人可以针对该批标的物不履行的情况要求出卖人承担违约责任。如果出卖人对该批货物的不履行构成了根本违约,买受人可以就该批标的物主张对整个合同的部分解除。其二,出卖人对某批标的物的根本违约,如果将导致对该批之后各批的根本违约,买受人就有权解除合同中该批以及其后的各批。其三,某批标的物与整个合同的其他各批标的物可能是相互依存的,或者说是不可分的,可以直接解除整个合同。

【条文解读】

一、分批交付标的物买卖合同之解除

出卖人分批交付货物的情况在实践中经常出现。如果出卖人对于其中的一批标的物不进行交付或者交付的内容不符合约定的,买受人是否可以解除合同以及在多大范围内可以解除合同,是民法典需要解决的一个重要问题。我国《民法典》第六百三十三条即着眼于解决这个问题。[2]

---

[1] 参见许中缘:《给付障碍责任:一种被忽略的合同责任形态》,《法制与社会发展》2024年第2期,第39页。

[2] 参见王俐智:《合同僵局解除权的"限制"与"扩张"》,《地方立法研究》2021年第4期,第78页。

对于分批交付标的物的情况,如果出现出卖人不进行交付或者交付的内容不符合约定的情况,买受人要解除合同,应当受《民法典》第六百三十三条规定的调整。它表现为三个层次:

1. 如果出卖人不履行某一批标的物的交付,买受人可以针对该批标的物不履行的情况要求出卖人承担违约责任。如果出卖人对该批的不履行构成了根本违约,即《民法典》第六百三十三条所规定的"出卖人对其中一批标的物不交付或者交付不符合约定,致使该批标的物不能实现合同目的",买受人可以就该批标的物主张对整个合同的部分解除。[①]这种情形一般适用于各分批交付的标的物之间没有相互依存、相互搭配的关系,是否交付该批标的物并不影响其他各批标的物的履行和使用。

2. 出卖人不交付其中一批标的物或者交付不符合约定,致使今后其他各批标的物的交付不能实现合同目的的,买受人可以就该批以及今后其他各批标的物解除。如果出卖人不交付其中一批标的物或者交付不符合约定,致使今后其他各批标的物的交付不能实现合同目的的,仍然不允许买受人就以后各批标的物解除对于买受人而言显然是不公平的。但是,某批的根本违约将致使今后各批的根本违约的情况必须是十分明显的,才能适用这一规定。

3. 某批标的物与整个合同的其他各批标的物可能是相互依存的,或者说是不可分的,[②]否则整个合同的履行将不可能或者没有意义。在这种情况下,买受人如果依法可以对该批标的物解除,那么他就可以直接解除整个合同。

二、分批交付标的物买卖合同解除的具体规则

(一)就某批货物进行解除

我国《民法典》第六百三十三条第一款规定,出卖人分批交付标的物的,出卖人对其中一批标的物不交付或者交付不符合约定,致使该批标的物不能实现合同目的的,买受人可以就该批标的物解除。当事人解除某批货物的条件是,该批货物不交付或者交付不符合约定,致使其不能实现合同目的。

判断一批货物是否会导致合同目的不能实现,应根据具体情况认定。例如,甲向乙购买一批设备,各设备之间无附属关系,如果乙没有交付某批货物或者交

[①] 理论也有观点将其理解为合同解除溯及力的例外情况,参见王利明:《〈合同法〉(第二版·上册)》,中国人民大学出版社2021年版,第266页。

[②] 参见雷秋玉:《多数人之债类型的体系性重构》,《澳门法学》2024年第4期,第20页。

付的某批设备不符合约定且对于甲毫无意义时,甲就可以就该批货物解除合同。

就某批标的物进行解除属于合同的部分解除,其效力仅及于该批标的物,对其他已经交付的标的物或尚未交付的标的物不产生任何效力。买受人仍然负有交付其他未到期的标的物的义务。

（二）就某批标的物及今后其他各批标的物的解除

我国《民法典》第六百三十三条第二款规定,出卖人不交付其中一批标的物或者交付不符合约定,致使今后其他各批标的物的交付不能实现合同目的的,买受人可以就该批以及今后其他各批标的物解除。依据本款规定,当事人解除某批标的物及今后各批标的物的条件是,今后各批标的物即使已经交付,也不能实现其合同目的,当事人就该批标的物进行解除的同时,才可以解除今后的合同各批标的物。

（三）就全部合同进行解除

我国《民法典》第六百三十三条第三款规定,买受人如果就其中一批标的物解除,该批标的物与其他各批标的物相互依存的,可以就已经交付和未交付的各批标的物解除。适用本款的关键条件是,判断某批标的物是否与其他各批标的物相互依存。这需要结合具体合同来判断。本款规定的解除是分批交货买卖合同的全部解除。该解除具有溯及力,对已经交付的各期标的物也发生合同解除的效力。

【典型案例】

1. 上海某乳品有限公司与宁波某贸易有限公司买卖合同纠纷案[①]

裁判要旨：

本案中,宁波某贸易有限公司（以下简称"宁波公司"）与上海某乳品有限公司（以下简称"上海公司"）之间的合同项下的标的物除婴儿奶粉和较大婴儿奶粉外,还有如幼儿成长奶粉、学生智聪奶粉、中老年高钙奶粉、妈妈高营养配方奶粉等,但是涉及被行政处罚的仅仅是上海公司提供的婴儿奶粉和较大婴儿奶粉两类,据以处罚的原因是婴儿奶粉铁、锌含量不符合 GB10766-1997（指婴儿配方乳粉Ⅱ、Ⅲ）和较大婴儿奶粉蛋白质、铁的含量不符合 GB10765-1997（指婴儿配

[①] 参见上海某乳品有限公司与宁波某贸易有限公司买卖合同纠纷案,上海市第一中级人民法院（2009）沪一中民四（商）终字第229号民事判决书。

方乳粉Ⅰ),宁波公司未提供其他奶粉不符合国家标准的证据,因此宁波公司要求全部解除合同的诉讼请求,没有事实和法律依据,但可以就买卖合同中关于婴儿奶粉和较大婴儿奶粉部分予以解除。

案件事实:

2007年5月9日,宁波公司与上海公司签订产品经销合同一份,约定上海公司指定宁波公司为其产品在宁波、舟山地区总经销商。合同第三条约定上海公司的产品必须符合国家有关质量或技术标准。

2008年6月20日,宁波市江东区卫生局向宁波公司作出甬东卫食罚(2008)0083号行政处罚决定书,该处罚决定书写明:经宁波市江东区卫生监督员毛某斐、张某生于2008年2月27日对待售的宝安力婴儿配方奶粉、宝安力较大婴儿配方奶粉进行现场抽检,经宁波市江东区疾病预防控制中心检测,宝安力婴儿配方奶粉所检测的铁、锌项目和宝安力较大婴儿配方奶粉所检测的蛋白质、铁项目不符合国家卫生标准,责令宁波公司停止经营上述产品,宁波公司、上海公司一致确认被检测和被销毁的婴儿奶粉和较大婴儿奶粉合计价款2 722.60元。

宁波公司向法院提起诉讼,请求判令全部解除与上海公司的合同并返还货款。

裁判理由:

本案的争议焦点在于:一、上海公司向宁波公司提供的婴儿奶粉和较大婴儿奶粉是否存在质量问题?二、上海公司应否承担宁波公司的损失?

焦点一:双方主要争执点在于本案所涉的婴儿奶粉和较大婴儿奶粉应适用哪种国家标准。对此,根据通用技术条件和配方Ⅰ和配方Ⅱ、Ⅲ标准的适用范围及引用标准,法院认为,通用技术条件系国家针对婴幼儿配方奶粉及婴幼儿补充谷粉所制定的必须达到的最基本的质量标准,而配方Ⅰ和配方Ⅱ、Ⅲ系针对特定配方制定的婴儿配方乳粉标准,结合宁波市江东区疾病预防控制中心出具的检测报告及宁波市江东区卫生局出具的行政处罚决定书可以认定,本案讼争的婴儿奶粉和较大婴儿奶粉应适用配方Ⅰ和配方Ⅱ、Ⅲ标准。故法院对上海公司认为涉案奶粉应适用通用技术条件的主张不予采信。根据现已查明的事实,上海公司向宁波公司提供的本案讼争的婴儿奶粉和较大婴儿奶粉中有关铁、锌等的含量不符合上述配方Ⅰ和配方Ⅱ、Ⅲ标准,故法院认为上海公司提供的涉案婴儿奶粉和较大婴儿奶粉有质量问题。上海公司提供的奶粉有质量问题,致使宁波公司无法继续在当地销售涉案婴儿奶粉和较大婴儿奶粉,由此导致宁波公司与上海公司签订涉案合同的目的无法实现,故判令双方当事人解除涉案婴儿奶粉和较大婴儿奶粉部分的合同。

焦点二：上海公司认为即便赔偿应在被国家有关部门查处的两个批次的奶粉范围内进行赔偿。对此因我国《合同法》第一百六十六条（现《民法典》第六百三十三条）已就此做出了明确的规定，故宁波公司有权解除涉案婴儿奶粉和较大婴儿奶粉这部分的合同，由此上海公司应对其该部分违约行为承担全部赔偿责任。

【法理阐释】

出卖人分批交付标的物的，出卖人对其中一批标的物不交付或交付不符合约定，致使该批标的物不能实现合同目的的，买受人可以就该批标的物解除。本案中，宁波公司与上海公司之间的合同项下的标的物除婴儿奶粉和较大婴儿奶粉外，还有如幼儿成长奶粉、学生智聪奶粉、中老年高钙奶粉、妈妈高营养配方奶粉等，但是涉及被行政处罚的仅仅是上海公司提供的婴儿奶粉和较大婴儿奶粉两类，据以处罚的原因是婴儿奶粉铁、锌含量不符合GB10766-1997（指婴儿配方乳粉Ⅱ、Ⅲ，以下简称配方Ⅱ、Ⅲ）和较大婴儿奶粉蛋白质、铁的含量不符合GB10765-1997（指婴儿配方乳粉Ⅰ，以下简称配方Ⅰ），宁波公司未提供其他奶粉不符合国家标准的证据，因此宁波公司要求全部解除合同的诉讼请求，没有事实和法律依据，对此难以支持。

相关法律条文

《民法典》

第六百三十二条　标的物为数物，其中一物不符合约定的，买受人可以就该物解除。但是，该物与他物分离使标的物的价值显受损害的，买受人可以就数物解除合同。

2. 吕某鹏与张某坤买卖合同纠纷案[①]

裁判要旨：

蔬菜的价格与市场需求息息相关，而市场需求又随着时间不断变化，即不同交易时间的蔬菜价格必然存在差异，吕某鹏在合同正常履行期间明确表示不愿意履行合同，导致张某坤签订《蔬菜订购合同》时所欲实现的在2024年上半年以

---

① 参见吕某鹏与张某坤买卖合同纠纷案，云南省昆明市中级人民法院（2024）云01民终9459号民事判决书。

特定价格从吕某鹏处获取40亩娃娃菜的合同目的无法实现。根据《民法典》第六百三十三条，出卖人分批交付标的物的，出卖人对其中一批标的物不交付，致使该批标的物不能实现合同目的的，买受人可以就该批标的物解除，本案中张某坤与吕某鹏蔬菜订购为分批交付，在吕某鹏拒绝交付第二批的情况下，张某坤有权解除关于第二批蔬菜交付的合同。

案件事实：

张某坤从事蔬菜的销售经营，吕某鹏从事蔬菜的种植。张某坤与吕某鹏于2023年12月2日签订《蔬菜订购合同》，约定张某坤向吕某鹏订购种植的蔬菜。

2024年3月28日，吕某鹏通过支付宝转账10 000元给张某坤，该转账备注为："退订金"；2024年3月29日，吕某鹏通过支付宝转账10 000元给张某坤，该转账备注为："吕某鹏退订金"，并在微信里告知张某坤："张师，没有办法了，我已经从支付宝转给你了，现在搞得妻离子散，上一批我也给你砍了也没有说什么，现在是我没有办法了，我才转地。"2024年4月，吕某鹏将第二批点籽种植的20亩娃娃菜转卖给他人。

另查明，张某坤提交的微信聊天记录中（张某坤与吕某鹏之间的微信聊天），吕某鹏对于案涉第一批20亩娃娃菜的数量和金额从未提出异议，吕某鹏所供娃娃菜总金额为69 000元；张某坤与吕某鹏之间的微信聊天中，双方从未提及放种事宜。因张某坤与吕某鹏双方对第二批娃娃菜的履行等协商无果，故诉至法院。

裁判理由：

本案的争议焦点为《蔬菜订购合同》是否应当解除。

根据《蔬菜订购合同》的约定、合同履行情况及双方当事人的陈述，可以确认本案双方的交易方式为吕某鹏种植娃娃菜，成熟后向张某坤交付，张某坤支付蔬菜款。在实际履行合同过程中，吕某鹏2024年2月向张某坤交付了第一批种植的蔬菜后，于2024年3月26日即通过微信向张某坤退还订金20 000元，张某坤不予接受后又通过支付宝将款项支付给张某坤，前述事实表明，在张某坤要求继续履行合同的情况下，吕某鹏用其实际行为明确拒绝履行《蔬菜订购合同》。在张某坤提起本案诉讼，要求解除《蔬菜订购合同》的情况下，吕某鹏又要求继续履行合同。法院认为，蔬菜的价格与市场需求息息相关，而市场需求又随着时间不断变化，即不同交易时间的蔬菜价格必然存在差异，吕某鹏在合同正常履行期间明确表示不愿意履行合同，导致张某坤签订《蔬菜订购合同》时所欲实现的在2024年上半年以特定价格从吕某鹏处获取40亩娃娃菜的合同目的无法实现，根据《民法典》第五百六十三条第一款之规定,张某坤有权解除合同,法院对吕某鹏要求继续履行合同的上诉主张不予支持。

【法理阐释】

根据《民法典》第五百六十三条规定:"有下列情形之一的,当事人可以解除合同:(一)因不可抗力致使不能实现合同目的;(二)在履行期限届满前,当事人一方明确表示或者以自己的行为表明不履行主要债务;(三)当事人一方迟延履行主要债务,经催告后在合理期限内仍未履行;(四)当事人一方迟延履行债务或者有其他违约行为致使不能实现合同目的;(五)法律规定的其他情形。以持续履行的债务为内容的不定期合同,当事人可以随时解除合同,但是应当在合理期限之前通知对方。"《民法典》第六百三十三条规定:"出卖人分批交付标的物的,出卖人对其中一批标的物不交付或者交付不符合约定,致使该批标的物不能实现合同目的的,买受人可以就该批标的物解除。出卖人不交付其中一批标的物或者交付不符合约定,致使之后其他各批标的物的交付不能实现合同目的的,买受人可以就该批以及之后其他各批标的物解除。买受人如果就其中一批标的物解除,该批标的物与其他各批标的物相互依存的,可以就已经交付和未交付的各批标的物解除。"《最高人民法院关于审理买卖合同纠纷案件适用法律问题的解释》(2012年发布,2020年修正)第十九条规定:"出卖人没有履行或者不当履行从给付义务,致使买受人不能实现合同目的,买受人主张解除合同的,人民法院应当根据民法典第五百六十三条第一款第四项的规定,予以支持。"

本案中,张某坤与吕某鹏就蔬菜订购事宜达成合意后签订《蔬菜订购合同》,该《蔬菜订购合同》系双方当事人的真实意思表示,内容不违反法律的强制性规定,应认定合法有效,对张某坤、吕某鹏均具有法律的约束力。张某坤已按照合同履行了支付订金义务,吕某鹏理应按合同约定提供娃娃菜。虽然吕某鹏已经履行了第一批20亩娃娃菜的供应,但吕某鹏并未履行第二批20亩娃娃菜的供应,根据张某坤与吕某鹏通过微信和支付宝往来确认的内容,吕某鹏已经明确退还张某坤的订金20 000元,应当视为吕某鹏已经明确表示不再履行第二批20亩娃娃菜的供应,吕某鹏理应承担违约责任。虽然案涉《蔬菜订购合同》中未明确第二批20亩娃娃菜交易时间,但因案涉娃娃菜属于季节性蔬菜,已经过了种植节令和交易时机,吕某鹏已经明确表示不履行合同义务,其违约行为致使不能实现合同目的,故法院依法支持张某坤主张解除双方签订的《蔬菜订购合同》诉讼请求。

相关法律条文

《最高人民法院关于审理买卖合同纠纷案件适用法律问题的解释》

第十九条 出卖人没有履行或者不当履行从给付义务,致使买受人不能实现合同目的,买受人主张解除合同的,人民法院应当根据民法典第五百六十三条第一款第四项的规定,予以支持。

第四节 分批付款买卖中的合同解除

《民法典》第六百三十四条 分期付款的买受人未支付到期价款的数额达到全部价款的五分之一,经催告后在合理期限内仍未支付到期价款的,出卖人可以请求买受人支付全部价款或者解除合同。

出卖人解除合同的,可以向买受人请求支付该标的物的使用费。

【立法意旨和制度背景】

本条是关于分期付款买卖合同中出卖人解除权的规定。本条来源于《合同法》第一百六十七条,"分期付款的买受人未支付到期价款的金额达到全部价款的五分之一的,出卖人可以要求买受人支付全部价款或者解除合同。出卖人解除合同的,可以向买受人要求支付该标的物的使用费"。

所谓分期付款买卖是指出卖人交付标的物于买受人,买受人应按照一定期限分批向出卖人支付价款的买卖。[1]我国《民法典》第六百三十四条对分期付款买卖首次作了规定。立法上的规定表明了立法者对这一交易方式所持的肯定态度。分期付款买卖主要适用于买受人一次性支付有困难的买卖,如房屋及高档消费品的买卖。当然,随着社会信用评价机制的逐渐完善,日益盛行的网络交易中适用分期付款的情形也日益普遍。对于其中"分期"的理解,通说认为,是指在头期付款以外,尚需两期以上的价款支付。当然法律并未限制每期支付的金额均须相等,允许当事人任意约定。[2]

分期付款销售是一种特殊买卖行为,也是商品信用交易的一种方式。买卖双方多通过签订合同来明确各自的权利义务。该合同比普通的买卖合同更为繁

---

[1] 参见王传丽:《合同法教程》,中国政法大学出版社2001年版,第10页。
[2] 参见林诚二:《民法债编各论(上)》,瑞兴图书股份有限公司1994年版,第138页。

杂,它既要保证出卖人价款的实现,又要保证合同一旦终止,出卖人能重新拥有该合同标的物。同时,分期付款销售以商品价款的分期支付为特征,商品让渡与价值实现在时间上的分离带来的风险性就在于合同中双方约定的期限到来时,出卖人有价款难以收回之虞,并且价额越高,付款期限越长,危险性就越大。因此,保证出卖人价款能够按期得到偿还,就成为分期付款销售中基本的法律问题,也成为世界上一些国家对分期销售进行立法的重点。

应注意的是,法律一般都要首先要规定出卖人行使解除权和要求提前支付全部价金的请求权的前提条件。没有前提条件,出卖人随意行使解约权则对买受人不利。为降低出卖人无法收回价款的风险,保障出卖人债权的实现,同时兼顾买受人利益,《民法典》合同编规定当出现分期付款的买受人未支付到期价款的金额达到全部价款的五分之一的情况时,出卖人可以要求买受人支付全部价款或者解除合同。出卖人解除合同的,可以向买受人要求支付该标的物的使用费。

【条文解读】

一、分期付款买卖概述

分期付款买卖是一种特殊形式的买卖。它是指买卖双方约定,买受人在取得买卖标的之时或之前只需先交部分标的物价金,取得标的物之后再按约定的期限分数次付清剩余价金,最终取得标的物的所有权。这种买卖方式与普通买卖方式的主要区别是付款的方式和转移标的物的所有权的时间不同。分期付款买卖方式方便了买受人,在买受人尚无能力支付某一货物的全部价金时,就可获得该货物。但是,这种买卖形式却给出卖人带来了一定的风险,即出卖人有不能按期收回全部货物价金的风险,因此法律对出卖人做了特殊保护。

二、分期付款买卖中出卖人解除权的理解

(一)分期付款买卖中出卖人的解除权

根据《民法典》第六百三十四条的规定,在买受人未支付价款达到全部价款的五分之一时,出卖人不但获得了要求提前支付全部价款的请求权,还获得了可以解除合同的请求权。出卖人解除权的规范目的在于确保出卖人不能依据合同任意行使解除权。如果立法者不能把握交易社会的脉动,其结果就是拥有法律

知识和经验的大企业将处于结构性的优势。① 有鉴于此,《民法典》合同编对出卖人的解除权进行了法定限制,即只有在买受人未支付价款达到全部价款的五分之一时方能享有。

(二)解除合同后当事人之间利益的衡平

在符合《民法典》第六百三十四条第一款规定的情况下,如果出卖人决定解除合同,则还涉及合同解除后的法律效果问题。根据《民法典》第六百三十四条第二款的规定,出卖人解除合同的,可以向买受人要求支付该标的物的使用费。即虽然因为买受人的原因导致合同解除,但是为了保护分期付款买卖中处于弱势地位的买受人的利益,解除合同后出卖人要求赔偿的范围限制在该标的物的使用费之内。就该款而言,"出卖人有可能就提出自己在因买受人的过错而解除合同时有权抵扣已收取的价款或者请求买受人支付一定金额赔偿的条款。一般情况下,出卖人因买受人的原因解除合同时,出卖人向买受人请求支付或者抵扣的金额,不得超过相当于该标的物的使用费的金额"②。

但应当注意到,《民法典》第六百三十四条第二款的规定存在侵害出卖人利益的可能。由于缺乏了"双方约定"的前提,意味着在所有情况下都将按照该款的规定处理,会产生侵害出卖人的正当利益的可能,在一些特殊情况下则会产生买受人的"道德风险"。即当标的物价值因为市场原因(这很容易体现在一些科技含量较高,但贬值迅速的产品上)而大幅度降价的情况下,买受人在比较新购买产品成本与违约后的支付使用费成本后,如果违约后支付使用费成本较低的情况下,作为买受人就会选择故意违约迫使出卖人选择解除合同(当然出卖人也可以选择要求买受人支付全部价款这项请求,但客观上的剥夺出卖人解除合同权利的行使本身就是对出卖人权利的侵害),此时鉴于出卖人可以获得的赔偿只能局限于使用费,而不能要求买受人赔偿除使用费以外因为市场原因造成的标的物价值的降低,导致出卖人因买受人原因而解除合同时,不能获得足额的赔偿。③

关于合同解除后赔偿的法律后果,在《民法典》合同编总则中已有明确规定,现在分期付款买卖合同就合同解除后的法律效果作出特别规定,当然也就排斥了总则关于合同解除的法律后果的适用。《民法典》第六百三十四条属于保

---

① 参见苏永钦:《总则·债编:民法七十年之回顾与展望纪念论文集》,中国政法大学出版社2002年版,第50页。
② 参见胡康生:《中华人民共和国合同法释义》,法律出版社1999年版,第252页。
③ 参见姚欢:《〈合同法〉第167条规范宗旨之错位及补救》,《浙江社会科学》2007年第2期,第76页。

护弱者(分期付款买卖的买受人)利益的强制性规定,并非只要当事人的约定与这一规定不一致就导致无效,如果当事人的约定对保护买受人的利益更加有效,那么,就不视为违反这一规定。①

(三)要求买受人支付使用费的请求权的适用

在合同解除后,当事人双方应当将从对方取得的财产返还给对方,并且有过错的一方应当赔偿对方因此而受到的损失。因此,有时出卖人也会考虑提出对解除合同后损害赔偿进行特别约定的方式来追求自己的最大利益。因为分期付款买卖的标的物是已经交付了买受人的,所以,买受人在占有标的物期间的利益也是出卖人的损失(如孳息)。出卖人有可能提出自己在因买受人的过错而解除合同时有权抵扣已收取的价款,或请求买受人支付一定金额赔偿的条款。如果这种约定过于苛刻,就会对买受人不利。

为了维持当事人之间利益的均衡,法律应当对合同显失公平的约定作出限制。《民法典》中除有关显失公平制度和诚实信用原则,以及违约金过高可以请求适当减少的规定可以起到这方面作用外,还于第六百三十四条第二款中规定:"出卖人解除合同的,可以向买受人要求支付该标的物的使用费。"至于"使用费"的计算应采用何种标准,从操作的可行性角度看,可以按照租金来确定,即按买受人使用标的物的期限及单位时间的同类标的物的租金来计算。②

【典型案例】

1. 上海某股份有限公司与被上诉人北京某建设集团有限公司、北京某建设集团有限公司第一机电安装分公司分期付款买卖合同纠纷案③

裁判要旨:

分期付款买卖合同中,买受人未支付到期价款的金额达到全部价款的五分之一的,出卖人有权要求支付全部价款。现上海某股份有限公司(以下简称"上海公司")要求北京某建设集团有限公司(以下简称"北京公司")、北京公司第一机电安装分公司支付1 035 175.9元及利息损失合理部分的请求,有事实依据和

---

① 参见胡康生:《中华人民共和国合同法释义》,法律出版社1999年版,第250页。
② 参见王冬梅:《论分期付款买卖合同的几个问题及法律适用》,《黑龙江省政法管理干部学院学报》2000年第4期,第33页。
③ 参见上海某股份有限公司与北京某建设集团有限公司、北京某建设集团有限公司第一机电安装分公司分期付款买卖合同纠纷案,北京市第一中级人民法院(2009)一中民终字第3977号民事判决书。

法律依据，法院予以支持。

案件事实：

2007年8月24日，上海公司与北京公司签订第一份《工业品买卖合同》。合同约定，货到验收后一个月内付合同总价的85%，工程验收合格后一个月内付10%，余5%作为质保金，质保期（1年）满且无质量异议后，无息付清。2007年8月28日，上海公司与北京公司签订第二份《工业品买卖合同》，该合同的内容，包括合同格式，均与第一份合同相同。以上两份合同约定买受人均为北京公司第一机电安装分公司，两份合同总共订购的电缆价值1 235 175.9元。上述合同签订后，上海公司于2007年11月21日、11月30日、12月10日将总价值1 235 175.9元的电缆送达，北京公司第一机电安装分公司予以签收。北京公司第一机电安装分公司2007年9月给付上海公司20万元，余款1 035 175.9元。北京公司、北京公司第一机电安装分公司未向法院提交证据证明因上海公司延期交付电缆给其造成90万元损失。

裁判理由：

上海公司已按约定将电缆送达，北京公司、北京公司第一机电安装分公司未按约定给付货款，已构成违约，需承担违约责任。

关于合同第二页违约责任的条款是否构成格式条款的问题。根据《合同法》第三十九条第二款（现《民法典》第四百九十六条）的规定，格式条款的法律特征之一是重复使用，重复使用包括适用对象的广泛性和适用时间的持久性。本案中，北京公司和北京公司第一机电安装分公司仅就其与上海公司所订立的两份合同使用了其预先拟订的、相同的违约条款，不应构成重复使用。即便认为重复使用不是格式条款的本质特征，即违约条款属于格式条款，也不应认定存在上海公司所述的加重其责任问题。按上海公司所述，违约金的比例过高，所以加重了其责任的承担。法院认为，虽然对上海公司规定了比例较高的违约金，可该条同时规定了违约金收取的最高数额，即"最高不超过未履约部分价款的30%"，该限额未违反公平原则。故上海公司的加重责任诉求，法院不予支持。

【法理阐释】

上海公司与北京公司签订的两份《工业品买卖合同》系当事人真实意思表示，内容不违反国家法律、行政法规强制性规定，属有效合同。上海公司已将电缆送到合同约定地点，北京公司第一机电安装分公司予以签收，北京公司、北京公司第一机电安装分公司应按约定给付货款。现北京公司、北京公司第一机电安装分公司未按约定给付货款，已构成违约，应承担违约责任。分期付款买卖合同中，买受人未支付到期价款的金额达到全部价款的五分之一的，出卖人有权要求支付全部价款。现上海公司要求北京公司、北京公司第一机电安装分公司支付 1 035 175.9 元及利息损失合理部分的请求，有事实依据和法律依据，法院予以支持。但上海公司未按合同期限将电缆送到合同约定地点，其亦属违约行为，应承担违约责任。

相关法律条文

《最高人民法院关于审理买卖合同纠纷案件适用法律问题的解释》

第二十七条　民法典第六百三十四条第一款规定的"分期付款"，系指买受人将应付的总价款在一定期限内至少分三次向出卖人支付。

分期付款买卖合同的约定违反民法典第六百三十四条第一款的规定，损害买受人利益，买受人主张该约定无效的，人民法院应予支持。

2. 新疆某建筑安装有限责任公司与阿瓦提县某棉业有限公司分期付款买卖合同纠纷案[①]

裁判要旨：

《民法典》第六百三十四条规定，出卖人在分期付款的买受人未支付到期价款的数额达到全部价款的五分之一时，经催告后在合理期限内仍未支付到期价款的，出卖人可以请求买受人支付全部价款或者解除合同。本案中，阿瓦提县某棉业有限公司（以下简称"棉业公司"）虽未按期支付价款，但仍在不断支付价款，对此新疆某建筑安装有限责任公司（以下简称"建筑公司"）也予以接受，未提出异议，也未进行过催告，且棉业公司一直态度积极，未作出任何拒绝付款\拒绝履行合同的意思表示，故建筑公司解除合同的请求不应得到支持。

案件事实：

2018年5月28日，双方签订《棉花加工厂出让合同》，与本案有关的合同内容为：建筑公司将某棉花收购加工厂出让给棉业公司，合同价款900万元，棉业公司应于2019年5月24日、2020年5月24日之前各支付225万元，2021年5月24日、2022年5月24日、2023年5月24日之前各支付150万元。2018年5月29日，原、被告签订的《补充合同》，对原合同条款作出补充约定。合同签订后，建

[①] 参见新疆某建筑安装有限责任公司与阿瓦提县某棉业有限公司分期付款买卖合同纠纷案，新疆维吾尔自治区阿克苏地区中级人民法院（2021）新29民终1423号民事判决书。

筑公司向棉业公司交付出让标的物,棉业公司确认后于2018年5月31日与建筑公司签署《资产交接登记表》。后建筑公司按照约定为棉业公司办理了不动产所有权变更登记。棉业公司现累计付款金额为2 711 131.62元,截至目前未付到期合同款3 288 868.38元。

裁判理由:

法院认为,关于建筑公司请求解除合同的问题,双方签订的合同系分期付款买卖合同,根据双方的约定,建筑公司已将买卖标的完成交付和所有权变更,棉业公司按照合同约定,在起诉前,应当向建筑公司支付价款600万元,实际上棉业公司仅支付了2 711 131.62元,且支付第一笔款项即开始逾期,以上事实双方均无争议,棉业公司也认可其逾期付款。

建筑公司认为棉业公司多次逾期付款,建筑公司可以行使合同解除权,且棉业公司的行为还符合法定解除权的条件,故建筑公司认为无论从约定解除权和法定解除权来看,条件都已成就。法院认为,首先,经过审理,棉业公司虽未按期支付价款,但仍在不断支付价款,对此建筑公司也予以接受,未提出异议,也未进行过催告,且棉业公司一直态度积极,未作出任何拒绝付款、拒绝履行合同的意思表示。故对建筑公司该理由不予采纳。其次,按照法定解除权和分期付款买卖合同的法定解除权的相关规定,建筑公司应当提供充分证据证实进行过催告,并且要求棉业公司在合理期间支付到期价款且棉业公司仍未支付,但根据建筑公司提供的录音资料显示,棉业公司一直以和解为目的,与建筑公司协商。据此,建筑公司主张其已完成催告行为且棉业公司拒绝付款的事实证据不充分,不符合法定解除权的行使条件,合同不应解除。

【法理阐释】

本案棉业公司虽有违约行为,但不足以造成合同的解除。理由如下:

1. 关于是否解除双方合同,依据《第九次全国民商事审判会议纪要》第四十七条规定,本案不符合解除合同条件。首先,双方2018年签订的《棉花加工出让合同》其合同目的是获取转让款,庭审中棉业公司多次表示愿意履行合同,足额向建筑公司支付到期应付款项。建筑公司即便按照《民法典》第六百三十四条主张解除合同,也应当首先选择要求棉业公司支付全部价款,而不是解除合同。

2. 双方自2018年签订合同实际已经履行了两年有余,其资产交接过户手续及资质变更手续均已经完成,且棉业公司已对案涉棉花加工厂进行了生产经营投入,目前该厂生产经营状况正常。民商事经济活动应保护交易的安全性和稳定性,不应当轻易解除已经存在且实际履行的合同。《第九次全国民商事审判会议纪要》第四十七条的规定,也恰恰印证以上观点。

3. 棉业公司在2021年3月收到起诉状时,当时欠付建筑公司金额为1 788 868.8元,尚未达到未付款的五分之一,在提起诉讼之前建筑公司未举证证明对棉业公司进行过任何形式的催告,因此,本案尚不构成解除分期付款买卖合同的条件,因为根据《民法典》第六百三十四条规定:"分期付款的买受人未支付到期价款的数额达到全部价款的五分之一,经催告后在合理的期限内仍未支付到期价款的,出卖人可以请求买受人支付全部价款或者解除合同。"建筑公司在起诉前未进行催告即径行诉请解除合同,尚不符合合同解除的条件,其解除合同的诉讼请求,未得到法院的支持。

相关法律条文

《第九次全国民商事审判会议纪要》

第四十七条 【约定解除条件】合同约定的解除条件成就时,守约方以此为由请求解除合同的,人民法院应当审查违约方的违约程度是否显著轻微,是否影响守约方合同目的实现,根据诚实信用原则,确定合同应否解除。违约方的违约程度显著轻微,不影响守约方合同目的实现,守约方请求解除合同的,人民法院不予支持;反之,则依法予以支持。

第七章　特殊的买卖合同

第一节　样品买卖合同

《民法典》第六百三十五条　凭样品买卖的当事人应当封存样品,并可以对样品质量予以说明。出卖人交付的标的物应当与样品及其说明的质量相同。

【立法意旨和制度背景】

本条是关于样品买卖合同的规定。本条来源于《合同法》第一百六十八条,"凭样品买卖的当事人应当封存样品,并可以对样品质量予以说明。出卖人交付的标的物应当与样品及其说明的质量相同"。

样品买卖,或称货样买卖,是指出卖人交付的标的物与当事人保留的样品具有同一质量标准的买卖。凭样品买卖属于特殊买卖的一种,[①]其与一般买卖的区别在于,凭样品买卖在订立合同时就存在样品,并且当事人在合同中明确约定"标的物的质量必须与样品的质量保持一致"或"按样品买卖"等字样。如果当事人未在合同中明确规定,即使出卖人已向买受人提示了样品,都不为凭样品买卖。

常见的凭样品买卖的商品,包括小到超市里陈列的食品类、肉类、服装类,大到一些大型的机械设备等。对于一些难以用文字描述其品质的出口产品,如工艺品、服装、铸铁件等产品,更是通常采用凭样品来表示其品质,即买卖双方约定以样品作为交货品质的依据。凭样品买卖合同纠纷一般是因双方当事人对出卖人交付的标的物质量是否合格存在争议而产生的,所以,此类案件在司法实践中对样品的认定尤为重要。

样品买卖须有样品的存在,样品须于订立合同时作出约定,并且应当保存好样品以备日后对照,必要时要在公证处封存,并对样品质量予以说明。样品买卖

[①] 参见翟云岭:《论凭样品买卖》,载《法学》2004年第1期,第73页。

要求凭样品买卖的标的物品质必须与样品相同,而不是以出卖人交付的货物符合样品的品质为生效条件,也不是以出卖人交付的货物不符合样品的品质为解除条件。

【条文解读】

一、对样品的理解

（一）样品

样品,又称货样,是当事人选定的用以反映和决定合同标的物品质的货物。有观点认为,样品必须由现货中选(抽)取而不能是特意制造的。换言之,样品买卖只能限于现货买卖,否则即为以提供样品促成买卖的欺诈行为。[①]与之相反的观点认为,样品亦可以由生产使用部门加工设计出来,样品买卖只要求样品是现存的,出卖人交付的货物的品质只要与样品的品质一样即可,至于出卖人交付的标的物是于提供样品时已有的,还是于其后另行生产制作的,则无关紧要。[②]

在实践中,有以样品全面反映与表现标的物品质的,但也有采用样品的某一特征表示标的物品质的某一方面品质。如"颜色"称为"色样";"款式"称为"款式样"。在这种情况下,仅以合同规定的样品的某一部分特征为出卖人交付的标的物应当符合的标准,而样品的其他部分则不应成为交付标的物的依据。[③]

（二）样品的封存与说明

为使当事人履行合同及发生合同纠纷时分清责任,《民法典》第六百三十五条规定,"凭样品买卖的当事人应当封存样品"。关于样品封存的地点、份数、时间等内容应当取得合同双方当事人的同意。通常来讲,样品可分三份分别封存于出卖人、买受人及居间第三人处,但由此可能发生如下法律问题：

其一,封存的数份样品品质不一致问题。当事人应保障其封存的数份样品品质一致,但如果客观上出现了数份样品品质有差异的情形,而且当事人双方对此未约定处理方法的,这等同于当事人就质量条款约定不明,应当适用《民法典》第五百一十条、第五百一十一条的规定。

---

① 参见罗科歧：《论货样买卖中的法律问题》,《经济与法》1992年第7期,第56页。
② 参见郭明瑞、王轶：《合同法新论·分则》,中国政法大学出版社1997年版,第50页。
③ 参见江平主编：《中华人民共和国合同法精解》,中国政法大学出版社1999年版,第137页。

其二，样品封存期间品质发生变化，出卖人应交付标的物的品质标准问题。在这种情况下，首先应考察当事人是否事先对此有约定，有约定的，依约定；如果当事人未做约定的，应以举证证明的一方当事人提交样品时的品质状态作为出卖人应交付的标的物的品质标准，因为这反映了双方当事人成就凭样品买卖时，双方就标的物品质所达成的合意。

由于样品代表的品质需要由当事人去解释，而这极易导致理解上的分歧，所以，《民法典》第六百三十五条规定，当事人可以对样品品质予以说明。同时，如果当事人仅采用样品的某一特征来表示出卖人应交付的标的物品质在某一方面的标准，而标的物其他方面的品质亦需要当事人予以说明。对样品有国家强制性标准的，当事人即应予以执行，而不得自由约定。

二、以样品来确定标的物的品质

凭样品买卖的特殊效力表现在，约定样品买卖的，出卖人应保证交付的标的物与样品具有同一品质。标的物是否存在物的瑕疵应依样品品质来判断。标的物不具备样品的品质的，视为标的物存有瑕疵，出卖人应承担瑕疵担保责任。[①]

（一）凭出卖人样品买卖的潜在风险

对于样品"代表性"的理解通常存在着误区。出卖人为了能使买受人确认所提交的样品，往往倾向于选择货物中较好的产品作为样品寄出。这样，就很可能给以后的纠纷设下障碍。日后大批量交货时，很可能因批量生产达不到样品的品质水平而遭致买受人索赔。虽然合同签订了，但不能顺利履约，出卖人还是不能得利，有时还要承担违约责任。但如果出卖人过于担心被索赔，提交的样品品质过低，又有可能不符合买受人的要求，难以达成合同。即使达成合同，价格也会被买受人压得过低。为防止上述情况的出现，可以采取规定弹性条款的办法，比如，在合同的品质条款中表明"品质与样品大致相同"或"品质与样品近似"的字样，以防止因样品与实际交货的差距过大而引起纠纷。[②]

（二）凭买受人样品买卖的潜在风险

凭买受人样品买卖与凭出卖人样品买卖，虽然均为合同的一方首先提交样品，由合同的另一方来进行确认，但在性质上两者是不同的。前者称作"来样成

[①] 参见史尚宽：《债法各论》，荣泰印书馆股份有限公司1981年版，第88页。
[②] 关于样品质量与文字说明不一致的处理规则，可参见《最高人民法院关于审理买卖合同纠纷案件适用法律问题的解释（2020修正）》第29条。

交"或"来样制作",以这种方法成交的合同对出卖人来说要求较高,甚至可能存在着潜在风险。出卖人在确认买受人提交的样品之前,要充分考虑生产此种样品所需要的设备、原料、生产技术与生产时间。

如考虑不周,就有可能给日后的交货造成困难,甚至出现违约的后果。因为是以买受人提交的样品作为最后的交货依据,买受人很可能在样品中设计出出卖人不易察觉或不易仿制的地方。由于签约与交货的时间相隔很久,在此期间,一旦市场价格发生变化,买受人就会恶意索赔,借交货与样品不符为由向出卖人提出索赔要求。

【典型案例】

1. 盐城市某玻璃仪器厂与成都某仪器成套有限公司、邱某忠买卖合同纠纷案[①]

裁判要旨:

根据《民法典》第六百三十五条的规定,凭样品买卖的当事人应当封存样品,并可以对样品质量予以说明。由于盐城市某玻璃仪器厂与成都某仪器成套有限公司并未封存样品,导致法院对样品的品质无法验证,对此双方均负有责任。

案件事实:

2006年4月12日,普某斯公司投标的项目中标(其中包含痰盒)。2006年4月13日,普某斯公司与江西省卫生厅就中标项目签订买卖合同,约定购买直径40毫米、高30毫米规格的痰盒200万只。2006年5月27日,成都某仪器成套有限公司收到了盐城市某玻璃仪器厂寄的产品样品。2006年5月29日,普某斯公司与成都某仪器成套有限公司签订买卖合同,质量标准为相关行业标准或以买受人确认的样品为准。2006年6月1日,成都某仪器成套有限公司与盐城市某玻璃仪器厂签订了《供货合同》,质量标准为载玻片符合国家JB/T8230.38230.41997标准,痰盒和塑料制片盒以样品为准(买受人已确认);2006年8月14日,江西省疾病预防控制中心向普某斯公司发函,函称收到痰杯200万只,经与合同比对不符合要求,望予重发货。2006年8月15日,普某斯公

[①] 参见盐城市某玻璃仪器厂与成都某仪器成套有限公司、邱某忠买卖合同纠纷案,四川省成都市中级人民法院(2008)成民终字第1209号民事判决书。

司发函给成都某仪器成套有限公司,对盐城市某玻璃仪器厂提交的痰盒不符合合同约定的规格,导致江西省疾病预防控制中心拒收一事,向成都某仪器成套有限公司提出抗议并要求成都某仪器成套有限公司赔偿全部损失。2006年8月25日,成都某仪器成套有限公司与普某斯公司就买卖痰盒等产品出现质量问题达成补充协议,约定成都某仪器成套有限公司赔偿普某斯公司相应差价及损失。

成都某仪器成套有限公司以盐城市某玻璃仪器厂未能诚信履行合同义务,使其遭受经济损失,起诉至成都市锦江区人民法院。盐城市某玻璃仪器厂以成都某仪器成套有限公司未按约履行给付全部货款义务,提起反诉。

原审庭审中,成都某仪器成套有限公司向原审法院提交了其采用公证方式从江西省疾病预防控制中心调取的痰盒实物,根据成都某仪器成套有限公司的申请,法院亦到江西省疾病预防控制中心调取了痰盒实物,但盐城市某玻璃仪器厂对该痰盒实物不予确认,盐城市某玻璃仪器厂认为其是严格按照成都某仪器成套有限公司指定样品进行生产的,另查明,成都某仪器成套有限公司的法定代表人与普某斯公司的法定代表人均为杭某龙。盐城市某玻璃仪器厂系个人独资企业,投资人邱某忠。

裁判理由:

本案首先要解决的争议焦点是盐城市某玻璃仪器厂提交的痰盒是否存在质量问题。盐城市某玻璃仪器厂与成都某仪器成套有限公司在供货合同中分别对产品规格和产品质量进行了约定。纵观全案事实,盐城市某玻璃仪器厂交付的痰盒是否符合合同的约定是导致纠纷产生的根本原因。盐城市某玻璃仪器厂与成都某仪器成套有限公司双方未对合同约定的痰盒样品进行封存。按照《新华字典》中对盒的解释为:有底、有盖的盛东西的器物。所谓痰盒应是有盖的盛痰的器皿。因盐城市某玻璃仪器厂向江西省结核病防治所送货后,江西省结核病防治所向盐城市某玻璃仪器厂出具的收条上载明收到盐城市某玻璃仪器厂的痰杯系无盖纸杯,而成都某仪器成套有限公司向盐城市某玻璃仪器厂订制的是痰盒。由于盐城市某玻璃仪器厂提供的产品不符合合同规定,成都某仪器成套有限公司请求判令盐城市某玻璃仪器厂返还货款、退还200万只痰盒的诉讼请求,符合法律规定,应予支持。

故成都某仪器成套有限公司请求判令邱某忠承担民事责任,符合法律规定,应予支持。盐城市某玻璃仪器厂理由不成立,其诉讼请求法院不予支持。

【法理阐释】

本案的主要争议焦点为盐城市某玻璃仪器厂提供的痰盒是否符合双方约

定。盐城市某玻璃仪器厂认为本案所涉合同系凭样品买卖合同,双方确认的样品为直径40毫米、高30毫米的有盖纸杯,盐城市某玻璃仪器厂按样品生产并未违反约定。根据现《民法典》第六百三十五条的规定,凭样品买卖的当事人应当封存样品,并可以对样品质量予以说明。由于盐城市某玻璃仪器厂与成都某仪器成套有限公司并未封存样品,导致法院对样品的品质无法验证,对此双方均负有责任。从合同签订的过程来说,双方在签订合同前已对样品进行确认,通常来讲会将已确认样品的品种、型号记载于合同中,在现有证据不能证明双方对痰盒的型号、规格、质地另有约定的情况下,应推定《供货合同》中痰盒为直径40毫米、高30毫米的蜡纸盒的约定与双方已确认的样品一致,且作为双方当事人的真实意思表示,对双方具有约束力。根据涉案痰盒的实际使用方江西省结核病防治所出具的收条,载明收到盐城市某玻璃仪器厂的痰杯系无盖纸杯,显然不符合双方关于痰盒质地为蜡纸盒的约定,盐城市某玻璃仪器厂的行为已构成违约,应承担退货并赔偿成都某仪器成套有限公司损失的责任。

相关法律条文

《最高人民法院关于审理买卖合同纠纷案件适用法律问题的解释》

第二十九条　合同约定的样品质量与文字说明不一致且发生纠纷时当事人不能达成合意,样品封存后外观和内在品质没有发生变化的,人民法院应当以样品为准;外观和内在品质发生变化,或者当事人对是否发生变化有争议而又无法查明的,人民法院应当以文字说明为准。

2. 湖南某适智能科技有限公司与湖南某云供应链管理有限公司买卖合同纠纷案[①]

裁判要旨：

案涉《工程建材集采合同》并非凭样品买卖合同。现有证据不足以证实涉案产品存在质量问题,湖南某适智能科技有限公司(以下简称"某适公司")以湖南某云供应链管理有限公司(以下简称"某云公司")提供货物存在质量问题要求解除合同,并要求返还未使用货物、赔偿损失的请求依据不足,法院不予支持。

[①] 参见湖南某适智能科技有限公司与湖南某云供应链管理有限公司买卖合同纠纷案,湖南省岳阳市中级人民法院(2024)湘06民终1792号民事判决书。

案件事实：

某适公司向某云公司采购瓷砖。合同签订前，某云公司向某适公司提供由广东某讯陶瓷产品检测有限公司于2023年7月3日作出的检验报告，该检验报告检验结论为：某优等品通体大理石瓷砖检验结果符合GB／T 4100—2015标准中附录G及GB 6566—2010标准中A类装饰装修材料的要求。此外，广东某讯陶瓷产品检测有限公司2023年7月3日（有效期一年）还出具了产品检验合格证书：经检验，所检项目符合GB／T 4100—2015、GB 6566—2010标准要求。2023年9月13日，某适公司与某云公司签订《工程建材集采合同》（合同编号TAISHI20230913-SW001），约定某适公司向某云公司购买创亿名优瓷砖T8928L（优等品）800×800的瓷砖3 699片。某适公司收货后在铺贴时发现瓷砖不能平整铺贴、对缝不齐等问题，认为货物存在质量问题，遂向汨罗市市场监督管理局申请质量检测。2023年10月12日，汨罗市市场监督管理局办案人员在某适公司办公楼随机抽取样品24片，由某适公司自行送检。2023年10月20日，湖南某投检测有限公司陶瓷砖检验报告单项评价中尺寸允许偏差、边角度、直角度、表面平整度、表面质量均合格，结论为：所检项目符合GB／T 4100—2015标准中附录G干压陶瓷砖（E≤0.5%BIa类）要求。某适公司发现瓷砖铺贴存在问题后，向某云公司反馈，某云公司安排工作人员试铺贴，某云公司认为试铺贴后，不存在某适公司主张的问题，而某适公司认为其主张的问题仍然存在。

裁判理由：

关于案涉产品是否存在质量问题。某适公司主张某云公司提供的产品存在质量问题。对于该主张某适公司未提供扎实的证据加以证明，且该主张应属于某适公司自行推定，并不能证明某云公司提供的产品存在质量问题，理由如下：1.某适公司不能排除是施工工艺不符合要求或者墙体基层等原因而导致的不能平整铺贴的可能；2.某适公司与某云公司的微信聊天记录表明某云公司对某适公司提出的质量异议并未认可，亦不能证明某云公司提供的产品存在质量问题；3.湖南某投检测有限公司陶瓷砖检验报告单项评价中尺寸允许偏差、边角度、直角度、表面平整度、表面质量均合格，所检项目符合GB／T 4100—2015标准中附录G干压陶瓷砖（E≤0.5%BIa类）要求。

故现有证据不足以证实涉案产品存在质量问题，某适公司以某云公司提供货物存在质量问题要求解除合同，并要求返还未使用货物、赔偿损失的请求依据不足，法院不予支持。

【法理阐释】

《民法典》第六百三十五条规定,"凭样品买卖的当事人应当封存样品,并可以对样品质量予以说明。出卖人交付的标的物应当与样品及其说明的质量相同"。故凭样品买卖合同,一是当事人在订约时提示已存在的样品。即如果当事人不是基于看到样品,而是基于一方提供的说明书或产品介绍订立合同,尽管说明或者介绍的内容可能成为合同内容,但由于没有依据相关的样品而订立,此种买卖不属于凭样品买卖。二是当事人有明确的凭样品买卖意思表示。一般表现在合同中明确约定以样品来确定标的物的品质,或者写明"凭样品买卖"等能够表明凭样品买卖的文字。出卖人虽然指示了样品,但双方的真实意思并非凭样品买卖,则不构成凭样品买卖。本案中,某适公司与某云公司签订的《工程建材集采合同》约定,瓷砖的验收标准以甲方(某适公司)下单规格数量为准,并无明确的以样品来确定标的物品质的意思表示,且某适公司就样品是否封存、双方是否存在凭样品买卖的合意以及该公司下单规格标准均未提交证据予以证明,故案涉买卖不能认定为凭样品买卖。

相关法律条文

《民法典》

第五百七十七条 当事人一方不履行合同义务或者履行合同义务不符合约定的,应当承担继续履行、采取补救措施或者赔偿损失等违约责任。

第二节 样品买卖合同的特殊责任

《民法典》第六百三十六条 凭样品买卖的买受人不知道样品有隐蔽瑕疵的,即使交付的标的物与样品相同,出卖人交付的标的物的质量仍然应当符合同种物的通常标准。

【立法意旨和制度背景】

本条是关于样品买卖合同特殊责任的规定。本条来源于《合同法》第一百六十九条,"凭样品买卖的买受人不知道样品有隐蔽瑕疵的,即使交付的标的物与样品相同,出卖人交付的标的物的质量仍然应当符合同种物的通常标准"①。

前条规定出卖人担保所交付的标的物与样品具有同一品质,本条的规定就是为了保护买受人的利益,针对前条的规定作出的特别规定,即出卖人交付物的质量应当符合同种物的通常标准。

既然是隐蔽瑕疵,就是为买受人所难以发觉的物之瑕疵。因此,按照本条的规定,买受人不知道样品存在隐蔽瑕疵的,即使交付的标的物与样品相同,我国《民法典》第六百一十六条规定的义务仍然适用于出卖人,而不论出卖人是否知道样品存在隐蔽瑕疵。如果出卖人明知该瑕疵而故意隐瞒,甚至可以构成对买受人的欺诈。

【条文解读】

一、样品合同适用特殊瑕疵担保责任的条件

(一)样品本身有隐蔽瑕疵存在

所谓隐蔽瑕疵,是指存在于标的物内部的,凭一般买受人的经验,经一般、通常的检查不易发现的样品品质缺陷。

需要说明的是,样品本身的隐蔽瑕疵应于一方当事人将样品提交给对方当事人时即已存在,而不是在样品提交后,封存期间样品品质本身发生变化而导致的。

(二)买受人不知道样品有隐蔽瑕疵

换言之,如果买受人知道样品本身有隐蔽瑕疵的,则买受人即丧失追究出卖人瑕疵担保责任的权利。诚如2002年1月1日实施的《德国债法现代化法》第四百四十二条第一款所规定的,"买受人在合同订立时知道买卖物存在瑕疵的,丧失因瑕疵产生的权利,买受人因重大过失不知道买卖物存在瑕疵的,则只有出卖人恶意隐瞒瑕疵或者对买卖物的性质作出担保的情况下,买受人才能主张因瑕疵产生的权利"②。

出卖人为恶意,即出卖人明知道样品有隐蔽瑕疵而故意隐瞒不告知买受人,

---

① 2002年1月1日实施的《德国债法现代化法》第442条第1款规定:"买受人在合同订立时知道买卖物存在瑕疵的,丧失因瑕疵产生的权利,买受人因重大过失不知道买卖物存在瑕疵的,则只有出卖人恶意隐瞒瑕疵或者对买卖物的性质作出担保的情况下,买受人才能主张因瑕疵产生的权利"。该条强调的"因重大过失"而不知道与我国《民法典》规定的"隐蔽瑕疵"是基于相同的法理。

② 参见《德国债法现代化法》,邵建东等译,中国政法大学出版社2002年版,第74页。

则出卖人的行为将构成欺诈。① 此时亦将构成买受人主张适用欺诈而变更或撤销合同或主张瑕疵担保责任的竞合问题,对此,买受人有选择权。

二、违反特殊瑕疵担保责任的法律后果

需要说明的是,如果出卖人交付的标的物仅仅是符合有隐蔽瑕疵的样品品质的,出卖人的履行为不适当履行,即为违约行为,但出卖人仅应承担限于重新交付符合同种物通常标准的标的物以及延迟交付的违约责任,买受人不得据此解除合同。

但如果买受人在合同约定的出卖人交付标的物期限到来前,发现样品有隐蔽瑕疵,并在合理期限内告知出卖人的,则出卖人在合同履行期届满时,交付的标的物不符合同种物的通常标准的,买受人可以依据《民法典》合同编相应规定,行使合同解除权,并追究出卖人的违约责任。

同时,买受人要求出卖人交付符合同种物通常标准的标的物的权利当然受到《民法典》第六百二十一条规定的对标的物检验期间的限制,即当事人约定检验期间的,买受人应当在检验期内将标的物的数量或质量不符合约定的情形通知出卖人。② 买受人怠于通知的,视为标的物的数量或质量符合约定。

【典型案例】

1. 佛山市石湾区某制衣厂与佛山市石湾区某印花厂、杨某英等加工合同纠纷案③

裁判要旨:

佛山市石湾区某制衣厂(以下简称"制衣厂")并未在收取佛山市石湾区某印花厂(以下简称"印花厂")的加工物后提出质量异议,其是在将加工物深加工成成品后才向印花厂提出质量问题,已超出合理期限的范围。制衣厂提取样品和收到退货清单的行为,只能说明制衣厂提出过质量异议,并不能作为印花厂已自认加工物存在质量问题的依据。制衣厂关于"印花厂交付的加工物不符合质

---

① 参见梅仲协:《民法要义》,中国政法出版社1998年版,第347页。
② 参见杨巍:《禁止诉讼时效协议之检讨及规则构建——兼论诉讼时效领域中意思自治的边界》,《暨南学报(哲学社会科学版)》2023年第3期,第81页。
③ 参见佛山市石湾区某制衣厂与佛山市石湾区某印花厂、杨某英等加工合同纠纷案,广东省佛山市中级人民法院(2004)佛中法民二终字第578号民事判决书。

量标准"的抗辩证据不足,法院不予支持。

案件事实:

印花厂与制衣厂双方口头约定由印花厂在制衣厂提供的布料上加工出绣花或印花图案的样板,经制衣厂认可后,印花厂即按样板加工并向制衣厂交付加工物。印花厂为制衣厂加工布料一批,制衣厂在印花厂提供的14张送货单上签章确认收到相应的加工物。2002年7月10日,制衣厂确认:"收到印花厂对数单(2月—4月份)共14张单"。2002年8月27日,制衣厂认为印花厂交付的加工物存在质量问题,向印花厂提出异议,印花厂遂收取了制衣厂交付的三种型号牛仔裤共3条。

后制衣厂又向印花厂递交了一份退货清单,自行列明了要求退货的加工物型号和数量。2002年9月16日,广东省纺织产品质量监督检验测试中心对制衣厂单方送检的3条牛仔裤进行检验,外观检查发现,经普洗后的牛仔裤面上有灰色涂料印花图案明显脱落现象,白色涂料印花图案也有脱落现象,初步分析认为是由于涂料印花粘贴不牢,经普洗或水洗后(多次)就会使图案脱落。因双方对于加工物是否存在质量问题以及加工费的支付不能达成一致意见,印花厂遂向人民法院提起诉讼。

裁判理由:

制衣厂并未在收取印花厂的加工物后提出质量异议,其是在将加工物深加工成成品后才向印花厂提出质量问题,与其所述的"合理期限"不相吻合,制衣厂提取样品和收到退货清单的行为,只能说明制衣厂提出过质量异议,并不能作为印花厂已自认加工物存在质量问题的依据。此外,广东省纺织产品质量监督检验测试中心作出的分析意见,是根据制衣厂单方送检作出的,只能认定送检样品存在质量问题,而送检的牛仔裤是否用印花厂加工的布片做成,并未能得到合法的证明,更证明不了印花厂交付的加工物存在质量问题。制衣厂反诉请求印花厂赔偿其经济损失,但未能举证其损失确实存在,且与印花厂有直接的关系。制衣厂的请求,依据不足,法院不予支持。

【法理阐释】

印花厂与制衣厂之间所形成的加工合同关系,合法有效,应受法律保护。根据查明的案件事实,印花厂与制衣厂之间系按照双方所认可的样板定作加工,印花厂根据经双方确定的样板对制衣厂提供的布料进行加工后,向制衣厂交付了价值20 728.85元的加工物一批,制衣厂在接收加工物后,并没有向印花厂提出加工物与样板不符的异议,由此,依法推定制衣厂在接收加工物时,已经认可印花厂所交付的加工物与样板相符。在交付的加工物与样板相符的情况下,印花厂已经履行了合同义务,制衣厂依约应向印花厂支付加工报酬。制衣厂以印花厂交付的加工物不符合质量标准为由提出抗辩,依法必须提交足以证明印花厂提交的定作物存在隐蔽瑕疵且不具备同种物通常标准的证据,而制衣厂所举出的证据并不足以证明上述内容。因此,在本案中,制衣厂以印花厂所交付的加工物存在质量问题为由而提出的拒付加工费的抗辩,缺乏事实和法律依据,法院均不予支持。

相关法律条文

《最高人民法院关于审理买卖合同纠纷案件适用法律问题的解释》

第二十九条　合同约定的样品质量与文字说明不一致且发生纠纷时当事人不能达成合意,样品封存后外观和内在品质没有发生变化的,人民法院应当以样品为准;外观和内在品质发生变化,或者当事人对是否发生变化有争议而又无法查明的,人民法院应当以文字说明为准。

2. 甲公司与乙公司买卖合同纠纷案[①]

裁判要旨:

本案中甲公司认为其提供的山毛榉手柄梳子为乙公司确认的样品,鉴于甲公司并未明确告知乙公司该样品手柄为山毛榉,结合此前双方关于手柄应为榉木的约定,应认为乙公司系陷入错误认知,误以为甲公司提供的样品符合此前约定材质,故不能因此认定乙公司认可手柄材质改为山毛榉。结合材质隐蔽问题和检验时间点,不能认为乙公司的诉请超过质量异议期。因此,可以认定甲公司供应的货物不符合合同约定,构成违约。

案件事实:

2020年8月28日,乙公司的员工朱某通过微信向甲公司的员工王某某发送了一张猪鬃气垫梳的图片,询问是否可以做如图猪鬃气垫梳。

2020年9月23日,王某某向朱某发送了甲公司的报价单,报价单内产品描述为"榉木、清漆、深色胶皮植猪鬃夹单根透明尼龙丝"。2020年10月12日,朱某询问梳子的价格,王某某回复最低价每把8.3元,朱某问每把8元能做吗?王

---

① 参见甲公司与乙公司买卖合同纠纷案,江苏省扬州市中级人民法院(2024)苏10民终2351号民事判决书。

某某回复做不了,榉木的成本本来就高等内容。2020年10月14日,乙公司与甲公司签订了第一份《采购订单》,约定乙公司向甲公司采购猪鬃气垫梳5万把,技术标准/质量要求为供方按需方确定样品标准和图纸执行。

2020年11月16日,双方确定了梳子成品检验标准,其中材质要求是"与签样保持一致"。2021年3月8日,甲公司将样品寄给朱某。甲公司交付给乙公司的梳子样品材质均为水青冈即山毛榉,对此甲公司未告知乙公司,乙公司也未做材质检测。

此后双方分别于2021年4月29日、2021年7月6日、2021年7月19日各签订了《采购订单》,三份《采购订单》除数量、价格、交货期约定不同外,其余约定同第一份《采购订单》一致。四笔《采购订单》双方已履行完毕,货款两清,亦无矛盾。2021年8月24日,乙公司的朱某在甲公司提供的全猪鬃梳子的样品上签署"朱某8.24",并将该样品寄给了甲公司。

2021年8月27日,双方第五次签订了《采购订单》即案涉订单,约定乙公司向甲公司采购X猪鬃气垫梳50万把,备注:此批气垫梳除了透明尼龙丝之外的毛丝为100%全猪鬃,其余约定同第一份《采购订单》。

2023年7月5日,朱某告知王某某梳子李某某要直播,需要提供榉木和猪鬃的材质检测报告证明材质。2023年7月7日,朱某问王某某梳子用的榉木是原木直接成型的吧?王某某回复是的。2023年8月7日经乙公司申请,广州海关技术中心出具了《国家木制品检测重点实验室检测报告》,载明送检的EVERBAB猪鬃气垫梳木种检测结果为水青冈。

2023年9月13日,邢某某告知王某某"我们当初非常明确是要榉木梳子,然后你们承诺的也是榉木梳子,但最近有渠道要求我们提供证明材料,我们去做鉴定才发现你们压根儿就不是榉木的,是水青冈"。并发送了上述检测报告。王某某回复水青冈别称榉木,并要求乙公司直接联系甲公司的老板。

裁判理由:

本案中,首先需判断双方争议的合同内容是否包括此前报价单或此前双方经办人在最初商谈交易时提及的对梳子手柄的要求。双方争议系针对2021年8月27日双方第五份《采购订单》即案涉订单,该《采购订单》载明货物名称为猪鬃气垫梳,约定供方按需方确定样品标准和图纸执行,未注明具体的梳柄材质要求。双方于2020年8月下旬开始商谈猪鬃气垫梳交易,在双方经办人2020年8月下旬、9月的多次微信交流中,乙公司经办人均明确手柄材质需为榉木,甲公司经办人也多次回复系榉木。2020年9月23日甲公司经办人发送的报价单中也明确注明系榉木材质,且在2020年10月12日双方经办人商谈具体价格时,甲公司称最低价每把8.3元,乙公司经办人询问每把8元是否能做时,甲公司经办人称做不了,榉木成本本来就高。后续双方于2020年10月14日签订的第一份《采购订单》约定的价格也系含税单价8.3元。此后签订的多份《采购订单》的货物品名均一致,仅是数量、价格、交货期等与此前《采购订单》不同。

结合标的物性质、合同订立和履行情况,可以判断梳子手柄的材质是合同的重要部分,应认为此前商谈中关于材质的要求和报价单中对材质为榉木的约定属于合同内容,双方争议的第五份《采购订单》在内的五份订单均应符合此前对手柄材质为榉木的约定,即双方当事人约定了五份《采购订单》中涉及的梳子手柄均为榉木。同时,乙公司之后发给甲公司的多份梳子成品检验标准,系双方当事人之间合同的组成部分,没有提及手柄材质发生变化,不能据此认为乙公司不再要求手柄为榉木材质。

采购订单中均注明供方按需方确定样品标准和图纸执行,甲公司提供了据其所述由乙公司经办人朱某签字的梳子和相应微信聊天记录作为证据,认为双方当事人已确定样品且样品为山毛榉手柄,主张应据此履行协议。乙公司否认签字和样品的真实性,认为不能认定系样品。结合二审中甲公司提供的微信聊天记录中双方经办人关于大样、签样的对话,乙公司经办人朱某确曾表态就样品签样寄回给甲公司并邮寄了样品给甲公司,但即便如甲公司所述该山毛榉手柄梳子为乙公司确认的样品,鉴于甲公司并未明确告知乙公司该样品手柄为山毛榉,结合此前双方关于手柄应为榉木的约定,应认为乙公司系陷入错误认知,误以为甲公司提供的样品符合此前约定材质,故仍不能因此认定乙公司认可手柄材质改为山毛榉。结合材质隐蔽问题和检验时间点,也不能认为乙公司的诉请超过质量异议期。

诉讼中,甲公司强调山毛榉即榉木,该抗辩缺乏事实依据。甲公司认为乙公司系因销售不畅而故意通过对材质的异议意图解除合同和转嫁商业风险,该抗辩缺乏证据佐证。

本案中,甲公司供应货物的材质不符合与乙公司约定,应认定甲公司构成违约。需要注意的是,法院认定甲公司违约,但并未确定其存在欺诈,不排除其对材质的认识存在错误。结合合同订立和履行情形,判决合同终止履行和返还部分货款。

【法理阐释】

依据《民法典》第六百三十六条规定,凭样品买卖的买受人不知道样品有隐蔽瑕疵的,即使交付的标的物与样品相同,出卖人交付的标的物的质量仍然应当符合同种物的通常标准。产品质量是买卖合同的一项重要条款。本案中,通过双方的微信聊天记录以及甲公司的报价单,能够证明双方约定的材质是榉木。由于榉木与水青冈即山毛榉是不同品种的材质,甲公司作为出卖人,在有榉木的情况下,其按照自己的理解将水青冈作为榉木供货,提交样品时应当明确告知乙公司,以便乙公司知悉。甲公司在没有告知的情况下,将水青冈作为榉木供货,显然是具有过错的。乙公司在收到样品时未及时进行材质检测,在双方交易近三年才进行材质检验并提出异议,对此也具有一定的过错。

由于《采购订单》终止履行,鉴于双方均有过错乙公司已收取的梳子不予退回,甲公司未交付的梳子不再交付,同时甲公司将多收取的货款1 738 222元退还给乙公司。

相关法律条文

《民法典》

第六百一十五条 出卖人应当按照约定的质量要求交付标的物。出卖人提供有关标的物质量说明的,交付的标的物应当符合该说明的质量要求。

第三节 试用买卖合同之试用期限

《民法典》第六百三十七条 试用买卖的当事人可以约定标的物的试用期限。对试用期限没有约定或者约定不明确,依据本法第五百一十条的规定仍不能确定的,由出卖人确定。

【立法意旨和制度背景】

本条是关于试用买卖合同之试用期间的规定。本条来源于《合同法》第一百七十条,"试用买卖的当事人可以约定标的物的试用期间。对试用期间没有约定或者约定不明确,依照本法第六十一条的规定仍不能确定的,由出卖人确定"。

试用买卖是一种附条件的买卖,合同成立时出卖人将标的物交付买受人使用,买受人在一定期限内使用后承认购买并支付价款。试用买卖中,标的物的试用期间是重要条款。它适用一般合同的自愿原则,可以由当事人协商确定。如果当事人在试用买卖中对试用期间没有约定或者约定不明确的,则应当依据

《民法典》第五百一十条的规定进行确定。即当事人双方可以协议补充；双方不能达成补充协议的，按照合同相关条款或者交易习惯确定。若上述方式仍无法确定试用期间，则由出卖人确定并通知买受人。

【条文解读】

一、试用买卖合同的效力

试用买卖的当事人可以约定标的物的试用期间。试用买卖又称试验买卖，出卖人把标的物交给买受人，由买受人在一定期间内试用，买受人在试用期内有权选择购买或退回，这是一种附停止条件的买卖合同，是一种特殊的买卖方式。

我国法律并未界定试用买卖合同这一概念，但学界通说均将试用买卖合同定性为附生效条件的特种买卖合同。[①]试用买卖合同成立后有以下效力：出卖人应将标的物交付给买受人试用，买受人接受标的物后应妥善使用，并应于试用期届满前作出是否同意购买决定。同意购买后，则应支付价款，取得标的物所有权，试用买卖转变为普通买卖；不同意购买的，应将标的物退回，一般无需说明理由。因可归责于买受人的事由，造成标的物毁损、灭失而返还不能时，买受人负赔偿责任。除此之外，试用买卖的风险则由出卖人承担。

二、试用买卖之试用期间

《民法典》第六百三十七条是关于试用买卖试用期间的规定。试用买卖为买卖的一种，以买受人之承认标的物为停止条件。如果当事人约定，标的物经试验或检验符合一定要求，买受人就须买下标的物，则不为试用买卖，而为一般的买卖。一般认为试用买卖是附生效条件的买卖。[②]"所谓条件，就是指行为人选定的某种将来发生与否并不确定的事实，作为控制法律行为效力发生或消灭手段的一个款项"。[③]

试用期间对当事人的利益至关重要。按照我国《民法典》第六百三十七条的规定，试用期间的确定呈递进关系：第一，由当事人约定；第二，当事人没有约

---

① 参见崔建远主编：《合同法》（第六版），法律出版社2016年版，第316页；王利明：《合同法研究》（第三卷，第二版），中国人民大学出版社2015年版，第157页、第159页；梁慧星主编：《中国民法典草案建议稿附理由：合同编》（上册），法律出版社2013年版，第322页。

② 参见翟云岭：《合同法总论》，中国人民公安大学出版社2003年版，第458页。

③ 参见张俊浩主编：《民法学原理》，中国政法大学出版社1991年版，第247页。

定或者约定不明确的,根据已有的条款或者交易习惯确定;第三,不能确定的,由出卖人确定。出卖人确定时间后,应当向买受人发出通知,如果买受人不欲购买又来不及退回的,应在出卖人确定的时间内发出拒绝购买的通知。

【典型案例】

1. 杨某与广州某科技有限公司买卖合同纠纷案[①]

裁判要旨:

根据《民法典》第六百三十八条及《最高人民法院关于审理买卖合同纠纷案件适用法律问题的解释》(2012年发布,2020年修正)第十八条相关规定,试用买卖合同中,买受人试用期届满未作是否购买表示的,视为购买,应依约履行支付尾款义务。本案中,广州某科技有限公司(以下简称"某科技")与杨某签订的《订购合同》合法有效,某科技依约供货,杨某试用期满未表示拒绝购买,应支付尾款。杨某主张案涉产品为"赌博机"致合同无效,但未提供证据,且产品经文化部批准准入,该主张不成立。

案件事实:

2022年3月1日,某科技作为甲方,杨某作为乙方,签订《订购合同》。合同主要约定,产品名称:富贵列车;总额65 000元;合同生效后,乙方支付定金10 000元整,试用期3个月。试用期结束后,如需购买则付尾款55 000元人民币整给甲方。2022年3月,杨某分两笔向某科技共计支付10 000元定金,后某科技依约发货。2022年6月10日,试用期到期后,某科技多次向杨某催要尾款,杨某未予支付,某科技遂诉至法院,双方争议成讼。

裁判理由:

一审法院认为,根据《民法典》第六百三十八条第一款之规定,本案中,结合某科技提交的《订购合同》以及杨某支付定金的交易流水,可以认定杨某与某科技之间存在试用买卖合同关系。杨某依约支付定金,某科技依约履行供货义务,试用期届满,杨某对是否购买案涉标的物未作表示,视为购买,按照双方合同约定及法律规定,杨某即应当依约履行支付尾款的义务。

二审法院认为,某科技与杨某签订的《订购合同》系双方当事人真实意思表

---

① 参见杨某与广州某科技有限公司买卖合同纠纷案,河北省邯郸市中级人民法院(2024)冀04民终2510号民事判决书。

示,内容不违反法律、行政法规强制性规定,合法有效。某科技已依约履行了供货义务,杨某在试用期届满后对是否购买产品未作表示,依法应视为购买,故其应按照合同约定履行给付尾款义务。杨某迟延付款已构成违约,一审判决杨某给付某科技货款 55 000 元及利息并无不当。杨某上诉虽称案涉产品已被公安局定义为"赌博机",但未能提交相关证据予以证明,且某科技提交游戏设备电子标识,证明案涉产品已经过文化部批准准入,故杨某主张案涉买卖合同无效的上诉理由不能成立,不予采信。

【法理阐释】

《民法典》第六百三十八条明确了试用买卖合同中买受人的选择权及默示推定规则,即试用期内买受人可自主决定是否购买,试用期满未作表示则推定为购买,旨在促使交易确定性,保障出卖人合法权益。本案杨某试用期满未作表示,依此规定应视为购买,应当履行支付尾款义务。杨某主张合同无效,但未提供证据证明产品为"赌博机",且产品有合法准入标识,根据证据规则及合同效力判断标准,其主张不成立。

相关法律条文

《民法典》

第五百零九条　当事人应当按照约定全面履行自己的义务。

当事人应当遵循诚信原则,根据合同的性质、目的和交易习惯履行通知、协助、保密等义务。

当事人在履行合同过程中,应当避免浪费资源、污染环境和破坏生态。

《最高人民法院关于审理买卖合同纠纷案件适用法律问题的解释》

第十八条第三款　买卖合同约定逾期付款违约金,但对账单、还款协议等未涉及逾期付款责任,出卖人根据对账单、还款协议等主张欠款时请求买受人依约支付逾期付款违约金的,人民法院应予支持,但对账单、还款协议等明确载有本金及逾期付款利息数额或者已经变更买卖合同中关于本金、利息等约定内容的除外。

2. 甲公司诉乙公司试用买卖合同纠纷案[①]

裁判要旨：

根据《民法典》第六百三十八条，买受人试用期内未拒绝购买即视为认可标的物，合同生效。本案中，乙公司与甲公司虽未签订书面买卖合同，但通过微信达成试用煤渣合意，且甲公司接收乙公司后续供货，应视为对货物认可并同意购买，双方买卖合同成立并生效。甲公司在收到乙公司送货单、对账单及发票后未提出异议，应承担给付货款及逾期付款利息的责任。

案件事实：

自2020年9月起，乙公司向甲公司供应煤渣，双方未签订书面的买卖合同。2020年9月至12月期间，乙公司陆续向甲公司提供了不同规格和数量的煤渣，甲公司工作人员在多份送货单、发货单上签字。2021年2月4日，乙公司向甲公司提出对账要求，2021年10月，双方工作人员通过微信进行对账，确认甲公司应付乙公司货款27 810元；10月18日，乙公司开具了27 810元的增值税专用发票并交付给甲公司。后乙公司要求甲公司付款，甲公司一直未能给付。

裁判理由：

一审法院认为，依法成立的合同，对当事人具有法律约束力，当事人应当按照约定履行自己的义务。本案中，双方虽未签订书面的买卖合同，但已通过微信对甲公司向乙公司购买煤渣达成合意，且乙公司已实际向甲公司供货，甲公司工作人员在多份送货单、发货单上签字确认，可以认定双方之间的买卖合同依法成立。关于欠付货款数额，双方工作人员在微信中认可的对账单与乙公司提供的送货单、发货单能够相互印证，乙公司据此开具了相应金额的发票，甲公司在收到发票后也未对货款金额提出异议，可以证明双方对于欠付27 810元货款的事实达成一致，故甲公司应当履行给付原告27 810元货款的义务。

二审法院认为，乙公司与甲公司之间的买卖合同成立并生效。根据《民法典》第六百三十七条和第六百三十八条规定，试用买卖合同系附停止条件的买卖合同，合同经当事人双方合意即为成立，合同是否生效取决于买受人对试用标的物是否认可，试用期内购买或试用期届满未作表示均视为对标的物的认可。本案中，乙公司与甲公司之间关于试用煤渣的买卖合同，基于双方一致的真实意思表示而成立，虽然双方并未就供货的数量、质量及试用期限进行明确约定，但

[①] 参见甲公司诉乙公司试用买卖合同纠纷案，江苏省扬州市中级人民法院（2024）苏10民终56号民事判决书。

甲公司对乙公司提供试用煤渣后的多次供货均由其工作人员予以接收，应视为其对后续供货的确认。即使甲公司述称的后续发货未进行告知，公司工人不知情才予以接收的情况属实，乙公司也已于2021年2月4日提出对账要求，此时甲公司对后续供货的情况应为明知，但并无证据证明甲公司明确表示拒绝接收，故应视为甲公司对案涉货物的数量、质量的认可并同意购买，双方之间的买卖合同已生效。

关于案涉货款承担，因双方未订立书面的买卖合同，未有证据显示双方在供货前就案涉货物的价款有过明确约定，但在供货完成之后，乙公司向甲公司的工作人员发送了送货单及对账单，对账单中载明了送货时间、数量、单价及合计金额，其中亦包含先行供货试用的煤渣。甲公司对此并未提出异议且接收了乙公司开具的相应金额的发票，应视为甲公司对乙公司主张的案涉货款已进行确认，并且对于先行供货试用的煤渣，甲公司也自认按照实际用量结算货款，视为甲公司自愿承担试用货物的价款，故甲公司应对乙公司供货的全部货款承担给付责任。

【法理阐释】

《民法典》第六百三十七条、第六百三十八条明确了试用买卖合同的成立与生效条件，即合同经双方合意成立，买受人试用期内购买或试用期届满未作表示均视为认可标的物，合同生效。本案中，乙公司与甲公司就试用煤渣达成一致，甲公司接收后续供货且未明确拒绝，符合上述规定，合同生效。本案双方虽未明确约定价款等，但乙公司供货后发送送货单、对账单，甲公司未提异议且接收发票，视为对货款确认；未约定付款期限，乙公司供货后可随时请求履行，甲公司未按时付款应承担逾期利息。

相关法律条文

《民法典》

第五百一十条　合同生效后，当事人就质量、价款或者报酬、履行地点等内容没有约定或者约定不明确的，可以协议补充；不能达成补充协议的，按照合同相关条款或者交易习惯确定。

第五百七十七条　当事人一方不履行合同义务或者履行合同义务不符合约定的，应当承担继续履行、采取补救措施或者赔偿损失等违约责任。

第四节　买受人对标的物的购买选择权

《民法典》第六百三十八条　试用买卖的买受人在试用期内可以购买标的物，也可以拒绝购买。试用期限届满，买受人对是否购买标的物未作表示的，视为购买。

试用买卖的买受人在试用期内已经支付部分价款或者对标的物实施出卖、出租、设立担保物权等行为的，视为同意购买。

【立法意旨和制度背景】

本条是关于试用买卖中买受人认可标的物的规定。本条来源于《合同法》第一百七十一条，"试用买卖的买受人在试用期内可以购买标的物，也可以拒绝购买。试用期间届满，买受人对是否购买标的物未作表示的，视为购买"。

试用买卖的买受人在试用期内可以购买标的物，也可以拒绝购买，这是试用买卖合同中买受人的基本权利。买受人对标的物的认可完全取决于自己的意愿，而不受其他条件的限制。但在有些情形下，买受人虽未做出明确的认可表示，也推定为认可。一是试用期间届满，买受人对是否购买标的物未作表示的，为避免当事人之间的法律关系过久处于不稳定状态，推定为买受人同意购买；二是买受人无保留地支付一部分价金，或者对标的物从事试用以外的行为。

【条文解读】

一、试用买卖的特性

试用买卖约定由买受人享有先行试用标的物的权利。在一般买卖中，出卖人并无让买受人试用标的物的义务；而在试用买卖中，出卖人于买卖成立前有义务将标的物交付给买受人试用。试用买卖中出卖人的这一义务不是履行行为，也不是一般买卖合同当事人的基本义务，而是与买卖相关的出卖人的一项独立的义务。

试用买卖以买受人试用标的物后在一定期限内表示认可为买卖合同的生效条件。试用买卖合同经当事人双方意思表示一致即可成立，但合同并未生效。只有合同成立后出卖人将标的物交付买受人试用并经买受人认可，买卖合同才可生效。①因此,试用买卖是一种附条件的买卖合同。买受人认可标的物,则为条件成就;买受人不认可标的物,则为条件不成就。根据试用买卖合同,出卖人有允许买受人试用的义务,②买受人则享有自由决定是否购买的权利,在其决定购买前,标的物所有权仍属于出卖人。

二、试用买卖中买受人对标的物的认可

我国通说认为,试用买卖在标的物被承认前是只成立不生效的。③试用买卖中,买受人对标的物认可则条件成就,买卖合同生效;买受人拒绝,则条件不成就,买卖合同不发生效力。买受人认可的,须向出卖人作出同意接受标的物的意思表示。其方式可以是口头的,也可以是书面的。买受人对标的物的认可,应当在约定的时间内作出,对试用买卖或检验买卖的标的物的认可,仅得在约定期限内为之;无约定期限者,应在出卖人对买受人规定的相当期限届至前表示之。

在下列情形,买受人虽未作出明确的认可表示,也视为对标的物认可。这些情形主要有:(1)试用期间届满,买受人对是否购买标的物未作表示的,视为购买标的物。因为,买受人对标的物是否认可,应当及时作出表示,以稳定当事人之间的关系。(2)买受人支付一部分或者全部的价金,应当推定为认可。在试用买卖中,买受人接收后才需支付价款。如果在试用后,买受人虽未表示认可或者拒绝,但支付了一部分或全部价款的,可以推定买受人以支付价款的形式表示了接受的意思。(3)买受人对标的物从事试用以外的行为,视为认可。因为,在试用期间,买受人对标的物没有为约定的试用行为以外行为的权利,如果其进行了上述行为,显然是表示将标的物视为已有,也就是认可了标的物。④

---

① 参见杨代雄:《意思表示理论中的沉默与拟制》,《比较法研究》2016年第6期,第155页。
② 参见邱聪智:《新订债法各论》(上),中国人民大学出版社2006年版,第137页;崔建远主编:《合同法》(第六版),法律出版社2016年版,第316页。
③ 参见郭明瑞、王轶:《合同法新论·分则》,中国政法大学出版社1997年版,第46页。
④ 参见法律出版社法规中心:《中华人民共和国民法典合同编·注释本》,法律出版社2023年版,第155页。

【典型案例】

1. 南京市某刀具厂与海南某公司试用买卖合同纠纷案[①]

裁判要旨：

南京市某刀具厂（以下简称"刀具厂"，原告）、海南某公司（以下简称"某公司"，被告）双方未对试用期间进行约定，依法由刀具厂确定。某公司于2004年12月7日已将刀具厂提供的产品入库，如果产品有质量问题，某公司应该在合理的期限内提出。某公司于2006年5月才单方提出产品有质量问题，已超过合理的试用期限，且提出产品有质量问题也无相应证据，故依法应视为已购买。

案件事实：

2004年12月7日，刀具厂提供给某公司一批刀具及工具价值人民币59 628元。2006年5月，某公司编制一份《使用情况》，列明2004年12月7日入库，已提供的刀具及工具价值为59 628元，已使用29 060元，库存30 568元货物。某公司下属的生产技术部在使用情况表上注明"此部分试用过程损坏，质量不同程度存在问题，可暂不付款"，其中，某公司自己所书写的"使用"涂改成"试用"字样。同年5月22日，某公司总经理林某才在该使用情况表上批示"经研究决定不付款，由财务直接冲账"。之后，某公司对余下的30 568元产品未作出是否购买的意思表示。

刀具厂向某公司多次催收货款未果，遂向海南省三亚市城郊人民法院提起诉讼，请求判令某公司支付上诉人货款。

裁判理由：

一审法院认为，根据当事人提供的证据，可认定双方形成的是试用买卖合同关系，该试用买卖合同系当事人真实意思表示，未违反法律法规的强制性规定，属于有效合同。2006年某公司开始试用刀具厂提供的产品，同年5月22日，某公司使用部分货物后，认为此部分试用过程中存在质量问题，明确表示不付款，该部分产品应视为某公司拒绝购买。刀具厂与某公司双方虽未对试用期间进行约定，但某公司于2006年就开始试用了刀具厂提供的产品，至刀具厂起诉某公司之日止已长达一年多时间，已超过合理的试用期限，应视为试用期限已届满。某公司只对刀具厂提供的金额为29 060元的部分产品提出质量异议，明确不付

[①] 参见南京市某刀具厂与海南某公司试用买卖合同纠纷案，海南省三亚市中级人民法院（2008）三亚民二终字第10号民事判决书。

款，但未对余下的 30 568 元产品作出是否购买的意思表示。因此，余下的 30 568 元产品应视为某公司向刀具厂购买。刀具厂主张双方形成了买卖合同关系无事实和法律依据，对该主张法院不予支持。依据试用买卖合同关系，某公司应支付刀具厂货款 30 568 元。

二审法院认为，原审根据当事人双方提供的证据，认定双方形成的是试用买卖合同关系，该试用买卖合同系当事人真实意思表示，未违反法律法规的强制性规定，属有效合同。这一认定正确，应予支持。原审认定刀具厂提供的金额为 30 568 元的部分产品已超过合理的试用期限，应视为某公司向刀具厂购买。原审认定符合法律规定，某公司也未提出异议，法院亦予以支持。原审认定 2006 年 5 月 22 日，某公司使用部分货物后，认为此部分试用过程中存在质量问题，明确表示不付款，该部分产品应视为某公司拒绝购买。但根据《民法典》第六百三十七条规定，双方未对试用期间进行约定，依法由刀具厂确定。某公司于 2004 年 12 月 7 日已将刀具厂提供的产品入库，如果产品有质量问题，某公司应该在合理的期限内提出。某公司于 2006 年 5 月才单方提出产品有质量问题，已超过合理的试用期限，且提出产品有质量问题也无相应证据，故依法亦应视为已购买。原审判决对刀具厂主张已超过合理试用期限的已使用的部分产品价值为 29 060 元的货款不予支持不当，法院予以纠正。

【法理阐释】

在本案中，刀具厂与某公司双方未对试用期间进行明确约定。根据法律规定，应由刀具厂确定试用期限。然而，某公司在 2004 年 12 月 7 日已将产品入库，直到 2006 年 5 月才单方提出产品有质量问题，这段时间已长达一年多。从商业交易的合理性和效率角度来看，一年多的时间远远超过了合理的试用期限。在试用买卖中，买受人应在合理期限内对产品进行试用并作出是否购买的决定，以便出卖人能够及时安排生产和销售计划，避免资源的闲置和浪费。且本案中，某公司在试用期满后，对于余下的 30 568 元产品未作出是否购买的意思表示，根据法律规定，应视为某公司已购买该部分产品。此外，某公司于 2006 年 5 月才单方提出产品有质量问题，不仅已超过合理的试用期限，而且也未提供相应的证据证明产品存在质量问题，应解释为对产品质量的认可，从而视为购买标的物。

相关法律条文

《最高人民法院关于审理买卖合同纠纷案件适用法律问题的解释》

第三十条 买卖合同存在下列约定内容之一的，不属于试用买卖。买受人

主张属于试用买卖的,人民法院不予支持:

（一）约定标的物经过试用或者检验符合一定要求时,买受人应当购买标的物；

（二）约定第三人经试验对标的物认可时,买受人应当购买标的物；

（三）约定买受人在一定期间内可以调换标的物；

（四）约定买受人在一定期间内可以退还标的物。

2. 漯河市郾城区某汽车维修中心与漯河某物流运输有限公司试用买卖合同纠纷案[①]

裁判要旨：

原告漯河市郾城区某汽车维修中心（以下简称"汽修中心"）与被告漯河某物流运输有限公司（以下简称"物流公司"）签订的《产品试用协议》属于试用买卖合同。根据协议约定，原告免费提供尾气处理装置供被告试用，试用合格后，若原告未中标，被告应按中标价采购原告的合格产品。然而，由于国家环保政策变化，被告后续车辆未进行招投标而直接报废，导致协议中约定的付款条件未成就。被告在车辆报废前已通知原告拆除设备，原告未同意拆除而要求支付货款，该主张缺乏法律和合同依据。

案件事实：

2019年12月20日，汽修中心作为乙方，物流公司作为甲方，双方签订一份《产品试用协议》，该协议主要内容为，原告为被告公司的三台车加装尾气处理装置，试用期限为三个月；乙方产品试装合格后，若乙方投标未中标，甲方可按照中标价（同等升数价格）向乙方采购试装合格的产品；乙方不因免费提供该批试用设备，获得甲方后期的优先采购权，最终甲方采购结果及数量依据招标结果确定。和原告一样参与加装尾气处理设备的，除了原告外，还有其他两家企业也参与。原告加装了3辆车，另外两家企业分别加装了6辆、2辆。

合同签订以后，汽修中心为物流公司名下的三辆车加装了尾气处理装置，经机动车检测机构的检测，上述三辆车尾气排放达标。加装尾气处理设备后，三辆车仍不能上路运行。原告称，我方只要加装设备并检测合格，即完成合同义务；被告公司称，加装的设备虽经检测合格，但不是合同的最终目的，加装尾气处理

[①] 参见漯河市郾城区某汽车维修中心与漯河某物流运输有限公司试用买卖合同纠纷案，河南省漯河市中级人民法院（2022）豫11民终1431号民事判决书。

设备的终极目的是上路运营，但这个目的显然未实现，车辆被环保部门查扣并最终强制报废。

三家参与试用的企业均未中标。实际上，物流公司后续的二百多辆国三柴油车，根本未进行后续的招投标，而是最终按照政策要求进行了报废处理。在报废处理之前，物流公司曾通知三家参与试用的企业，要求其各自拆除所加装的尾气处理设备。该涉案的三个汽车尾气处理设备，由于汽修中心未拆除取回，由物流公司在报废前自行拆下，目前存放在被告公司。汽修中心起诉被告，要求其支付所加装设备的货款。

裁判理由：

一审法院认为，原、被告双方签订的合同的性质为产品试用买卖合同，该试用买卖合同和一般的买卖合同相比具有特殊性。双方在试用协议中约定了该三套尾气处理设备系由汽修中心免费提供试用，其目的是通过试用，并和其他两家企业相比较，最终通过招投标的形式，为后续的二百多辆车确定中标人（中标企业）。协议同时约定，即便是汽修中心最终未中标，物流公司也要以其他企业的中标价格，支付汽修中心所加装的三台合格尾气处理装置的设备款。其协议中约定的付款条件很明确，即"原告的产品检测合格、原告未能中标、依同等升数的中标价"等。由于国家环保政策原因，被告物流公司最终未能为后续的二百多辆国三车进行招投标，也就不可能有其他企业中标，而是选择了按照环保政策，将其后续的二百多辆老旧的国三车进行了报废处理。试用合同中约定的"按照中标价，同等升数的价格，支付试装合格的产品"的支付试用产品的条件未成就。在被告物流公司将车辆报废之前，通知各参与试用的企业拆除、取回各自的加装设备，以减损止损，以明示的方式告知原告，不再继续购买或组织后续的招投标活动。汽修中心未予以同意，未拆除取回，而是选择索要三台试用产品的货款。综上，原告主张的起诉三台设备的货款以及检测费，缺乏法律依据和合同依据，不予支持。汽修中心诉称的"本协议名为试用协议，实为供货协议"的意见，不予采纳。

二审法院认为，本案中，双方协议中约定的付款条件很明确，即"原告的产品检测合格、原告未能中标、依同等升数的中标价"等。由于国家环保政策原因，被上诉人最终未能为后续的二百多辆国三车进行招投标，也就不可能有其他企业中标，而是选择了按照环保政策，将其后续的二百多辆老旧的国三车进行了报废处理。因此，一审法院认定试用合同中约定的"按照中标价，同等升数的价格，支付试装合格的产品"的支付试用产品的条件未成就，符合双方合同约定。同时,被上诉人在将公司车辆报废之前,通知了各试用企业拆除、取回各自的加装设备,以减少损失,以明示方式告知上诉人不再继续购买或者组织后续的招投标活动。故一审法院判决不支持上诉人主张,亦无不当,二审亦予以维持。

【法理阐释】

根据《民法典》第六百三十八条,试用买卖的买受人在试用期内可以购买标的物,也可以拒绝购买。试用期限届满,买受人对是否购买标的物未作表示的,视为购买。然而,本案中的合同约定的付款条件更为具体,即"原告的产品检测合格、原告未能中标、依同等升数的中标价"。由于国家环保政策的变化,被告后续的车辆未进行招投标,也就没有其他企业中标,这导致合同中约定的付款条件无法满足。因此,被告没有义务按照中标价购买原告的尾气处理装置。而根据《民法典》第五百九十一条,原告未同意拆除设备,而是选择起诉要求支付货款,这不符合减损止损原则。如果原告及时拆除设备,可以避免设备闲置和可能的损坏,减少双方的损失。

相关法律条文

《民法典》

第一百五十八条　民事法律行为可以附条件,但是根据其性质不得附条件的除外。附生效条件的民事法律行为,自条件成就时生效。附解除条件的民事法律行为,自条件成就时失效。

第五百九十一条　当事人一方违约后,对方应当采取适当措施防止损失的扩大;没有采取适当措施致使损失扩大的,不得就扩大的损失请求赔偿。

第五节　试用买卖使用费的负担

《民法典》第六百三十九条　试用买卖的当事人对标的物使用费没有约定或者约定不明确的,出卖人无权请求买受人支付。

【立法意旨和制度背景】

本条是关于试用买卖中使用费负担的规定,明确了试用买卖中当事人对标的物使用费的约定与承担问题。本条源自《最高人民法院关于审理买卖合同纠纷案件适用法律问题的解释》(2012年发布,2020年修正)第四十三条规定,"试用买卖的当事人没有约定使用费或者约定不明确,出卖人主张买受人支付使用费的,人民法院不予支持"。

试用买卖是一种特殊的合同形式,买受人在试用期间可以对标的物进行使用,并决定是否最终购买,此类合同形式的目的是支持和促进买受人的购买决策。在买受人进行试用期间,标的物的使用是为了决定是否购买而提供的,若强行要求支付费用,会影响试用买卖的灵活性和可操作性。因此,除非双方另有约定,试用期间的标的物使用应当由出卖人承担费用。本条规定了在没有明确约定或约定不清的情况下,出卖人无权向买受人索要使用费,旨在通过法律手段确保买受人在试用期间的权益不被侵犯,促进商业交易的顺利进行。

本条的核心在于保障买受人在试用期间的经济负担不增加,从而鼓励买受人进行更为自由、无压力的决策,体现了试用买卖制度的公平原则,通过合理的规则设计,平衡出卖人与买受人之间的利益关系。

【条文解读】

一、试用合同原则上无使用费

试用买卖合同的核心在于赋予买受人在试用期内对标的物的使用和评估权利,以便其决定是否购买标的物。出卖人将标的物交给买受人试用,是其为实现促进成交等特定目的而自愿承担的附加义务[①]。如果在没有明确约定的情况下要求买受人支付使用费,将违背试用买卖合同的初衷,增加买受人的负担,不利于买受人充分评估标的物,也不利于促进交易的达成。[②]

本条为原则性规定,如果出卖人和买受人之间就试用所需费用的承担达成一致约定,应根据合同自由原则,尊重双方的约定。

二、因试用范围外的使用而造成损失的,买受人应承担相应费用

虽然原则上试用合同无使用费,但这并不意味着买受人在试用期间可以随意使用标的物而不承担任何责任。如果买受人在试用期间超出试用范围,对标的物进行了不当使用,导致标的物毁损、灭失或者价值贬损等,买受人应当承担相应的费用。这包括但不限于超出试用目的的使用、违反使用说明的使用、故意

---

① 参见中国法制出版社:《民法典及司法解释新旧条文对照与重点条文释义》,中国法制出版社2022年版,第296页。

② 参见吴志忠:《论我国〈合同法〉有关试用买卖规定的完善》,《暨南学报(哲学社会科学版)》2008年第6期,第39页。

或重大过失导致标的物损坏等情况。例如,买受人在试用汽车时,违反交通规则驾驶导致车辆受损,或者在试用电子产品时,未按照产品说明书操作导致产品故障。如果买受人一方拒绝购买试用标的物,其负有返还试用标的物的义务。[1] 而买受人又拒绝返还试用标的物的,出卖人得以缔约过失或侵权责任获得救济。[2] 这一规定有助于促使买受人在试用期间合理、谨慎地使用标的物,维护标的物的完好状态,同时也保障出卖人的合法权益,确保试用买卖合同能够在公平、合理的前提下进行。

【典型案例】

1. 吕某与朱某买卖合同纠纷案[3]

裁判要旨:

在试用买卖合同中,朱某与吕某虽未签订书面合同,但通过口头协商达成试用煤炭并支付使用费的一致意见,朱某依约提供煤炭,吕某试用后未支付使用费,已构成违约,吕某应支付朱某煤炭款。

案件事实:

吴某与吕某是朋友关系。因吴某知道吕某经营的砖厂需要大量煤炭,2020年初吴某就与朱某联系,欲合伙向吕某提供煤炭。朱某与吴某协商达成合作意向后,吕某要求先提供两车煤炭给其进行试用,试用测试配比合格后再谈供煤炭的事,双方口头约定了试用煤炭的价格为450元/吨。2020年5月13日,吕某打电话让朱某提供两车煤炭给其试用,次日朱某就联系了甲公司,以每吨450元(包括运费)的价格将两车煤炭运送到吕某经营的某砖厂,两车煤炭共计130.88吨,合计58 896元。吕某在收到煤炭后,在未支付购煤款的情况下对朱某提供的煤炭全部进行了试用,因配比不合适吕某就未继续要求供煤炭,并将试用情况告知了朱某。此后,朱某在多次催促吕某付购煤款未果的情况下,于2020年10月19日向甲公司支付了购煤款58 896元。现因吕某拒不支付朱某购煤款,朱某向一审法院起诉。

---

[1] 参见杨立新主编:《中华人民共和国民法典条文要义·下册》,中国法制出版社2022年版,第551页。
[2] 参见谢鸿飞、朱广新主编:《民法典评注合同编:典型合同与准合同(一)》,中国法制出版社2020年版,第226页。
[3] 参见吕某与朱某买卖合同纠纷案,云南省红河哈尼族彝族自治州中级人民法院(2023)云25民终2281号民事判决书。

裁判理由：

一审法院认为，原告朱某与被告吕某于2020年5月13日就买卖煤炭的试用买卖中，就朱某供给试用的煤炭车数及每吨煤炭的价格及供货地点达成一致意见，原告朱某按照约定向被告吕某提供了煤炭，原告朱某与被告吕某之间试用买卖合同关系成立。被告吕某提供的证据不能证明第三人吴某是合同的相对方，原告朱某与第三人吴某之间仅有合作意向，但未形成合伙关系，故第三人吴某与被告吕某不具有合同关系。根据《民法典》第六百三十九条规定，原告朱某与被告吕某在口头达成试用买卖合同时，双方约定了被告吕某需支付煤炭试用使用费，被告吕某在接收到原告朱某提供的试用煤炭后，应按照双方约定支付使用费用，故原告朱某要求被告吕某支付试用煤炭款58 896元的诉讼请求成立，予以支持。因原、被告未明确约定还款期限，对原告朱某要求被告吕某支付利息的诉讼请求，不予支持。被告吕某与第三人吴某之间尚有其他经济往来，且被告吕某提交的证据也不能证实其已将试用煤炭款支付给第三人吴某，因证据不足被告吕某应承担举证不能的不利后果，故被告吕某称其已向第三人吴某支付了相关费用为由拒绝支付原告试用煤炭款58 896元的辩解，不予采纳。

二审法院认为，本案中，朱某联系甲公司向吕某经营的砖厂提供了两车煤炭进行试用，共计130.88吨，合计58 896元，双方之间成立买卖合同关系。现朱某已向甲公司支付了该煤炭款，而吕某至今未向朱某支付任何款项，已构成违约。

【法理阐释】

根据《民法典》第五百零二条第一款，朱某与吕某通过口头协商达成试用煤炭的合意，明确了煤炭的车数、价格及供货地点等关键条款，朱某也依约提供了煤炭，这表明双方的试用买卖合同已经成立。依据《民法典》第五百零九条，当事人应当按照约定全面履行自己的义务，朱某履行了供货义务，吕某则应履行支付使用费的义务。《民法典》第六百三十九条规定，试用合同的当事人对标的物使用费没有约定或者约定不明确的，出卖人无权请求买受人支付。然而，本案中朱某与吕某在口头达成试用买卖合同时，约定了吕某需支付煤炭试用使用费，根据合同自由原则，吕某应按照双方约定支付使用费用。

相关法律条文

《民法典》

第五百零二条第一款　依法成立的合同，自成立时生效，但是法律另有规定或者当事人另有约定的除外。

第五百九十五条　买卖合同是出卖人转移标的物的所有权于买受人,买受人支付价款的合同。

2. 云南某电气设备有限公司与云南某商贸有限公司、赵某、陈某翠买卖合同纠纷案①

裁判要旨:

原告云南某电气设备有限公司与被告云南某商贸有限公司虽未签订书面合同,但存在事实上的买卖关系。被告赵某、陈某翠出具欠条确认欠款数额后,被告云南某商贸有限公司已支付部分货款,剩余货款应继续支付。原告主张的样品价格和使用费因无约定而不予支持。

案件事实:

原告云南某电气设备有限公司与被告云南某商贸有限公司存在长期的货物供应关系,双方均未签订合同,原告供货价格均为不含税的价格,被告云南某商贸有限公司需要发票,则需支付对应税金。2021年1月7日,被告赵某、陈某翠出具欠条,内容为"今欠云南某电气设备有限公司庞总货款238 823元,欠税金95 179元,欠走账10 478.55元,单已对至2021年1月7日为止,之前的账全部对清"。2021年2月26日被告云南某商贸有限公司向原告支付货款100 000元。原告提起诉讼,要求三被告立即向原告支付欠付货款147 047元及逾期付款违约金10 686元,并支付欠付税金124 863.80元。

裁判理由:

法院认为,原告云南某电气设备有限公司与被告云南某商贸有限公司存在长期的货物供应关系,双方虽然没有签订合同,但双方实际上形成买卖关系。被告赵某、陈某翠出具的欠条,确认所欠的货款及所欠税金的数额后,被告云南某商贸有限公司已向原告支付货款100 000元,所欠原告货款为138 823元,法院予以支持。原告诉请中,包括了原告提供给被告云南某商贸有限公司样品的价格,原告对样品的使用费和样品使用期限没有约定,原告无权要求被告支付样品的价格和使用费。双方在结算后,原告于2021年1月20日按13%的税率向被告云南某商贸有限公司开具了三张发票,共计税费金额为29 684.8元,按法律规定及双方的交易习惯,应由被告云南某商贸有限公司承担,欠条中虽然进行了结算,

---

① 参见云南某电气设备有限公司与云南某商贸有限公司、赵某、陈某翠买卖合同纠纷案,云南省昆明市官渡区人民法院(2022)云0111民初7923号民事判决书。

但没有约定支付货款的具体时间,原告诉请自2021年1月8日计算逾期违约金的时间,法院不予支持。被告赵某系云南某商贸有限公司的法定代表人,有权代表公司行使民事权利,其在欠条中明确欠原告货款,系代表公司,其个人不应承担民事责任,而被告陈某翠以个人名义在欠条上签字,表示愿意加入债务,原告可以请求被告陈某翠在其愿意承担的债务范围内承担连带责任,原告要求被告陈某翠承担2021年1月7日后的税金,因原被告双方没有约定,不予支持。

【法理阐释】

原告主张的样品价格和使用费因双方没有明确约定,根据《民法典》第五百一十条和第六百三十九条,双方对样品的使用费和使用期限没有约定,且没有相关的交易习惯可以参考的,出卖人无权请求买受人支付,因此原告无权要求被告支付样品的价格和使用费。

相关法律条文

《民法典》

第五百一十条 合同生效后,当事人就质量、价款或者报酬、履行地点等内容没有约定或者约定不明确的,可以协议补充;不能达成补充协议的,按照合同相关条款或者交易习惯确定。

第六节 试用期间的风险的承担

《民法典》第六百四十条 标的物在试用期内毁损、灭失的风险由出卖人承担。

【立法意旨和制度背景】

本条是关于试用买卖中标的物风险负担的规定,明确了在试用期间标的物风险由出卖人承担的法律规则。

试用买卖的核心特点是买受人拥有对标的物的试用权利,并可以自由决定是否购买。在试用期间,买受人尚未对标的物作出购买承诺,标的物的所有权仍归属于出卖人,因此,毁损或灭失的风险也应由出卖人承担。本条规定明确了这一风险分配规则,充分保护了买受人的合法权益。若试用期间标的物的风险由买受人承担,将显著增加其试用成本和风险,可能阻碍买受人接受试用买卖的形式。这一条文的确立,有助于降低买受人参与试用买卖的顾虑,促进市场交易的活跃性。

【条文解读】

一、试用合同的"风险"

在债法中,风险一般包含两种情形:一是指给付的风险,二是指价金的风险。前者是指合同成立后,标的物出现了一定程度的损失,并且这种损失不是由于当事人的作为或不作为引起的,对方是否仍然需要履行给付义务的问题;而后者是指此时价款支付义务是否仍然存在的问题。本条规定的"风险"应当与第六百零四条规定的"风险"相同,指向价金风险。但试用买卖合同是附生效条件的合同,买受人在试用期内无价款支付义务,仅在同意购买时才涉及价金风险。若标的物试用期内毁损、灭失,买受人通常不会购买。因此,本条"风险"宜理解为返还不能风险,即试用期内标的物毁损、灭失,买受人是否需价值返还。[1]

二、试用买卖标的物风险承担适用"所有权责任原则"

"谁享受利益、谁承担风险"是自古以来人类朴素的正义观念。[2]标的物风险随着所有权移转而移转的标准,也叫"所有权责任原则""所有人主义"或"物主承担风险原则"[3]。"所有权责任原则"是被广泛认可的原则,所有权未发生转移时,风险不随交付而转移,[4]试用期间标的物毁损灭失的风险,在买受人认可标的物之前,应当由所有权人即出卖人承担。

在试用买卖合同中,虽然出卖人已经将标的物交由买受人占有,但这种为试用而进行的标的物交付与普通买卖合同中为买卖而进行的交付明显不同,其买卖合同要依赖买受人对标的物试用后的认可才能生效,因此出卖人转移标的物给买受人占有的行为只是为买受人试用而进行的交付,不存在所有权的移转。因此,若在合同尚未生效所有权尚未发生转移时,就要求买受人承担自标的物交

---

[1] 参见徐涤宇、张家勇主编:《〈中华人民共和国民法典〉评注(精要版)》,中国人民大学出版社2022年版,第702页。
[2] 参见江海、石冠彬:《论买卖合同风险负担规则——〈合同法〉第142条释评》,《现代法学》2013年第5期,第56页。
[3] 参见王利明:《合同法新问题研究》,中国社会科学出版社2003年版,第775页。
[4] 参见吴合振主编:《合同法理论与实践应用》,人民法院出版社2002年版,第298页。

付时起的毁损灭失风险,违反风险和利益同在原则。①

当买受人对标的物表示认可后,试用买卖合同生效,标的物的所有权转移给买受人,标的物的风险也转由买受人负担。"在试验买卖中,出卖人纵为试验而将标的物交付于买受人,买卖标的物之利益及危险仍直至买受人承认标的物时,方始移转于买受人。"②在现实中根据试用标的物的交付情况,标的物风险转移的时间点又可分为以下两种情况:(1)标的物已于试用时移交给买受人占有的,买受人对标的物认可时风险转移给买受人;(2)试用期间标的物未交付买受人占有并且买受人认可标的物的,自标的物实际交付给买受人占有时风险始转移给买受人。

【典型案例】

1. 陕西某公司与昆山某公司买卖合同纠纷案③

裁判要旨:

原被告就铣刀成立试用买卖合同。但被告未签订订购合同,以默示行为拒绝购买试用铣刀,该铣刀作为消耗品在试用后已不能恢复原状,其灭失风险应由原告承担。原告主张口头约定付款无证据证明,故其要求被告支付试用产品货款的诉求不予支持。

案件事实:

原被告系试用买卖合同关系,原告向被告供应机床用铣刀刀具。根据原被告交易习惯,被告在向原告采购各种型号刀具前,原告应当提供试用刀具。被告试用后未与原告签订采购合同,但铣刀在被告试用后已经不能恢复原状,双方对试用刀具的付款问题发生争议,后原告起诉。

裁判理由:

法院认为,本案中,原被告之间存在试用买卖的合同关系。根据交易标的机床用铣刀的特殊属性,该产品是用于切割钢材料等高硬度材料,属于消耗品。因此按照原被告之间的交易习惯,被告在确定了试用合格的产品后才会大批量地

---

① 参见顾雯:《浅析买卖合同风险负担规则》,《东南大学学报(哲学社会科学版)》2017年第1期,第117页。

② 参见黄茂荣:《买卖法》(增订版),中国政法大学出版社2002年版,第527页。

③ 参见陕西某公司与昆山某公司买卖合同纠纷案,西安市未央区人民法院(2021)陕0112民初47233号民事判决书。

订购产品。因此被告没有签订订购合同,就意味着被告无需购买此型号的铣刀。按照双方的交易习惯,被告已经明确以未签订合同的默示行为表明其拒绝购买。而未签订购销合同的铣刀作为已经消耗掉的产品,在被告试用后已经不能恢复原状,该产品灭失的风险应当由原告承担。

【法理阐释】

在试用买卖合同中,标的物在试用期内毁损、灭失的风险由出卖人承担。这是试用买卖合同的另一重要特点,体现了对买受人试用权利的保护。在本案中,试用的铣刀作为消耗品,在试用过程中已经发生了损耗,其价值已经降低,甚至可能已经无法恢复原状。在试用买卖中,由于标的物尚未完成购买,风险自然应由出卖人承担。

相关法律条文

《民法典》

第六百三十八条 试用买卖的买受人在试用期内可以购买标的物,也可以拒绝购买。试用期限届满,买受人对是否购买标的物未作表示的,视为购买。

试用买卖的买受人在试用期内已经支付部分价款或者对标的物实施出卖、出租、设立担保物权等行为的,视为同意购买。

2. 惠州市某净水设备有限公司与龙门某度假有限公司买卖合同纠纷案[①]

裁判要旨:

原告惠州市某净水设备有限公司与被告龙门某度假有限公司就大型净水机成立试用型买卖关系,试用期间为2019年8月28日至2019年12月12日,被告在试用期间届满后未作表示,视为购买,应支付价款12 800元。就小型净水机成立普通买卖关系,被告未支付价款构成违约,应支付价款1 800元。运输费用1 700元由原告自行承担,安装费用由原告承担,更换滤芯费用酌定由被告支付500元。被告应向原告支付涉案两台净水机价款合计14 600元、更换滤芯费用500元。被告以原告出卖的净水机未提供产品合格证、使用说明书及未证明产品质量符合国家标准为由不予购买涉案两台净水机的辩解无事实和法律依据,不予

---

① 参见惠州市某净水设备有限公司与龙门某度假有限公司买卖合同纠纷案,广东省龙门县人民法院(2021)粤1324民初457号民事判决书。

采纳。

案件事实：

2019年7月，原告的业务员林某琴到被告龙门某度假有限公司洽谈净水设备销售业务。被告法定代表人陈某祥同意先安装2台净水设备，并当即指定陈某鸿、陈某、杨某慧为具体负责人。8月11日、8月26日，原告分别为被告安装了2台净水设备。

2019年8月20日，被告员工陈某核准净水设备采购价格。8月29日、9月4日和10月9日，原告三次向被告提出要求签订合同或支付货款，但被告不肯签订合同书，也不支付货款。2019年12月12日，原告要求被告确定方案。2020年1月5日，原告提出撤走净水设备，陈某祥不同意撤走，称这两天答复，但没有答复。2020年8月8日，被告要求原告撤走净水机。8月24日，原告到被告处向陈某祥董事长递交了《关于要求支付净水设备费用的信函》，陈某祥指定李某平负责处理这件事。同日，杨某慧到原告公司，要求原告撤走净水设备，补偿费用2 000元，原告不接受。后被告在未告知原告的情况下，拆除了原告的净水设备，现净水设备不知去向。原告向法院起诉，请求判决被告立即支付2台净水设备款共14 600元，设备运输费用1 700元，安装费用2 500元与4次更换净水设备滤芯费用1 000元，合计19 800元。

裁判理由：

法院认为，本案的争议焦点为：一、原被告就涉案两台净水机签订的合同是试用型买卖关系还是普通买卖关系；二、被告是否应支付净水机价款、运输费用、安装费用和更换滤芯费用。

关于净水机的买卖性质。对于大型净水机，双方在2019年8月24日的微信聊天记录中，原告明确表示该设备为试用型，且在安装后的三个月内，未收到被告拒绝购买的明确回应，最终视为购买。因此，法院认定双方就该大型净水机成立的是试用买卖关系。至试用期结束后，未作明确拒绝的行为，应视为被告同意购买。关于小型净水机，双方在2019年9月7日的沟通中，明确表示为购买而非租赁，且未提及试用期问题，因此认定该小型净水机为普通买卖关系。

关于各项费用的支付。对于大型净水机，价款12 800元应由被告支付，因为试用期结束后，被告未提出拒绝购买，且原告提供了有效的付款凭证。对于小型净水机，价款1 800元未支付，构成违约，原告有权要求支付。关于运输费用，法院认为这是原告为了获取更多利润而自行承担的成本，因而不应由被告支付。对于安装费用和保修费用，原告已承诺提供，故由原告自行承担。关于更换滤芯费用,虽然原告认为该费用应由被告承担,但根据证据显示,原告仅进行了维护性清洗,而更换滤芯费用应由被告支付500元。

综上所述,法院认为被告应支付两台净水机的价款共计14 600元以及更换滤芯费用500元。

【法理阐释】

原被告就大型净水机未约定试用期间,事后也未达成补充协议。2019年12月12日原告要求被告确定方案时,性质上已具备结束试用期间的意思表示。从2019年8月28日在被告处安装大型净水机至2019年12月12日,接近三个月的试用期间对于大型净水机而言是合理的。但被告在试用期间届满后未及时作出是否购买的意思,且在原告多次要求签订合同或支付货款时,被告均未予回应。直至2020年8月8日,被告才要求原告撤走净水机,此时距离原告安装净水机已接近一年,被告的行为使得双方的法律关系长期处于不稳定状态,对原告显属不公。被告在试用期间届满后未作表示,视为购买。

相关法律条文

《民法典》

第六百二十条　买受人收到标的物时应当在约定的检验期限内检验。没有约定检验期限的,应当及时检验。

第七节　标的物所有权保留

《民法典》第六百四十一条　当事人可以在买卖合同中约定买受人未履行支付价款或者其他义务的,标的物的所有权属于出卖人。

出卖人对标的物保留的所有权,未经登记,不得对抗善意第三人。

【立法意旨和制度背景】

本条是关于买卖合同中标的物所有权保留条款的规定。本条来源于《合同法》第一百三十四条,"当事人可以在买卖合同中约定买受人未履行支付价款或者其他义务的,标的物的所有权属于出卖人"。

所有权保留制度已成为现代民法的重要组成部分,究其原因,是由于其特有的经济功能。在微观层面上所有权保留制度兼顾交易安全与交易便捷,在宏观层面上,它一方面刺激了消费,另一方面又大大增加了商品的销售量。可见,所有权保留制度对活跃市场、发展经济起着不可低估的作用。①

我国《民法通则》因其应时性而没有顾及所有权保留制度,随后通过的《最高人民法院关于贯彻执行中华人民共和国民法通则若干问题的意见》第八十四条规定,"财产已经交付,但当事人约定财产所有权转移附条件的,在所附条件成就时,财产所有权方为转移"。从该条规定看,其可被解释为涉及所有权保留问题,可将其看作我国民法关于所有权保留制度的雏形。二十世纪九十年代,随着我国社会主义市场经济的发展,商品交易呈纷繁复杂发展之态势,尤其是分期付款买卖业务的普遍开展。《合同法》明文规定了所有权保留制度。这无疑是我国民法制度完善的一个重要标志,尤其是债权担保制度又上升到了一个新的水平。

所有权保留条款是有利于出卖人的条款。它的主要功能是可以使出卖人防范不能取得标的物价款的风险。各国法律一般都允许当事人通过此条款来明确标的物所有权转移的时间。②在合同实务,尤其是国际贸易中,这种条款也相当多见。③

【条文解读】

一、所有权保留买卖合同的历史

期待权源起于德国的保留所有权买卖制度。④由于产业革命的影响,十九世纪初德国工商业获得飞速发展,产品大量增加。但面对过于昂贵的产品,购买者往往无法即时一次清偿价金。为了避免这种情况,商人们设计出了分期付款的销售方式,然而,分期付款买卖方式对于出卖人而言也意味着需要承担无法收回其余部分价金的风险,需要努力寻找担保债权实现的方法。传统的担保方式——人之保证和物之担保——却不能满足债权人的这种需求,如王泽鉴先生所言,"民法明文规定之债权担保制度,于现代一般分期付价买卖,既有窒碍难

---

① 参见刘春堂:《动产担保交易法研究》(增订版),1999年作者自版,第104页。
② 参见余能斌、侯向磊:《保留所有权买卖比较研究》,《法学研究》2000年第5期,第74页。
③ 参见曲宗洪:《债权与物权的契合:比较法视野中的所有权保留》,法律出版社2010年版,第130页。
④ 据学者考证,早在罗马法时期似乎就有所有权保留制度之雏形。《十二铜表法》第六表第8条规定:"出卖的物品纵经交付,非在买受人付清价款或提供担保以满足出卖人的要求后,其所有权并不移转。"(参见余能斌、侯向磊:《保留所有权买卖比较研究》,《法学研究》2000年第5期,第74页。)但在当时应用的场合很少,并未引起足够重视。(参见王泽鉴:《民法学说与判例研究(修订版)》第一册,中国政法大学出版社2005年版,第117页。)

行之处"①。出卖人不得不寻求其他可以用以保证其将来得以实现债权的方式，此即所有权保留制度。

通常所谓的所有权保留，是指在买卖合同中，买受人虽先占有、使用标的物，但在双方当事人约定的特定条件，通常是价款的部分或全部清偿之前，出卖人仍然保留标的物所有权，待条件成就后，再将所有权转移给买受人的制度。②十九世纪以来，所有权保留制度所具有的标的物先行交付与价金分期支付的特性迎合了工商业发展的现实需要，世界各国及地区亦纷纷以成文法的形式对其进行规定。③

二、出卖人采用所有权保留担保收回价款的原因

缘何出卖人在买卖合同中采用所有权保留这种担保方式呢？理由是这一担保方式在买卖合同中优越于其他物权担保方式。所有权保留既不必求助于他人又不必求助于他物，但却可以确保出卖人价金债权的实现。当买受人不履行支付价款或其他义务时，出卖人即可解除合同，并行使物上请求权，尤其在买受人出现信用危机时可径行取回标的物。同时又解决了买受人参与买卖而满足其生活或生产的需要，此外所有权保留的设定手续也比较简便，它既不需要移转担保物的占有，也不需要必须履行登记手续。

【典型案例】

1. 某食品店与贵州某电子工程有限公司申请执行人执行异议案④

裁判要旨：

被告贵州某电子工程有限公司（以下简称"某电子公司"）与第三人某公司签订的《产品购销合同》合法有效，合同中约定在某公司未付清全部货款之前，某电子公司有权对货物的所有权进行保留。某公司已支付的货款不足总货款

---

① 参见王泽鉴：《民法学说与判例研究（修订版）》第一册，中国政法大学出版社2005年版，第120页。
② 参见王泽鉴：《民法学说与判例研究（修订版）》第一册，中国政法大学出版社2005年版，第117页；余能斌、侯向磊：《保留所有权买卖比较研究》，《法学研究》2000年第5期，第74页；梁慧星主编：《民商法论丛》第6卷，法律出版社1997年版，第594页。
③ 参见《德国民法典》第449条、《英国货物买卖法》第19条、《美国统一商法典》第九编及我国《合同法》第134条的规定。
④ 参见某食品店与贵州某电子工程有限公司申请执行人执行异议案，贵州省毕节市中级人民法院（2024）黔05民终6003号民事判决书。

的75%,根据《民法典》第六百四十一条及《最高人民法院关于审理买卖合同纠纷案件适用法律问题的解释》(2012年发布,2020年修正)第二十六条第一款规定,某电子公司有权保留案涉音响设备的所有权。因此,某电子公司对执行标的享有足以排除强制执行的民事权益,原告某食品店申请对案涉音响设备进行强制执行缺乏依据,其诉讼请求不予支持。

案件事实:

2022年7月2日,第三人某公司(甲方)因经营酒吧项目需要采购安装一批音响设备,与被告某电子公司(乙方)签订《产品购销合同》,合同约定"合同总价款为人民币大写壹佰肆拾捌万陆仟元整……在甲方未付清全部货款之前,乙方有权对货物的所有权进行保留"。第三人某公司法定代表人朱某于2022年11月16日和8月23日向被告某电子公司法定代表人林某通过微信、银行等方式共计支付645 000元,尚有841 000元未支付完毕。后原告某食品店与第三人某公司买卖合同纠纷一案,法院经审理作出判决书。判决生效后,因第三人某公司未履行生效法律文书确定的义务,某食品店向一审法院申请执行。在执行的过程中,一审法院于2024年2月26日查封了第三人某公司的音响设备,被告某电子公司向一审法院提出执行异议,一审法院经审查后作出执行裁定书,裁定中止对第三人某公司音响设备的执行。原告某食品店不服该裁定,遂提起诉讼。

裁判理由:

一审法院认为,原告某食品店系基于与第三人某公司的债务纠纷申请强制执行,双方为酒水的买卖合同关系,不存在关于诉争财产的任何交易行为,不发生可引起物权变动的法律行为,故在诉争财产所有权未发生改变的情形下,不能仅依据其由第三人某公司控制的表象来判断所有权的归属问题。根据《民法典》第六百四十一条及第六百四十二条之规定,被告某电子公司与第三人某公司签订的产品购销合同中约定了"在甲方未付清全部货款之前,乙方有权对货物的所有权进行保留",该约定属于标的物所有权保留条款。根据《最高人民法院关于审理买卖合同纠纷案件适用法律问题的解释》(2012年发布,2020年修正)第二十六条第一款规定,本案中,第三人某公司已经支付的货款尚不足总货款的75%,案涉的音响设备所有权仍属于被告某电子公司而并非属于第三人某公司,被告某电子公司对执行标的享有足以排除强制执行的民事权益,原告某食品店申请对案涉音响设备进行强制执行缺乏依据,对原告某食品店的诉讼请求不予支持。

二审法院认为,本案中某电子公司与第三人某公司签订的《产品购销合同》

系双方当事人真实意思表示,未违反法律、行政法规的强制性规定,合法有效。双方在该合同中约定案涉设备总价款为1 486 000元,并约定在某公司未付清全部货款之前,某电子公司有权对货物的所有权进行保留,某公司购买案涉设备后仅向某电子公司支付设备款645 000元。根据《民法典》第六百四十一条及《最高人民法院关于审理买卖合同纠纷案件适用法律问题的解释》(2012年发布,2020年修正)第二十六条第一款之规定,因某公司已支付的款项未达到案涉设备总价款的75%,某电子公司有权根据合同约定保留该设备的所有权。某电子公司对案涉查封设备享有所有权,其权利足以排除对该标的的强制执行。故某食品店主张某电子公司就案涉设备不享有排除强制执行的民事权益的理由不能成立,法院不予支持。

【法理阐释】

根据《民法典》第六百四十一条和《最高人民法院关于审理买卖合同纠纷案件适用法律问题的解释》(2012年发布,2020年修正)第二十六条第一款的规定,本案中,某公司已支付的货款为645 000元,不足总货款1 486 000元的75%,因此某电子公司有权根据合同约定保留案涉音响设备的所有权。原告某食品店基于与某公司的债务纠纷申请强制执行,但双方之间不存在关于诉争财产的任何交易行为,不发生可引起物权变动的法律行为。在诉争财产所有权未发生改变的情形下,不能仅依据某公司控制音响设备的表象来判断所有权的归属问题。某电子公司对案涉音响设备享有所有权,其权利足以排除强制执行,因此原告某食品店的诉讼请求缺乏依据,不予支持。

相关法律条文

《最高人民法院关于审理买卖合同纠纷案件适用法律问题的解释》

第二十六条 买受人已经支付标的物总价款的百分之七十五以上,出卖人主张取回标的物的,人民法院不予支持。

在民法典第六百四十二条第一款第三项情形下,第三人依据民法典第三百一十一条的规定已经善意取得标的物所有权或者其他物权,出卖人主张取回标的物的,人民法院不予支持。

2. 江苏牛某机械电子股份有限公司与江苏达某纺织科技有限公司别除权纠纷案①

裁判要旨：

在所有权保留买卖合同中，出卖人江苏牛某机械电子股份有限公司（以下简称"牛某公司"）与买受人江苏达某纺织科技有限公司（以下简称"达某公司"）约定在达某公司未付清货款前，标的物所有权归牛某公司所有，但未办理相关登记手续。达某公司进入破产程序后，管理人将案涉机器设备拍卖，牛某公司因未办理所有权登记，其取回权不能成立，无法主张共益债务。牛某公司对达某公司享有的债权为普通债权，不享有优先受偿权。

案件事实：

2021年2月4日，牛某公司与达某公司签订《销售合同》，合同总额1 557 400元，约定分期支付。2021年5月9日，牛某公司完成设备交付，并由双方确认。达某公司通过银行承兑汇票支付了70万元货款。

2022年1月，太仓法院裁定达某公司抵押的设备价值，并计划拍卖。2022年6月，法院裁定受理达某公司的破产清算申请，并指定管理人处理。8月，破产资产进行了拍卖，最终以起拍价成交。

同年1月10日，扬州市法院受理牛某公司与达某公司所有权保留合同纠纷，查封相关设备。牛某公司主张返还57台设备并要求支付违约金和未结清货款。2023年3月，法院判决确认牛某公司享有292 842.50元货款债权和100 000元违约金债权。

2023年11月27日，牛某公司向管理人申报享有优先受偿权。管理人经审查，因所有权保留买卖合同未办理登记手续，不享有优先受偿权，应确认为普通债权。牛某公司不认可管理人认定的债权性质，遂提起本案诉讼。

裁判理由：

一审法院认为，根据《民法典》第六百四十一条规定和《最高人民法院关于适用〈中华人民共和国企业破产法〉若干问题的规定（二）》（以下简称《企业破产法规定（二）》）第三十七条，在债务人进入破产程序后，保留所有权买卖合同属于未履行完毕的合同，若管理人同意继续履行合同，则需及时履行支付价款等义务，其不履行相应义务的，出卖人有权主张取回权，但出卖人对标的物保留的

---

① 参见江苏牛某机械电子股份有限公司与江苏达某纺织科技有限公司别除权纠纷案，江苏省宿迁市中级人民法院（2024）苏13民终3048号民事判决书。

所有权未经登记的不得对抗善意第三人。而牛某公司对设备保留所有权并未办理相关登记手续,此时由于债务人达某公司已经进入破产清算程序,根据《最高人民法院关于适用〈中华人民共和国民法典〉有关担保制度的解释》(以下简称《担保制度解释》)第五十四条、第六十七条的相关规定,未登记的所有权是不得对抗破产债权人的。

二审法院认为,根据《民法典》第六百四十一条第二款、《担保制度解释》第六十七条和第五十四条,出卖人在所有权保留买卖合同中未经登记的所有权,不得对抗善意第三人。债务人进入破产程序后,因破产强调债权人公平受偿,出卖人未登记的所有权不能对抗破产债权人。本案中,牛某公司与达某公司签订所有权保留买卖合同,但未登记所有权,因此牛某公司不能对抗破产债权人,只能以普通债权人身份参与破产清偿。根据《企业破产法规定(二)》第三十七条,本案中,案涉机器已抵押并登记,进入破产程序后又被拍卖给善意第三人,不符合取回权的适用条件。

【法理阐释】

根据《民法典》第六百四十一条,当事人可以在买卖合同中约定买受人未履行支付价款或者其他义务的,标的物的所有权属于出卖人。然而,出卖人对标的物保留的所有权,未经登记,不得对抗善意第三人。在本案中,牛某公司与达某公司签订的《销售合同》中明确约定在达某公司未付清货款前,标的物所有权归牛某公司所有,但牛某公司未办理相关登记手续,因此其所有权保留条款不能对抗善意第三人。

相关法律条文

《最高人民法院关于适用〈中华人民共和国企业破产法〉若干问题的规定(二)》

第三十七条 买受人破产,其管理人决定继续履行所有权保留买卖合同的,原买卖合同中约定的买受人支付价款或者履行其他义务的期限在破产申请受理时视为到期,买受人管理人应当及时向出卖人支付价款或者履行其他义务。

买受人管理人无正当理由未及时支付价款或者履行完毕其他义务,或者将标的物出卖、出质或者作出其他不当处分,给出卖人造成损害,出卖人依据民法典第六百四十一条等规定主张取回标的物的,人民法院应予支持。但是,买受人已支付标的物总价款百分之七十五以上或者第三人善意取得标的物所有权或者其他物权的除外。

因本条第二款规定未能取回标的物，出卖人依法主张买受人继续支付价款、履行完毕其他义务，以及承担相应赔偿责任的，人民法院应予支持。对因买受人未支付价款或者未履行完毕其他义务，以及买受人管理人将标的物出卖、出质或者作出其他不当处分导致出卖人损害产生的债务，出卖人主张作为共益债务清偿的，人民法院应予支持。

《最高人民法院关于适用〈中华人民共和国民法典〉有关担保制度的解释》

第五十四条 动产抵押合同订立后未办理抵押登记，动产抵押权的效力按照下列情形分别处理：

（一）抵押人转让抵押财产，受让人占有抵押财产后，抵押权人向受让人请求行使抵押权的，人民法院不予支持，但是抵押权人能够举证证明受让人知道或者应当知道已经订立抵押合同的除外；

（二）抵押人将抵押财产出租给他人并移转占有，抵押权人行使抵押权的，租赁关系不受影响，但是抵押权人能够举证证明承租人知道或者应当知道已经订立抵押合同的除外；

（三）抵押人的其他债权人向人民法院申请保全或者执行抵押财产，人民法院已经作出财产保全裁定或者采取执行措施，抵押权人主张对抵押财产优先受偿的，人民法院不予支持；

（四）抵押人破产，抵押权人主张对抵押财产优先受偿的，人民法院不予支持。

第六十七条 在所有权保留买卖、融资租赁等合同中，出卖人、出租人的所有权未经登记不得对抗的"善意第三人"的范围及其效力，参照本解释第五十四条的规定处理。

第八节　出卖人的取回权

《民法典》第六百四十二条 当事人约定出卖人保留合同标的物的所有权，在标的物所有权转移前，买受人有下列情形之一，造成出卖人损害的，除当事人另有约定外，出卖人有权取回标的物：

（一）未按照约定支付价款，经催告后在合理期限内仍未支付；

（二）未按照约定完成特定条件；

（三）将标的物出卖、出质或者作出其他不当处分。

出卖人可以与买受人协商取回标的物;协商不成的,可以参照适用担保物权的实现程序。

【立法意旨和制度背景】

《民法典》第六百四十二条所规定的出卖人取回权,来源于传统的物权法和合同法理论,是对买卖合同中"所有权保留条款"的进一步具体化和完善。《民法典》在立法中以形式担保和实质担保的理念相结合形成此条,[①]这一条文的核心目的是保障出卖人权益,避免买受人因未支付价款或其他违约行为而使出卖人蒙受无法弥补的损失。

根据《民法典》第六百四十二条,出卖人保留标的物所有权至买受人完全履行付款或完成其他约定条件为止。所有权的转移只有在买受人向出卖人履行完毕价款义务时才发生,在此之前所有权转移处于停止状态,而所有权保留则为所有权转移上附停止的条件,来保护出卖人债权的实现。[②]《民法典》视域下所有权保留的制度广泛应用于商业交易中,尤其是在长期付款或分期付款的情况下,通过保留所有权来确保出卖人在交易中的信用和保障其权益。此条文规定的取回权便是为了在买受人未按期履行义务时,确保出卖人的权利不受侵害,能够有效采取补救措施。也有学者认为,所有权保留是一种特殊形式的流质,是一种无需占有的流质,出卖人是特殊质权人,所有权在出卖人将标的物交付至买受人时已经转移。[③]

在国际商业法中,许多国家也承认并规定了出卖人保留所有权的法律效力。例如,在英美法系国家,1952年美国《统一商法典》第九编以"担保权益"对所有担保类型进行概括,以最大限度统一担保立法。[④]在《欧洲私法统一框架参考草案》中亦明确了所有权保留。[⑤]《民法典》在这一条文的设立上,参考了国际商事法的发展,借鉴了其他国家在保留所有权的基础上对取回权的明确规定,以保障出卖人的权益。

所有权保留作为一种担保手段,与融资租赁、让与担保等一起构成了"所有权担保"体系。这种制度为卖方提供了一种风险控制的手段,卖方可以在买方

---

① 参见谢鸿飞:《〈民法典〉实质担保观的规则适用与冲突化解》,《法学》2020年第9期,第5页。
② 参见柴振国、史新章:《所有权保留若干问题研究》,《中国法学》2003年第4期,第71页。
③ 参见王洪亮:《所有权保留制度定性与体系定位——以统一动产担保为背景》,《法学杂志》2021年第4期,第22页。
④ 参见董学立:《〈民法典〉担保物权法的进步与不足》,《法治研究》2020年第4期,第42页。
⑤ 参见纪海龙:《民法典所有权保留之担保权构成》,《法学研究》2022年第6期,第80页。

完全履行支付义务之前保留所有权,以此减少因买方违约而产生的风险。①

【条文解读】

一、所有权保留的基础

"当事人约定出卖人保留合同标的物的所有权",这是该条文的基础前提。所有权保留是指在买卖合同中,出卖人与买受人约定,虽然标的物已交付给买受人,但标的物的所有权仍归出卖人,直到买受人支付全款或履行其他特定条件。这一条款主要应用于长期付款、分期付款等情形,避免出卖人在买受人未完全履行合同义务时,标的物已转移导致权益受到损害。

二、取回权的行使条件

所有权保留中非常重要的问题在于如何理解和适用取回权,民法典第六百四十二条规定了以下三种情况,出卖人可以行使取回权:

(一)未按照约定支付价款,经催告后在合理期限内仍未支付

买受人未按约定支付价款,且在经过催告后,仍未在合理期限内支付,出卖人可以行使取回权。这一条文的设计目的是保护出卖人不受买受人拖欠款项的影响,防止买受人恶意拖延付款并非法占有标的物。

(二)未按照约定完成特定条件

除了支付价款,买受人还可能需要完成其他特定条件(如履行其他合同义务)。如果买受人未履行这些条件,出卖人也可以行使取回权。这一规定的重点在于保护出卖人在合同条件未完全履行时的利益,防止买受人擅自占有标的物而不履行相应义务。

(三)将标的物出卖、出质或者作出其他不当处分

如果买受人将标的物非法转卖、转质或作出其他不当处分,出卖人同样可以行使取回权。这一情形特别适用于标的物的处分行为,防止买受人通过非法转让标的物使得出卖人无法再收回资产,保障出卖人权益。

---

① 参见周江洪:《所有权保留买卖的体系性反思——担保构成、所有权构成及合同构成的纠葛与梳理》,《社会科学辑刊》2022年第1期,第82页。

三、取回权的行使程序与限制：协商与法院程序

根据《民法典》第六百四十二条第二款的规定，卖方收回商品的方式有两种：协商取回和法定取回。协商取回意味着卖方可以与买方协商达成一致，取回商品；而法定取回则是指在协商无果的情况下，卖方可以根据担保物权的实现程序来行使取回权。担保物权的实现，需要依据《民事诉讼法》第一百九十六条和第一百九十七条中关于担保物权实现的特殊程序，由担保物权人向担保物所在地或担保物登记地的法院提出申请。本条首先鼓励双方通过协商解决纠纷，赋予出卖人一定的灵活性，这也符合合同自由与诚信原则。同时，若协商不成时可依照担保物权的相关法律程序进行取回，确保利益得到保障，也确保程序上的合法性和公正性。

根据《最高人民法院关于审理买卖合同纠纷案件适用法律问题的解释》（2012年发布，2020年修正）第二十六条，卖方行使取回权受到两个方面的限制：首先，如果买方已经支付了标的物总价款的百分之七十五或以上，法院将不支持卖方取回标的物的请求；其次，如果第三方已经善意地取得了标的物的所有权或其他物权，那么卖方的取回权不能对抗第三方善意取得的权利。

【典型案例】

1. 杨某波、王某君买卖合同纠纷案[①]

裁判要旨：

本案中，依据《民法典》第六百四十二条，出卖人杨某波与买受人王某君所签订的《以租代购协议》实质上属于所有权保留买卖合同。合同中约定，杨某波保留车辆的所有权，直到王某君支付完所有租金。由于王某君未按期支付租金，且在合理期限内未履行支付义务，杨某波有权收回车辆，并要求王某君支付未付的租金。

案件事实：

2021年12月9日，原告杨某波与被告王某君签订《以租代购协议》，约定杨某波将一台福田牌货车出租给王某君。根据协议，王某君通过租金的形式支付

[①] 参见杨某波、王某君买卖合同纠纷案，辽宁省绥中县人民法院（2022）辽1421民初2234号民事判决书。

车款,租期为三年,每月15日前支付租金6 513元,租期届满后支付完全部租金将拥有该车的所有权。

王某君自2022年2月底开始未按时支付租金,杨某波为此垫付了租金。王某君在2022年3月15日至2022年8月15日未支付租金,共计6个月未履行支付义务,违反了合同约定。

由于未按期支付租金,杨某波根据合同约定有权收回车辆。在诉讼中,杨某波要求王某君返还车辆,并支付未付租金16 375元以及由未支付租金导致的其他经济损失2 000元。王某君未提交答辩意见,并未出庭应诉,法院在审理过程中根据杨某波提交的证据对事实进行了认定。

裁判理由:

法院认定,《以租代购协议》系双方真实意思表示,并未违反法律法规的强制性规定,合同有效。法院依据《民法典》第六百四十二条的规定,认定该合同属于所有权保留买卖合同。根据该条文,当买受人未按约定支付租金时,出卖人有权收回标的物。

因为王某君未按约定支付租金,并且在经过催告后仍未履行支付义务,构成违约。杨某波依法有权中止合同并收回车辆。同时,法院认为杨某波有权要求支付未支付的租金,符合《民法典》的相关法律规定。原告主张2 000元的交通违章罚款等经济损失,但未能提供证据证明其主张,法院因此不予支持。王某君经法院传唤未到庭,视为放弃诉讼权利,因此法院按照杨某波的主张进行判决。

法院判决王某君于本判决生效之日起十日内返还杨某波所有的货车。判决王某君支付租车款共计24 078元(已扣除保证金15 000元),并应在判决生效之日起十日内支付。驳回杨某波要求支付2 000元经济损失的请求。

【法理阐释】

关于本案买卖合同中所涉及的所有权保留,本案中的《以租代购协议》属于所有权保留买卖合同的一种形式,原告杨某波作为出卖方,在租期未满且租金未完全支付前,依合同约定保留车辆的所有权。根据《民法典》第六百四十二条的规定,出卖人有权收回标的物,因此法院支持杨某波要求返还车辆的诉讼请求。

关于违约责任的适用,根据《民法典》第五百七十九条和第五百八十条,买方未按约定支付价款时,应当承担违约责任。本案中,王某君未按时支付租金,并且未在合理期限内履行支付义务,法院认定其构成违约,支持杨某波的诉讼请求。

相关法律条文

《民法典》

第六百四十一条 当事人可以在买卖合同中约定买受人未履行支付价款或者其他义务的，标的物的所有权属于出卖人。

出卖人对标的物保留的所有权，未经登记，不得对抗善意第三人。

2. 陕西某实业有限公司与彬州某农业科技集团有限公司买卖合同纠纷案[①]

裁判要旨：

本案涉及买卖合同纠纷，原告陕西某实业有限公司（以下简称"某实业公司"）与被告彬州某农业科技集团有限公司（以下简称"某农业公司"）签订的设备供销和安装承包合同中，明确约定了所有权保留条款。由于某农业公司未按时支付工程款，某实业公司要求行使取回权，并主张优先受偿权。法院支持了某实业公司对违约金、欠款的诉求，并确认了某实业公司对设备的所有权及优先受偿权。此案强调了合同条款和民法典规定下的出卖人权益保护，尤其是在买卖合同中的所有权保留和违约责任执行方面的司法适用。

案件事实：

2018年4月16日，某实业公司与某农业公司签订了两份合同。这两份合同的主要内容为某实业公司向某农业公司提供供暖和空调设备，并进行安装和调试。根据合同，设备安装完成后，某农业公司需按照合同支付相应款项。合同约定了设备供货和安装的具体款项，并明确了付款方式。某实业公司应先完成设备安装和调试，某农业公司在验收合格后支付款项。

根据合同约定，某农业公司应按期支付工程款，但至2022年，某农业公司仍未支付剩余款项。由于某农业公司未按时支付款项，且存在拖欠问题，某实业公司提出违约金请求，并主张根据合同约定的优先受偿权收回相关设备。

裁判理由：

一审法院认为，某实业公司已履行合同义务，而某农业公司未履行付款义务。法院支持某实业公司关于欠款部分的诉请，判决某农业公司支付剩余款项。然而，关于利息和优先受偿权的请求，一审法院未完全支持，认为双方合同中的

[①] 参见陕西某实业有限公司与彬州某农业科技集团有限公司买卖合同纠纷案，陕西省咸阳市中级人民法院（2023）陕04民终200号民事判决书。

违约金条款已明确,且未能证明优先受偿权的法律适用。

二审法院认为,双方合同的内容、付款条款和设备安装情况都已得到证实,并符合《民法典》的相关规定。某农业公司未按时支付款项,构成违约,法院认为根据合同条款和《民法典》关于违约责任的规定,某农业公司应当支付剩余款项并承担违约金。关于违约金和利息的计算,对于某实业公司要求按银行同期贷款利率计算利息的问题,法院认为,原合同中明确规定了每迟延一天,违约方应支付合同总额的千分之一的违约金,并且违约金总额不得超过合同款的20%。基于此,法院计算了违约金,并认定违约金已超出合同款的5%。对于某实业公司主张的新利息计算方式,法院认为,由于合同已有明确的违约金条款,因此未支持某实业公司关于利息计算的新主张。对于案涉标的物所有权保留条款的适用及优先受偿权的认定,这也是本案的争议核心之一,即合同中涉及的所有权保留条款。根据合同条款,未支付款项的设备仍属于某实业公司所有,且某实业公司有权对设备行使优先受偿权。根据《民法典》第六百四十二条规定,法院支持了某实业公司对设备的所有权主张。法院认为,出卖人在未完全支付款项的情况下,设备的所有权应归出卖人所有,且出卖人可以优先受偿未付工程款。

【法理阐释】

本案的核心问题在于《民法典》第六百四十二条中关于所有权保留条款的适用以及出卖人优先受偿权的法律保障问题。

关于所有权保留条款在买卖合同中的适用,本案中合同里的所有权保留条款明确了出卖人有权在买受人未完全履行付款义务时,保留对标的物的所有权。根据《民法典》第六百四十二条,出卖人有权在未收回全部款项时取回标的物,并优先享有该标的物的受偿权,以保障出卖人的利益。对于出卖人优先受偿权的法律保障问题,出卖人在买受人未按约定支付款项的情况下,可以行使优先受偿权。这一规定确保了出卖人在未完全履行合同的情况下,能够通过优先受偿来保护自身权益,避免由于买受人的违约行为导致自身权益的损害。

本案判决体现了《民法典》对于所有权保留、违约责任和优先受偿权的明确规定。法院基于合同条款和法律规定,充分保障了出卖人的权益,在违约情况下,支持了某实业公司行使优先受偿权的诉求。同时,法院也在违约金的计算上做出了合理调整,确保了违约方的责任得以有效执行。

相关法律条文

《民法典》

第六百四十一条　当事人可以在买卖合同中约定买受人未履行支付价款或者其他义务的,标的物的所有权属于出卖人。

出卖人对标的物保留的所有权,未经登记,不得对抗善意第三人。

第九节　买受人的回赎权及出卖人的再出卖权

《民法典》第六百四十三条　出卖人依据前条第一款的规定取回标的物后,买受人在双方约定或者出卖人指定的合理回赎期限内,消除出卖人取回标的物的事由的,可以请求回赎标的物。

买受人在回赎期限内没有回赎标的物,出卖人可以以合理价格将标的物出卖给第三人,出卖所得价款扣除买受人未支付的价款以及必要费用后仍有剩余的,应当返还买受人;不足部分由买受人清偿。

【立法意旨和制度背景】

《民法典》第六百四十三条在立法上紧密衔接了第六百四十二条,进一步详细规定了买受人在出卖人行使取回权后,如何进行回赎的程序以及出卖人如何处理回收标的物的相关权益。通过所有权保留的方式将标的物和所有权人分离,在买受人资金不足的情况下无需付清价款即可占有和使用标的物,从出卖人利益角度也降低了其因滞后收取价款而可能带来的交易风险。[1]这一条文旨在平衡合同双方的利益,进一步完善出卖人在买受人违约时的救济措施,并为买受人提供了回赎标的物的机会,以防止出卖人完全剥夺买受人的所有权。

随着现代商业交易日益复杂,尤其是在分期付款、融资租赁等业务中,买受人在履行付款义务时可能遇到困难,导致出卖人的利益受损。为了减少违约行为的影响,并在违约情况下提供合理的补救措施,《民法典》通过设立取回权与回赎权的制度,解决了这一问题。通过这一制度的创新,既保障了出卖人在买受人违约时的救济途径,又保障了买受人在可能发生的违约行为中的可能性进行补救。

尽管法律规定了买受人的回赎权,但若买受人未能在合理回赎期内履行回赎义务,出卖人则有权以合理价格将标的物出卖给第三方。这一条款的设立不仅确保了出卖人能够回收已经交付的标的物,还避免了买受人因其违约而长时

---

[1] 参见王全弟、刘冰沙:《论所有权保留在我国的法律适用》,《政治与法律》2003年第4期,第37页。

间持有无偿标的物的情形,增强了出卖人在交易中的信心与交易的流动性。

【条文解读】

一、买受人回赎权的适用条件

《民法典》第六百四十三条为合同双方特别是买受人提供了一个回赎标的物的机会,进一步明确了回赎程序和出卖人的再出卖权,细化了违约救济机制。

根据该条文,买受人能够行使回赎权的前提是买受人在回赎期限内能够消除导致出卖人取回标的物的事由。也就是说,买受人必须在回赎期内解决其未支付价款、未完成其他特定条件或不当处分标的物等违约行为。回赎权的设定使得买受人在出现违约情况下,能够通过履行未完成的义务,恢复自己对标的物的所有权。

例如,如果买受人未按期支付价款,出卖人行使取回权后,买受人仍可在回赎期内支付未付款项和相关费用,通过回赎程序取回标的物。这一规定最大程度上保障了买受人对标的物的控制权,避免了因一时的违约行为导致无法恢复的损失。

二、设置回赎期限的合理性

"回赎期限"是指买受人在出卖人取回标的物后,能够再次履行合同义务并获得标的物的时间期限。该条对回赎期间的合理性作出限制,是公平原则下的一项具体规范。根据该条文的规定,回赎期限必须是"合理"的,这意味着在设定回赎期时,双方当事人应当根据合同的性质、标的物的特点、买受人的履约能力等多重因素进行充分考量。买受人回赎权的行使受到妨害时,可依公平原则重新划定期间。因回赎期的设立旨在防止出卖人提前出卖标的物,实现实质公平。立法未明确规定回赎期的具体时长,给合同当事人一定的灵活性,允许双方根据具体情况协商确定,但前提是回赎期限应当具有合理性,避免过长或过短的不公正情形。

三、平衡买受人的回赎权与出卖人的再出卖权

如果买受人在回赎期限内未能履行回赎义务,出卖人则有权以"合理价格"将标的物出卖给第三方,并将所得价款扣除未支付的价款以及必要费用后返还买受人剩余的部分。这一条款赋予了出卖人将标的物处置的权利,以保障其经

济利益不因买受人违约而遭受损失。

合理价格的界定对于出卖人再出卖标的物的操作至关重要。出卖人必须保证出售价格是市场价或经过双方协商认可的价格,避免恶意低价转卖导致买受人利益的损害。同时,扣除未支付的价款和必要费用后,若出售价格超过买受人欠款部分,出卖人必须将剩余的部分返还给买受人,这体现了对买受人权益的保护,防止出卖人通过转卖标的物不合理占有买受人的剩余款项。但出卖人另行出卖实际上也是将出卖的价款冲减买受人未支付的价款,以减少自身损失。

四、不足部分的清偿责任

如果出卖人以合理价格转卖标的物后所得价款不足以支付买受人未支付的款项,买受人仍然有义务补足差额。出卖人对不足部分的追索权,确保了其债权能够得到充分保障。原买卖合同解除后并不影响当事人要求损害赔偿的权利,当买受人不履行合同时,出卖人有权主张损害赔偿请求权。买受人此时需要承担剩余欠款的清偿责任,这一规定明确了违约责任的承担方式,保障了出卖人因买受人违约所遭受的损失能够得到合理补偿。

【典型案例】

1. 昆明某机电有限公司与卢某红、吴某菊等分期付款买卖合同纠纷[①]

裁判要旨:

本案涉及分期付款买卖合同纠纷,原告昆明某机电有限公司与被告卢某红、吴某菊、卢某兴签订了《工程机械分期买卖合同》。由于被告卢某红未按时足额支付挖掘机款项,原告依据合同约定行使了取回标的物的权利,并通过二次销售处理了挖掘机。法院支持了原告关于解除合同、支付欠款、违约金及诉讼代理费用的诉求,并判定被告卢某兴为连带保证人承担责任。

案件事实:

2018年1月28日,原告昆明某机电有限公司与被告卢某红、吴某菊签订了《工程机械分期买卖合同》,约定被告卢某红购买一台徐工挖掘机,总价为666 000元。合同规定,卢某红支付首付133 200元,剩余款项分36期支付,每期

---

① 参见昆明某机电有限公司与卢某红、吴某菊等分期付款买卖合同纠纷案,云南省昆明市西山区人民法院(2024)云0112民初2829号民事判决书。

14 800元,直至2021年2月5日还清。

被告卢某红未按合同约定的时间和金额履行付款义务,自2018年7月5日起逾期付款。直到2019年12月4日,卢某红共逾期支付了18期款项。原告因此依据合同约定,要求卢某红一次性支付所有剩余款项,并按照合同约定支付违约金。然而,被告卢某红未按要求付款。因卢某红未履行付款义务,原告依照合同中的所有权保留条款,于2019年10月12日将该挖掘机回收,并准备二次销售。2019年12月4日,原告将该挖掘机以170 000元的价格出售给第三方罗某翘。扣除已经支付的款项和二次销售所得款项,尚欠挖掘机款148 276元。

后原告起诉至法院,要求被告解除合同、支付尚欠款项、违约金以及诉讼费用。被告卢某兴为本合同的连带担保人承担连带担保责任。

裁判理由:

法院认为,关于合同解除问题。依据《民法典》第五百六十三条,原告与被告卢某红签订挖机买卖合同,双方之间成立买卖合同法律关系,被告吴某菊作为被告卢某红的配偶在工程机械分期买卖合同、提前提机承诺书及其他销售文件上签字,认可本案买卖合同项下债务属于夫妻共同债务。原告已按约向被告交付案涉挖掘机,两被告应当按照约定支付货款,两被告逾期付款,原告取回挖掘机后向被告卢某红、吴某菊确认的送达地址邮寄了《回收设备处理告知函》,要求被告卢某红收到函件7日内前往原告公司处理设备债务问题,被告卢某红没有回赎挖掘机,原告在2019年12月4日将挖掘机对外销售符合法律规定。本案挖掘机被原告取回后另行出售,原告和被告卢某红的挖掘机买卖合同已终止履行,因此原告解除工程机械分期买卖合同的请求法院予以支持。

关于尚欠购机款,依据《民法典》第六百四十二条规定,工程机械分期买卖合同约定,被告卢某红、吴某菊未按付款期限支付价款,原告可依据所有权保留将设备取回,被告卢某红、吴某菊可在七天之内回赎,被告在回赎期满后未回赎的,原告可另行出卖该设备。现原告已经将案涉机械进行了二次销售,销售金额170 000元,依据《民法典》第六百四十三条规定,现原告主张被告卢某红、吴某菊支付尚欠款项148 276元具有法律依据,法院予以支持。

关于违约金,依据《民法典》第五百八十五条规定,被告逾期还款后,原告通过取回设备另行出售的方式追回部分款项,现被告卢某红、吴某菊尚欠款项为148 276元,原告主张按照合同总价计算违约金过高,法院调整为按尚欠款项148 276元计算违约金为22 241元。

关于被告卢某兴责任承担。被告卢某兴与原告签署不可撤销连带保证担保合同,约定为被告卢某红签订的工程机械分期买卖合同、付款明细表应向原告偿还的全部义务,包括但不限于对主合同项下应付首付款、分期款、逾期利息、违约金以及原告为实现债权支出的代理费和其他费用承担连带保证责任,保证期限为主合同期限届满之日起两年。主合同约定最后一期付款时间为2021年2月5日,原告应当于2023年2月5日之前主张担保责任权利,法院于2022年7月26日受理该案,后原告撤诉构成诉讼时效中断。现原告主张被告卢某兴就被告卢某红、吴某菊所负债务承担连带保证责任在担保期限内,且债务承担范围未超过担保范围,法院予以支持。

【法理阐释】

本案涉及《民法典》第六百四十三条回赎权和再出卖权的行使,对于合同履行中买受人与出卖人之间的权利义务分配具有重要指导意义。法院在本案中的裁定遵循了法律的基本原则,既考虑了合同自由,又保障了双方当事人的合法权益,特别是在回赎权和再出卖权的应用中,合理平衡了出卖人的损失与买受人的履约机会。尽管设备被转售,原告并未因此失去追偿的权利。在本案中,原告通过回收设备并进行再出卖,部分弥补了因违约所带来的损失。根据《民法典》第六百四十三条,出卖人通过再出卖标的物所获得的款项,应当首先用于清偿未支付的款项以及相关的违约金。虽然设备的转售价格为170 000元,低于原合同中的全价,但这部分资金已经被原告用于清偿部分债务,剩余的欠款仍需由被告卢某红及担保人卢某兴承担。对于买受人卢某红而言,即便设备已被转售,根据《民法典》第六百四十三条的规定,仍然保有回赎权。尽管设备已被转售给第三方,如果卢某红在设备转售后愿意支付所欠款项及相关费用,便可恢复合同履行状态。法律赋予买受人以回赎权,实际上是对买受人履行合同的一种保护措施,给予买受人一定的救济空间。然而,由于本案中卢某红未在合理时限内履行支付义务,并且原告已行使再出卖权,因此其回赎权已受到限制。

相关法律条文

《民法典》

第五百八十五条　当事人可以约定一方违约时应当根据违约情况向对方支付一定数额的违约金,也可以约定因违约产生的损失赔偿额的计算方法。

约定的违约金低于造成的损失的,人民法院或者仲裁机构可以根据当事人的请求予以增加;约定的违约金过分高于造成的损失的,人民法院或者仲裁机构可以根据当事人的请求予以适当减少。

当事人就迟延履行约定违约金的,违约方支付违约金后,还应当履行债务。

第六百八十八条 当事人在保证合同中约定保证人和债务人对债务承担连带责任的,为连带责任保证。

连带责任保证的债务人不履行到期债务或者发生当事人约定的情形时,债权人可以请求债务人履行债务,也可以请求保证人在其保证范围内承担保证责任。

2. 广州穗某挖掘机销售有限公司、曾某雄等买卖合同纠纷案[①]

裁判要旨：

本案涉及买卖合同与租赁合同的性质认定,以及合同解除和赔偿的法律适用。法院认定,尽管双方签订的是《挖掘机租赁合同》,但在实际履行过程中体现出的是"以租代售"的性质。结合《民法典》第六百四十二条及第六百四十三条的规定,出卖人有权收回未支付款项的标的物并要求买受人偿还未支付的价款。判决确认了合同解除的合法性及赔偿责任,同时支持了配偶共同承担债务的主张。

案件事实：

2020年10月26日,广州穗某挖掘机销售有限公司(以下简称"穗某公司")与曾某雄签订了《挖掘机租赁合同》,约定由穗某公司将柳工牌挖掘机租赁给曾某雄,租金总额为58万元,其中首期支付5万元,剩余租金分28期支付。租赁合同本质上体现为"以租代售",即曾某雄在租赁期间支付租金后,若支付完毕,可选择购买租赁物。合同中还明确约定了违约金条款,若未按时支付租金,穗某公司有权解除合同并收回租赁物。

然而,曾某雄未按合同约定及时支付租金,从第七期起即出现逾期支付,且迟迟未履行支付义务。穗某公司多次催告未果后,于2021年7月26日依法收回了挖掘机,并最终将设备转售给第三方。因合同解除,穗某公司要求曾某雄支付未支付的租金、违约金及相关费用。在此过程中,被告罗某婷作为曾某雄的配偶,在合同上签署了《配偶承诺书》,承诺共同承担债务。

裁判理由：

首先,关于合同性质的认定,法院认为,虽然双方签订的是名为"租赁合

---

① 参见广州穗某挖掘机销售有限公司、曾某雄等买卖合同纠纷案,广东省广州市花都区人民法院(2021)粤0114民初16352号民事判决书。

同"的《挖掘机租赁合同》,但实际履行过程中,合同展示出了"以租代售"的特点。具体而言,合同条款明确约定租赁物的所有权在租赁期内由穗某公司保留,且租赁期满后,曾某雄可以支付剩余价款购置租赁物。这种安排符合"分期付款买卖"的特点,体现了买卖合同的实质。根据《民法典》第六百四十二条和第六百四十三条的规定,在买卖合同中,出卖人有权在买受人未支付货款的情况下收回标的物,若买受人在回赎期限内未赎回标的物,出卖人可以出售给第三方,并要求买受人偿还未支付的价款。穗某公司收回设备并转售给第三方的行为符合法律规定,因此其要求曾某雄支付未支付货款及相关费用的诉求应予支持。

其次,关于合同解除的合法性问题。法院认为,穗某公司在合同约定的租赁期内未收到足额的租金,且曾某雄未在合理期限内履行支付义务,穗某公司有权依据合同条款解除合同并收回租赁物。合同中明确约定,若租金逾期超过30日,穗某公司可以解除合同并收回租赁物。因此,穗某公司在2021年7月26日收回设备的行为具有合法性。

最后,关于设备转售后的处理,法院认为,穗某公司有权在收回设备后,将挖掘机以282 000元的价格转售给第三方。根据《民法典》第六百四十三条的规定,穗某公司有权在未收到全部款项的情况下出售标的物,并要求曾某雄支付剩余部分的款项。法院对该部分处理予以确认,并要求曾某雄支付不足部分。

【法理阐释】

根据《民法典》第六百四十二条,买卖合同通常会约定出卖人保留标的物的所有权,买受人在未支付全部价款前,标的物的所有权不转移至买受人。这种约定在本案中得到体现,即穗某公司保留了挖掘机的所有权,直至曾某雄支付完毕款项。在未支付完款项的情况下,穗某公司依法收回标的物并将其转售,符合《民法典》关于回赎和再出卖的相关规定。

相关法律条文

《民法典》

第五百六十六条 合同解除后,尚未履行的,终止履行;已经履行的,根据履行情况和合同性质,当事人可以请求恢复原状或者采取其他补救措施,并有权请求赔偿损失。

合同因违约解除的,解除权人可以请求违约方承担违约责任,但是当事人另有约定的除外。

主合同解除后,担保人对债务人应当承担的民事责任仍应当承担担保责任,但是担保合同另有约定的除外。

第一千零六十四条第一款 夫妻双方共同签名或者夫妻一方事后追认等共同意思表示所负的债务，以及夫妻一方在婚姻关系存续期间以个人名义为家庭日常生活需要所负的债务，属于夫妻共同债务。

第十节 招标投标买卖

《民法典》第六百四十四条 招标投标买卖的当事人的权利和义务以及招标投标程序等，依照有关法律、行政法规的规定。

【立法意旨和制度背景】

本条是关于招标投标买卖的规定。本条来源于《合同法》第一百七十二条，"招标投标买卖的当事人的权利和义务以及招标投标程序等，依照有关法律、行政法规的规定"。

招标投标买卖合同，是指由招标人向数人或公众发出招标通知或招标公告，在诸多投标人中选择自己最满意的投标人并与之订立买卖合同的方式。招标投标买卖法律关系的主体包括：出卖人，又可称为招标人；竞买人，又可称为投标人；买受人，又可称为中标人。招标投标买卖不同于一般买卖，是一种特殊买卖。作为合同订立的一种方式，招标投标在其他合同中也可以适用，如加工承揽、技术转让、证券发行、科研课题等。

招标投标买卖是实践中经常采用的一种订立买卖合同的形式，它具有公平、公正、公开的特点，增加了合同订立的透明度。所谓招标，是指订立合同的一方当事人采取招标通知或招标广告的形式，向不特定主体发出的，以吸引或邀请相对方发出要约为目的的意思表示。所谓投标，是指投标人按照招标人提出的要求，在规定的期间内向招标人发出的以订立合同为目的，包括合同全部条款的意思表示。

关于招标的性质，一般认为属于要约邀请而不属于要约，投标则为要约。[①] 招标人实施招标行为是订约前的预备行为，其目的在于引诱更多的相对人提出要约，从而使招标人能够从更多的投标人中寻找条件最佳者订立买卖合同；而投标则是投标人根据招标人所公布的标准和条件向招标人发出以订立合同为目

---

① 参见王建东：《论建设工程合同的成立》，《政法论坛》2004年第3期，第55页。

的的意思表示,在投标人投标以后必须要有招标人的承诺,合同才能成立,所以投标在性质上为要约。

【条文解读】

一、我国《招标投标法》中强制招标的范围

在政府及公共领域推行招标投标制度,有利于节约国有资金,提高采购质量。按照我国《招标投标法》第三条第一款规定:"在中华人民共和国境内进行下列工程建设项目包括项目的勘察、设计、施工、监理以及与工程建设有关的重要设备、材料等的采购,必须进行招标:(一)大型基础设施、公共事业等关系社会公共利益、公共安全的项目;(二)全部或者部分使用国有资金投资或者国际融资的项目;(三)使用国际组织或者外国政府贷款、援助资金的项目。"按照上述规定,法律将在我国境内进行的相关工程建设项目勘探、工程建设项目设计、工程建设项目施工、工程建设项目监理以及与工程建设项目相关的重要设备、材料的采购划为实行强制招标的范围。

二、招标合同的订立和履约保证金的提交

按照《招标投标法》的规定,在中标通知书发出之日起30日内,招标人和中标人应当按照招标文件和投标书订立书面合同。招标人和中标人订立的书面合同是依照招标文件和投标书中约定的内容,为了实现招标目的,双方就如何履行各自的权利义务作出的具体规定。按照《招标投标法》的规定,招标人和中标人不能再另外签订与上述书面合同实质性内容相背离的其他协议。[1]这里所说的实质性内容,是指投标的价格、投标方案等。法律作出禁止性规定,目的是为防止招标人和中标人通过另外签订其他协议,改变原招投标内容。[2]这样就违背了招投标制度的目的,使招投标过程失去了意义,对其他投标人是不公平的,侵害了他们的权益。[3]

---

[1] 参见宋宗宇:《建筑工程招标投标的法律约束力》,《现代法学》2000年第2期,第104页。
[2] 参见毛亚敏:《论中标通知书的法律效力及毁标行为的法律责任——兼论我国〈招标投标法〉及〈合同法〉的完善》,《政法论坛》2002年第4期,第63页。
[3] 参见孙静:《投标人权利的法律救济制度研究》,《北京科技大学学报(社会科学版)》2000年第3期,第58页。

【典型案例】

1. 甲公司与乙公司建设工程合同纠纷案①

裁判要旨：

本案系当事人在建设工程招标投标活动中形成的纠纷，适用《招标投标法》与《工程建设项目施工招标投标办法》。

案件事实：

2004年9月24日，乙公司就某改造工程对外招标。甲公司作为投标单位，根据乙公司要求，按时提交了投标文书，并于2004年10月13日支付120 000元保证金。2004年11月18日，乙公司向甲公司发出"上海市建设工程施工中标（交易成交）通知书"，通知甲公司中标。后甲公司与乙公司未签订施工合同，乙公司将120 000元保证金退还甲公司。因双方未能就是否需另行支付120 000元保证金达成协议，遂涉讼。甲公司请求判令乙公司支付甲公司违约金120 000元。

裁判理由：

一审法院认为，本案系当事人在建设工程招标投标活动中形成的纠纷，根据《合同法》第二百七十一条之规定（现《民法典》第七百九十条），本案适用《招标投标法》，包括适用《工程建设项目施工招标投标办法》。本案争议焦点在于：乙公司未按中标通知书要求与甲公司签订施工合同，能否适用《工程建设项目施工招标投标办法》第八十五条，即"如招标人不履行合同的，应当双倍返还中标人的履约保证金"。②根据《招标投标法》第四十六条第一款规定，合同自签订时成立，中标通知书并不构成双方间合同的实质成立。甲公司要求乙公司双倍返还履约保证金，属适用法律不当，法院不予支持。甲公司可依《工程建设项目施工招标投标办法》第八十一条规定，要求乙公司赔偿其实际损失，法院就此在庭审过程中多次向甲公司予以释明，但甲公司坚持其诉请，不同意变更。

二审法院认为，乙公司在收取了甲公司投标保证金，并向甲公司发出中标通知书以后，未与甲公司签订施工合同，乙公司应承担相应的责任。但甲公司按照《工程建设项目施工招标投标办法》第八十五规定，要求乙公司双倍返还保证金，与法律规定不符。因双方间产生的投标文书和中标通知书并不能构成施工

---

① 参见甲公司与乙公司建设工程合同纠纷案，上海市第一中级人民法院（2005）沪一中民二（民）终字第2238号民事判决书。

② 《工程建设项目施工招标投标办法》已于2013年修正，修正后的第八十五条中规定："招标人不履行与中标人订立的合同的，应当返还中标人的履约保证金，并承担相应的赔偿责任。"

合同,甲公司可依据《工程建设项目施工招标投标办法》第八十一条的规定,向乙公司主张实际损失。

【法理阐释】

本案涉及建设工程招标投标活动,适用《招标投标法》及《工程建设项目施工招标投标办法》。这些法律法规旨在规范招标投标活动,确保其公开、公平、公正和诚实信用。根据《招标投标法》第四十六条,中标通知书是双方签订书面合同的前置条件,不构成合同的实质成立。合同应当自签订时成立。《工程建设项目施工招标投标办法》第八十一条规定,招标人未按中标结果与中标人签订合同的,应承担行政责任和赔偿损失的责任。第八十五条规定的返还履约保证金适用于已签订合同的情况,本案中未签订合同,不适用该条款。甲公司可依据第八十一条要求乙公司赔偿实际损失,但其要求双倍返还履约保证金不符合法律规定。

相关法律条文

《招标投标法》

第四十六条　招标人和中标人应当自中标通知书发出之日起三十日内,按照招标文件和中标人的投标文件订立书面合同。招标人和中标人不得再行订立背离合同实质性内容的其他协议。

招标文件要求中标人提交履约保证金的,中标人应当提交。

《工程建设项目施工招标投标办法》(2013年有修正)

第八十一条

中标通知书发出后,中标人放弃中标项目的,无正当理由不与招标人签订合同的,在签订合同时向招标人提出附加条件或者更改合同实质性内容的,或者拒不提交所要求的履约保证金的,取消其中标资格,投标保证金不予退还;给招标人的损失超过投标保证金数额的,中标人应当对超过部分予以赔偿;没有提交投标保证金的,应当对招标人的损失承担赔偿责任。对依法必须进行施工招标的项目的中标人,由有关行政监督部门责令改正,可以处中标金额千分之十以下罚款。

2. 甲公司与乙公司建设工程施工合同纠纷案[①]

裁判要旨：

甲公司与乙公司签订的多份施工合同及补充协议因双方在招投标前已实际施工且签订合同，构成串通投标，违反《招标投标法》相关规定，导致中标无效，合同亦无效。甲公司主张的违约金因合同无效而不成立，其主张的损失部分得到支持，但需根据双方责任分担。甲公司要求乙公司返还借款本金余额的请求因未足额支付工程进度款而不予支持，乙公司应支付部分借款利息。

案件事实：

2012年1月5日，甲公司与乙公司签订《国际城项目协议书》，约定乙公司承建位于安徽省六安市的国际城项目。该协议涉及国际城1#-52#楼的施工，合同金额暂定为6.6亿元，施工内容包括工程款调整方法、支付条款、工程质量等具体规定。4月18日，甲乙双方签署《建设工程施工合同》，明确了项目分为Ⅰ标段（41#、42#、43#、52#楼）与Ⅱ标段（44#-51#楼）。合同工期定为30个月，支付工程款按施工进度进行，且工程款调整采用安徽省定额标准。6月28日，甲乙双方再次签署《建设工程施工合同》，修改了竣工日期与工程进度款支付条款，并调整了合同价款为3亿元。

同日，双方还签署了价值1.9463亿元的《建设工程施工合同》，并于2015年9月7日在六安市某区建筑管理处备案，该合同仅用于办理施工许可证与备案。7月6日，甲公司发布了案涉工程招标文件，乙公司随后成为中标单位。12月15日，乙公司取得施工许可证，合同开工日期为当日。

2013年7月18日，甲乙公司就一期工程Ⅰ标段（41#、42#、43#、52#楼）签署《工程款补充协议》，约定在工期延误的情况下，甲方（甲公司）将以借款形式给予乙方（乙公司）资金支持，且乙方需按约支付利息。9月4日，双方签订了《借款协议》，乙方向甲方借款600万元，月利息为2%。至2014年，多个施工节点完成，甲公司根据合同支付进度款。2014年4月3日，双方就41#-43#楼的竣工验收达成协议，确定了交房日期为4月26日，并明确验收意见不作为最终质量标准。4月25日，41#-43#楼竣工验收合格。

2015年，甲方因乙方未按合同支付工程款，向乙方发出《解除合同通知书》，并进行了相关公证保全。7月19日，乙公司向监理单位发出《工程停工报告》，

[①] 参见甲公司与乙公司建设工程施工合同纠纷案，中华人民共和国最高人民法院（2021）最高法民终425号民事判决书。

解释未支付工程款为停工原因。甲公司则发出《违约告知函》，称由于乙方违约，决定另行组织施工。甲方宣称已支付工程款132 297 471元，乙公司对其中部分支付提出异议。

二审法院另查明：张某（张某挂靠乙公司资质，与甲公司签定合同并施工）就案涉工程款向原审法院提起诉讼，请求判令：1.乙公司支付工程款1亿元及逾期付款违约金；2.甲公司在欠付工程款范围内承担给付责任；3.张某对案涉工程享有工程价款优先受偿权；4.甲公司返还张某保证金400万元及逾期返还的利息；5.乙公司、甲公司、屠某根赔偿张某经济损失5 000万元。原审法院于2018年7月30日立案受理，2021年1月21日作出（2018）皖民初55号民事判决。张某和甲公司均不服，上诉至二审法院。（本案二审合并审理了两案）

裁判理由：

一审法院认为，本案争议的焦点为：一、案涉建设工程施工合同是否有效；二、案涉工程的工期有无延误；三、甲公司主张的违约金、损失及返还借款本息是否有依据。

首先，甲公司与乙公司先后签订了四份施工合同和一份补充协议，并在招投标前已实际施工。根据《招标投标法》第三十二条、第四十三条、第五十三条的规定，招投标过程中不得串通投标或就实质性内容进行谈判，否则中标无效。本案中，甲公司在招投标前已与乙公司签订多份合同并开始施工，属于串通投标行为，乙公司的中标无效，双方签订的合同亦无效。甲公司主张合同有效的理由不能成立，不予支持。其次，根据证据分析：（1）甲公司未足额支付进度款；（2）案涉工程存在设计变更和增加工程量；（3）合同约定的工期少于定额工期，存在压缩工期情形；（4）外包工程影响施工。上述情形可能导致工期延长，但无法确定具体天数。乙公司未办理延期手续。根据竣工验收协议，41#、42#、43#楼逾期157天，乙公司负主要责任，甲公司负次要责任；Ⅱ标段第1组团未按期竣工，乙公司负主要责任。最后，案涉施工合同因双方串通投标而无效，合同约定的违约条款亦无效。甲公司要求依据合同追究乙公司工期延误和导致农民工上访的违约责任，无法律依据，不予支持。

二审法院认为，根据《招标投标法》第四十三条规定，招标人不得在确定中标人前与投标人就实质性内容进行谈判；第五十三条规定，串通投标的中标无效。同时，《最高人民法院关于审理建设工程施工合同纠纷案件适用法律问题的解释》第一条规定，挂靠行为签订的施工合同无效。本案中，张某挂靠乙公司承揽工程，并在投标前与甲公司签订合同并施工，原审认定合同无效，符合法律规定。因此，甲公司依据合同主张违约金，缺乏法律依据，不支持其请求并无不当。案涉合同无效且工程未竣工验收即终止履行，甲公司接收乙公司完成的工程后应支付相应价款。经鉴定，可确定的工程造价为201 286 550.68元，另有待确认部分价款16 831 857.70元。甲公司已支付132 297 471元，未覆盖应付工程价款。因此，一审未支持其超付工程价款的主张，符合事实。关于开工时间，仅有2012年7月20日的开工令有承包商代表签字确认，其他开工令均无乙公司人员签字，且部分工程开竣工时间无法确定。因此，无法证明施工进度是否符合合同约定。原审未支持甲公司主张乙公司承担工期超期责任的请求，符合本案实际情况。

【法理阐释】

根据《招标投标法》第三十二条、第四十三条和第五十三条规定，招投标活动必须遵守法律规定，确保公平、公正、公开。本案中，甲公司在乙公司中标前已与乙公司签订多份施工合同并开始实际施工，构成串通投标。这种行为违反了招投标的公平原则，损害了其他潜在投标人的合法权益，因此中标无效，双方签订的合同亦无效。由于双方签订的施工合同因串通投标而无效，合同中约定的违约条款也无效。甲公司要求依照合同中约定的违约责任条款追究乙公司工期延误和导致农民工上访的违约责任，无法律依据，不予支持。损失部分需根据双方责任分担，甲公司因未足额支付工程进度款而不能要求乙公司返还借款本金余额，乙公司则应支付部分借款利息。

相关法律条文

《招标投标法》

第四条　任何单位和个人不得将依法必须进行招标的项目化整为零或者以其他任何方式规避招标。

第五条　招标投标活动应当遵循公开、公平、公正和诚实信用的原则。

第四十三条　在确定中标人前，招标人不得与投标人就投标价格、投标方案等实质性内容进行谈判。

《最高人民法院关于审理建设工程施工合同纠纷案件适用法律问题的解释（一）》（2020年有修正）

第一条　建设工程施工合同具有下列情形之一的，应当依据民法典第一百五十三条第一款的规定，认定无效：

（一）承包人未取得建筑业企业资质或者超越资质等级的；

（二）没有资质的实际施工人借用有资质的建筑施工企业名义的；

（三）建设工程必须进行招标而未招标或者中标无效的。

承包人因转包违法分包建设工程与他人签订的建设工程施工合同，应当依据民法典第一百五十三条第一款及第七百九十一条第二款、第三款的规定，认定无效。

第十一节　拍卖的法律适用

《民法典》第六百四十五条　拍卖的当事人的权利和义务以及拍卖程序等，依照有关法律、行政法规的规定。

【立法意旨和制度背景】

本条是关于拍卖的规定。本条来源于《合同法》第一百七十三条，"拍卖的当事人的权利和义务以及拍卖程序等，依照有关法律、行政法规的规定"。

拍卖活动一般属于民商事活动范畴。如果是一些特殊拍卖品，则涉及相关领域法律，如：专利的拍卖，涉及《专利法》；著作权的拍卖，涉及《著作权法》；房屋的拍卖，涉及《房地产管理法》；文物的拍卖，涉及《文物保护法》等等。如果拍卖涉及民事诉讼活动，按照《民事诉讼法》有关规定处理。

如果在拍卖活动中有关于行政许可的内容，则涉及《行政许可法》《行政处罚法》《行政复议法》等内容。涉及行政诉讼活动，按照《行政诉讼法》有关规定处理。如果在拍卖活动中有关于刑事犯罪的问题，则涉及《刑法》。涉及刑事诉讼活动，按照《刑事诉讼法》有关规定处理。

【条文解读】

一、拍卖概述及其类型

拍卖是一种竞争性合同订立方式，主要用于商品出售，也可用于出租等。拍卖人选择出价最高的购买人签订合同，有助于商品价值最大化。

根据拍卖适用法律的不同，可以把拍卖分为任意拍卖和强制拍卖两大类。前者是指受民法和拍卖法调整的拍卖，后者则是指依据民事诉讼法中强制执行规范或强制拍卖法所进行的拍卖。两者有下列主要区别：（1）性质不同。任意拍卖是物的所有人（或合法处分人）按照自己的意思对拍卖物的处分行为，是一种私法行为；强制拍卖是法院或其他国家机关依职权所为的司法行为或行政行为，依据该行为而变更私权，而不问所有权人的意思如何，故性质上属于公法行为。[①]（2）拍卖程序发生的前提不同。任意拍卖因拍卖人的意思表示开始；强制拍卖一般因债权人的申请，法院作出许可强制执行裁定或法院依职权作出决定而引起。[②]（3）所有权转移的条件不同。任意拍卖因拍定而发生拍卖物所有权转移，或不动产登记后、动产交付时转移所有权。强制拍卖则须买受人交足保证金，在拍定后由法院发给权利转移证书时，移转所有权。（4）拍卖标的物的范围不同。强制拍卖的标的仅限于强制执行中查封、扣押的物品和抵押、留置的物品；任意拍卖除禁止流通物外，其标的物的范围十分广泛。

基于不同的拍卖类型及适用法律的不同，我国《民法典》第六百四十五条规定，拍卖的当事人的权利和义务以及拍卖程序等，依照有关法律、行政法规的规定。

二、拍卖合同成立的过程

拍卖活动的整个过程即可作为一项买卖合同的签订过程。以拍卖方式成立买卖合同一般经过下列三个阶段。

要约邀请。拍卖人在拍卖前通常须刊登广告或张贴公告，告知社会公众将要拍卖的标的物的种类、数量，拍卖的地点和时间，希望不特定的社会公众参加拍卖活动。拍卖人的这种意思表示的性质属于要约邀请，对拍卖人并不具有法律上的拘束力，拍卖人可以随时撤回拍卖物。但是，如果拍卖人采用自定最高价格，逐渐降价，以寻求应买人时，应认定拍卖人的意思表示属于要约。因为自定价格在形式上已具备订立合同的必要条款，订立买卖合同的意思表示已十分明确。[③]

要约。参加应买的竞争者，每次应买的报价，都代表了其应买的意思表示，所以，报价具有要约的性质。报价虽是口头要约，但当拍卖人不立即承诺时并不立即失效，应买人要受自己要约的拘束，不得随意撤回报价；只有当其他应买人有较高的报价时，在先的应买报价才能被解除效力，或因拍卖物被撤回，而丧失拘束力。[④]

---

① 参见金殿军：《请求法院拍卖、变卖担保财产的法律问题》，《法学》2010年第1期，第133页。
② 参见刘宁元：《拍卖法原理与实务》，上海人民出版社1998年版，第114-115页。
③ 参见吴薇、薛文成：《拍卖的法律特征及拍卖人的义务》，《人民司法》2002年第11期，第21页。
④ 参见张蓬：《完善我国拍卖法律制度的思考》，《法学杂志》2009年第5期，第112页。

承诺。即拍卖人对应买人在拍卖期间的最高报价作出承诺。拍卖因拍卖人击槌(拍板)或依其他惯用的方法,作出卖定的表示,宣告买卖合同成立。因为卖定表示即承诺,所以拍卖人不负卖定的义务。如果拍卖人对于应买人所出的最高价额,认为不足拍卖标的价值的,可以不为卖定表示,并有权撤回拍卖物。但是,一般情况下除非拍卖委托人有反对的意思表示外,拍卖人应将拍卖物拍归出价最高的应买人。

三、基于拍卖形成的法律主体和法律关系

(一)拍卖当事人

拍卖既可以是所有人为处分所有物自己进行拍卖,也可以是所有人委托他人拍卖。在拍卖活动中通常涉及四方当事人:(1)出卖人。出卖人指在拍卖中对拍卖物拥有处分权,并与应买人成立买卖合同,将拍卖物转让给应买人而获得拍卖价款的人。(2)应买人。应买人指法律规定,有权参与拍卖物竞购的人。法律一般禁止出卖人和拍卖主持人以及他们委托的人充当应买人参加竞购。(3)拍卖人。拍卖人指根据法律规定或接受委托人的委托主持拍卖的人。依据法律规定,出卖人自己和国家强制执行机关均可作为拍卖人。但是接受委托的拍卖人主要指专门经营拍卖业务的拍卖行。(4)委托人。委托人是指依法委托拍卖人拍卖其有处分权的物品,并对拍卖标的真实性承担民事责任的人。委托拍卖中委托人与出卖人重合为一体。[①]

(二)基于拍卖形成的法律关系

出卖人自己拍卖时,出卖人与出价最高的应买人之间形成单一的买卖关系。但在委托拍卖时拍卖当事人之间就产生三种相互牵连的法律关系:(1)出卖人与拍卖人之间的委托关系,出卖人是委托方,拍卖人是受托方。[②]出卖人负有提供拍卖标的物的义务,享有获得拍卖物价款的权利。[③](2)出卖人与应买人之间的买卖关系。(3)拍卖人与应买人之间的代理与服务关系。拍卖人与应买人之间的关系首先表现为代理人与相对人之间的关系;其次是拍卖人为应买人提供拍卖席位及参加竞买活动的服务,有权获取应买人支付的席位费的关系。

[①] 参见郭富青:《建立我国拍卖法律制度初探》,《法商研究(中南政法学院学报)》1995年第1期,第52-53页。

[②] 参见李伟:《关于拍卖的法律特征及当事人权责之探讨》,《现代法学》1998年第2期,第91页。

[③] 参见全国人大法制工作委员会民法室、国内贸易部市场建设管理司、中国拍卖行业协会编著:《拍卖法全书》,中国商业出版社1997年版,第93页。

【典型案例】

1. 某国土资源局与田某军、某国土资源交易中心拍卖纠纷案[①]

裁判要旨：

本案所涉拍卖标的系国有土地使用权，依有关规定，进行公开拍卖转让是合法的。拍卖出让必须遵守国土资源部颁布的《招标拍卖挂牌出让国有土地使用权规定》以及本案发布的《YTP200624宗地国有土地使用权拍卖出让须知》等规定，即拍卖主持人必须在连续三次宣布同一应价而没有再应价的情况下才能落槌承诺。

案件事实：

2006年7月19日，某国土资源局发布公告，拟拍卖24宗地使用权，并发布了拍卖须知，规定了拍卖程序等事项。8月17日，田某军及其他六家单位和个人申请竞买并缴纳保证金。8月18日的拍卖会上，田某军在第274轮出价1 574万元，拍卖主持人落槌，但另有两位竞买人提出异议，称其在落槌前已举牌应价。主持人经询问工作人员后宣布落槌无效，继续竞拍。田某军未提出异议，继续参与竞拍，直至第646轮出价2 656.5万元时，拍卖被中止。

原告田某军起诉至法院，请求法院判令原告在被告某国土资源局的应价为有效最高应价，原告为土地使用权竞得人。

裁判理由：

一审法院认为，国有土地使用权出让属于民事行为，国土局作为政府国土资源行政主管部门，是本次土地拍卖的委托方，与竞买人之间是平等的民事主体关系。拍卖是取得国有土地使用权的市场交易方式，竞买人的应价构成要约，拍卖人的击槌构成承诺。交易中心受国土局委托，其行为后果由国土局承担。

本案争议焦点之一是拍卖主持人落槌是否表示拍卖成交。根据《拍卖法》《招标拍卖挂牌出让国有土地使用权规定》以及国土局发布的拍卖须知，明确规定主持人连续三次宣布同一应价且无人再应价、报价高于底价时，主持人落槌表示拍卖成交。在本次拍卖中，主持人已连续三次宣布1 574万元报价且该报价高于底价，符合拍卖成交的条件。从拍卖过程来看，1 562万元之后仅有田某军与两位竞买人竞价，拍卖主持人未注意到两位竞买人举牌应价的可能性极小。根

---

① 参见某国土资源局与田某军、某国土资源交易中心拍卖纠纷案，湖南省岳阳市中级人民法院（2008）岳中民二终字第16号民事判决书。

据行业习惯和情理,落槌即表示成交,落槌与宣布成交应当连贯一体。因此,落槌即表示拍卖成交。至于国土局关于1 572万元与1 574万元的差异,田某军在数百轮竞价后对落槌价记忆不准确并不违背情理,不影响其与国土局之间买定事实的成立。

本案争议焦点之二是竞买人在拍卖主持人1 574万元落槌前是否举牌再应价,以及该情形对落槌效力的影响。法院认为,即便存在两位竞买人在落槌前举牌再应价的情况,权衡维护拍卖活动的严肃性与公正性,牺牲严肃性以求公正性是不科学且不可行的。拍卖活动的严肃性是公正性的基础,而本次拍卖过程存在不严肃之处,公正性难以保证。田某军在主持人宣布继续竞拍后的竞价行为,因拍卖主持人违反程序继续拍卖并轻率否认已作出的落槌成交宣告行为,严重影响了田某军的正常心态与判断力,其行为应认定为可撤销的民事行为。至于国土局关于田某军不具备签约条件的抗辩,只要田某军具备竞得人资格,国土局就应与其签约。

综上所述,本案所讼争的拍卖,已经具备竞买人的最高应价经拍卖师落槌或者以其他公开表示买定的方式确认这一要件,买定的事实已经形成。

二审法院认为,本案争议焦点为:主持人在1 574万元价位落槌前是否还有其他竞买人举牌再应价,即落槌是否有效。双方均提供证人证言,但证明力不同。田某军的证人位置不利于观察两位竞买人举牌动作,而国土局和交易中心的证人位置更有利于直接观察,且现场监督员仇某证实两位竞买人已举牌。田某军在主持人宣布落槌无效后未提出异议,表明其认可该事实。因此,认定落槌前两位竞买人已举牌再应价,落槌无效。

根据《招标拍卖挂牌出让国有土地使用权规定》第十五条第七项和《YTP200624宗地国有土地使用权拍卖出让须知》第十一条第七项规定,落槌因再应价而无效,双方买定关系未成立。一审判决关于落槌即表示成交的认定错误,应予纠正。

《拍卖法》及相关规定未明确主持人能否自行纠正错误。但只要不违反公平、公正原则和拍卖程序,不损害他人利益,主持人可基于诚实信用原则纠正错误。本案中,主持人在请示监督员后宣布继续竞拍,田某军及其他竞买人未提出异议并继续参与竞拍,表明其纠正行为得到认可,符合公平、公正原则。因此,对主持人纠正错误的行为应予认可。一审判决关于"牺牲严肃性求公正性不科学"的价值取向无法律依据,不符合民法原则。一审认定主持人继续拍卖行为违反程序、影响田某军竞买心态的结论错误。国土局上诉理由成立,应予支持。

本案拍卖因中止未形成有效最高应价,各方均无权要求国土局确认其竞得人资格。一审判决国土局与田某军签订成交确认书无法律依据,应予纠正。交易中心对纠纷产生负有责任,应负担部分诉讼费用。

【法理阐释】

《拍卖法》以及国土资源部的《招标拍卖挂牌出让国有土地使用权规定》和交易中心的《YTP200624宗地国有土地使用权拍卖出让须知》均没有规定拍卖主持人能否自行纠正其在拍卖活动中出现的错误行为。但根据民法的基本原则,只要拍卖主持人不违反拍卖法公平、公正的基本原则,不违反拍卖程序,不损害他人的合法权益,本着诚实信用原则,拍卖主持人可以自行纠正其在拍卖活动中的错误。本案中,拍卖主持人因失误落槌后,经请示现场监督员同意,宣布继续竞拍,田某军及其他竞买人均没有提出异议,并积极参加了其后的竞拍。因此,应当认定拍卖主持人做出的继续竞拍决定已经得到全体竞买人的同意,没有损害全体竞买人的利益,是公平、公正的。

根据《招标拍卖挂牌出让国有土地使用权规定》第十五条第七项和《YTP200624宗地国有土地使用权拍卖出让须知》第十一条第七项的规定,拍卖主持人在1 574万元价位上的落槌因有再应价而系无效承诺,双方的买定关系不能成立。田某军在拍卖主持人宣布继续竞拍后的竞价行为,应当视为其对拍卖主持人纠错行为的肯定,是其真实意思表示,系有效民事行为。

相关法律条文

《拍卖法》

第二条　本法适用于中华人民共和国境内拍卖企业进行的拍卖活动。

第三条　拍卖是指以公开竞价的形式,将特定物品或者财产权利转让给最高应价者的买卖方式。

《招标拍卖挂牌出让国有建设用地使用权规定》

第十五条　拍卖会依照下列程序进行:

(一)主持人点算竞买人;

(二)主持人介绍拍卖宗地的面积、界址、空间范围、现状、用途、使用年期、规划指标要求、开工和竣工时间以及其他有关事项;

(三)主持人宣布起叫价和增价规则及增价幅度。没有底价的,应当明确提示;

(四)主持人报出起叫价;

（五）竞买人举牌应价或者报价；

（六）主持人确认该应价或者报价后继续竞价；

（七）主持人连续三次宣布同一应价或者报价而没有再应价或者报价的，主持人落槌表示拍卖成交；

（八）主持人宣布最高应价或者报价者为竞得人。

2. 鼎某公司与瑞某公司与破产有关的纠纷案①

裁判要旨：

瑞某公司与鼎某公司签订的《委托拍卖合同》合法有效，对双方具有约束力。竞买人未按约定交割致使拍卖标的未售出，鼎某公司应依约将竞买人交的保证金扣除实际支付费用后，剩余金额交付给瑞某公司。鉴于鼎某公司在拍卖过程中提供了相关服务，鼎某公司应返还保证金。

案件事实：

2016年9月27日，该院根据债权人卢某的申请，作出（2016）豫02民破3号民事裁定，受理瑞某公司破产重整一案。经管理人公告招募拍卖机构，2021年8月9日，鼎某公司向瑞某公司提交报价单，报价"拍卖标的成交价4 800万元，拍卖佣金：委托方按成交价1%收取，买受人按照成交价1%收取"。后瑞某公司与鼎某公司签订《委托拍卖合同》，第三条约定："……竞买人未按约定交割致使拍卖标的未售出的，竞买人向拍卖人交的保证金，拍卖人扣除实际支付费用后，剩余金额全部交付给委托人。"合同第五条就佣金、费用、支付的方式及期限约定："拍卖标的经拍卖成交的，委托人应在办理完成拍卖标的的过户及交割手续之日起10日内向拍卖人支付相当于拍卖成交价1%的佣金，支付方式银行转账"。

鼎某公司依约开展拍卖工作，拍卖公告期间吕某（竞买人）向鼎某公司缴纳200万元履约保证金。2021年10月25日，鼎某公司对瑞某公司委托资产进行了拍卖，瑞某公司名下的实物类破产资产被竞买人以4 800万元的价格拍得，竞买人与鼎某公司签订了拍卖成交确认书。2021年10月25日，拍卖成交后鼎某公司与竞买人签订《竞买协议》，其中第十二条约定："买受人未按委托人书面通知支付成交价款的，拍卖人可以在征得委托人同意后再次拍卖，再次拍卖时原成交买受人不得参加竞买，同时已缴纳的保证金不予退还。"另依《拍卖法》规定，再

---

① 参见鼎某公司与瑞某公司与破产有关的纠纷案，河南省高级人民法院（2023）豫民终709号民事判决书。

次拍卖成交价低于第一次拍卖成交价时，原成交买受人应当补足差额。拍卖成交后竞买人未按照合同约定按期支付竞买款项，2021年12月26日，鼎某公司向竞买人发出《通知书2》解除双方拍卖成交合同。同时，竞买保证金200万元不予退还。

2022年1月4日、1月7日瑞某公司管理人两次向鼎某公司发出交款通知书，要求鼎某公司按照双方签订的《委托拍卖合同》第三条履行，无果，后提起诉讼。

裁判理由：

一审法院认为，依法成立的合同受法律保护，对合同双方具有约束力。依照瑞某公司与鼎某公司签订的《委托拍卖协议》第三条约定，鼎某公司应当依照约定向瑞某公司交付"竞买人交的保证金"。但鉴于鼎某公司在履行拍卖行为中实际提供了场所、人员、设备、公告手续等，拍卖标的物未能完成交割和售出，非鼎某公司自身原因所致。遵照公平、诚信原则，就该案争议的200万元，综合该案实际情况，参照双方约定的成交价1%佣金标准，酌定鼎某公司自留竞拍成交价4 800万元的0.5%的费用，即24万元；剩余的176万元（200万元 −24万元），扣除该案诉讼中已先予执行的10万元，鼎某公司应给付瑞某公司166万元。

二审法院认为，就本案保证金事宜，瑞某公司与鼎某公司在《委托拍卖合同》中作了明确约定，竞买人未按约定交割致使拍卖标的未售出的，竞买人向拍卖人交的保证金，拍卖人扣除实际支付费用后，剩余金额全部交付给委托人。该条款对合同双方均具有法律约束力，双方均有义务按照该约定履行义务。因此，瑞某公司一审诉请鼎某公司返还保证金具有合同依据，一审判决在酌情扣除相关费用后责令鼎某公司返还保证金并无不当，法院予以支持。

【法理阐释】

根据《民法典》第四百六十五条，依法成立的合同，受法律保护。合同双方应当按照约定全面履行自己的义务。本案中，瑞某公司与鼎某公司签订的《委托拍卖合同》是双方真实意思表示，内容不违反法律、行政法规的强制性规定，合法有效，对双方具有法律约束力。鼎某公司在履行拍卖行为中实际提供了场所、人员、设备、公告手续等服务，虽然拍卖标的物未能完成交割和售出，但这些费用是鼎某公司为履行合同所必需的支出。根据《委托拍卖合同》第三条与公平、诚信原则，鼎某公司应在扣除实际支出费用后，将剩余金额交付给瑞某公司。

相关法律条文

《民法典》

第四百六十五条　依法成立的合同,受法律保护。

依法成立的合同,仅对当事人具有法律约束力,但是法律另有规定的除外。

第五百零九条　当事人应当按照约定全面履行自己的义务。

当事人应当遵循诚信原则,根据合同的性质、目的和交易习惯履行通知、协助、保密等义务。

当事人在履行合同过程中,应当避免浪费资源、污染环境和破坏生态。

第十二节　买卖合同准用于有偿合同

《民法典》第六百四十六条　法律对其他有偿合同有规定的,依照其规定;没有规定的,参照适用买卖合同的有关规定。

【立法意旨和制度背景】

本条是关于买卖合同准用于有偿合同的规定。本条来源于《合同法》第一百七十四条,"法律对其他有偿合同有规定的,依照其规定;没有规定的,参照买卖合同的有关规定"。

根据当事人是否可以从合同中获取某种利益,可以将合同分为有偿合同和无偿合同。有偿合同是指一方通过履行合同规定的义务而给对方某种利益,对方要得到该利益必须为此支付相应代价的合同。有偿合同是商品交换最典型的法律形式。在实践中,绝大多数反映交易关系的合同都是有偿的。无偿合同,是指一方给付某种利益,对方取得该利益时并不支付任何报酬的合同。无偿合同并不是反映交易关系的典型形式,但由于一方无偿地为另一方履行某种义务,或者另一方取得某种财产利益都是根据双方的合意而产生的,因此,无偿合同也是一种合同类型,并应受到调整。

在有偿合同之中,以买卖合同最为重要。因此,买卖合同一章的条文结构也最完整详细。而这其中的一些规定,属于有偿合同共通性的规则。从立法技术上避免重复繁杂的要求出发,有关条款就不再规定于其他各有偿合同的相关章节之中,而按照本条的规定,直接可以参照适用关于买卖合同的相应内容。《民法典》对买卖合同以外的各类有偿合同的规定,是具有直接针对性的专门规定,即使与买卖合同的相关规定不同,也要适用这些专门规定。只有对其没有规定的内容,才可以考虑参照适用买卖合同的有关规定。[①]

【条文解读】

一、有偿合同与无偿合同区分的意义

在债权合同中许多合同只能是有偿的,不可能是无偿的。如果变有偿为无偿,或者相反,则合同关系在性质上就要发生根本的变化。此外,有偿合同和无偿合同的区分还至少具有如下意义。[②]

（一）责任的轻重不同

在无偿合同中,债务人所负担的注意义务程度较低,在有偿合同中则较高。比如,依据我国《民法典》第八百九十七条的规定:"保管期间,因保管人保管不善造成保管物毁损、灭失的,保管人应当承担损害赔偿责任,但是无偿保管人证明自己没有故意或者重大过失的,不承担赔偿责任。"

（二）主体资格要求不同

订立有偿合同的当事人原则上应具备完全民事行为能力,限制民事行为能力人非经其法定代理人同意不得订立重大的有偿合同。但是限制行为能力人和无行为能力人即使未取得法定代表人的同意也可以订立一些纯获法律上利益的无偿合同。对于纯获利益的无偿合同,如接受赠与等,限制民事行为能力人和无民事行为能力人可以自己订立,但在负返还原物的无偿合同中,仍然须取得法定代理人的同意。

（三）债权人撤销权的构成要件不同

债权人撤销权的构成要件因债务人的行为属无偿行为抑或有偿行为而不同。在无偿行为场合,并不要求受益人主观上具有欺诈意思;在有偿行为场合,则要求受益人主观上具有欺诈意思,在有转得人的场合,解释上也应要求转得人具有恶意。《民法典》第五百三十八条、第五百三十九条也可反映出这种差异,即因债务人放弃其到期债权或者无偿转让财产,给债权人造成损失的,债权人可以请求人民法院撤销债务人的行为。债务人以明显不合理的低价转让财产,给债权人造成损害,并且受让人知道该情形的,债权人也可以请求人民法院撤销债务人的行为。

[①] 参见易军:《买卖合同之规定准用于其他有偿合同》,《法学研究》2016年第1期,第95页。
[②] 参见韩世远:《合同法总论》(第四版),法律出版社2018年版,第80页。

（四）能否构成善意取得不同

我国《民法典》第三百一十一条规定的善意取得制度，要件包括"（一）受让人受让该不动产或者动产时是善意；（二）以合理的价格转让；（三）转让的不动产或者动产依照法律规定应当登记的已经登记，不需要登记的已经交付给受让人"。其要件之一是"以合理的价格转让"，当然是以有偿合同为前提。

（五）买卖规则的准用

"有偿契约与无偿契约区别之实益，在于法律适用上有不同。"[①]依照我国《民法典》第六百四十六条的规定，对于有偿合同，法律如无特别规定，则准用买卖合同的有关规定。如此，关于出卖人的瑕疵担保义务规则的准用，具有重要的意义。而对于无偿合同，依据我国《民法典》第六百六十二条的规定，原则上可以免责。

二、其他有偿合同的范围

买卖合同是最为典型的双务有偿合同，是最常见、最典型、最基本的合同形态。因此，《民法典》第六百四十六条规定，法律对其他有偿合同有规定的，依照其规定；没有规定的，参照买卖合同的有关规定。在这里就需要正确认定其他有偿合同的范围。

依据当事人取得合同上的权益是否需要支付相应的对价，可以将合同分为有偿合同与无偿合同。有偿合同，是指一方通过履行合同规定的义务而给对方某种利益，对方要得到该利益必须为此支付相应代价的合同。有偿合同是商品交换最典型的法律形式。在实践中，绝大多数反映交易关系的合同都是有偿的。在我国《民法典》规定的有名合同中，买卖合同、供用电、水、气、热力合同、借款合同、租赁合同、承揽合同、建设工程合同、运输合同、技术合同、仓储合同、行纪合同等均为有偿合同。保管合同和委托合同可为有偿合同，也可为无偿合同，这需要视当事人的约定而决定。[②]

除我国《民法典》合同编规定的有偿合同外，还有两类有偿合同，一是其他法律规定的有偿合同，如《保险法》中规定的各类保险合同，《海商法》中规定的租船合同、拖船合同、海上货物运输合同等。二是无名合同中的有偿合同。[③]

---

① 参见史尚宽：《债法总论》，中国政法大学出版社2000年版，第12页。
② 参见詹森林：《非典型契约之基本问题》，《月旦法学杂志》1997年第27期，第29页。
③ 参见最高人民法院经济审判庭编：《合同法释解与适用》（上册），新华出版社1999年版，第858页。

【典型案例】

1. 孔某昌与安徽某总厂专利转让合同纠纷案①

裁判要旨：

孔某昌在该专利权转让不曾依法办理权属变更登记时，不善尽专利权人的义务，以至该专利权被国家专利行政管理部门依法终止，由此造成涉案专利转让合同的权利标的灭失的风险，应当由该专利权人承担。

案件事实：

2004年6月9日，原告孔某昌就其所持有的塑料夹纸板实用新型专利权的转让与被告安徽某总厂签订了一份《专利权转让协议》。双方在该转让协议中约定：一、乙方（孔某昌）实用新型塑料夹纸板专利权依法转让给甲方（安徽某总厂），专利权转让金人民币200万元……同日，安徽某总厂法定代表人王某君向孔某昌出具一份欠据。该欠据写明：今欠黑龙江尚志市孔某昌专利权转让金人民币500万元整。2004年12月31日前付200万元整，余下300万元整2005年6月30日前付清。2005年12月9日，双方又签订一份《结算协议》。该《结算协议》记：安徽某总厂已支付转让款31万元。现双方协商确定，所欠余款469万元，待安徽某总厂以该专利技术融资款到账后一次性付清。2004年9月27日，原告专利由于未在期限内缴纳或缴足年费，专利权终止。

原告孔某昌诉称，合同成立后，其依约履行了合同所确定的全部义务，该受让方并没有按合同约定支付专利转让金，经其多次催索不果。为此，请求依法判令安徽某总厂立即支付专利转让金人民币200万元。

裁判理由：

法院认为，本案争议焦点为：一、导致涉案专利权终止的责任究竟应当归咎于该专利权的转让方还是受让方；二、双方约定安徽某总厂给付涉案专利权转让金余额的条件是否已经成就。

一、关于导致涉案专利权终止的责任究竟应当归咎于该专利权的转让方还是受让方的问题。《专利法》第十条第二款规定，当事人转让专利权必须办理权属变更登记手续，未依法办理权属变更登记的，专利权属不发生转移。孔某昌与安徽某总厂就涉案专利所达成的《专利权转让协议》只是就该专利权的转让形

---

① 参见孔某昌与安徽某总厂专利转让合同纠纷案，安徽省合肥市中级人民法院（2007）合民三初字第13号民事判决书。

成了合意，并不必然导致该专利权属的变动。双方当事人于《专利权转让协议》成立后，均不曾依法向国务院专利行政部门办理权利转让登记，《专利权转让协议》约定转让的专利权属并没有发生转移，孔某昌仍是该项专利的合法持有人。作为涉案专利的专利权人，在专利权属没有依法发生转移前，仍负有依法按期交纳专利年费的义务。故该专利因未按期交纳专利年费被终止的责任，只能由负有交费义务的责任主体承担，并不能将这一责任归咎于该专利权利主体以外的人。

二、关于双方约定安徽某总厂给付涉案专利权转让金余额的条件是否已经成就的问题。安徽某总厂提供了审查结果的通知，通知证明涉案专利门槛低且安徽某总厂不具备融资条件，通知的来源和时间与双方签订《结算协议》一致，且与案件事实相关，具有一定客观性。孔某昌未能提供足够证据反驳通知的真实性，因此法院采纳了该通知的证据效力。法院进一步指出，孔某昌与安徽某总厂在《专利权转让协议》基础上签订的《结算协议》合法有效，双方应按协议履行各自义务。尽管专利权尚未变更登记，但孔某昌仍为专利权人，应配合办理权属变更。同时，孔某昌未履行交纳专利年费的义务，导致专利权被终止，因此转让合同的标的物灭失风险由孔某昌承担。

【法理阐释】

根据《专利法》第十条，孔某昌与安徽某总厂虽签订《专利权转让协议》，但未办理权属变更登记，专利权未转移，孔某昌仍是专利权人。孔某昌作为专利权人，有义务按时缴纳年费。涉案专利因未缴纳年费被终止，责任应由孔某昌承担，而非安徽某总厂。

根据《民法典》第五百二十五条，双方互负债务且无先后履行顺序时，应同时履行。孔某昌未履行专利权转移义务，安徽某总厂有权拒绝支付转让金。《结算协议》约定，安徽某总厂在融资款到账后支付转让金余额。因孔某昌未提供专利权证书原件，融资条件未成就，支付条件未满足，安徽某总厂有权拒绝支付。

相关法律条文

《民法典》

第五百二十五条 当事人互负债务，没有先后履行顺序的，应当同时履行。一方在对方履行之前有权拒绝其履行请求。一方在对方履行债务不符合约定时，有权拒绝其相应的履行请求。

《专利法》

第十条 专利申请权和专利权可以转让。

中国单位或者个人向外国人、外国企业或者外国其他组织转让专利申请权或者专利权的,应当依照有关法律、行政法规的规定办理手续。

转让专利申请权或者专利权的,当事人应当订立书面合同,并向国务院专利行政部门登记,由国务院专利行政部门予以公告。专利申请权或者专利权的转让自登记之日起生效。

2. 广州某信息技术有限公司与广州某集团有限公司计算机软件著作权许可使用合同纠纷案[①]

裁判要旨:

本案为计算机软件著作权许可使用合同纠纷。广州某信息技术有限公司(乙方)与广州某集团有限公司(甲方)签订的《协议书》及《合同变更协议》合法有效。广州某集团有限公司已交付部分软件,广州某信息技术有限公司未在检验期内提出异议,视为验收合格。对于未交付的1套系统,广州某集团有限公司应返还5万元。广州某信息技术有限公司主张的其他退款及赔偿请求缺乏依据,不予支持。

案件事实:

2017年6月26日,广州某信息技术有限公司与广州某集团有限公司签订《协议书》,约定销售推广V7.5系统。后因质量问题,双方于2018年9月30日签订《合同变更协议》,取消原采购计划,改为采购3套其他系统,合同总额33万元,已付款20万元,余款13万元应于2018年9月30日前付清。乙方实际支付34.5万元(含33万元货款和1.5万元年服务费)。后广州某信息技术有限公司认为广州某集团有限公司提供的系统存在质量问题,无法正常使用且未通过验收。案涉合同约定采购3套产品,因广州某集团有限公司先提供的上述2套产品均无法正常使用,所以广州某集团有限公司也没有再向广州某信息技术有限公司提供剩余的1套产品。广州某信息技术有限公司提起诉讼,要求按约解除合同,并要求广州某集团有限公司应退还合同款项并赔偿广州某信息技术有限公司由此产生的损失。

---

① 参见广州某信息技术有限公司与广州某集团有限公司计算机软件著作权许可使用合同纠纷案,中华人民共和国最高人民法院(2022)最高法知民终1086号民事判决书。

裁判理由：

一审法院认为，案涉合同明确，广州某信息技术有限公司负责案涉软件的实施服务和二次开发，而合同中未约定广州某信息技术有限公司和广州某集团有限公司之间有软件开发的相关权利义务。因此，本案属于计算机软件著作权许可使用合同纠纷。

关于广州某集团有限公司是否按照合同交付了软件及独立组件，双方对软件交付的标准均同意以技术白皮书为准。案涉合同明确，最终用户的实施服务及二次开发由广州某信息技术有限公司负责，广州某集团有限公司与最终用户之间不存在软件实施和开发的义务关系，因此最终用户的需求不属于交付标准的内容。虽然广州某信息技术有限公司提供了系统的初始版本作为证据，但未能证明软件存在质量问题。且广州某集团有限公司对初始版本进行了修复，并且该软件已在其他高校使用，因此，不支持广州某信息技术有限公司的质量问题主张。

关于合同是否解除的问题，《协议书》规定的履行期为2017年6月26日至2018年6月25日，而《合同变更协议》将履行期延长至2019年9月29日。广州某信息技术有限公司在合同期满后才提出解除合同请求，缺乏事实和法律依据。尽管广州某信息技术有限公司曾在2019年4月22日提出解除合同并要求退货退款，但广州某集团有限公司并未同意该请求，并且双方在2019年5月13日仍在讨论合同履行事宜，说明合同并未解除。因此，广州某信息技术有限公司的解除合同请求不成立。

关于赔偿问题，广州某集团有限公司已交付两套软件和相关组件，且广州某信息技术有限公司未能证明软件存在质量问题，因此不支持其要求退款的请求。对于未交付的系统，该责任在于广州某信息技术有限公司，因其未能将系统交付给最终用户。广州某集团有限公司同意继续交付未交付的系统，但不同意退款。鉴于合同履行期已满，继续履行不经济，广州某集团有限公司应退还未交付系统的款项5万元，但不支持迟延还款利息的要求。

二审法院认为，本案争议焦点为广州某集团有限公司是否应退还其余28万元合同款项、1.5万元服务费以及赔偿广州某信息技术有限公司损失。二审中，广州某信息技术有限公司主张广州某集团有限公司交付的是智能V8.0系统而非V8.0系统因而构成违约，该争议涉及交付标的（物）的检验问题。对于涉及成品软件或标准软件的软件著作权许可使用合同而言，《合同法》第十八章"技术合同"（现《民法典》第三编第二十章）中没有就交付标的的检验作出规定。但该法第一百七十四条（现《民法典》第六百四十六条）与该法第九章"买卖合同"中第一百五十七条（现《民法典》第六百二十条）、第一百五十八条（现《民法典》第六百二十一条）规定以及根据《协议书》的约定，广州某信息技术有限公司在接收软件后应及时进行清点，如发现型号规格不符，应立即通知广州某集团有限公司，如果广州某信息技术有限公司在两个工作日内没有对接收软件产品情况提出异议，则视为验收合格。广州某信息技术有限公司于2018年12月4日接收，直到本案二审才主张广州某集团有限公司交付软件错误，间隔3年多，已严重超出了案涉合同约定的检验期限。在此情况下，广州某集团有限公司交付的软件应视为符合约定，验收合格。因此对广州某信息技术有限公司的相关主张，法院不予支持。

【法理阐释】

依法成立的合同，自成立时生效。本案中，双方签订的《协议书》及《合同变更协议》均为真实意思表示，合法有效，对双方具有法律约束力。根据《民法典》第六百二十一条，买受人收到标的物时应当在约定的检验期间内检验。没有约定检验期间的，应当及时检验。当事人约定检验期间的，买受人应当在检验期间内将标的物的数量或者质量不符合约定的情形通知出卖人。买受人怠于通知的，视为标的物的数量或者质量符合约定。本案中，广州某信息技术有限公司在接收软件后未在检验期内提出异议，应当视为验收合格。

相关法律条文

《民法典》

第六百二十条　买受人收到标的物时应当在约定的检验期限内检验。没有约定检验期限的，应当及时检验。

第六百二十一条　当事人约定检验期限的，买受人应当在检验期限内将标的物的数量或者质量不符合约定的情形通知出卖人。买受人怠于通知的，视为标的物的数量或者质量符合约定。

当事人没有约定检验期限的，买受人应当在发现或者应当发现标的物的数量或者质量不符合约定的合理期限内通知出卖人。买受人在合理期限内未通知或者自收到标的物之日起二年内未通知出卖人的，视为标的物的数量或者质量符合约定；但是，对标的物有质量保证期的，适用质量保证期，不适用该二年的规定。

出卖人知道或者应当知道提供的标的物不符合约定的，买受人不受前两款规定的通知时间的限制。

第十三节　易货交易的法律适用

《民法典》第六百四十七条　当事人约定易货交易,转移标的物的所有权的,参照适用买卖合同的有关规定。

【立法意旨和制度背景】

本条是关于互易合同的规定。本条来源于《合同法》第一百七十五条,"当事人约定易货交易,转移标的物的所有权的,参照买卖合同的有关规定"。

互易就是传统意义上的物与物之间的交换,是最原始的一种交易形式。在货币尚未出现之前,这种易货交易形式曾普遍存在。货币出现后,这种交易形式退居次位,主要是因为传统易货只能实现点对点的交易,只有双方都正好需要对方的商品,交易才能得以实现,带有极大的局限性。随着商品经济的发展,产生了货币,货币的使用在很大程度上取代了易货交易。

但随着经济、技术的发展,易货贸易正以新的方式重现世界经济,这就是现代易货。我国的易货交易刚刚起步,作为企业盘活资产、增加产能的一种新兴方法,双方企业各取所需,尤其在当前金融危机形势下,为企业缓解资金压力起到了良好的作用。

【条文解读】

一、互易合同的含义

互易合同是双方当事人以金钱以外的财产进行相互交换而达成的协议。互易合同中的双方当事人以物进行交换,任何一方都要向对方交付货物,并接受对方的货物。互易合同也可以被解释为两个买卖合同,只是价款相互抵销。[1]

互易合同主要具有以下法律特征:(1)以物易物的合同;(2)转移财产的合同;(3)等价有偿、双务合同。

互易合同的主体就是签订互易合同并进行财产交换的当事人。互易合同的主体与买卖合同的主体一样,应当享有标的物的所有权或者有权处分标的物,并

---

[1] 参见王雷:《非典型合同和典型合同中的参照适用》,《财经法学》2023年第3期,第102页。

都应依法具有民事权利能力和民事行为能力。互易合同的客体是双方进行交换的财产。①这些财产主要指除金钱以外的实物,既可以是动产,也可以是不动产;既可以是种类物,也可以是特定物。非物质财富即智力成果,如商标权、专利权等不作为互易合同的客体。互易合同的客体必须符合法律规定,是国家允许自由流通买卖的物品。

互易合同的内容是指互易合同中约定的双方当事人的权利和义务。由于互易合同的当事人任何一方都既为买受人又为出卖人,因此其最基本的权利和义务是:按照合同约定的时间、地点和方式履行向对方交货的义务,同时享有接受对方交付货物的权利。如果一方价金支付目的在于补足双方给付的差价,仍为互易,学理上称为附补足金互易。②

二、互易合同对买卖合同的准用

从社会经济史来看,作为一般等价物的货币的出现对于人类的交换制度产生了决定性的影响,它极大地便利了物的交易。而从交易的法律形态来考察,以一定量的金钱与物品的交换为表现的买卖也只能是物的互易的后续发展阶段:在一般等价物被人们发明之前,交易只可能采取以物易物的形式。而且,货币本身的发展过程对买卖法律制度也有实质性的影响:须以称重来确定价值的金属与铸币对买卖的形式就可能产生不同的影响。在现代民法上,互易通常被作为一种典型契约规定在民法典中,而且买卖契约的大部分规范都准用于互易契约。③

依据我国《民法典》第六百四十七条的规定,当事人约定易货交易,转移标的物的所有权的,参照买卖合同的有关规定。此外,因互易合同为双务合同,关于同时履行抗辩、风险转移之负担等均应适用。又因为互易合同为有偿合同,可以准用关于买卖合同的瑕疵担保责任的规定,一方基于标的物瑕疵解除合同时,他方即使因互易物已经转卖而不能返还,仍然应当负返还对方标的物的义务,对其不能给付部分,应以金钱给付。此外,关于履行时间、地点,亦可适用买卖合同的相关规定。

---

① 参见邱聪智:《新订债法各论》(上),姚志明校订,中国人民大学出版社2006年版,第167页。
② 参见林诚二:《民法债编各论》(上),中国人民大学出版社2007年版,第183页。
③ 参见刘家安:《买卖的法律结构——以所有权转移问题为中心》,中国政法大学出版社2003年版,第11-13页。

【典型案例】

1. 甘肃某台公司与史某培等互易合同纠纷案[①]

裁判要旨：

2002年7月6日，甘肃某台公司（以下简称"甘肃某台"）与北京某昊实业（集团）公司（以下简称"某昊实业"）签订的易货协议，系双方真实意思表示，内容合法有效。某昊投资集团有限公司（以下简称"某昊投资"）作为某昊实业的承继主体，将合同债权合法转让给史某培并履行了通知义务，该转让行为有效。因甘肃某台未在合同约定的交货时间内交付酒精，造成违约，其应承担违约责任及继续履行合同的义务。史某培按照合同约定的酒精数量及价值以及违约责任的承担主张权利，于法有据。

案件事实：

2002年7月6日，甘肃某台与某昊实业（实际已于2001年11月21日改制为某昊投资）签订易货协议，约定以食用酒精（价值4 999 500元）和葡萄酒（价值1 500 000元）向某昊实业互换部分白酒。双方确认易货白酒的价值为6 499 500元人民币，某昊实业承诺在协议签署当日交付白酒，甘肃某台在白酒交付当日交付葡萄酒，食用酒精在2003年12月31日前交付完毕；逾期按日万分之四支付违约金。

2002年9月，甘肃某台接收了部分白酒。2003年5月，某昊实业向甘肃某台发函要求尽快发货，甘肃某台回复因"非典"疫情无法按期交货。6月，甘肃某台表示受铁路运输限制无法通过要求的方式交付酒精。2004年，甘肃某台表示因某昊实业法定代表人袁某璟被限制人身自由，导致其无法继续履行合同，并要求某昊实业确认授权人员的合法性。

2005年9月，某昊投资将食用酒精及利息的债权转让给史某培并通知甘肃某台。甘肃某台以主体不适格等理由拒绝履行。

2006年11月21日，史某培向法院提起诉讼，要求甘肃某台等偿还欠款，并承担违约责任和损失。

裁判理由：

一审法院经审理认为：易货协议是甘肃某台和某昊实业于2002年7月6日

---

① 参见甘肃某台公司与史某培等互易合同纠纷案，最高人民法院（2007）民二终字第139号民事判决书。

签订的,该合同内容是双方当事人真实的意思表示,且不违反法律规定,因此应认定是有效合同。该合同签订时虽然某昊投资已经成立,鉴于合同已实际履行,且甘肃某台在合同履行过程的来往函件中也将某昊实业称为某昊实业(集团)公司,应认定其知道某昊实业更名的事实而未提出异议。甘肃某台因某昊实业更名及法定代表人更换事由与某昊实业就合同的适格当事人一事产生分歧,但不影响合同的效力。因此,甘肃某台应向某昊投资履行义务。

某昊投资将债权转让给史某培并通知了债务人甘肃某台,该转让行为不违反法律规定,应属有效,史某培是本案适格的当事人。因甘肃某台未在合同约定的交货时间内交付酒精,造成违约,其应承担违约责任及继续履行合同的义务。史某培按照合同约定的酒精数量及价值以及违约责任的承担主张权利,于法有据,予以支持。

二审法院认为,本案的争议焦点包括两方面:第一,某昊实业与某昊投资是否存在承继关系,以及史某培是否为适格的诉讼主体;第二,甘肃某台是否违约,违约金是否过高。

关于某昊实业与某昊投资之间的承继关系,法院认为,2001年北京市工商行政管理局的登记证明显示,某昊实业已整体改制为某昊投资,且甘肃某台未能提供证据证明该登记不规范。因此,某昊实业与某昊投资之间存在法律上的承继关系,某昊投资有权要求甘肃某台履行易货协议中的义务。同时,某昊投资将债权转让给史某培,并履行了《合同法》第八十条(现《民法典》第五百四十六条)的通知义务,因此史某培作为受让人有权向甘肃某台主张权利。

关于甘肃某台是否违约以及违约金是否过高的问题,法院认定甘肃某台未在约定期限内交付食用酒精,构成违约。尽管甘肃某台提到"非典"疫情和运输限制,但双方已变更履行方式,甘肃某台仍然负有履行食用酒精交付的义务。日万分之四的违约金符合补偿与惩罚的双重性质,没有证据表明违约金过高,易货协议中关于违约金的约定合理。

【法理阐释】

易货协议是双方真实意思表示,合法有效。某昊投资由某昊实业整体改制而来,具有法律上的承继关系,有权主张合同权利。某昊实业已履行易货义务,交付价值6 499 500元的白酒。尽管易货协议中约定乙方自行提货,但双方通过往来函件已变更了履行方式,甘肃某台负有发货义务。甘肃某台自2004年5月31日至7月17日的复函显示其存在拖延乃至拒绝履行义务的嫌疑。因此,甘肃某台应依约支付违约金。而违约金只有在"过分高于造成的损失"的情形下方能适当调整。本案中,甘肃某台未提供证据证明日万分之四的违约金属于过高情形,且存在恶意拖延乃至拒绝履约的嫌疑,因此易货协议约定的日万分之四的违约金不能被认为过高,未超出合理范围,甘肃某台应依约支付。

相关法律条文

《民法典》

第五百八十五条　当事人可以约定一方违约时应当根据违约情况向对方支付一定数额的违约金,也可以约定因违约产生的损失赔偿额的计算方法。

约定的违约金低于造成的损失的,人民法院或者仲裁机构可以根据当事人的请求予以增加;约定的违约金过分高于造成的损失的,人民法院或者仲裁机构可以根据当事人的请求予以适当减少。

当事人就迟延履行约定违约金的,违约方支付违约金后,还应当履行债务。

2. 武汉某建材有限公司与湖北某科技发展有限公司买卖合同纠纷案[①]

裁判要旨：

武汉某建材有限公司(以下简称"甲公司")与湖北某科技发展有限公司(以下简称"乙公司")签订的《减水剂采购合同》名为易货合同,实为买卖合同,甲公司应以货币形式支付剩余货款。

案件事实：

2021年11月1日,甲公司(甲方)与乙公司(乙方)签订《减水剂采购合同》,约定甲方以等值商砼抵付乙方减水剂款,商砼单价由甲方核定后乙方确认,作为结算依据。2022年,乙公司、甲公司和武汉某环保科技有限公司(以下简称"丙公司")签订《三方抵账协议》,约定丙公司供应干混砂浆冲抵甲公司欠乙公司的材料款,抵款金额从丙方和甲方的往来账中扣除。

后甲公司拖欠货款,乙公司向法院起诉,请求判令甲公司向乙公司支付所欠减水剂货款以及违约金。

裁判理由：

一审法院认为,本案系买卖合同纠纷,乙公司与甲公司签订的《减水剂采购合同》是双方真实意思表示,内容不违反法律法规的强制性规定,应当认定有

---

① 参见武汉某建材有限公司与湖北某科技发展有限公司买卖合同纠纷案,湖北省咸宁市中级人民法院(2024)鄂12民终2097号民事判决书。

效,双方应当依约履行各自的义务。本案的争议焦点在于《减水剂采购合同》应当采取何种付款方式。在买卖合同中,出卖人的目的在于取得价款,同样,本案中乙公司出售减水剂的目的亦在于取得相应的货物价款,实现经济利益,而非取得商砼或砂浆。以货币支付货款属于交易常态,以货抵款为交易之例外情形。双方在合同中约定以等值商砼抵付减水剂款的付款方式,商砼价格由甲公司根据乙公司承接的商砼供应项目的具体情况核定后,由乙公司签字确认,如遇市场价格波动,甲公司及时函告乙方。该条款看似约定明确,实则会在实际履行过程中给双方造成极大困扰,原因是商砼以及后续三方签订协议中用以抵款的砂浆市场价格波动较大且双方从自身利益角度考量会对抵款价格产生分歧几乎是必然结果,因此在双方协商不成的情形下,该以货抵款条款实际难以继续履行。本案中,双方只有回归至常规交易状态即以货币支付货款才更有利于合同履行及实现合同目的。甲公司应当以给付货币的形式支付剩余货款。

二审法院认为,本案的争议焦点是乙公司主张甲公司支付欠付减水剂货款的请求应否支持。甲公司提出本案诉争合同为易货合同,合同可以正常履行,乙公司擅自变更合同约定的履行方式,应驳回乙公司的诉讼请求。易货交易的目的在于转移标的物所有权,互易人得到相对人交付的标的物即为实现合同目的。易货交易中标的物的双向交付往往是同时进行。本案中,首先,从双方合同约定看,约定甲公司以等值商砼抵付货款作为付款方式,目的是实现货款债权,而不是相互转移标的物的所有权。且双方对抵款商砼的价格、交付期限处于不确定的状态,不符合互易合同的法定要件,双方应系买卖合同关系。其次,2022年底,甲公司与乙公司、丙公司签订《三方抵账协议》,该协议改变了甲公司与乙公司约定的付款方式,实际上是三方之间关于相互抵偿债务、实现债权的约定。最后,三方协议签订后,丙公司以货物抵偿欠付甲公司债务,甲公司通过丙公司抵偿货物折抵欠付乙公司部分货款。此后,乙公司并未继续要求交付剩余抵债货物以实现债权,抵债货物也未完成物权转移而消灭原债务,乙公司以原债权债务关系即买卖合同关系向甲公司主张剩余货款,并未加重甲公司的给付义务,也未违反法律规定。对甲公司的上诉理由,法院不予支持。

【法理阐释】

根据《民法典》第六百四十七条,当事人约定易货交易,转移标的物的所有权的,参照适用买卖合同的有关规定。易货合同是指当事人约定互相转移金钱以外的财产所有权的合同。本案中,双方约定甲公司以等值商砼抵付乙公司减水剂款,但商砼价格、交付期限等处于不确定状态,不符合互易合同的法定要件,应认定为买卖合同。

相关法律条文

《民法典》

第五百零九条　当事人应当按照约定全面履行自己的义务。

当事人应当遵循诚信原则,根据合同的性质、目的和交易习惯履行通知、协助、保密等义务。

当事人在履行合同过程中,应当避免浪费资源、污染环境和破坏生态。

参考文献

一、中文著作

1. 陈华彬. 民法总则[M]. 北京:中国政法大学出版社,2017.
2. 陈华彬. 外国物权法[M]. 北京:法律出版社,2004.
3. 陈小君,高飞. 合同法学[M]. 5版. 北京:中国政法大学出版社,2022.
4. 崔建远. 合同法[M]. 5版. 北京:北京大学出版社,2024.
5. 崔建远. 合同法[M]. 8版. 北京:法律出版社,2024.
6. 崔建远. 物权:规范与学说:以中国物权法的解释论为中心[M]. 2版. 北京:清华大学出版社,2021.
7. 崔建远. 物权法[M]. 5版. 北京:中国人民大学出版社,2021.
8. 崔建远. 新合同法原理与案例评释[M]. 长春:吉林大学出版社,1999.
9. 翟云岭. 合同法总论[M]. 北京:中国人民公安大学出版社,2003.
10. 翟云岭,郭洁. 合同法论:基于《民法典》合同编[M]. 3版. 北京:法律出版社,2021.
11. 法律出版社法规中心. 中华人民共和国民法典合同编·注释本[M]. 北京:法律出版社,2023.
12. 房绍坤. 合同法[M]. 北京:中国人民大学出版社,2023.
13. 冯大同. 国际货物买卖法[M]. 北京:对外贸易教育出版社,1993.
14. 郭明瑞. 合同法通义[M]. 北京:商务印书馆,2020.
15. 郭明瑞,王轶. 合同法新论·分则[M]. 北京:中国政法大学出版社,1997.
16. 韩世远. 合同法学[M]. 2版. 北京:高等教育出版社,2022.
17. 韩世远. 合同法总论[M]. 4版. 北京:法律出版社,2018.
18. 韩松,等. 合同法学[M]. 2版. 武汉:武汉大学出版社,2014.
19. 胡康生. 中华人民共和国合同法释义[M]. 3版. 北京:法律出版社,2013.
20. 黄风. 罗马私法导论[M]. 北京:中国政法大学出版社,2003.
21. 黄立. 民法债编总论[M]. 北京:中国政法大学出版社,2002.
22. 黄茂荣. 买卖法[M]. 增订版. 北京:中国政法大学出版社,2002.

23. 黄薇.中华人民共和国民法典合同编解读[M].北京:中国法制出版社,2020.

24. 黄薇.中华人民共和国民法典释义[M].北京:法律出版社,2020.

25. 黄薇.中华人民共和国民法典物权编解读[M].北京:中国法制出版社,2020.

26. 江平.民法学[M].4版.北京:中国政法大学出版社,2019.

27. 江平.中华人民共和国合同法精解[M].北京:中国政法大学出版社,1999.

28. 李永军.合同法[M].7版.北京:中国人民大学出版社,2024.

29. 李永军.民法典分则立法之外在与内在体系研究[M].北京:中国政法大学出版社,2024.

30. 李永军.民法学教程[M].2版.北京:中国政法大学出版社,2023.

31. 李永军.债法教程:中国民法学教程(第四卷)[M].北京:法律出版社,2024.

32. 李永军.中国民法学[M].北京:中国民主法制出版社,2022.

33. 梁慧星.从近代民法到现代民法[M].北京:中国法制出版社,2000.

34. 梁慧星.当代中国民法典编纂研究[M].北京:当代中国出版社,2022.

35. 梁慧星.合同通则讲义[M].北京:人民法院出版社,2021.

36. 梁慧星.中国民法典草案建议稿附理由:合同编[M].北京:法律出版社,2013.

37. 梁慧星,陈华彬.物权法[M].7版.北京:法律出版社,2020.

38. 林诚二.民法债编各论(上)[M].北京:中国人民大学出版社,2007.

39. 刘春堂.民法债编各论(上).自版,2014.

40. 刘家安.买卖的法律结构:以所有权转移问题为中心[M].北京:中国政法大学出版社,2003.

41. 刘宁元.拍卖法原理与实务[M].上海:上海人民出版社,1998.

42. 梅仲协.民法要义[M].北京:中国政法大学出版社,1998.

43. 彭万林.民法学[M].修订第三版.北京:中国政法大学出版社,2002.

44. 邱聪智.新订债法各论[M].北京:中国人民大学出版社,2006.

45. 曲宗洪.债权与物权的契合:比较法视野中的所有权保留[M].北京:法律出版社,2010.

46. 申卫星.期待权基本理论研究[M].北京:中国人民大学出版社,2006.

47. 石宏.《中华人民共和国民法典》释解与适用·合同编(上册)[M].北京:人民法院出版社,2020.

48. 史尚宽.债法各论[M].北京:中国政法大学出版社,2000.

49. 史尚宽.债法总论[M].北京:中国政法大学出版社,2000.

50. 苏永钦.总则·债编:民法七十年之回顾与展望纪念论文集[M].北京:中国政法大学出版社,2002.

51. 隋彭生.合同法学教程[M].2版.北京:中国人民大学出版社,2024.

52. 孙礼海,赵杰.拍卖法全书[M].北京:中国商业出版社,1997.

53. 孙宪忠.中国物权法总论[M].4版.北京:法律出版社,2018.

54. 孙宪忠,朱广新.民法典评注·物权编·2[M].北京:中国法制出版社,2020.

55. 孙艺军.买卖合同实务[M].北京:知识产权出版社,2005.

56. 唐德华.合同法条文释义[M].北京:人民法院出版社,2000.

57. 唐德华,孙秀君.合同法及司法解释新编教程(上)[M].北京:人民法院出版社,2004.

58. 王利明.合同法(上册)[M].2版.北京:中国人民大学出版社,2021.

59. 王利明.合同法分则[M].北京:北京大学出版社,2023.

60. 王利明.合同法研究(第二卷)[M].3版.北京:中国人民大学出版社,2015.

61. 王利明.民法总则[M].北京:中国人民大学出版社,2017.

62. 王利明.违约责任论[M].北京:中国政法大学出版社,1996.

63. 王利明.物权法研究[M].北京:中国人民大学出版社,2016.

64. 王利明.中国民法典评注·物权编[M].北京:人民法院出版社,2021.

65. 王轶.物权变动论[M].北京:中国人民大学出版社,2001.

66. 王泽鉴.法律思维与民法实例:请求权基础理论体系[M].北京:中国政法大学出版社,2001.

67. 王泽鉴.民法概要[M].北京:中国政法大学出版社,2003.

68. 王泽鉴.民法学说与判例研究[M].修订版.北京:中国政法大学出版社,2005.

69. 王泽鉴.民法总则[M].北京:北京大学出版社,2022.

70. 王泽鉴.债法原理[M].2版.北京:北京大学出版社,2013.

71. 魏耀荣.中华人民共和国合同法释论(分则)[M].北京:中国法制出版社,2000.

72. 魏振瀛.民法[M].9版.北京:北京大学出版社,高等教育出版社,2024.

73. 吴合振.合同法理论与实践应用[M].北京:人民法院出版社,2002.

74. 吴志忠.买卖合同法研究[M].武汉:武汉大学出版社,2007.

75. 谢鸿飞,朱广新.民法典评注·合同编:典型合同与准合同(一)[M].北京:中国法制出版社,2020.

76. 谢怀栻.合同法原理[M].北京:法律出版社,2000.

77. 谢在全.民法物权论[M].北京:中国政法大学出版社,2011.

78. 徐涤宇,张家勇.《中华人民共和国民法典》评注(精要版)[M].北京:中国人民大学出版社,2022.

79. 杨代雄.法律行为论[M].北京:北京大学出版社,2021.

80. 杨代雄.民法总论[M].北京:北京大学出版社,2022.

81. 杨代雄.袖珍民法典评注[M].北京:中国民主法制出版社,2022.

82. 杨立新.《中华人民共和国民法典》条文精释与实案全析(中)[M].北京:中国人民大学出版社,2020.

83. 杨立新.合同法[M].3版.北京:北京大学出版社,2024.

84. 杨立新.合同法司法案例教程[M].北京:中国人民大学出版社,2022.

85. 杨立新.中华人民共和国民法典条文要义·下册[M].北京:中国法制出版社,2022.

86. 杨立新,郭明瑞.《中华人民共和国民法典·合同编》释义[M].北京:人民出版社,2020.

87. 杨与龄.民法概要[M].北京:中国政法大学出版社,2002.

88. 余延满.货物所有权的移转与风险负担的比较法研究[M].武汉:武汉大学出版社,2002.

89. 张俊浩.民法学原理[M].重排校订版.北京:中国民主法制出版社,2024.

90. 张新宝,龚赛红.买卖合同·赠与合同[M].北京:法律出版社,2000.

91. 中国法制出版社.民法典及司法解释新旧条文对照与重点条文释义[M].北京:中国法制出版社,2022.

92. 钟莉.买卖合同纠纷案件裁判规则(一)·合同的订立与效力[M].北京:法律出版社,2021.

93. 朱庆育.合同法评注选[M].北京:北京大学出版社,2019.

94. 朱庆育.中国民法典评注条文选注(第一册)[M].北京:中国民主法制出版社,2021.

95. 最高人民法院民法典贯彻实施工作领导小组.中华人民共和国民法典合同编理解与适用(二)[M].北京:人民法院出版社,2020.

96. 最高人民法院民事审判第二庭、研究室.最高人民法院民法典合同编通则司法解释理解与适用[M].北京:人民法院出版社,2023.

97. 最高人民法院经济审判庭.合同法释解与适用(上册)[M].北京:新华出版社,1999.

二、中文译著

98. 陈卫佐(译注).德国民法典[M].5版.北京:法律出版社,2020.

99. [德]迪尔克·罗歇尔德斯.德国债法各论(第16版)[M].沈小军,陈丽婧,译.北京:北京大学出版社,2024.

100. [德]迪尔克·罗歇尔德斯.德国债法总论(第7版)[M].沈小军,张金海,译.北京:中国人民大学出版社,2014.

101. [德]迪特尔·梅迪库斯.德国债法分论[M].杜景林,卢湛,译.北京:法律出版社,2007.

102. [德]海因·克茨.德国合同法(第2版)[M].叶玮昱,张焕然,译.北京:中国人民大学出版社,2022.

103. [德]海因·克茨.欧洲合同法(第2版)[M].李琳,张飞虎,译.北京:北京大学出版社,2024.

104. [德]汉斯·布洛克斯,沃尔夫·迪特里希·瓦尔克.德国民法总论(第41版).张艳,译.北京:中国人民大学出版社,2019.

105. [德]莱因哈德·博克.民法总论(第4版)[M].谢远扬,郝丽燕,译.北京:北京大学出版社,2024.

106. [德]罗伯特·霍恩,海因·科茨,汉斯·G.莱塞.德国民商法导论[M].楚建,译.北京:中国大百科全书出版社,1996.

107. [美]E.艾伦·范斯沃思.美国合同法[M].葛云松,丁春艳,译.北京:中国政法大学出版社,2004.

108. [美]罗斯科·庞德.法律史解释[M].邓正来,译.北京:中国法制出版社,2002.

109. [美]梅尔文·A.艾森伯格.合同法基础原理[M].孙良国,王怡聪,译.北京:北京大学出版社,2023.

110. [美]亚伦·普赞诺斯基,杰森·舒尔茨.所有权的终结:数字时代的财产保护[M].赵精武,译.北京:北京大学出版社,2022.

111. [美]詹姆斯·戈德雷.现代合同理论的哲学起源[M].张家勇,译.北京:法律出版社,2024.

112. [英]P.S.阿蒂亚.合同自由的兴起与衰落[M].范雪飞,译.北京:中国法制出版社,2022.

113. [英]约翰·史密斯.合同法(第4版)[M].张昕,译.北京:法律出版社,2004.

三、中文论文

114. [德]托马斯·M.J.默勒斯,李雨泽.中国《民法典》买卖法中的开放式问题:与德国法及欧盟法相比较[J].财经法学,2021(3).

115. 白树海.国际惯例内化的司法困境与解决对策:以信用证跟单汇票为分析对象[J].东南学术,2024(6).

116. 班天可,彭颖.免责条款对第三人的限制效力:以货运合同为中心[J].南大法学,2021(3).

117. 柴振国,史新章.所有权保留若干问题研究[J].中国法学,2003(4).

118. 常鹏翱.经济效用与物权归属:论物权法中的从附原则[J].环球法律评论,2012(5).

119. 陈姣莹,尹逸斐.出具空白支票骗取财物构成票据诈骗罪[J].人民司法(案例),2016(32).

120. 陈龙业.替代交易法的司法适用:以《合同编通则解释》第六十条第二款规定为中心[J].法学评论,2024(2).

121. 陈奕豪.合同解释中的交易习惯运用规则研究:兼评《合同编通则解释(征求意见稿)》第2条[J].北方法学,2023(4).

122. 崔建远.不可抗力条款及其解释[J].环球法律评论,2019(1).

123. 崔建远.论被代理人直接取得买卖物的所有权[J].现代法学,2024(2).

124. 崔建远.论司法解释对买卖规则完善的影响度[J].江汉论坛,2019(2).

125. 崔建远.论违约损害赔偿的范围及计算:对《民法典合同编通则解释》第60条至第62条的释评[J].清华法学,2024(1).

126. 崔建远.买卖合同的成立及其认定[J].法学杂志,2018(3).

127. 崔建远.违约责任探微[J].法治研究,2022(6).

128. 崔梦溪.基于《民法典》绿色原则的意定绿色义务[J].当代法学,2025(1).

129. 戴哲.专利许可使用权性质的重新界定及规则完善[J].清华法学,2024(2).

130. 单飞跃.《民法典》中经济公法规范的结构、功能及其影响[J].现代法学,2022(3).

131. 翟云岭.论凭样品买卖[J].法学,2004(1).

132. 董学立.《民法典》担保物权法的进步与不足[J].法治研究,2020(4).

133. 冯德淦.效力瑕疵合同的返还清算问题[J].法学,2022(2).

134. 高圣平,叶冬影.论民法典上所有权保留买卖交易的担保功能[J].法学评论,2023(3).

135. 顾雯.浅析买卖合同风险负担规则[J].东南大学学报(哲学社会科学版),2017(S1).

136. 贾林青,全炳军.《合同法》有关买卖合同意外风险承担规则的适用研究[J].法律适用,2004(9).

137. 郭富青.建立我国拍卖法律制度初探[J].法商研究(中南政法学院学报),1995(1).

138. 郭歌.《民法典》物之瑕疵规范的解释与适用研究[J].江西社会科学,2022(3).

139. 韩世远.法典化的合同法:新进展、新问题及新对策[J].法治研究,2021(6).

140. 韩世远.合同分类与合同效力:总分结构中类型规范之意义初探[J].四川大学学报(哲学社会科学版),2023(5).

141. 韩世远.履行迟延的理论问题[J].清华大学学报(哲学社会科学版),2002(4).

142. 韩世远.预约亦约:缔约协议的法解释论[J].环球法律评论,2024(6).

143. 纪格非.论法律推定的界域与效力:以买受人检验通知义务为视角的研究[J].现代法学,2020(6).

144. 纪海龙.民法典所有权保留之担保权构成[J].法学研究,2022(6).

145. 纪海龙.所有权保留担保权构成下保留卖主的合同解除权[J].政治与法律,2023(4).

146. 江海,石冠彬.论买卖合同风险负担规则:《合同法》第142条释评[J].现代法学,2013(5).

147. 金殿军.请求法院拍卖、变卖担保财产的法律问题[J].法学,2010(1).

148. 金晶.《合同法》第111条(质量不符合约定之违约责任)评注[J].法学家,2018(3).

149. 金可可,贺馨宇.我国买卖合同权利瑕疵担保制度研究[J].江苏行政学院学报,2016(6).

150. 金荣婧.物之瑕疵担保责任的嬗变:从"买方自慎"到"卖方尽责"[J].法治研究,2023(2).

151. 景光强.所有权保留买卖中的取回权制度释论:基于功能主义视角的观察[J].法治研究,2024(2).

152. 李鼎.解释论视角下过失相抵和减损规则的区分与统合[J].清华法学,2024(6).

153. 李建伟,林树荣.民法典合同编通则司法解释中的商事规范研究[J].人民司法,2023(16).

154. 李敏.合同法中的附随义务探讨[J].甘肃政法学院学报,2005(5).

155. 李伟.关于拍卖的法律特征及当事人权责之探讨[J].现代法学,1998(2).

156. 李永军.合同订立规则重述:基于《民法典》与司法解释的融贯性思考[J].北方法学,2024(5).

157. 李永军.论我国民法典中无因管理的规范空间[J].中国法学,2020(6).

158. 梁慧星.论出卖人的瑕疵担保责任[J].比较法研究,1991(3).

159. 梁睿,梁作民.信用证单证审查严格相符原则研究[J].人民司法,2007(1).

160. 梁上上.优先购买权中转让人的利益失衡与校正[J].中国法学,2024(2).

161. 刘长兴.《民法典》合同编绿色条款解析[J].法学杂志,2020(10).

162. 刘长兴.民法绿色原则解释的方向与路径[J].法学评论,2023(5).

163. 刘承韪.合同解除权行使规则解释论:兼评民法典第565条之规定[J].比较法研究,2022(2).

164. 刘承韪,吴志宇.违约损害赔偿中的替代交易规则解释论[J].法治研究,2024(1).

165. 刘凯湘.民法典合同解除制度评析与完善建议[J].清华法学,2020(3).

166. 刘洋.对待给付风险负担的基本原则及其突破[J].法学研究,2018(5).

167. 刘洋.根本违约对风险负担的影响:以《合同法》第148条的解释论为中心[J].华东政法大学学报,2016(6).

168. 刘洋.民法典语境下交付移转风险规则的体系联动效应辨识[J].财经法学,2022(2).

169. 刘怡.买卖合同物之瑕疵判断标准中德比较研究[J].法律适用,2018(9).

170. 陆青.《民法典》与司法解释的体系整合:以买卖合同为例的思考[J].法治研究,2020(5).

171. 路成华.瑕疵通知期间规则之借鉴与重构[J].甘肃政法大学学报,2020(6).

172. 罗昆.功能视角下的预约类型论[J].法学家,2022(4).

173. 毛亚敏.论中标通知书的法律效力及毁标行为的法律责任:兼论我国《招标投标法》及《合同法》的完善[J].政法论坛,2002(4).

174. 梅傲.涉外法律适用风险的理论证成[J].北方法学,2021(4).

175. 宁红丽.试论出卖人物之瑕疵责任的构成:以《买卖合同司法解释》为主要分析对象[J].社会科学,2013(9).

176. 宁红丽.中国民法典上典型合同风险负担规则研究[J].中国政法大学学报,2019(6).

177. 宁清同.论《民法典》之节约资源义务[J].中国政法大学学报,2022(3).

178. 彭真明,丁海江.论所有权保留合同中天然孳息的归属:兼评《物权法》第116条与《合同法》163条[J].社会科学,2014(2).

179. 冉克平,田格.民法典视域下的违约利润剥夺责任:以《合同编通则解释》第62条为中心[J].北方法学,2024(1).

180. 邵景春.并行不悖的两套买卖法:我国合同法与《联合国国际货物销售合同公约》比较研究[J].国际贸易,2000(8).

181. 宋晓明,张勇健,王闯.《关于审理买卖合同纠纷案件适用法律问题的解释》的理解与适用[J].人民司法,2012(15).

182. 宋志龙.标的物检验制度的不足与完善[J].华东政法大学学报,2017(4).

183. 宋宗宇.建筑工程招标投标的法律约束力[J].现代法学,2000(2).

184. 孙维飞.《民法典》第584条(违约损害赔偿范围)评注[J].交大法学,2022(1).

185. 孙维飞.定义、定性与法律适用:买卖型担保案型的法律适用问题研究[J].华东政法大学学报,2021(6).

186. 孙新宽.分期付款买卖合同解除权的立法目的与行使限制:从最高人民法院指导案例67号切入[J].法学,2017(4).

187. 唐晓晴.《澳门民法典》中的将来物与将来物买卖合同[J].政法论丛,2006(1).

188. 汤文平.违约方解除之法教义学体系定位[J].中外法学,2024(6).

189. 滕佳一.合同无效时返还规则的适用[J].法学家,2020(6).

190. 田朗亮.对无权处分和风险负担规定应作体系理解:关于买卖合同章两个重点条款的解读[J].人民检察,2020(17).

191. 田士永.出卖人处分权问题研究[J].政法论坛,2003(6).

192. 王洪亮.所有权保留制度定性与体系定位:以统一动产担保为背景[J].法学杂志,2021(4).

193. 王建东.论建设工程合同的成立[J].政法论坛,2004(3).

194. 王雷.非典型合同和典型合同中的参照适用[J].财经法学,2023(3).

195. 王雷.民事案件事实形成中的方法论命题[J].中国法学,2023(1).

196. 王立栋.保留所有权出卖人取回权行使规则的冲突及其化解[J].现代法学,2023(3).

197. 王利明.过分高于损失:违约金调整的基本标准:以民法典第585条第2款为中心[J].法学研究,2024(6).

198. 王利明.论合同僵局中违约方申请解约[J].法学评论,2020(1).

199. 王利明.论和解协议与原合同之间的关系[J].环球法律评论,2024(3).

200. 王利明.略论交易习惯的功能和适用:以《合同编司法解释》第2条为中心[J].南大法学,2024(2).

201. 王利明.民法典合同编通则中的重大疑难问题研究[J].云南社会科学,2020(1).

202. 王利明.中德买卖合同制度的比较[J].比较法研究,2001(1).

203. 王利明,包丁裕睿.论体系化视角下的替代交易:以《合同编通则解释》第60条为中心[J].当代法学,2024(3).

204. 王利明,朱虎.《民法典》合同编通则司法解释的亮点与创新[J].法学家,2024(1).

205. 王俐智.合同僵局解除权的"限制"与"扩张"[J].地方立法研究,2021(4).

206. 王俐智.隐私政策"知情同意困境"的反思与出路[J].法制与社会发展,2023(2).

207. 王全弟,刘冰沙.论所有权保留在我国的法律适用[J].政治与法律,2003(4).

208. 王杏飞.论违约金调整权的程序实现[J].法学评论,2024(6).

209. 吴汉东.《民法典》知识产权制度的学理阐释与规范适用[J].法律科学(西北政法大学学报),2022(1).

210. 吴薇,薛文成.拍卖的法律特征及拍卖人的义务[J].人民司法,2002(11).

211. 吴香香.《合同法》第142条(交付移转风险)评注[J].法学家,2019(3).

212. 吴香香.《民法典》第598条(出卖人主给付义务)评注[J].法学家,2020(4).

213. 吴泽勇.买卖合同标的物瑕疵的证明责任:以买受人通知义务为中心[J].法商研究,2023(1).

214. 吴志忠.论出卖人的权利瑕疵担保责任[J].中南财经政法大学学报,2006(3).

215. 吴志忠.论我国《合同法》有关试用买卖规定的完善[J].暨南学报(哲学社会科学版),2008(6).

216. 武腾.拍卖人的信息提供义务与担保责任:从居间商的法律地位出发[J].法律科学(西北政法大学学报),2017(6).

217. 夏静宜.从预约到前合同协议:合意多样性视角下的类型化[J].法学研究,2024(4).

218. 夏静宜.我国合同法上瑕疵概念的反思与重构:从客观瑕疵迈向主观瑕疵[J].南京大学学报(哲学·人文科学·社会科学),2021(3).

219. 谢鸿飞.《民法典》实质担保观的规则适用与冲突化解[J].法学,2020(9).

220. 谢鸿飞.合同违约赔偿与法官酌定权的审慎行使:检察指导性案例第156号评析[J].人民检察,2022(19).

221. 谢鸿飞.违约获益归入权的体系定位与适用限制[J].清华法学,2024(1).

222. 谢鸿飞.预约合同认定的理论难题与实践破解[J].国家检察官学院学报,2024(1).

223. 熊丙万.法定物权的自由展开:经济分析与法律教义[J].中国法学,2023(6).

224. 徐冰.情势变更原则的具体化构建:规范审判权行使视角下《民法典》第533条的准确适用[J].法律适用,2022(2).

225. 许中缘.给付障碍责任:一种被忽略的合同责任形态[J].法制与社会发展,2024(2).

226. 许中缘.论《民法典》的功能主义释意模式[J].中国法学,2021(6).

227. 严之.物之瑕疵担保责任制度的发展及其在我国《合同法》中的定位[J].暨南学报(哲学社会科学版),2015(3).

228. 杨代雄.《合同法》第14条(要约的构成)评注[J].法学家,2018(4).

229. 杨立新.《合同编通则司法解释》规定的预约合同规则之解读[J].学术交流,2024(6).

230. 杨立新.《合同编通则司法解释》完善我国合同法规则的重大进展[J].法律适用,2024(1).

231. 杨立新.定金类型识别与定金规则的具体适用:《民法典合同编通则司法解释》第67条和第68条解读[J].求是学刊,2024(3).

232. 杨勇.根本违约场合风险负担规则的适用[J].财经法学,2022(5).

233. 姚欢庆.《合同法》第167条规范宗旨之错位及补救[J].浙江社会科学,2007(2).

234. 姚明斌.《合同法》第113条第1款(违约损害的赔偿范围)评注[J].法学家,2020(3).

235. 叶金强.不安抗辩中止履行后的制度安排:《民法典》第528条修正之释评[J].法律科学(西北政法大学学报),2020(5).

236. 易军.买卖合同之规定准用于其他有偿合同[J].法学研究,2016(1).

237. 易军.我国《民法典》买卖合同制度的重大更新[J].法学杂志,2022(2).

238. 于飞.合同的权利义务终止、违约责任的重要发展及释评[J].中国法律评论,2023(6).

239. 余能斌,侯向磊.保留所有权买卖比较研究[J].法学研究,2000(5).

240. 袁野.期待权之检讨[J].法学研究,2024(3).

241. 张红.超过两年通知期限的商品自损赔偿责任[J].法学家,2022(5).

242. 张继成.对"知道""应当知道""明知"及其关联概念的法逻辑诠释[J].法学,2023(6).

243. 张家勇.体系视角下所有权担保的规范效果[J].法学,2020(8).

244. 张金晓.环境义务的私法之维:以《民法典》绿色原则为中心的考察[J].法制与社会发展,2024(4).

245. 张良.民法典编纂背景下我国《合同法》分则之完善:以民事合同与商事合同的区分为视角[J].法学杂志,2016(9).

246. 张蓬.完善我国拍卖法律制度的思考[J].法学杂志,2009(5).

247. 章杰超.对所谓"债权物权化"的思考:以"买卖不破租赁"为例[J].法学论坛,2005(5).

248. 章诗迪.民法典视阈下所有权保留的体系重构[J].华东政法大学学报,2022(2).

249. 赵精武.论人工智能治理体系中绿色原则的建构方式[J].法治研究,2024(6).

250. 郑臻.拍卖人瑕疵说明义务认定与标准:以2012—2020年已判决案例为样本的分析[J].山东大学学报(哲学社会科学版),2023(4).

251. 周江洪.民法典合同编的制度变迁[J].地方立法研究,2020(5).

252. 周江洪.所有权保留买卖的体系性反思:担保构成,所有权构成及合同构成的纠葛与梳理[J].社会科学辑刊,2022(1).

253. 周学峰.商事交易中及时支付制度研究[J].中国政法大学学报,2022(1).

254. 周友军. 论出卖人的物的瑕疵担保责任[J]. 法学论坛,2014(1).

255. 朱庆育. 中国法上的买卖契约与物权变动[J]. 比较法研究,2024(3).

256. 朱晓喆. 寄送买卖的风险转移与损害赔偿：基于比较法的研究视角[J]. 比较法研究,2015(2).

257. 朱晓喆. 我国买卖合同风险负担规则的比较法困境：以《买卖合同司法解释》第11条、14条为例[J]. 苏州大学学报(哲学社会科学版),2013(4).

258. 庄加园. 基于指示交付的动产所有权移转：兼评《中华人民共和国物权法》第26条[J]. 法学研究,2014(3).

259. 庄加园. 债权人原因引起的给付不能[J]. 法律科学(西北政法大学学报),2018(5).

四、英文论著

260. Eric Barendt, Alison Firth, Stepnen Bate, John Enser. The Yearbook of Copyright and Media Law 2001/2002[M]. Oxford University Press,2002

261. James Gordley. Foundations of Private Law：Property, Tort, Contract, Unjust Enrichment[M]. Oxford University Press,2006

262. James Gordley. The Philosophical Origins of Modern Contract Doctrine[M]. Oxford University Press,1991

263. Joseph E. Gortych. Intellectual Property Issues Facing High-tech Industries[M]. Washington：SPIE Optical Engineering Press,2001.

264. Stephen M. Mcjohn. Intellectual Property：Example & Explanations[M]. NY：Aspen Pubishers,Inc.,2003.

后 记

买卖合同是所有合同中最常见、最重要的一种合同类型，是整个合同制度的核心和关键。然而，当前专门针对买卖合同制度进行研究的教材却非常少见，大多仅是在合同法的教材中作为一章进行顺带性提及，不利于教学活动的深入开展。

随着《民法典》的颁布和我国法律体系的健全，法学界越来越需要从立法论转向解释论角度去研究、分析买卖合同问题，这对整个合同法律的研究具有重要意义。因此，有必要结合买卖合同的基础理论，对《民法典》中有关买卖合同的法律条文进行解读和阐释，以期更好地理解和适用法律规定，助力培养真正能够适应新时代法治实践要求的法律人才。这也符合法学本质为实用之学的基本规律，契合一流法治人才培养的客观要求。

本教材系东南大学校级规划教材项目的研究成果，聚焦买卖合同法律制度，针对《民法典》合同编"买卖合同"部分的全部53个条文进行逐条解读（解读分工见下述）。为使读者能够抓住整个合同法的核心要点和关键环节，本教材深入剖析了买卖合同有关订立、出卖人以及买受人的主要义务、风险负担、解除与违约救济以及特殊的买卖合同等基础理论，并对司法实践中常见的疑难案例进行搜集、整理和分析，为每一则条文引入相契合的典型案例，结合相关法律条文进行法理阐释，力求最大限度便利读者理解和掌握买卖合同的基础理论知识及司法实践现状，并保证有据可查。

本教材系统性解读了《民法典》"买卖合同"相关的所有法律条文，并辅之以大量的典型案例，凸显了买卖合同在法学教育和司法实践中的重要价值，转变了传统法学教材"经院式"的理论灌输模式，力破"纸面法"与"实践法"的衔接难题，助推法律规范、理论阐释和司法实践案例形成良好互动，推动一流法学人才培养。因此，本教材不仅适用于本科生的民法学、合同法等法学专业核心课程的教学，亦可适用于模拟法庭、法律诊所等实践教学环节，也可为司法实践中广大法律从业者提供兼具理论深度与操作性的适用指引。期待本书能够成为理论界与实务界对话的桥梁。

本教材由单平基教授主持编写，赵晨曦、张生颖任副主编，由主编与副主编商量统稿，最后由主编调整、修改、定稿。参与本书撰稿工作的人员及分工如下：

第五百九十五—六百零四条：马依依负责编写

第六百零五—六百一十四条：张云帆负责编写

第六百一十五—六百二十三条：孙宇负责编写

第六百二十四—六百二十五条：赵晨曦负责编写

第六百二十六—六百三十六条：刘昕仪负责编写

第六百三十七—六百四十一条、第六百四十四—六百四十七条：项斯羽负责编写

第六百四十二—六百四十三条：张生颖负责编写

感谢东南大学将本教材纳入规划教材，感谢东南大学出版社的辛苦编辑工作。买卖合同法律制度研究过程中存在诸多理论分歧，因此，本教材在撰写过程中，以尊重通说为原则，对重大理论分歧和实践问题进行阐释。由于本教材针对《民法典》"买卖合同"相关的全部条文进行解读，搜集、整理并引入大量相契合的典型案例进行法理阐释，内容庞大且涉及范围较广，内容和格式上难免有失，在此诚恳期望广大读者对书中未尽之处不吝指正。

单平基 于南京

2025年3月29日